本书受"在华澳大利亚研究基金会"（FASIC）和
西安外国语大学英文学院资助

AUSTRALIAN
DICTIONARY
OF BIOGRAPHY

澳大利亚
名人传

（小说家卷）

澳大利亚国立大学国家传记中心　编著

苏锑平 等　译

陕西新华出版传媒集团
陕西人民出版社

图书在版编目（CIP）数据

澳大利亚名人传·小说家卷／澳大利亚国立大学国家传记中心编著；苏锑平等译．—西安：陕西人民出版社，2023.2

ISBN 978-7-224-13553-4

Ⅰ.①澳… Ⅱ.①澳… ②苏… Ⅲ.①名人—列传—澳大利亚 ②小说家—列传—澳大利亚 Ⅳ.①K836.11

中国版本图书馆 CIP 数据核字（2022）第 131221 号

出 品 人：赵小峰
总 策 划：关　宁
出版统筹：韩　琳　武晓雨
策划编辑：王　倩　凌伊君
责任编辑：王　凌　张启阳
封面设计：倡哲峰

澳大利亚名人传（小说家卷）
AODALIYA MINGREN ZHUAN（XIAOSHUOJIA JUAN）

编　　著	澳大利亚国立大学国家传记中心
译　　者	苏锑平 等
出版发行	陕西新华出版传媒集团　陕西人民出版社
	（西安市北大街 147 号　邮编：710003）
印　　刷	广东虎彩云印刷有限公司
开　　本	787mm×1092mm　1/16
印　　张	19.25
字　　数	350 千字
版　　次	2023 年 2 月第 1 版
印　　次	2023 年 2 月第 1 次印刷
书　　号	ISBN 978-7-224-13553-4
定　　价	88.00 元

Preface

I am delighted at the publication of the first of five volumes of selected translation of the *Australian Dictionary of Biography* (*ADB*) into Mandarin. On 6 November 2020 I signed a Translation Agreement with the Shaanxi People's Publishing House and the Australian Studies Centre at the Xi'an International Studies University to enhance and broaden the study of Australian history in China by translating selected *ADB* entries. Volume 1 looks at novelists who died before 1950; volume 2 covers novelists who died after 1950; volume 3 examines playwrights in the *ADB*; volume 4 deals with poets who died before 1950; and volume 5 looks at poets who died after 1950. In all, over six hundred *ADB* entries will be translated and published.

I would like to introduce this project and explain the motivations to independently translate and publish selected entries from the *ADB*, the foremost and most reliable dictionary of national biography in Australia. The Australian National University has hosted the *ADB* project since its first employee was appointed in 1958. The first two volumes were published in 1966 and 1967. Work is continuing on volume 20 but now the project is principally digital. Its 13,500 published biographical entries document the lives of the men and women who have made Australia are now supplemented by the companion websites, *Obituaries Australia* and *People Australia*, with a combined collection of 32,000 lives of Australians, a number which is increasing apace.

The *ADB* has long noted the under-representation of Chinese Australians in the *ADB* and considered ways to address the imbalance. The project received a boost with the arrival of visiting fellow, Dr. Tiping Su (苏锑平) of Xi'an International

Studies University, as a post-doctoral fellow in the National Centre of Biography/ADB, ANU, for a year, 2015—16. Dr Su's postdoctoral project was to explore the *ADB's* inclusion of Chinese Australians, particularly in the colonial era which he wrote up as 'Chinese in the *Australian Dictionary of Biography* and in Australia' and which was published in the first number of the *Australian Journal of Biography and History*, in 2018.[1] At the same time, Dr Su first raised the possibility of a translation project.

Dr. Su is now the Director of the Australian Studies Centre at the Xi'an International Studies University. This centre was established in 2000 in the School of English Studies at the Xi'an International Studies University by a member of the "Gang of Nine", who were among the first Chinese students sent to study in Australian in the late 1970s. Its mission is to act as a centre of activity for Australian Studies and to introduce Chinese culture to Australians and Australian studies to Chinese.

The rationale of the Australian Studies Centre is based on the relatively long history of Chinese students studying overseas and a long history of overseas students studying in Australia.[2] Since 1978 over 6.6 million Chinese students have studied overseas with a proportion, varying between about a tenth to a fifth, studying in Australia. Most of these Chinese students have returned home after graduating according to the Minister of Education of China.[3] A survey of returning students has suggested that they developed an abiding interest in Australia: 64 per cent travelled

---

[1] Tiping Su, Chinese in the Australian Dictionary of Biography and in Australia, *Australian Journal of Biography and History*, no. 1 (November 2018), pp. 171—80.

[2] Glen Stafford, *The Unexpected Transformation of Chinese International Students in Australia* (PhD thesis: University of Adelaide, 2010).

[3] This may be rising. According to the Chinese Ministry of Education (MoE), since 2014 the return rate of overseas Chinese students has remained above 78 per cent. Bob Birrell and Katherine Betts (2018), *Australia's Higher Education Overseas Student Industry: In a Precarious State*, available at https://tapri.org.au/wp-content/uploads/2016/04/final-report-overseas-student-industryV2.pdf., accessed 3 July 2021. More recently it has been reported that 'Nearly 90% of all Chinese Students return home after studying abroad: MOE', *Global Times*, 15 December 2020.

back to Australia; the majority travelling twice or more frequently.[1] Associated with this development, is the rise of Australian-born Chinese: of those residents who were born outside Australia, 8.3 percent reported births in China, with 1.2 million people reporting Chinese ancestry in the last Australian census report.[2] By any measure Sino-Australia links are growing and this is being expressed institutionally in China. The Australian Studies Centre at the Xi'an International Studies University, for instance, is one of a network of over 30 Australian Studies Centres across China which the Australia-China Council has been supporting for over two decades with the aim of developing a community of Chinese scholars, students, and friends of Australian Studies within China.

The Australian Studies Centre at the Xi'an International Studies University specialises in Australian literature, history and films. Dr Su decided that an *ADB* translation project on Australian novelists, poets and playwrights would be a good collaborative project for the centre to develop, given that the research interests of the staff of the centre were in Australian literature and history, as well as translation. His having been a visitor at the NBC/ADB in 2015—2016 facilitated the project. The Shaanxi People's Publishing House is publishing the translations alongside the original English version of the *ADB* articles. The NCB/ADB will also publish the translations on our website. This translation project was conceived in the hope that more Chinese people will gain access to Australian literature, culture, and people, and that this, in turn, will play a role in forming closer connections between the two countries.

The project focuses on Australian novelists, poets, and dramatists in the *ADB*. This first volume contains the entries on 130 Australian novelists who died before 1950. There are the famous, whom we would expect to be included for their works

---

[1] Joanne Pyke, Min Jiang, Terry Delacy, Edward Smith, Guijun Li, and Al-Min Li (2013), *The Role and Influence of China Based Alumni on Travel and Tourism*, http: //vuir.vu.edu.au/22397/1/the-role-and-influence-of-china-based-alumni-on-travel-and-tourism.pdf, accessed 4 July 2021.

[2] https: //www.abs.gov.au/ausstats/abs@.nsf/mediareleasesbytitle/D8CAE4F74B82D446CA258235000F2BDE?OpenDocument, accessed 4 July 2021.

are classics. Bush writers include Henry Lawson (1867—1922) who was the first Australian writer to be granted a NSW 'state funeral' as a distinguished citizen, famous for 'Andy's Gone with Cattle' (1888), 'The Roaring Days' (1889) about the gold rushes, and 'The Drover's Wife' (1892). His contemporary Andrew Barton 'Banjo' Paterson's (1864—1941) wrote 'Clancy of the Overflow' (1889), 'The Man from Snowy River' (1890) and 'Waltzing Matilda' (1895). Journalist and novelist Marcus Clarke (1845—1881) was the author of *His Natural Life* (1874) about the Australian convict system. Joseph Furphy's (1843—1912), *Such is Life* (1903) is about rural dwellers, workers and itinerant poor.

Nearly a third of the entries are on women writers. Barbara Baynton (1857—1929) wrote short stories about life in the bush and a novel, *Human Toll* (1907). Actress Eliza Winstanley (1818—1882) borrowed Clarke's theme, in *For Her Natural Life: A Tale of 1830* (1876) about the brutal convict management on women as well as men. Rosa Praed (1851—1935) is most famous for *Policy and Passion* (1881) with its theme, characteristic of her work, of the marriage of intelligent women to limited men. George ('Chinese') Morrison invited Mary Gaunt (1861—1942), a worldwide travel writer, to China in 1913. Her travels included going on a mule cart to visit the Hunting Palace of the Manchus at Jehol (Chengde) in the chaos after the fall of the Ching Dynasty, resulting in her account, *A Woman Alone in China* (1913). Catherine Helen Spence (1825—1910), Ada Cambridge (1844—1926), Catherine Martin (1848—1937), Tasma (Jessie Couvreur) (1848—1894), Louise Mack (1870—1935), and Ethel (Henry Handel) Richardson (1870—1946) are all included. Given Australian women's early suffrage and access to university education, it is interesting to trace the impact of the rapidly changing social climate upon these women's writings.

There are some, perhaps unexpected, gems. Charles Dickens (1812—1870) is included, even though he never set foot in Australia, because his novels influenced contemporary attitudes about Australia, including the theme of transportation in *David Copperfield* (1849—1850), *Our Mutual Friend* (1865) and, most notably, the convict made good, Magwitch, in *Great Expectations* (1861). Two of Dickens' sons migrated to Australia. Fergus Hume grew up in New Zealand and only sojourned three years in Australia but he spent that time writing Australia's original blockbuster and international best-selling crime novel, *The Mystery of a Hansom Cab* (1886), which was set in Melbourne. He sold his rights to the book for just £50. Mary Fortune (1833—1910), who had a less than fortunate background, had written the first book of detective fiction published in Australia *The Detective's Album* (Melbourne, 1871).

The *ADB* is committed to including representative as well as significant Australians. Included in this volume are little-known writers like James Joseph Crouch (1830—1891), who was a rogue and imposter who could also write well. Louisa Atkinson (1834—1872) is better known today as a natural scientist, botanical artist and conservationist, whose writings refer sympathetically to Indigenous Australians. She was also contemporarily famous for her novels. Her book *Gertrude the Emigrant* (1857), is generally acknowledged to be the first novel published in Australia by an Australian-born woman.

I congratulate the Australian Studies Centre at the Xi'an International Studies and the Shaanxi People's Publishing House on these first fruits of their translation project, whose aim to encourage Chinese scholars' interest in Australian literature we share.

Melanie Nolan

General Editor of the *ADB*

Canberra,

July 2021

序

2020年11月6日,我与陕西人民出版社、西安外国语大学澳大利亚研究中心签订翻译合同,选译《澳大利亚名人传》(Australian Dictionary of Biography)以加深和拓宽中国的澳大利亚历史研究。我很高兴看到《澳大利亚名人传》(选译五卷本)第一卷的译本即将付梓。该丛书第一卷收录1950年前去世的澳大利亚小说家;第二卷收录1950年后去世的小说家;第三卷为澳大利亚历史上的戏剧家;第四卷为1950年前去世的诗人;第五卷为1950年后去世的诗人。《澳大利亚名人传》中将有600多位作家、诗人的传记被译为中文出版。

首先,我想介绍一下这个项目并解释为何从《澳大利亚名人传》中选译部分条目独立出版。《澳大利亚名人传》是澳大利亚最重要、最权威的国家传记辞典,该项目从1958年拥有第一职员开始就由澳大利亚国立大学承担。第一卷与第二卷分别出版于1966年和1967年,之后陆续出版了20卷,目前已全部数字化,后续也以数字化出版为主。该项目收录了13500篇传记,记载了澳大利亚各行各业为国家做出贡献的人,另有"澳大利亚讣闻"(Obituaries Australia)和"澳大利亚人民"(People Australia)两个网站作为补充,收录的信息达32000条,这一数字还在不断增长。

我们早就意识到《澳大利亚名人传》收录的华人比例偏低,也一直在想办法弥补这一缺陷。西安外国语大学的苏锑平博士2015—2016年在澳大利亚国立大学国家传记中心/《澳大利亚名人传》编辑部从事博士后研究,他的到访推动了我们这项工作的进展。他的博士后项目是研究《澳大利亚名人传》中的华人,尤其是殖民时代的华人,并为此撰写了一篇论文《澳大利亚与〈澳大利亚名人传〉中的华人》,后发表于《澳大利亚传记与历史》(Australian Journal of Biography and History)2018年第1期。在此期间,他提到选译这个项目的可能性。

苏博士现任西安外国语大学澳大利亚研究中心主任，该中心由留澳"九人帮"之一、西安外国语大学前校长杜瑞清教授于2000年创立。20世纪70年代后期，中国派遣中澳建交以来第一批九位学者留学澳大利亚，是为"九人帮"。该中心的使命是专事澳大利亚研究，向澳大利亚介绍中国文化的同时让更多中国人了解澳大利亚。

之所以成立澳大利亚研究中心，是因为中国有较长的海外留学史，包括留学澳大利亚的历史。自1978年以来，超过660万中国学生在海外留学，在澳大利亚留学的占百分之一二十。据中国教育部的统计数据，这些中国学生毕业之后大多回到了中国。一项对留学生的调查显示，他们对澳大利亚的兴趣从未消减：64%的人回过澳大利亚，多数人回过两次甚至多次。与之相关的是，澳大利亚出生的华人在增加：澳大利亚居民的海外出生人口中，中国出生的人口占8.3%，澳大利亚最近一次人口统计显示，有120万人的祖先来自中国。无论以何标准来看，中澳之间的联系都在加强，中国官方也多次如此表述。譬如，西安外国语大学澳大利亚研究中心是20多年来接受澳中理事会项目支持的30多家澳研中心之一，该项目的目的是助力中国国内澳大利亚研究的学者、学生、朋友形成一个共同体。

西安外国语大学澳大利亚研究中心侧重于澳大利亚文学、历史与电影研究。鉴于中心成员对澳大利亚文学、历史和翻译的兴趣，苏博士认为，选译《澳大利亚名人传》中的小说家、诗人和戏剧家是一个助力中心发展、形成合力的良机。2015—2016年他在澳大利亚国立大学国家传记中心访学的一年促成了该项目。陕西人民出版社即将出版本书的中文译本，中文译本将上传至澳大利亚国立大学国家传记中心/《澳大利亚名人传》网站。这个项目的构想是希望更多中国人能够便利地接触到澳大利亚文学、文化和他们的人民，并因此拉近两国之间的关系。

这个项目主要集中于《澳大利亚名人传》中的小说家、诗人和戏剧家。第一卷包含130位1950年前去世的小说家，其中有些是非常著名的作家，他们创作了我们引以为傲的经典作品。比如，丛林作家亨利·劳森（1867—1922），作为杰出市民，他是新南威尔士州第一位举行"国葬"的澳大利亚作家，我们耳熟能详的作品有《安迪随牛去》（1888）、有关淘金的《咆哮的日子》(1889)以及《赶牲畜人的妻子》(1892)。他的同代诗人安德鲁·巴顿(班卓)·佩特森(1864—1941)则写有《溢流农场的克兰西》(1899)、《来自雪河的人》(1890)和《华尔兹·玛蒂尔达》(1895)等名篇。记者兼小说家马库斯·克拉克的长篇小说《无期徒刑》是关于澳大利亚流放制度的巨著。约瑟夫·弗菲的《人生就是如此》真实地呈现了农村居民、工人和流浪穷人的生活。

　　本书收录的作家有三分之一是女性。芭芭拉·简·贝恩顿(1857—1929)写作关于丛林生活的短篇小说，还有一部长篇小说《人类的代价》(1907)。女演员伊莉莎·奥弗莱厄蒂(1818—1882)与克拉克选择的主题一样，不过是关于流放制度是如何戕害女性的，当然也包括了男性，即《写在有生之年：1830年的故事》。罗莎·卡罗琳·普雷德(1851—1935)的《政策与激情》(1881)因为知识女性与文盲男人的婚姻主题以及作品的特征而出名。1913年，乔治·莫理循邀请世界知名的旅行作家玛丽·伊丽莎·贝克洋·冈特(1861—1942)前往中国旅行，在清朝灭亡后的混乱时期，她乘着驴车游历了承德的木兰围场，后来把这段经历写进《在中国独自旅行的女人》。凯瑟琳·海伦·斯彭斯(1825—1910)、艾达·坎布里奇(1844—1926)、凯瑟琳·伊迪丝·麦考利·马丁(1848？—1937)、塔斯玛(杰西·卡特琳·库夫勒尔)(1848—1897)、玛丽·路易斯·汉密尔顿·麦克(1870—1935)、艾瑟尔·弗洛伦斯·林赛·理查森(亨利·汉德尔)(1870—1946)也都收录其中。考虑到早期澳大利亚女性的参政权和接受大学教育的机会，探讨急剧变化的社会氛围对妇女写作所产生的影响是一件很有意思的事。

　　其中有些宝藏人物可能出乎我们的意料，比如查尔斯·狄更斯(1812—1870)，他一生从未踏足澳大利亚，但是他的小说影响了同时代人对澳大利亚的态度，如《大卫·科波菲尔》(1849—1950)、《我们共同的朋友》(1865)中关于殖民的主题，尤其是《远大前程》(1861)中逃犯马格维奇表现出来的善。狄更斯有两个儿子移居澳大利亚。其中弗格斯·休姆在新西兰长大，只在澳大利亚旅居三年，在此期间写作了澳大利亚原创的轰动全球的国际畅销犯罪小说——《两轮马车的秘密》(1886)，背景就设置在墨尔本，但他仅仅以50英镑的价格将版权卖给了出版商。玛丽·海莲娜·福琼(1833—1910)——她的家庭生活并没有她的名字所寓意的幸运——在澳大利亚本土出版了史上第一部侦探小说《侦探集》(墨尔本，1871)。

《澳大利亚名人传》致力于收录具有代表性或重要的澳大利亚人。本卷所收录的作家中有些人没有什么名气，如詹姆斯·约瑟夫·克劳奇（1830—1891）是流氓骗子，但他能写出很好的作品。卡罗琳·路易莎·阿特金森（1834—1872）今天更为人熟知的身份是自然科学家、园艺学家和环保主义者，而当时的她却是因小说而知名，作品《移民格特鲁德》通常被认为是澳大利亚本土出版的第一部澳大利亚出生的女性作家的作品，她在书中对澳大利亚原住民抱有同情的态度。

再次祝贺西安外国语大学澳大利亚研究中心和陕西人民出版社，祝贺这个翻译项目的第一批成果即将收获，希望本书的出版能激发中国学者对澳大利亚文学的兴趣。

梅兰妮·诺兰
《澳大利亚名人传》总编辑
堪培拉
2021.7

目录

1. 亨利·萨弗里(1791—1842) / 001
2. 玛丽·莱曼·格里姆斯通(1796—1869) / 002
3. 查尔斯·罗克罗夫特(1798—1856) / 004
4. 查尔斯·怀特黑德(1804—1862) / 006
5. 亚历山大·哈里斯(1805—1874) / 008
6. 詹姆斯·塔克(1808—1888?) / 010
7. 查尔斯·狄更斯(1812—1870) / 012
8. 路易莎·安·梅瑞狄斯(1812—1895) / 014
9. 玛丽·特丽萨·维达尔(1815—1873) / 017
10. 安东尼·特罗洛普(1815—1882) / 019
11. 约翰·朗(1816—1864) / 021
12. 弗里德里希·戈斯泰克(1816—1872) / 023
13. 威廉·查尔斯·威尔克斯(1816—1873) / 024
14. 伊莉莎·奥弗莱厄蒂(1818—1882) / 027
15. 托马斯·马克比(1819—1869) / 029
16. 爱德华·里夫(1822—1889) / 030
17. 约翰·理查德·霍尔丁(1822—1918) / 032

18. 威廉·布拉姆韦尔·威瑟斯(1823—1913) / 033

19. 爱德华·梅特兰(1824—1897) / 035

20. 詹姆斯·爱德华·尼尔德(1824—1906) / 037

21. 塞莱斯特·德·沙布里扬(1824—1909) / 040

22. 弗洛伦斯·西奥多·莱因哈特·穆勒(1825—1881) / 042

23. 凯瑟琳·海伦·斯彭斯(1825—1910) / 043

24. 托马斯·亚历山大·布朗恩(1826—1915) / 046

25. 卡罗琳·乌尔莫·李基(1827—1881) / 050

26. 玛蒂尔达·简·埃文斯(1827—1886) / 052

27. 乔治·兰肯(1827—1895) / 053

28. 丹尼尔·亨利·德尼黑(1828—1865) / 055

29. 亨利·约翰(哈里)·康格里夫(1829—1918) / 059

30. 亨利·金斯利(1830—1876) / 060

31. 詹姆斯·约瑟夫·克劳奇(1830—1891) / 063

32. 罗伯特·珀西·惠特沃思(1831—1901) / 065

33. 玛丽·海莲娜·福琼(1833—1910?) / 066

34. 乔治·戈登·麦克雷(1833—1927) / 068

35. 卡罗琳·路易莎·阿特金森(1834—1872) / 070

36. 乔治·亚瑟·沃尔斯坦伯(1834—1909) / 072

37. 亚瑟·詹姆斯·奥格威(1834—1914) / 074

38. 辛普森·纽兰(1835—1925) / 076

39. 罗伯特·布鲁斯(1836—1908) / 078

40. 查尔斯·亨利·伊登(1839—1900) / 079

41. 亨利·约翰·里克森(1839—1913) / 081

42. 威廉·亨利·费希特(1841—1928) / 084

43. 里士满·撒切尔(1842—1891) / 088

44. 爱德华·蒂莫西·胡利(1842—1903) / 090

45. 塞缪尔·托马斯·克纳兹(1842—1921) / 092

46. 杰西·乔治娜·劳埃德(1843—1885) / 094

47. 约瑟夫·弗菲(1843—1912) / 095

48. 亚历山大·查尔斯·格兰特(1843—1930) / 100

49. 约翰·波义尔·奥瑞利(1844—1890) / 102

50. 艾达·坎布里奇(1844—1926) / 104

51. 厄内斯特·法旺克(1845—1908) / 106

52. 马库斯·安德鲁·希斯洛普·克拉克(1846—1881) / 107

53. 劳蕾特·卡罗琳·玛丽亚·拉夫曼(1846—1929) / 112

54. 杰西·卡特琳·库夫勒尔(1848—1897) / 114

55. 凯瑟琳·伊迪丝·麦考利·马丁(1848?—1937) / 116

56. 霍勒斯·芬恩·塔克(1849—1911)与杰拉德·肯尼迪·塔克(1885—1974)父子 / 118

57. 詹姆斯·休姆·尼斯贝特(1849—1923) / 120

58. 斯蒂芬·曼宁顿·卡芬(1850—1896) / 122

59. 约翰·亚瑟·巴里(1850—1911) / 125

60. 罗莎·卡罗琳·普雷德(1851—1935) / 126

61. 阿尔弗雷德·瑟西(1854—1925) / 129

62. 乔治·路易斯·贝克(1855—1913) / 130

63. 詹姆斯·默多克(1856—1921) / 132

64. 乔治·里德·墨菲(1856—1925) / 134

65. 纳撒尼尔(内特)·古德(1857—1919) / 136

66. 詹姆斯·希布勒斯韦特(1857—1921) / 138

67. 芭芭拉·简·贝恩顿(1857—1929) / 140

68. 乔治·克雷维兹·索沃德(1857—1941) / 142

69. 查尔斯·雷诺兹·霍奇(1857—1946) / 144

70. 威廉·尼古拉斯·威利斯(1858—1922) / 145

71. 约瑟夫·斯库里(1858—1949) / 148

72. 弗格森·赖特(弗格斯)·休谟(1859—1932) / 149

73. 詹姆斯·亚历山大·肯尼思·麦凯(1859—1935) / 151

74. 阿尔弗雷德·亚瑟·格林伍德·海尔斯(1860—1936) / 153

75. 沃尔特·詹姆斯·杰弗里(1861—1922) / 155

76. 亚瑟·阿尔弗雷德·林奇(1861—1934) / 156

77. 玛丽·伊丽莎·贝克韦尔·冈特(1861—1942) / 159

78. 弗朗西斯·威廉·劳德代尔·亚当斯(1862—1893) / 161

79. 约翰·丹尼尔(杰克)·菲茨杰拉德(1862—1922) / 165

80. 托马斯·威廉·亨利(1862—1928) / 169

81. 弗兰克·克里奇利·帕克(1862—1944) / 171

82. 约翰·桑德斯(1863—1938) / 173

83. 詹姆斯·麦金龙·福勒(1863—1940) / 174

84. 安德鲁·巴顿(班卓)·佩特森(1864—1941) / 177

85. 亨利·欧内斯特·布特(1865—1949) / 182

86. 玛丽恩·诺尔斯(1865—1949) / 185

87. 埃德温·格林斯莱德(扬筛机)·墨菲(1866—1939) / 187

88. 塞缪尔·艾伯特(山姆)·罗沙(1866—1940) / 189

89. 盖伊·纽厄尔·布斯比(1867—1905) / 191

90. 亨利·劳森(1867—1922) / 193

91. 延斯·索伦森·里昂(1868—1941) / 200

92. 乔治·伦道夫·贝德福德(1868—1941) / 202

93. 查尔斯·亨利·乔姆利(1868—1942) / 205

94. 玛丽·伊莱扎·富勒顿(1868—1946) / 207

95. 理查德·阿姆斯特朗·克劳奇(1868—1949) / 208

96. 厄内斯特·查尔斯·布利(1869—1933) / 210

97. 艾丽斯·简·马斯凯特(1869—1936) / 213

98. 爱德华·希尔韦施特·索伦森(1869—1939) / 215

99. 保罗·文茨(1869—1939) / 216

100. 乔治·斯蒂芬森·毕比(1869—1942) / 218

101. 艾达·奥古斯塔·霍尔曼(1869—1949) / 225

102. 玛丽·路易斯·汉密尔顿·麦克(1870—1935)与埃米·埃莉诺·麦克(1876—1939)姐妹 / 227

103. 艾瑟尔·弗洛伦斯·林赛·理查森(亨利·汉德尔)(1870—1946) / 229

104. 路易斯·斯通(1871—1935) / 235

105. 托马斯·奥斯卡·阿舍(1871—1936) / 237

106. 乔治·柯克里尔(1871—1943) / 241

107. 弗朗西斯·格拉特利(1872—1919) / 243
108. 梅布尔·弗里斯特(1872—1935) / 245
109. 亚瑟·亨利·亚当斯(1872—1936) / 247
110. 伊芙琳·梅·莫当特(1872—1942) / 249
111. 安布罗斯·普拉特(1874—1944) / 251
112. 克劳福德·沃恩(1874—1947) / 253
113. 威廉·戈斯·海(1875—1945) / 257
114. 艾瑟尔·奈特·凯利(1875—1949) / 259
115. 约翰·比德·达利(1876—1935) / 261
116. 爱丽丝·古瑞恩·克里斯特(1876—1941) / 264
117. 温妮弗雷德·卢埃林·詹姆斯(1876—1941) / 265
118. 海伦娜·萨姆纳·洛克(1881—1917) / 267
119. 莉莲·麦克斯韦·派克(1881—1927) / 268
120. 弗雷德里克·曼宁(1882—1935) / 270
121. 克莱门特·迪格瑞斯(1884—1926) / 272
122. 维维安·戈登·波顿(1884—1942) / 275
123. 亚历山大·文德克斯·文纳德(1884—1947) / 276
124. 切斯特·弗朗西斯·柯布(1899—1943) / 278
125. 桃瑞丝·博克·克尔(1889—1944) / 279
126. 吉尔伯特·芒罗·特恩布尔(1890—1938) / 280
127. 海伦·德·古尔利·辛普森(1897—1940) / 282
128. 伦纳德·瓦尔德默尔(伦尼)·洛厄(1903—1947) / 284

译后记 / 287

1. 亨利·萨弗里（1791—1842）
作者：塞西尔·海德格拉夫特

亨利·萨弗里（Henry Savery），商人、造假者、罪犯和作家，1791年8月4日出生于伦敦，是布里斯托尔银行家约翰·萨弗里的第六子。传言他就读于奥斯沃斯特里语法学校，曾在布里斯托尔当过商业学徒，从事精制糖业务，破产后担任报纸编辑。1815年10月14日，他与伦敦布莱克弗莱尔区威廉·埃利奥特·奥利弗的女儿伊丽莎·埃利奥特结婚，他们的儿子亨利·奥利弗于1816年6月30日出生。

重回制糖行业后，萨弗里给出的承诺超出商行承受能力，他做假账后跑路，遭到合伙人塞沃德的追捕，最终在驶离考斯港半个小时的"哈德逊号"上被捕。被带回布里斯托尔之后，在治安官的建议下，他承认罪行并被判处死刑，将于1825年4月4日执行。然而行刑前一天，判决由死刑改为终生流放。

1825年12月初，萨弗里乘坐"梅德韦号"到达霍巴特镇，被聘为辅政司兼库政司办公室职员。1827年，他被任命为范迪门地当局负责人B.B.托马斯船长的助手。1828年年初，伊丽莎·萨弗里乘坐"杰西·劳森号"遇险获救后改乘"亨利·韦尔兹利号"，于10月到达霍巴特。当她找到萨弗里时他依然负债累累。但是，对妻子与阿尔杰农·蒙塔古[1]关系的怀疑可能加剧了他的痛苦。阿尔杰农·蒙塔古是司法部部长，在他的关照之下，伊丽莎的父母才允许她出海。萨弗里试图割喉自杀，但在威廉·克劳瑟医生[2]的医治下活

---

[1] 阿尔杰农·蒙塔古（1802—1880），法官。
[2] 威廉·克劳瑟（1788—1839），霍巴特镇常驻外科医生，政治家威廉·罗登威克·克劳瑟的父亲。

了下来。萨弗里因债入狱之后，伊丽莎于1829年2月中旬离开霍巴特，从此再也没有回来。

服刑期间，萨弗里于1829年6月至12月为《殖民时代》刊物撰写关于霍巴特生活的小品文，他以西蒙·斯蒂克利为笔名，以《范迪门地的隐士》为专栏名进行创作。这些小品文是澳大利亚最早的散文；1829年出版的这些文章成为1830年5月诽谤官司的诉讼对象。出狱后，萨弗里写下澳大利亚第一本小说《昆塔斯·赛文顿》，该小说于1830—1831年在霍巴特分三册出版。这两部作品现存极为稀有，据目前所知大概只有四五份。

接下来几年萨弗里的境况似有所好转。他于1832年6月获得假释许可证，但1833年许可证被收回，因为他卷入了另一起司法案件，其实他是无辜的。1838年初他获得有条件赦免，转而从事农业，甚至雇佣一两个仆人。之后又因欠债做假账而被捕；1840年10月，他被与伊丽莎有染的蒙塔古定罪。萨弗里被送往亚瑟港，1842年2月6日在亚瑟港长眠，死因可能是中风。

虽然萨弗里在文学方面的声望主要源于他开创了澳大利亚小说和散文的先河，但他的小品文确实富有鲜活的生命力；他的小说在某种程度上是自传，但也展现了英格兰的商业生活以及塔斯马尼亚的囚犯的流放生活。

2. 玛丽·莱曼·格里姆斯通（1796—1869）

作者：迈克尔·罗

玛丽·莱曼·格里姆斯通（Mary Leman Grimstone），作家、女权主义者，出生于英格兰或德国的汉堡城邦。其兄弟姐妹众多，至少有五个。父亲莱曼·托马斯·里德是早期美国文献目录学者。玛丽的两个弟弟——莱曼·托马斯·德丢·里德（1799—1832）和威廉·莱曼·里德（1802—1847）——在伦敦剧坛颇负盛名，而她的两个姐妹——露西和路易莎——则跟她一样拥有文学天赋。玛丽于1815年开始发表优质诗文，她的第一本小说《不列颠群山的美丽风景》于1825年出版。此前她与格里姆斯通结婚，但格里姆斯通可能于婚后不久去世。或许是这段婚姻插曲加剧了她一直以来的神经紧张。1825年下半年，玛丽乘船前往霍巴特镇，陪伴露西和她的丈夫史蒂芬·阿迪[①]，阿迪是范迪门地殖民公司的一名官员。她的第二本小说似乎是在航行途中和到达霍巴特镇后不久写成的，题为《路易莎·埃杰顿：一个关于真实生活的故事》（伦敦，1829）。如果时间假设成立，该小说称得上澳大利亚文学史上第一部小说。

玛丽坚持写作，作品有因当地景色而激发灵感的好诗，也有哀叹殖民地文化和社会礼节缺失的散文（这篇文章在当地声名狼藉），还有一部传统上与亨利·萨弗里的《昆塔斯·赛文顿》并称澳大利亚第一批小说的《女人的爱情》。1829年，玛丽回到英国。《女人的爱情》于1832年出版，书后的补充说明提出女权主义思想，使用的术语与玛丽·沃斯通克拉夫特[②]曾提出的非常相似。玛丽最好的小说有《特征：犹太人和异教徒》(1833)，书中主人公的原型是一位物理学和激进女权主义思想领域的作家，以及《克莱奥娜：关于婚姻生活的故事》(1834)，书中只有少数几处提到塔斯马尼亚岛。

大约1836年，玛丽再嫁威廉·吉利斯，一个富裕的谷物商；然而这段婚姻也不尽如人意。"吉利斯夫人"出现在利·亨特[③]的诗《女学者的狂欢》(1837)中，诗中关于她的描写暗示亨特认为她的作品乏味、单调以及充满教条主义。与玛丽交往的伦敦激进知识分子有卡罗琳·诺顿[④]、罗伯特·欧文[⑤]、威廉·詹姆斯·林顿[⑥]以及伊丽莎白·加斯克尔[⑦]，而玛丽有可能是艾尔弗雷德·丁尼森[⑧]的诗歌《公主》（伦敦，1847）中心灵公主的原型。玛丽的散文和诗歌陆续发表在各种杂志上，如一神论的《知识宝典月刊》，该刊主编

[①] 史蒂芬·阿迪(1781？—1860)，经理和银行家。
[②] 玛丽·沃斯通克拉夫特(1759—1797)，英国著名女权主义者、作家。
[③] 利·亨特(1784—1859)，英国评论家、诗人、作家。
[④] 卡罗琳·诺顿(1807—1877)，英国交际花、女权主义者、社会改革家、19世纪早中期作家。
[⑤] 罗伯特·欧文(1771—1858)，英国空想社会主义者、企业家、慈善家。
[⑥] 威廉·詹姆斯·林顿(1812—1897)，英国出生的美国风景画家、政治改革家、作家。
[⑦] 伊丽莎白·加斯克尔(1810—1865)，英国作家。
[⑧] 艾尔弗雷德·丁尼森(1809—1892)，维多利亚时期诗人、英国桂冠诗人。

威廉·詹姆斯·福克斯[1]将玛丽与简·奥斯汀[2]相提并论。

玛丽时刻关注着澳大利亚,她笔下的文字有时会表现出对殖民地人民的同情以及对殖民者的忠诚。在某种程度上,如当时马志尼[3]和其他一些人的论述方式一样,她介绍之前在殖民地的经历时带有民族主义倾向。1832年,她的妹妹路易莎嫁给亚历山大·戈尔迪[4],后者当时是范迪门地殖民公司的员工,并在随后的30年待在塔斯马尼亚岛,再之后的30年在维多利亚州度过。阿德拉·露西·莱曼是玛丽妹妹的第二个女儿,1837年回到英国,嫁给受人尊敬的医生威廉·詹纳爵士。詹纳一家在玛丽步入困窘而糟糕的晚年时,仍与她保持联系。在丈夫离开人世后,玛丽吞食杀菌剂自杀,于1869年11月4日卒于伦敦帕丁顿住宅区。

3. 查尔斯·罗克罗夫特(1798—1856)
作者:塞西尔·海德格拉夫特 J.C. 霍纳

查尔斯·罗克罗夫特(Charles Rowcroft),小说家,1798年7月12日出生,出生地可能是伦敦。罗克罗夫特是家中长子,父亲托马斯·罗克罗夫特是来自东印度的商人,后成为伦敦市议员。母亲珍妮特,父姓格斯特。托马斯曾任驻秘鲁利马的英国总领事,然而他在1824年12月被误认为玻利瓦尔革命的支持者而被枪毙。

1809年到1811年,罗克罗夫特就读于伊顿公学。1821年8月,他与弟弟霍勒斯乘坐"格蕾丝号"到达霍巴特镇,收到一份2000英亩土地的补助。这片土地位于诺伍德,即现在克莱德河旁的博斯韦尔镇往北5英里(8千米)

---

[1] 威廉·詹姆斯·福克斯(1786—1864),英国公共教师、社会改革者。
[2] 简·奥斯汀(1775—1817),英国著名女性小说家。
[3] 马志尼(1805—1872),意大利政治思想家、作家、革命家。
[4] 亚历山大·戈尔迪(1800?—1889),农学家。

处。1822年罗克罗夫特成为一名治安法官，同时也是范迪门地农业协会成员以及范迪门地银行创始股东成员。1823年，他申请辅政司的职位被拒。1824年12月，爱德华·洛德①以私通罪起诉罗克罗夫特，罗克罗夫特作为被告败诉，被罚100英镑的损害赔偿。经此一事他几乎一贫如洗，而他的土地收入低微。此时又听闻父亲死讯，罗克罗夫特于1825年9月乘坐"坎伯兰郡号"离开范迪门地，经悉尼去往巴西。托马斯·奥克利·柯林（当年3月逝于霍巴特）的遗孀和8个孩子也搭乘该船；12月16日，罗克罗夫特与柯林夫人在里约热内卢的圣塞瓦斯蒂安结婚。

而后罗克罗夫特回到英国，并于1827年买下伦敦斯特雷特姆的一所寄宿学校。之后他便开始经营《信使报》。1834年，他在伦敦出版第一部小说《殖民地的故事》（《一个移民的冒险故事——由一位前殖民地治安官编辑》）。毫无疑问它是澳大利亚第一本移民题材的小说。在长篇前言中，罗克罗夫特阐述了在殖民地占有土地的优势。小说最有价值的地方在于对一个新移民的典型经历的描述。此外还叠加着关于19世纪20年代范迪门地的黑人、丛林逃犯以及白人移民令人激动且情节生动的故事。

1845年托马斯·胡德②退休后，罗克罗夫特成为《胡德杂志和漫画汇编》的主编。1846年，他在杂志上连载第二部小说《范迪门地的丛林逃犯》，这本小说与前一部小说相比相差甚远，背景设置在范迪门地东南部的荒原。根据前言所述，他的写作目的是阻止那些相信流放是通往机会、财富和诉讼的通行证而考虑在英国进行犯罪的人。他在1846年放弃主编职位。1846年至1852年间，罗克罗夫特出版了另外五部小说，其中只有一部与澳大利亚相关，即《乔治·梅福德：一个寻找殖民地的移民》（1851）。他还著有《一个伊顿公学校友的自白》（1852）。

1852年7月1日，罗克罗夫特被任命为第一任驻美国辛辛那提的英国领事，但因与美国政府发生矛盾而被驱逐，起因是美国政府声称罗克罗夫特试图为克里米亚战争中的英国军队征用美国公民。这些针对罗克罗夫特的指控是与他持不同政见的爱尔兰人捏造出来以"搅乱和阻挠英国政府"的，

---

① 爱德华·洛德（1781—1859），海军军官、总司令，田园诗作者、商人。
② 托马斯·胡德（1799—1845），英国雕刻师，作家。

他们设下陷阱让罗克罗夫特"违反中立法"。1856年8月17日,罗克罗夫特乘坐"小天使号"离开纽约前往伦敦。他于1856年8月23日卒于航程中,死因不明,留下妻子、两个女儿以及三个儿子,他的遗孀被授予一份王室专用养老金。

4. 查尔斯·怀特黑德(1804—1862)

作者:克莱夫·特恩布尔

查尔斯·怀特黑德(Charles Whitehead),小说家,出生于伦敦,是一位富裕酒商的长子。起初他受聘为一家商行职员,但他立志此生要与文字为伍。1831年,他的诗《孤单》获得良好反响,再版时与他另一首辞藻华丽的十四行诗《我空荡荡的房间里的灯》结集出版。1833年,怀特黑德与玛丽·安·路姆斯结为夫妇。他依靠描述英国拦路抢劫强盗的生活,向期刊投稿并替出版商查普曼和霍尔编辑《小说文库》(1936)来维持生计,收入极不稳定。他为杰克·凯奇写的传记获得成功,并使他获得一个撰写连载小说的机会,由罗伯特·西摩绘制插画;但他拒绝了这个机会,并推荐他的年轻朋友查尔斯·狄更斯[1]来代替。那时狄更斯正在写作《匹克威克外传》。怀特黑德的戏剧《骑士》(1825)于1836年搬上舞台,然而他的代表作是《理查德·萨维奇——一段真实生活的传奇》(1831,1842),该小说面世后褒贬不一,推崇者一如既往地支持与赞扬,而批评者也一如既往地贬低与批评。

怀特黑德曾是马尔伯里俱乐部的一员,他与道格拉斯·杰罗尔德[2]、查尔斯·兰姆[3]、威廉·梅克皮斯·萨克雷[4]以及同时代的许多作家相识。然

---

[1] 查尔斯·狄更斯(1812—1870),英国小说家。
[2] 道格拉斯·杰罗尔德(1803—1857),英国剧作家、作家。
[3] 查尔斯·兰姆(1775—1834),英国散文家。
[4] 威廉·梅克皮斯·萨克雷(1811—1863),19世纪英国小说家。

而，尽管他著述颇丰，生活却越来越悲惨。因为酗酒，朋友们对他渐渐生厌，狄更斯对他也很冷淡。他决定搬到维多利亚的举动很可能是孤注一掷。作为别人眼中的"读书人"，他与妻子于1857年3月17日乘"黛安娜号"到达墨尔本。在那里他遇到早已熟识的理查德·亨利·霍恩[①]，还与詹姆斯·史密斯[②]、詹姆斯·尼尔德[③]医生等人成为朋友。他的朋友日后回忆时这样描述："脸色苍白，身材纤细，表情忧郁……走路时弯着腰。"怀特黑德留存的手稿虽少但字迹优美；他对标点的使用一丝不苟，在朋友们看来"几乎带着一种病态的敏感"。怀特黑德性格温和、拘谨、极其腼腆，"哪怕是一个陌生的小孩都会让他局促不安"。

怀特黑德租住在墨尔本，为《审查员》和墨尔本《潘趣》撰稿。他也是《我的笔记本》的主要撰稿人，同时也撰写戏剧短评和其他文章。《我的笔记本》刊载了他给杰克·凯奇写的书中的一个片断《詹姆斯·威尔森的自白》。自1858年2月13日开始，怀特黑德撰写另外一个作品《艾玛·莱瑟姆》(《最后时刻》)，该作品品位很高。他的韵文剧本《西班牙式婚姻》于1859年7月在《维多利亚月刊》上发表。

怀特黑德取得的小小成功并不足以使他摆脱贫困。尽管他是一个骄傲的人，也不得不找朋友们借钱，但朋友们想给他提供庇护时，他又没了踪影。他的妻子变得神经错乱，于1860年8月21日于亚拉本德精神病院因肺结核去世。怀特黑德仍旧给墨尔本《潘趣》写幽默文章，但他越发依靠酒精寻求慰藉。作为别人眼中"受人尊敬的长者"(他时年56岁)，他因被控"酒精引起的精神失常"出现在法庭上。霍恩在街上遇见怀特黑德，建议他去慈善精神病院寻求庇护，霍恩称自己在撒克里的《科恩希尔杂志》(*Cornhill Magazine*)上写了一篇文章描述他的糟糕状况，对此怀特黑德感到一种"惭愧和羞耻交织的痛苦"。

1862年年初，怀特黑德申请进入精神病院无果。在朋友们不知情的情况下，他被人发现倒在大街上，精疲力竭。他被送往墨尔本医院，于1862年7月5日，因肝炎和支气管炎逝于医院，葬在一个贫民墓里。几周后，听闻死

---

① 理查德·亨利·霍恩(1802—1884)，英国诗人。
② 詹姆斯·史密斯(1820—1910)，英国新闻工作者。
③ 詹姆斯·尼尔德(1824—1906)，英国法医病理学家、戏剧评论家、医学编辑和新闻工作者。

讯的朋友们想挖出他的遗体重新安葬，却无功而返。

5. 亚历山大·哈里斯（1805—1874）
作者：约翰·梅特卡夫

亚历山大·哈里斯（Alexander Harris）这个名字一直被认为是笔名，但现在确认是作家（1805—1874）真名。哈里斯于1805年2月7日生于伦敦，父亲是一位非英国国教①牧师、学校教师，同时也是一位珠宝商和金器商。孩童时期的哈里斯生活在温莎和伯克郡，18岁离家前往伦敦。他在伦敦当过排字工，在出版社很有前途，但他信仰无神论并开始酗酒、与下流女人为伍，参军之后又当了逃兵。哈里斯于1825年偷渡到新南威尔士，从事雪松采伐工作，他在那里的处境每况愈下，直到他笃信宗教，并在这片土地上定居下来。回到英国不久，哈里斯于1841年11月27日与青梅竹马的伊丽莎白·阿特金森结婚，伊丽莎白在婚后五周就死于肺结核；此后这个被肺结核夺去生命的美丽女子成为哈里斯作品中反复出现的原型。1842年9月，他与厄休拉·卡尔结婚，哈里斯在回英国的船上曾遇到过厄休拉的弟弟罗伯特。哈里斯与厄休拉婚后育有几个孩子。

尽管他的书中未明确表示他曾在澳大利亚以及伦敦经商，但他对自己生活经历的描述表明，截至1843年7月，他一直在伦敦贫民窟传教。1846年前，他一直在为工人阶级杂志撰写自己在殖民地的经历，并成为有关移民新南威尔士的知名权威。第二段婚姻失败后，哈里斯于1851年前往美国。他在美国的生活一部分依靠祖父给他父亲的赞助，另一部分则来自教书、传教和自由撰稿。他的家人于1858年来到美国并于1860年离开美国前往加拿大定居，而他则成了美国公民。1874年，哈里斯卒于加拿大安大略州的开普敦。

---

① 非英国国教是指英格兰地区反对英国圣公会的新教教会。

目前研究表明，哈里斯的作品最早见刊于 1846 年 8 月 8 日《人民杂志》（伦敦），上有一篇题为《新南威尔士的生活》的文章，作者署名"一只工作用假手"。1846 年 8 月 29 日，哈里斯用真名发表一篇题为《彻底废除鞭刑的理由》的文章。

哈里斯第一本也是最成功的小说是《移民与罪犯》（《一个移民机械师在澳大利亚边远地区十六年劳动之回忆录》）（伦敦，1847）。这本书分别于 1852 年在英国以及 1953 年在墨尔本再版。通过一些虚构和掩饰，小说对新南威尔士的风土人情进行了详细的描述。作为唯一一部由 19 世纪 30 年代的自由工人撰写，并真实描述新南威尔士生活的小说，具有相当高的文学和文献价值。《移民家庭》（《一个澳大利亚移民的故事 1—3》）（伦敦，1849）则更像一本小说，但明显倾向资本主义移民。此书在 1850 年再次印刷，并刊出第二版，以书中反面人物《马丁·贝克》（伦敦，1852）为名；夏洛特·勃朗特[①]认为这本书对指导当代小说和移民文学有一定的参考价值，但她断定哈里斯不是一个有创意的作家。《澳大利亚农业公司殖民地——新南威尔士斯蒂芬斯港指南》也于 1849 年出版。哈里斯的《真理的证词》（《一个无神论者的自传》）则在 1848 年匿名出版，此书的第四版（1852）标题为《一个改变信仰的无神论者的证词：〈移民与罪犯〉和〈移民家庭〉等书作者亚历山大·哈里斯的自传》。这本书给夏洛特·勃朗特留下了深刻的印象，她称其思维细致、条理清晰，也将哈里斯视为原则、情感和内心都令她钦佩的人。显然，哈里斯已经因新南威尔士、移民和基督教思想等具有一定声望。然而，夏洛特·勃朗特在私人信件中对他的评论以及同时代人一些关于他的讨论在澳大利亚本土并不被知晓，在 T. J. 怀斯和 J. A. 赛明顿的书《勃朗特姐妹》（牛津，1932）的一个脚注中，哈里斯被描述为《证词》和"现在已被遗忘的一些作品"的作者。关于哈里斯文献证据应该受到比以往更多关注，但英国对他的遗忘恰好解释了澳大利亚对他身份的质疑。

1858 年，哈里斯疑为美国《周六晚邮报》（费城）撰写一篇真正的告解连载小说，题为《基督教信仰》。这本书之所以引起澳大利亚的关注是因为哈里斯定居在加拿大的一个孙子。1961 年，此书的删节版《亚历山大·哈里斯的

[①] 夏洛特·勃朗特（1816—1855），英国小说家，诗人。

秘密，一本坦率的自传》在悉尼出版，引言作者是哈里斯的孙子格兰特·卡尔-哈里斯，序言作者则是亚历山大·休·奇泽姆①。书中引用了一段日记，但日记似乎只是连载小说的一个概要；这篇日记和其他引用的证据在重要细节方面存在矛盾之处，尤其是关于他从英国离开的细节，也没有外部证据支撑他关于入伍、逃亡到澳大利亚和获得女王赦免重返家园的故事。

在他早期的新闻写作和《移民与罪犯》中，哈里斯表现出对鞭打罪犯的强烈厌恶和对原住民的关注，尤其是对1838年洋槐溪大屠杀事件②。他还说自己为那些因为这场屠杀被判处死刑的畜牧工组织了死缓请愿。后人发现在请愿书复印件上的227个名字中，第112个就是亚历山大·哈里斯。这可以说明，尽管他没有组织请愿，但他确实有一定的社会地位，至少用的是自己的真名。

哈里斯对宗教、道德和社会问题表现出强烈兴趣，但他对政治却不太关注，他在《周六晚邮报》上的政治预言——新南威尔士将成为一个共和主义寡头政权……一个俯视普罗大众的贵族共和国——在他1858年写下时就已经被证明是错的。

6. 詹姆斯·塔克（1808—1888?)

作者：彼得·斯科特

詹姆斯·塔克（James Tucker），罪犯，被认为是作家，出生于英国布里斯托尔。尽管有传言称他曾作为天主教徒在兰开夏郡的斯托尼赫斯特学院受过教育，但1814—1821年在该校就读的那个詹姆斯·塔克出生日期为1803年8月8日。关于詹姆斯·塔克无可争议的参考资料首次出现在1826年，18

---

① 亚历山大·休·奇泽姆(1890—1977)，澳大利亚新闻工作者，鸟类学者，百科全书编纂作者。
② 1838年6月10日，一群全副武装的流放犯、前流放犯和拓居者屠杀了洋槐溪的土著，事后七名英国人在悉尼监狱被处以绞刑，这是澳大利亚历史上英国人第一次因为屠杀原住民而被处死。

岁的他因为给埃塞克斯郡利顿石的堂兄詹姆斯·斯塔尼福特·塔克送了一封恐吓信而遭到起诉。1826年3月3日，他以职员詹姆斯·罗森博格·塔克之名接受埃塞克斯巡回法庭的审判，被判有罪，终生流放。1827年2月，塔克乘坐"迈达斯号"到达悉尼，3月份被送往鸸鹋平原农业基地。1831年他成为公共工程部的囚犯。1832—1839年，塔克受聘于殖民地建筑师办公室。1833年，悉尼地方法官对他提出假释，证书于1835年6月27日发放，但于1839年因其醉酒而暂时取消。然而为了奖励塔克1840年3月在皇家酒店大火中的表现，他再次获准假释，证书于1840年9月1日由梅特兰地区发出。1844年，塔克因伪造罪再次失去假释许可证。在服刑一年后，他被转移到麦夸里港的囚犯流放地。1846年9月被聘为警长辖下一名仓库管理员。

塔克被认为在麦夸里港完成了三部作品：三幕喜剧《吉米·格林在澳大利亚》；三幕历史剧《格雷厄姆斯的复仇》，作者署名"奥托·冯·罗森博格"；以及《拉尔夫·拉什利》（《一个流放犯的一生》），作者署名为"贾科莫·迪·罗森博格"，广告宣传页上所署日期为1845年12月31日。这些作品的手稿最早由《悉尼先驱晨报》于1892年4月9日公开，作者被描述为"一个罪犯，职业是建筑师……曾因伪造罪被流放"。这些手稿似乎是由其作者遗赠给亚历山大·伯内特。伯内特曾是公路局监管人，1838—1841年担任殖民地建筑师工程部职员，在1885年去世前，他将稿件保存了近30年。《拉尔夫·拉什利》最早于1929年出版，1952年由科林·罗德里克[①]重新编辑。罗德里克主张塔克对作品拥有著作权，但并无令人信服的证据。他主要凭借内部证据（手稿在塔克手中，罗森博格确实是塔克在1826年用过的一个化名），以及麦夸里港居民查尔斯·埃德温·迪克（1875—1953）的证词。迪克年轻时从当时还健在的前囚犯那里听说了塔克的事迹（该事迹中还涉及其他三部戏剧），并在1889年仔细阅读过塔克另外两篇散文的手稿。然而，也有人认为，塔克只不过是抄袭了他人原创的作品，而且，创作《拉尔夫·拉什利》对作者的受教育水平要求较高，塔克的其他作品——如他于1826年写的敲诈信和1846年麦夸里港的官方文件——显示，其受教育水平与该书所表现的不符。除非出现新的证据，否则关于该书的著作权问题仍会引发争论。

---

① 科林·罗德里克（1894—1971），澳大利亚小说家、评论家。

1847年，塔克获得麦夸里港地区的假释许可证，但1849年因离开所在辖区被捕，随之被送往古尔本监狱。1850年3月18日，塔克再次获得假释许可证，并于1853年1月30日获得莫顿湾假释许可证。之后再也没有塔克的犯罪记录，他的行踪不得而知。有人认为他就是1866年6月11日死于利物浦精神病院享年72岁的詹姆斯·塔克；然而此人被证实是一个接受免费援助的移民，于1833年11月乘坐"爱德华—考尔松号"到达澳大利亚。另一个詹姆斯·塔克，是布里斯托尔当地人，于1888年12月29日死于悉尼的阿尔弗雷德王子医院，享年84岁。塔克1853年1月19日与路易莎·宾克斯在悉尼圣劳伦斯英国国教教堂结婚，拥有至少两个孩子：1858年11月2日生于凯尔索的瓦伦丁·凯尔索和1864年8月2日出生于悉尼的范妮。塔克在1858年为他儿子登记注册时，提供的本人出生地是布里斯托尔，年龄49岁；这些细节与囚犯詹姆斯·塔克相符。

尽管他的作者身份存疑，但这些被认为出自塔克之手的作品在澳大利亚文学史上的确占有一席之地。尤其是《拉尔夫·拉什利》，凭借其高超的创作技巧不仅具有内在的文学价值，也极具社会文献价值。

7. 查尔斯·狄更斯（1812—1870）

作者：科拉尔·兰斯伯里

查尔斯·狄更斯（Charles Dickens），小说家，1812年2月7日出生于英国朴次茅斯，海军出纳室职员约翰·狄更斯之子。母亲伊丽莎白，父姓巴罗。狄更斯的父母曾因负债在马夏尔西监狱待过[①]，他们对狄更斯漠不关心，使他接受的学校教育断断续续。狄更斯最初做法律学徒，从那时起就开始为

---

① 狄更斯12岁时，父亲因债入狱，为了生计，母亲带着最小的孩子随着父亲迁至牢房居住，狄更斯则被送到伦敦华莱士鞋油厂当学徒。

一些流行期刊无偿写稿。他所著的《"博兹"的幽默短剧》于1836年分两卷出版，"博兹"是他的笔名；《匹克威克外传》则于1837年出版。萨姆·韦勒以及匹克威克先生在世界范围内掀起了一股狂潮，产生了一大批狄更斯的追随者。远至加拿大和袋鼠岛(澳大利亚)都在举行匹克威克聚会。第一个《匹克威克外传》的盗版于1838年由塔斯马尼亚的亨利·道林[1]印刷。

1838年出版的《雾都孤儿》和1839年出版的《尼古拉斯·尼克尔贝》无疑使狄更斯声名鹊起。作为世界著名小说家、新闻工作者和公众演说家，狄更斯在小说中建构的世界深深地影响着当代作家。最初狄更斯对澳大利亚的认识仅限于奴役囚犯的场所，《匹克威克外传》中，他刻画了一个遭到流放并被送往乡下牧羊的囚犯形象——约翰·埃德蒙兹。同样，《尼古拉斯·尼克尔贝》中丑恶的斯奎尔斯先生也被送往殖民地。狄更斯对犯罪展示有着浓厚的兴趣，他从朋友亚历山大·麦科诺基[2]处了解到诺福克岛的故事。他从没忘记澳大利亚最初的监狱性质，在他最后一部小说《我们共同的朋友》中，珍妮·雷恩以流放来威胁她违法的父亲。同样，在《大卫·科波菲尔》中，利蒂莫先生和尤赖亚·黑普都被遣送到澳大利亚服刑。

1849年，狄更斯在撰写《大卫·科波菲尔》时遇到一个问题，即如何安置米考伯及其家人才能令人满意。那时他已经结识塞缪尔·西德尼[3]，西德尼当时正主张将澳大利亚作为工人阶级的移民地；狄更斯还通过西德尼·赫伯特结识了卡罗琳·奇泽姆[4]夫人。《大卫·科波菲尔》最后几个章节包含取自《西德尼的澳大利亚手册》(1848)的材料，于是威尔金斯·米考伯被视为米德尔贝港(墨尔本)最有名的移民，他获得了大量财富，荣任地方法官。与米考伯类似的有小艾米莉、佩格蒂、玛莎·恩德尔和古米治夫人。受压迫的学校教师梅尔先生为米德尔贝港的少年建立了一个学会，他的小提琴演奏和演讲术为殖民地社会提供了娱乐。

《家常话》是狄更斯创办的期刊，1850年开始发行，第一篇文章正面描述奇泽姆夫人家族殖民互助基金会。1850年之后的文章和故事则由塞缪尔·西

---

[1] 亨利·道林(1780—1869)，英国浸礼会牧师。
[2] 亚历山大·麦科诺基(1787—1860)，英国海军军官、地理学家、刑罚改革家。
[3] 塞缪尔·西德尼(1813—1883)，英国新闻工作者、作家。
[4] 卡罗琳·奇泽姆(1808—1877)，英国慈善家。

德尼提供。黄金的发现使米考伯的成功具有可能性，同时也扭转了澳大利亚作为监狱给人的印象。在《远大前程》（1861）一书中，狄更斯创作出马格韦契——新南威尔士聚敛财富的囚犯，他因财富成为一名英国绅士。

1862 年狄更斯曾考虑在澳大利亚进行一场巡回演讲，原本打算写一本旅游志《地球另一端的非商业旅行者》，但这次旅程最终没有实现。像在英国一样，他的小说在澳大利亚也被改编为舞台剧，其中最受欢迎的常备剧目是《我们的艾米莉》《老古董店》和《壁炉上的蟋蟀》。来自《家常话》和《一年到头》的文章被澳大利亚出版社大量发行，这有助于将狄更斯本人关于澳大利亚的观点加诸澳大利亚生活和社会中。

狄更斯于 1870 年 6 月 9 日去世。其子阿尔弗雷德·德奥赛·丁尼森（生于 1845 年）于 1865 年移居澳大利亚，在维多利亚哈密尔顿买下一处乡村资产，并与牲畜买卖公司进行合作。在妻子亡故后，阿尔弗雷德于 1882 年加入弟弟位于墨尔本的分公司。1912 年，在一场巡回演讲后，阿尔弗雷德卒于美国。狄更斯幼子爱德华·布尔沃·利顿生于 1852 年，于 1869 年前往澳大利亚，定居在威尔坎尼亚，成为蒙巴牧场的管理人；1880 年，他与康斯坦茨·德萨伊结为夫妇。爱德华开办了一家乡村资产和牲畜买卖公司，被选为地方议会议员，并购买了伯克附近的衍达牧场的股份，风雨不调使他损失惨重。1886 年他成为一名公务员。1889—1894 年，他在新南威尔士立法大会上担任威尔坎尼亚的代表。1902 年 1 月 23 日，爱德华卒于莫里，葬礼由一个卫斯理宗牧师主持。

8. 路易莎·安·梅瑞狄斯（1812—1895）

作者：萨莉·奥尼尔

政治家查尔斯·梅瑞狄斯（1811—1880）和作家路易莎·安·梅瑞狄斯（Louisa Ann Meredith）表兄妹暨夫妇都出生在英国。前者 1811 年 5 月 29 日出生于彭布罗克夏郡，是乔治·梅瑞狄斯①之子；查尔斯的表妹路易莎 1812 年 7 月 20 日出生于伯明翰，父亲是托马斯·特温利，母亲是父姓梅瑞狄斯的路易莎·安。

查尔斯及兄弟姐妹与父亲乘船前往范迪门地，1821 年 3 月到达。乔治·亚瑟②副总督拒绝赠予他们土地，查尔斯于 1834 年搬到新南威尔士，购买了一些羊。他用这些羊为标的与马兰比吉河地区的牧民签订合同。他还在马内卢地区的跑牛节上接受了威廉·亚当斯·布罗德里布③的股份，而后在 1838 年回到英国。1839 年 4 月 18 日，他与路易莎在伯明翰的旧艾杰巴斯顿教堂结婚。婚后，他们乘坐"利蒂希娅号"前往悉尼，于 9 月到达。查尔斯去察看马兰比吉河地区的羊，路易莎就待在巴瑟斯特。在悉尼盘桓数周后，他们搬到霍姆布什。

1840 年，查尔斯、路易莎和幼子来到塔斯马尼亚的奥伊斯特湾，其父在那里拥有坎布里亚庄园。他们则买下毗邻的一个庄园斯布林威尔，并于 1842 年 8 月搬入新居。就在此时，悉尼传来消息，称他们已丧失在"悉尼殖民地的所有财产"并破产，查尔斯无力偿还房屋贷款利息，幸而于 1844 年得到厄德利-威尔莫特④副总督的支持，被指定为索雷尔港的治安法官。1848 年，查尔斯辞职，带着妻子和三名幼子回到坎布里亚庄园，租下他父亲的一部分产业。1858 年，查尔斯搬到奥福德的马鲁那，1879 年 7 月起开始担任朗塞斯顿的治安法官。

在第一届地方议院，查尔斯获得格拉摩根的一个席位，尽管他在 1860 年 9 月因为健康状况获准休假，但其席位一直保留至 1861 年 6 月。他相继在 1861—1862 年代表霍巴特镇，1862—1866 年代表格拉摩根，1866—1871 年代表金伯勒，1871—1876 年代表西德文郡，1876—1877 年代表诺福克平原区，最后在 1877—1879 年再次代表西德文郡。他分别于 1857 年 2 月至 4 月及 1863 年 1 月至 1866 年 11 月在托马斯·乔治·格雷格森⑤内阁和在詹姆斯·

---

① 乔治·梅瑞狄斯(1777—1856)，英国移民，查尔斯·梅瑞狄斯的父亲。
② 乔治·亚瑟(1784—1854)，士兵，殖民地管理者。
③ 威廉·亚当斯·布罗德里布(1809—1886)，英国田园诗作者、政治家。
④ 约翰·厄德利·厄德利-威尔莫特(1783—1847)，范迪门地副总督。
⑤ 托马斯·乔治·格雷格森(1798—1874)，政治家。

怀特①手下担任库政司；1872 年 11 月至 1873 年 8 月，在弗雷德里克·马特兰·英尼斯②手下担任土地和工程部长；1876 年 7 月 20 日至 1877 年 8 月 9 日在托马斯·雷贝尔③手下担任库政司。1875—1876 年，他的职务是委员会主席。1879 年 6 月，他因心脏病辞职。作为自由贸易的倡导者，他在保护当地动植物资源方面也非常积极，并引进法案以保护黑天鹅。1880 年 3 月 2 日，查尔斯在朗塞斯顿去世。为了纪念他，塔斯马尼亚西北部一座山脉和霍巴特地区一个公共喷泉都以他的名字命名。

路易莎的教育主要由母亲负责。她在伯明翰长大，在 1832 年《改革法案》出台的骚乱中，她学会了"在宗教和社会问题上独立思考和大胆表达自我"；接着她在报纸上发表文章支持宪章派。1835 年她的第一本诗集问世，插图的设计和蚀画由她独自完成。步入婚姻殿堂的最初几年里，她依旧勇敢无畏地继续写作和画图，并开始关注殖民地生活和丛林动植物研究。路易莎在伦敦出版了《新南威尔士速写》（1844）；她直率的评论在悉尼引起强烈反响和愤怒之情，但该书作为"默里殖民地和家庭藏书系列"之一得到广泛阅读。1850 年 2 月，她完成两卷本的日记体指南书：《我在塔斯马尼亚居住的九年》。《海峡彼岸：维多利亚之旅》于 1861 年面世。她还写了一些小说。两卷本的《菲比的母亲》（1869）最初以《艾巴》为题于 1866—1867 年在《澳大拉西亚人》上连载；《塔斯马尼亚人的朋友和敌人——天上飞的、地上跑的、水里游的：乡村生活的家族史》（1880）中有她自己绘制的整页彩色插图。《内利》（《寻找美丽的珍珠》）于 1882 年发表。1842 年至 1891 年间，她创作了七本诗集，其中《塔斯马尼亚的丛林朋友：终章》获奖，尤其是在 1866 年的墨尔本展览上。1884 年，塔斯马尼亚政府因为她对殖民地的"杰出的文学和艺术贡献"授予她 100 英镑的养老金。

在人生的最后几年，路易莎由于坐骨神经痛无法正常行走，一只眼睛也失明。19 世纪 90 年代初期的银行倒闭使她原本微薄的收入损失巨大。1893 年她在写给亨利·帕克斯④爵士的信中苦涩地说："我的生活已经一团糟

---

① 詹姆斯·怀特（1820—1882），田园诗作者、政治家、公务员。
② 弗雷德里克·马特兰·英尼斯（1816—1882），新闻工作者、非神职传道者、农场主、政治家。
③ 托马斯·雷贝尔（1821—1912），牧师、农场主、政治家。
④ 亨利·帕克斯（1815—1896），政治家，新闻工作者。

了——我的回忆大多都是憾事。"但是她给公众留下的印象却是活泼欢快的。她为家庭付出很多，多年来一直负担家里缝缝补补的琐事。写作之余，她还研究植物、昆虫、海草和塔斯马尼亚东岸的鱼类。她是防止虐待动物协会的积极成员，也是塔斯马尼亚皇家学会的荣誉会员。"因为涉猎广泛"，她是一个非常健谈的人；约瑟夫·杰斐逊[1]曾在霍巴特政府大厦见过她，给出的评价是："可媲美舞台上的范妮·肯布尔[2]，可胜任讲台上的莎士比亚解说员。"她的作品显示，她成功地成为殖民地生活"机敏而有教养的"观察者。她的文字，尤其是那些关于自然环境和国内状况的文字，被许多同时代的人称赞为最可靠、最切合实际的描写，也被视为社会历史学家珍贵的资料来源。"情感上是诗人，本能上是艺术家，在环境的作用下则成为一名博物学家、敏锐的植物学家、自然风景的狂热爱好者"的路易莎1895年10月21日于维多利亚的科灵伍德去世，留下两个儿子。

9. 玛丽·特丽萨·维达尔（1815—1873）

作者：J.C. 霍纳

玛丽·特丽萨·维达尔（Mary Theresa Vidal），作家，1815年7月25日在英国德文郡托灵顿行洗礼，是威廉·查尔斯·约翰逊和妻子玛丽·特丽萨（娘家姓弗斯）的长女。玛丽·特丽萨·弗斯的母亲伊丽莎白是约书亚·雷诺兹爵士的妹妹。威斯敏斯特大教堂的执事长查尔斯·惠灵顿·弗斯以及古典文学学者暨《爱奥尼卡》的作者，后世称为科瑞的威廉，都是玛丽的兄长。1835年4月25日，玛丽在艾德福特嫁给托灵顿的副牧师和牙买加种植园主的后代弗朗西斯·维达尔牧师。考虑到丈夫的健康状况，玛丽和家人乘坐

---

[1] 约瑟夫·杰斐逊(1829—1905)，美国演员。
[2] 范妮·肯布尔(1809—1893)，英国著名女演员，同时也以写作戏剧、诗歌和回忆录著称。

"格雷伯爵号"去往悉尼,于1840年2月到达。弗朗西斯担任彭里斯的教区牧师,并在1845年携家人重返英国,继威廉姆·科瑞之后担任伊顿公学的导师。弗朗西斯和玛丽育有六个子女。他们的独生女伊丽莎白·特丽萨(莉莉)1841年出生于新南威尔士,1861年8月嫁给爱德华·斯通。斯通是伊顿公学的古典文学教师,后来成为斯通豪斯学校的校长;莉莉和斯通的第七个孩子婚后全名是费思·康普顿·麦肯齐,她在自传《我的勇气极限》(伦敦,1938)中简单描述了她的外祖母维达尔夫人的一生。

维达尔夫人在澳大利亚完成第一本知名作品《丛林故事》(悉尼,1845)。起初小说分为八个小节发表,后来得以结集出版;该书在伦敦至少有五个版本。全书以小中篇的形式构成系列故事,每个故事精心建构,分成若干小章节。这些故事皆具说教性质和高度教育意义,试图鼓励社会底层接受自我认可、安息日仪式和憎恨罪恶的基督教美德。故事内容与澳大利亚毫无关联,故事主题和风格反映出英式教育而非澳大利亚对她的影响。

维达尔夫人的第二本与澳大利亚相关的作品《卡布拉马塔商店》以新南威尔士的尼平地区为创作背景,该书最初作为《卡布拉马塔和兀里农场》(伦敦,1849)的一部分出版。《卡布拉马塔和兀里农场》的另一部分内容是一篇短篇小说《兀里农场》,创作背景为英国。该书出版所得报酬被提供给悉尼主教作为教堂基金。《卡布拉马塔商店》的副标题是《一个关于丛林的故事》,与其称之为小说,倒不如说它是一系列反映作者在澳大利亚所处之地的发展和环境状况的全景图,主要讨论当地学校、家庭和教堂生活,顺带介绍了关于丛林居民、干旱状况和丛林大火等耸人听闻的内容,这些内容后来成为早期澳大利亚作品的主要描写对象。

维达尔夫人的第三本澳大利亚小说《焰火》(《不久之前》)(伦敦,1860),于亨利·金斯利[①]的《杰弗里·哈姆林回忆录》出版一年后发行。该书序言中作者提到,与同主题的作品相比,"那些新近出现的作品是色彩浓烈的油画",而她的描写更像"平凡而色彩单调的素描"。《焰火》共分两卷,其长度足以让情节充分展开。在变化迅速的殖民地中,维达尔夫人打算"抓住这些变化中的一幕——一个独有的环境、希望、恐惧、邪恶与欢乐转瞬即逝的阶

---

① 亨利·金斯利(1830—1876),小说家,在澳大利亚生活5年,部分作品以澳大利亚为背景。

段"。故事发生在新南威尔士悉尼正北方一个虚构的小镇，在描述牧场生活时，她借鉴了许多早期移民小说的惯用手法，甚至创作了无辜受害者沦为丛林逃犯的情节。尽管较其之前的作品，这本书对澳大利亚的生活更为强调，但是，书中人物的英式生活方式痕迹明显。

1873年11月19日，维达尔夫人于英国萨福克萨顿市去世。她的重要性在于她是澳大利亚早期的女性小说家。她还出版了另外八部英国小说，亚瑟·埃弗雷特·希普利[①]称其为"卓越的女性作家"。对于学习澳大利亚文学的人而言，其作品历史性重于小说性。

10. 安东尼·特罗洛普（1815—1882）

作者：R. B. 乔伊斯

安东尼·特罗洛普（Anthony Trollope），小说家、公务员，1815年4月21日出生于伦敦拉塞尔广场，是律师托马斯·安东尼·特罗洛普和小说家弗朗西丝（父姓米尔顿）之子。特罗洛普曾在温彻斯特学院和哈罗学院求学，1834年成为邮局职员，1841年作为邮局检验员被调往爱尔兰。1844年6月11日，特罗洛普在约克郡的罗瑟勒姆与罗斯·赫塞尔廷成婚。1843年，他开始通过写作来贴补家用；1868年从邮局退休。

1871年5月24日，特罗洛普夫妇离开利物浦，乘坐"大不列颠号"前往新南威尔士格伦费尔附近莫特雷的一个农场探望儿子弗雷德里克。特罗洛普对大英帝国面临的问题很有兴趣，于是他联系出版商计划创作一本关于澳大利亚殖民地的书。在两个月的航程中，他完成了一本小说，后以《安娜小姐》（伦敦，1874）为名出版。这本小说于1873年5月开始在《澳大拉西亚人》上连载。但是，1871年7月27日抵达墨尔本时，他已经小有名气，随后开始

---

① 亚瑟·埃弗雷特·希普利（1861—1927），英国动物学家、剑桥大学副校长。

为期一年的密集旅行。1872年8月，特罗洛普抵达昆士兰；10月，参观了新南威尔士的加尔贡和巴瑟斯特。在悉尼，他加入了议会；12月7日，有证据显示立法大会选举成立公共事务委员会时，特罗洛普反对赞助制度，极力主张进入委员会应通过考核。在墨尔本，他给3000名仰慕他的读者做了一场题为《作为一种理性消遣的英语散文小说》的讲座。

在频繁参与公众事务、不时热情接待客人和不断旅行的间隙，特罗洛普开始创作。1871年12月23日，他以一系列信件形式对殖民地进行评论，伦敦的《每日电讯报》发表了这些信件，作者署名为特罗洛普的笔名"安蒂波狄恩"。1872年1月，他在塔斯马尼亚对政府为亚瑟港监狱的罪犯提供娱乐设施大加赞扬。同年2月他参观了维多利亚的吉普斯兰，4月至5月间前往西澳和南澳。他给他的女房东之一、珀斯的E.兰道夫人寄送了一本特殊装订题刻的《克莱夫林一家》（伦敦，1867）。7月，他乘坐"马其顿号"离开澳大利亚，前往新西兰，逗留两月。

特罗洛普回到伦敦后，他给了查普曼和霍尔出版公司1100页手稿。1873年，他的《澳大利亚与新西兰》出版；乔治·罗伯逊[①]为该书定制了澳大利亚版；这本书还被分开出版。《澳大利亚与新西兰》在《澳大拉西亚人》上连载后，观众的反响毁誉参半。特罗洛普自己认为"一定是因为由一个旅行者匆匆写成，难免不够精确……"威廉·比德·达利[②]1873年3月31日在《悉尼先驱晨报》上褒扬了书中关于新南威尔士的内容："他在我们身上看到的全是美好。"达利"惊异"于特罗洛普这位"颇具技巧的叙述者具有甜美女性的特质，甚至能够契合少女的奇思妙想。他对任何运动都怀有热情，捕鱼、打猎，甚至为了观察原住民以矛叉鱼不惜跋山涉水（这是短评作者达利一年前亲眼见到的情景）"。

特罗洛普1875年再次来到澳大利亚，给《利物浦水星报》写了20封信，这些信在布拉德福·艾林·布斯[③]《不知疲倦的旅行者》（伯克利，1941）中再版。他在两本小说中直接展现了他在澳大利亚的经历：《甘高伊尔的哈利·希思科特》（1874）和《约翰·卡尔狄盖特》（伦敦，1879），这两本书比他的旅

[①] 乔治·罗伯逊(1825—1898)，英国书商、出版商。
[②] 威廉·比德·达利(1831—1888)，澳大利亚爱国主义者、学者和政治家。
[③] 布拉德福·艾林·布斯(1909—1968)，美国学者，主要研究19世纪文学，尤其是小说。

行作品深刻,其中包含对殖民地生活道德价值感的剖析。1882年12月6日,特罗洛普在伦敦因瘫痪中风去世,葬于肯瑟尔绿色公墓,身后留下妻子和两个儿子。他的《自传》于1883年出版。

11. 约翰·朗(1816—1864)

作者:约翰·厄恩肖

约翰·朗(John Lang),律师、小说家,1816年12月19日出生于悉尼,是商人、探险家沃尔特·郎和妻子伊丽莎白(父姓哈里斯)的次子,也是遗腹子。伊丽莎白是詹姆斯·拉腊①"生于殖民地"的侄女。伊丽莎白再嫁艾斯菲庄园的约瑟夫·安德伍德②,朗在那里度过了童年时期,接受家族朋友威廉·布兰德医生③对其早期教育的指导。朗后来就读于威廉·蒂莫西·凯普④管理的悉尼学院,并成为那里最杰出的学生之一。1835年,朗出版了《贺拉斯的第一讽刺诗》译本,并以此献给凯普。1837年3月,朗来到英国,次年被剑桥三一学院录取,但很快便因创作了一篇亵渎神灵的"古怪的祈祷文"而遭到开除。随后他在中殿律师协会学习法律,1841年6月进入律师行业。1839年2月,他与约克郡韦克菲尔德的露西(父姓彼得森)成婚。在妻子的陪伴下,1841年10月,朗乘坐"坎纳威淑女号"回到新南威尔士,成为最高法院的大律师。他的第二个孩子11月在艾斯菲公园出生,这是他唯一的儿子。

朗迅速融入殖民地的社会和政治生活中,但作为刑满释放犯的家人,他在某些圈子内不完全被接受。詹姆斯·希恩·道林⑤从伦敦写信给他担任悉

---

① 詹姆斯·拉腊(1749—1839),犹太人,刑满释放犯、商人。
② 约瑟夫·安德伍德(1799—1833),英国商人,猎捕海豹的行家。
③ 威廉·布兰德(1789—1868),英国医师从业者、政治家。
④ 威廉·蒂莫西·凯普(1806—1863),威廉·凯普(1773—1847)的长子。
⑤ 詹姆斯·希恩·道林(1819—1902),英国法官。

尼首席法官的父亲说，"朗在殖民地待下去……你会发现他是一个聪明的家伙。但有点麻烦，他的家庭关系在某种程度上有碍他的前程，会成为他成功路上的绊脚石；他娶了一个家世非常好的妻子，她也许能帮他摆脱困境"。朗于1842年2月的一次公开演讲中不恰当地反对代议制政府，4月19日，他带着妻儿乘坐"纳波博号"离开悉尼前往加尔各答。他的离开很可能与他写了一本罕见的小说《澳大利亚传奇》有关，这部小说在1月到3月之间被分成几部分在悉尼匿名发行。

1845年前，朗在加尔各答作为律师从业，第二年他去了密拉特，创办一份名为《乡巴佬》的报纸，并于1849年成为独资经营者和编辑。在他的领导下，《乡巴佬》成为印度最重要的报纸之一。他的两本小说《聪明绝顶》和《无比相似》（《三本日历》）于1853—1854年在《乡巴佬》的专栏连载发表。朗仍在继续自己的法律事业，为军队承包商阿朱迪亚·佩沙德和詹西女王出庭，借助于这两个案件，他获得大量的酬金和礼物。朗于1852—1853年和1854—1859年前往英国。他将自己的时间贡献给文学，他在欧洲到处旅行，在伦敦戏剧界和文学界交到很多朋友。朗投稿的期刊包括查尔斯·狄更斯的《家常话》和《一年到头》《弗雷泽杂志》《泰晤士报》和《环球杂志》等。朗出版了九部长篇小说、一部短篇小说集和一本旅游志《印度漫游记》（伦敦，1859）。其中只有两部作品涉及澳大利亚背景：其一，《造假者的妻子》（1855），这本书的情节几乎与《澳大利亚传奇》中的"查尔斯·弗雷德里克·霍华德"的故事如出一辙；而另一本《植物湾》（《早期澳大利亚的真实故事》）（伦敦，1859）几乎是以小说的形式真实地记录了殖民时期的人与事，被视为朗对澳大利亚文学的重要贡献。尽管他的妻子年寿长于他，也未发现他们的离婚记录，然而朗于1861年5月在穆索里娶了玛格丽特·韦特。1864年8月20日，朗逝世于穆索里，葬于英国人公墓。

郎的小说情节夸张而平庸，但写自己青年经历的作品除外。在稍晚于他的同代人看来，尽管存在一些人性弱点，朗知识渊博、记忆力惊人、才华横溢。因为狭隘的社会偏见，澳大利亚损失了一位最杰出的子民，也失去了第一位土生土长的小说家。

12. 弗里德里希·戈斯泰克（1816—1872）
作者：莱斯利·波利

弗里德里希·戈斯泰克（Friedrich Gerstaecker），作家、旅行家，1816年5月10日出生于德国汉堡，歌剧演唱家老弗里德里希·戈斯泰克之子。他年轻时进入政府部门工作，后来开始到处旅行。1837年，戈斯泰克移民美国，在那里过着"狂放而冒险的生活"，1843年回到德国，成为旅游书籍作家。关于美国生活的小说为他在德国赢得名气之后，戈斯泰克开始描写自己的真实经历，也撰写移民指南一类的书籍。1849年，戈斯泰克从南美前往加利福尼亚的金矿区，并从那里借道南海①群岛到达澳大利亚。1851年3月，他到达悉尼，搭乘长途汽车前往阿尔伯里，并试图划着自制的独木舟沿墨累河而下。沉船后，戈斯泰克漂流了700英里（1127千米）到达阿德莱德，这是他一生中"最为刺激和危险的征途"。他参观了南澳的德国拓居地，但是，8月传来发现金矿的消息，他急匆匆赶回悉尼和巴瑟斯特的金矿区。之后戈斯泰克去往荷属东印度群岛，1851年又回到德国，成为作家和记者，先后居住在莱比锡、哥达、科堡、德累斯顿和不伦瑞克。1860年至1861年，他待在南美，观察那里的德国移民。第二年，他前往埃及和阿比西尼亚②；1867年至1868年，他开始了第四次旅程，途经美国、墨西哥、厄瓜多尔和西印度群岛。1870年，他成为一本流行期刊的战地记者。1872年5月31日，戈斯泰克去世。

戈斯泰克著作等身。第一版四十三卷的《著作集》并不完整。他的小说和

---

① 南海，这里指太平洋赤道以南的部分。
② 阿比西尼亚是非洲国家，埃塞俄比亚的旧称。

故事是基于自身经历和对旅游书籍的广泛阅读，简单描述了遥远国度激动人心的冒险，也包含很多民族志和地理学知识。书中人物刻画是素描式的，对异域环境的描写也缺乏细节。他的书籍在德国取得成功大部分是因为书中所体现的广阔的外部世界与自由状态迥异于德国生活中狭隘的乡土观念。

越来越多的德国人移居澳大利亚可能是引起戈斯泰克对澳大利亚大陆兴趣的引子。1849年，他编写了一本关于澳大利亚的手册，《南北澳大利亚：移民手册》，目标读者是打算移民澳大利亚的德国人。他的《环游世界的故事》（斯图加特，1853—1854；英译本，伦敦，1853），生动描述了他在澳大利亚的探险。戈斯泰克最受欢迎的澳大利亚小说是《两个囚犯》（1856；也译为《两个罪犯》，1857）和《在丛林里》。前者是关于一个正义的丛林逃犯的冒险故事，从1859年10月到1860年3月在《审查者和墨尔本新闻周刊》上连载；后者的故事背景是悉尼附近的金矿区。两本书都涉及他认为在澳大利亚背景下耐人寻味的问题：罪犯之间的复杂关系、丛林逃犯、本地人和自由移民、德国移民在澳大利亚的命运和金矿区令人兴奋的生活。他的许多其他作品，比如《蓝水》（1858）、《群岛》（1860）和《在棕榈和山毛榉下》（1865）都有澳大利亚背景。戈斯泰克的书被翻译成多种语言，他的一些小说的现代版在德语国家至今仍是年轻人喜爱的读物。

13. 威廉·查尔斯·威尔克斯（1816—1873）

作者：罗斯林·巴克斯特

威廉·查尔斯·威尔克斯（William Charles Wilkes），记者、编辑，可能出生于英国萨里郡。父亲安德鲁·罗伯逊·威尔克斯，据称是东印度公司的负责人，母亲玛丽·克里斯马斯，父姓伯特。1833年，威尔克斯受聘为助理记账员期间，伦敦中央刑事法院认定他"从某住宅"偷窃11英镑12先令，判处他终生流放。1833年11月21日，他搭乘"涅瓦号"到达悉尼，在那里的工作可能是警局的信差。1839年，他提供了对亨利·威尔逊①上校不利的证据，上校的罪名是差遣警察以图私利。1841年，威尔克斯被派到詹姆斯·伯内特②的探险队，任务是往北沿大分水岭探险，直到莫顿湾。他成了伯内特的监督员，表现得到称赞。1843年2月3日，在获得伯内特的假释许可证后，威尔克斯仍留在其身边帮助调查里士满河和克拉伦斯河。接着，他在海里顿牧场为詹姆斯·坎宁·皮尔斯工作；那里发生了一次与原住民的小规模战争，威尔克斯以笔名"詹姆斯·阿娄史密斯·科德韦纳"写下一篇讽刺叙事诗《原住民的突然袭击》。这首诗巧妙地讽刺了当地的牧场主，这是关于威尔克斯自由政论和轻松诙谐感的最早证据。1846年12月17日，他与凯瑟琳·康诺利在布里斯班结婚。

在被G.S.布里顿聘为店主期间，威尔克斯为《莫顿湾信使报》撰稿，并在1848年至1856年间担任编辑。他成为社区中受人尊敬的一员，也证明自己是一个有能力的正直记者。他反对再次向莫顿湾引进流放劳动力，支持改进公共教育，为莫顿湾与殖民地的分离做斗争。在运动中，他以《莫顿湾信使报》为阵地，筹集莫顿湾与原殖民地分离所需经费，这个举动在财政上可行。他收集的数据准确细致，后来颇受威廉·库特③称道。《悉尼先驱晨报》反对莫顿湾的分离，威尔克斯坚持与之斗争。1864年，当他再返布里斯班时，伊普斯维威奇的《昆士兰时代报》这样评论，"在布里斯班，有一位绅士，他在事业最无望的日子里的作为也许比约翰·邓莫尔·朗④博士还要多，因为他说的话都实现了"。布里斯班的市民领导者和议员赠予威尔克斯一个银杯和一百基尼以示表彰，庆祝仪式于麦克亚当的元首酒店进行。

威尔克斯身高只有5英尺3英寸（160cm），但颇受欢迎，人又随和，有一种辛辣的诙谐感。他的本性似乎并没有因为早年的不幸而有所改变。1856年离开《莫顿湾信使报》后，威尔克斯前往悉尼，加入弗兰克·福勒⑤、理查

---

① 亨利·威尔逊生卒年不详，1832—1841是其得势时期，营房指挥者，治安法官。
② 詹姆斯·伯内特（1815—1854），英国勘测员、冒险家。
③ 威廉·库特（1822—1898），英国工程师、建筑师、新闻工作者、小册子作者、政治组织者和养蚕业者。
④ 约翰·邓莫尔·朗（1799—1878），英国长老会教士、政治家、教育家、移民组织者、历史学家、人类学家、新闻工作者、囚犯等。
⑤ 弗兰克·福勒（1833—1863），英国新闻工作者、作家。

德·罗①、詹姆斯·莱昂内尔·迈克尔②和约瑟夫·摩尔③的文学圈。他撰写连载小说《查尔斯·沃顿》(《澳大利亚的丛林生活》),由《月刊》(当时由摩尔编辑)刊出,但因为该杂志停刊,小说在刊行六章后匆匆结尾。威尔克斯逝世后,摩尔在其担任编辑的《塔姆沃思新闻报》上以自己的名义发表了《查尔斯·沃顿》六个章节的加长版。1878 年,摩尔在《悉尼大学杂志》上发表了这个故事。悉尼《新闻晚报》指责摩尔剽窃,摩尔宣称自己拥有全部著作权,但他的驳斥只在杂志的广告版面发表,因此没有与报纸合订本一起保存下来。

1857 年,威尔克斯成为悉尼《潘趣》④的编辑,尽管这本杂志受到乔治·巴顿⑤的赞扬,它还是只办了四期便停刊。他还为《澳大利亚时代》撰稿;1858 年,他为《悉尼快报》撰稿。1859 年至 1873 年,威尔克斯加入塞缪尔·班尼特⑥的《帝国》。在此期间,据说他曾当过一段时间的编辑;1872 年至 1873 年,威尔克斯写过一个每周专栏《悉尼浪子》,这是一个对本地和国外当前事件进行生动实况报道的专栏,也是一个表现他的机智和宽广的人文主义关怀的优良载体。他还为班尼特的其他出版物撰稿,如《澳大利亚城镇和乡村杂志》和《新闻晚报》。1865 年,因未能支付房租被关押在达令赫斯特监狱后,威尔克斯自愿从出租房搬出;他声称连续的重病使他无法从"不稳定的职业"中获得收入。威尔克斯于 1873 年 5 月 13 日在圣文森特医院因大脑软化去世,葬在坎珀当公墓,葬礼上没有举行宗教仪式。他去世时,妻子和三个女儿尚在人世。

---

① 理查德·罗(1828—1879),新闻工作者、家庭教师。
② 詹姆斯·莱昂内尔·迈克尔(1824—1868),英国诗人。
③ 约瑟夫·摩尔(1828—1891),教师、政论家、文人。
④ 《潘趣》是威尔克斯编辑的一本短命讽刺杂志,之后出版的悉尼《潘趣》(1864—1888)是一本幽默讽刺杂志,在悉尼出版。和墨尔本《潘趣》(1855—1925,1900 年之后改名为《潘趣》)一样,都是模仿伦敦的《潘趣》(1841—1992,1996—2002)。
⑤ 乔治·巴顿(1836—1901),澳大利亚律师、新闻工作者、历史学家。
⑥ 塞缪尔·班尼特(1815—1878),报纸业主、新闻工作者、历史学家。

14. 伊莉莎·奥弗莱厄蒂（1818—1882）

作者：N.M. 罗宾逊

伊莉莎·奥弗莱厄蒂（Eliza O'Flaherty），父姓温斯坦利，出生于英格兰，是威廉·温斯坦利和伊莉莎的长女，母亲父姓芬奇。她同家人于1833年5月来到新南威尔士。1834年10月31日，奥弗莱厄蒂在悉尼巴奈特·列维[①]皇家剧院的情节剧《克拉莉》（又名《米兰的女仆》）中担任主演，首次登台演出。其父是剧院的布景画家，她因而获得此次演出机会。她的妹妹安（生于1825年）也在该情节剧中出演。

评论界很快便发现了奥弗莱厄蒂出色的表演天赋、独特的嗓音和富有感染力的表达方式，这些弥补了她表演经验的匮乏和表演技巧的瑕疵。她早年出演了许多不同角色，但很快观众便发现，她终究只是一名话剧和悲剧演员。1835年12月，奥弗莱厄蒂出演朱丽叶，并于1838年3月在维多利亚皇家剧院刚成立时出演苔丝狄蒙娜。她的妹妹安作为一名受过专业训练的音乐家，凭借演唱和舞蹈大受欢迎。1840年11月，安被维多利亚皇家剧院聘用，1841年结婚，成为西曼乃斯太太，此后多年仍然是一名非常受欢迎的演员。

1841年2月，奥弗莱厄蒂在圣詹姆斯教堂与剧院管弦乐队的乐师亨利·查尔斯·奥弗莱厄蒂成婚。同年5月，亨利在奥弗莱厄蒂的帮助下获得首次演出机会。下半年，奥弗莱厄蒂出演波西亚、麦克白夫人等其他角色，毫无争议地成为南半球最闪亮的顶级明星。由于与维多利亚剧院管理层多次产生分歧，她和丈夫离开后加入霍巴特和朗塞斯顿剧院，在那里也获得成功。1842年，他们回到悉尼，在新建立的奥林匹克剧院担任主演，他们竭尽全力

[①] 巴奈特·列维（1798—1837），商人、戏剧导演。

维持管理，直到5月份剧院关停。奥弗莱厄蒂曾经出演《理查德三世》，震惊四座。奥弗莱厄蒂回到维多利亚剧院，并于8月在亨利专门为其创作的《瓦卢瓦王朝的伊莎贝尔》（又名《纳瓦拉的暴君》）中担任主演，此后她多次在悲剧和情节剧中担任主演。

1846年4月1日，奥弗莱厄蒂夫妻前往英格兰。在那里，奥弗莱厄蒂在很多地方出演莎士比亚剧中角色，并在伦敦公主剧院演出过一个短剧。1848年她前往美国并在纽约、费城等城市剧院表演。重回伦敦后，她在查尔斯·基恩①的陪同下，在公主剧院主演莎士比亚戏剧及其他剧目长达九年。她还数次在温莎城堡为女王表演。

大约1854年，亨利去世后不久，她开始了自己的第二事业——作家。她的第一本书《戏剧生活回忆》于1859年在伦敦出版。1860年她以笔名阿尔勒在《悉尼邮报》发表连载小说《苦与乐，世界即如此》。她开始倾注更多时间写作，最终于1864年放弃戏剧事业。她大部分小说以伊莉莎·温斯坦利夫人为笔名发表在《伦敦杂志》上，还有一些连载在《迪克斯英文小说》。1865年，她成为《伦敦杂志》副刊《家庭阅读小说》周刊的编辑。有些作品主题来自她的演艺生涯，比如《德斯莫洛》（《红色的手》）（1866）和《入口和出口》（1868）中，还有她关于澳大利亚的回忆。关于澳大利亚的作品有《霍克悬崖的女主人》（1864）、《二十根稻草》（伦敦，1864）、《一切都会好》（伦敦，1867），还有《写在有生之年：1830年的故事》（1876）。尽管离开澳大利亚30多年，她仍然写到自己对澳大利亚有很多美好的回忆。1880年，她回到澳大利亚。1882年12月2日，她在悉尼死于糖尿病和过于劳累，葬于威弗利公墓。

伊莉莎·温斯坦利的小说仅供满足读者好奇，但她的舞台和文学活动显示了她极具天赋而又精力充沛。尽管曾有一段时间，有人认为她并非地道的澳大利亚人，但是她在澳大利亚开始了自己的事业，也是第一个在海外获得成功的澳大利亚女演员。

---

① 查尔斯·基恩（1811—1868），英国演员。

15. 托马斯·马克比（1819—1869）

作者：费格斯·法罗

托马斯·马克比（Thomas McCombie），记者、商人、政治家，出生于苏格兰阿伯丁郡特里夫，查尔斯·马克比和安娜·布莱克之子。马克比于1841年4月抵达墨尔本，并开始尝试经营农场。1844年至1851年，他担任《菲利普港公报》的编辑和合伙人。1853年1月1日，开办周刊《改革者》，但维持时间不长。1844年10月16日，马克比在苏格兰教堂和伊丽莎白·威利斯成婚。

1846年至1851年，马克比代表伯尔克选区出席墨尔本市政会议，并担任卫生委员会主席。1846年6月，他在议会中提议向女王陛下请愿撤销副总督查尔斯·拉筹伯①的职位。同年8月他主持一场大型公众会议，提出类似的建议。1848年，他在选举亨利·乔治·格雷②伯爵为菲利普港代表参加悉尼立法议会中起到很大作用。

发现金矿后，马克比搬到亚历山大矿区，是他让公众注意到矿工的不满。菲利普港即将划分出去时，他在吉尔默竞选中失利。1856年，他被选举为南部省立法议会成员，并于1858年3月成为约翰·奥沙南希③内阁的一名部长，但没有实权。他在议会的事业比表面上看起来更加稳固。他还提议综合移民体系的资金应由土地征用费用而不应由公共税收负担。马克比提出将托伦斯地区纳入维多利亚，并提倡在殖民地就混乱的土地价格、邮政事业、异族人本土化、军事建筑和灯塔、铁路、关税和消费税进行立法。奥沙南希

---

① 查尔斯·拉筹伯(1801—1875)，警司司长、副州长。
② 亨利·乔治·格雷(1802—1894)，政治家。
③ 约翰·奥沙南希(1818—1883)，政治家，商人。

内阁于 1859 年 10 月 27 日解散。

马克比同家人一起回到英国,继续积极参与殖民地事务。他在一次有阿尔伯特亲王(维多利亚女王的丈夫)参加的会议上向英国协会宣读了一篇关于原住民的文章,还向社会科学协会宣读了一些关于刑罚处分、黄金和殖民化的文章。1866 年 2 月,他乘坐"韦尔兹利号"回到墨尔本。马克比参选南部省立法议会,但未获成功。1868 年 3 月,他代表南吉普斯兰当选立法议会委员。1869 年,他和家人乘坐"塔尔伯特号"前往伦敦。同年历尽磨难的马克比在苏格兰辞世,享年 50 岁。他的妻子和四个孩子中的两个女儿还在世。

马克比与维多利亚苏格兰协会、墨尔本天然气公司、澳大利亚商业银行和维多利亚普威盾协会的成立关系密切。他的著作中有两部描写性小说《阿拉宾》(《新南威尔士一位殖民者的历险》)(伦敦,1845)和《弗兰克·亨利》(《诚实至上》)(伦敦,1868)。这两部小说反映了当时维多利亚的生活,虽平淡无奇,但他被称为最早将澳大利亚读者而非英国读者作为目标读者的澳大利亚作家之一。他对殖民地以及殖民地所存在的问题充满热情,但他只是像一名记者一样,提出各种想法和新颖的建议,而不是采取实际行动。"嘉利欧文"称马克比为"蠢驴"和"愚蠢贝利",并且说"如果不是他的狡猾和偶尔的灵光乍现,这样称呼他完全正确"。

16. 爱德华·里夫(1822—1889)

作者:罗丝琳·巴克斯特

爱德华·里夫(Edward Reeve),1822 年 12 月 15 日出生于英格兰萨默塞特郡的洛金镇,是皇家海军上尉约翰·安德鲁斯·里夫和玛丽·莫瑞尔的第四子。他在布里斯托尔大学读过书,后来当过作家、博物馆馆长和治安法官。1840 年 2 月 25 日,他乘"格雷伯爵号"来到悉尼。1847 年 3 月 21 日,里夫与玛格丽特·轩尼诗在圣劳伦斯教堂举行婚礼,婚后育有两儿两女。1848

年，在里夫"经历了新南威尔士八年多穷困的教师生涯"之后，终于成了移民局职员。1854 年他辞职前往警察局任职，直到 1857 年才找到一个"完全合适的"职位，即《悉尼先驱晨报》的记者。

里夫有时会用笔名"约力克"进行写作，其无韵诗剧《米郎勋爵雷蒙德：十三世纪的悲剧》(悉尼，1851)于 1863 年在悉尼的维多利亚剧院连演四个晚上。威廉·沃克①赞誉这部剧是"殖民地有史以来最成功的戏剧"，G. B. 巴顿②却认为该剧"深受舞台表演上的疏忽之害。自我陶醉的演员与咯咯傻笑的芭蕾女孩真是尽其所能损毁该剧"。里夫广泛的兴趣爱好在他的报刊文章中得以呈现。他为《人民的辩护者》写了一系列关于新南威尔士教育的文章，同时，作为新南威尔士职业文联的成员，他也为其会刊《澳大利亚时代》撰稿。里夫也与其朋友弗兰克·福勒创办的文学杂志《月报》有联系。他从新闻行业一线退出之后仍然为悉尼的报纸撰稿，他的长篇小说《朋友与敌人》(《彭贝克的新娘》)从 1882 年 1 月至 5 月一直在《悉尼邮报》上连载。故事是由他的一个对当地有兴趣的澳大利亚表亲讲述的，背景设置在英格兰，尽管人物形象继承了浪漫主义的传统，却独具个性。这部小说文笔流畅、结构严谨。他为查尔斯·圣朱利安③的《中波利尼西亚的官方报告》(悉尼，1857)撰写了"中波利尼西亚地名词典"部分。他一度担任圣朱利安的秘书，1872 年继圣朱利安成为夏威夷总领事，1876 年被授予二级爵士并获得卡拉卡瓦一世勋章。

1860 年，里夫成为悉尼大学尼克尔森博物馆的首任馆长，编印了一部《悉尼大学博物馆古物名册》(悉尼，1870)。1871 年，他创办了新南威尔士艺术学院并成为名誉秘书长。在开幕致辞中，他强调说："我们的动植物对于美与设计的创新来说是一个取之不尽、用之不竭的宝库，旧世界的人们对此简直一无所知，在我们将来要做的事情中，我们必须学会如何利用这些引人入胜的物种。"

因为身体不适，里夫离开了《悉尼先驱晨报》，成为戈斯福德的治安法官，1875 年成为布里斯班湾的验尸官。1887 年里夫调任麦夸里港，次年退休，并获得一笔退休金，但他还继续担任尼克尔森博物馆馆长一职。里夫于

---

① 威廉·沃克(1828—1908)，律师、政治家。
② G. B. 巴顿(1836—1901)，律师、记者、历史学家。
③ 查尔斯·圣朱利安(1819—1874)，记者、首席法官。

1889年5月13日辞世，葬于威弗利公墓的英国国教区，抛下1854年与其在悉尼结为连理的第二任妻子凯瑟琳，父姓麦克维。里夫一生育有九子，他去世时还有三儿三女在世。

17. 约翰·理查德·霍尔丁（1822—1918）

作者：露丝·蒂尔

约翰·理查德·霍尔丁（John Richard Holding），店主和小说家，1822年4月22日出生于英格兰的埃塞克斯，承包商约瑟夫·霍尔丁和莎拉·奥利之子。他曾在伦敦的一家法律事务所工作，声称自己见过查尔斯·狄更斯，后来在创作中一直竭力模仿狄更斯的文学风格。1839年1月，霍尔丁乘坐"哈细密号"来到悉尼。他在这里先是做了一个律师事务所的小职员，后来进入托马斯·斯马特的拍卖行。1840年2月前往新西兰并在那里置地，但1841年2月又返回到悉尼。在雷蒙德大街，他当上邮件管理员、店主和船主，由于身体状况欠佳而于1852年变卖商店并退休。1854年霍尔丁前往英格兰，但于1855年返回时失去了"仅有的财产……（这些财产）从未用于聪明的悉尼市民所从事的特殊交易"。霍尔丁患有神经衰弱，当他卧病在床时才开始写作。

1861年5月霍尔丁对他的赞助人尼克尔·斯腾豪斯[①]说："尽管我不曾指望您会对它有多少好感，但是作为一个文学作品，我相信您肯定会发现它还是颇具匠心的。"他的第一部小说《澳大利亚酸豆》（伦敦，1867）1913年在悉尼重印时改名为《克里斯多夫·科克尔的澳大利亚经历》。这部小说记述了一个毫无经验的移民如何堕落及改信基督教的故事。霍尔丁的风格活泼、幽默，其中常有诸如路人的"舌头有如鸭子尾巴一样活跃"一类的比喻。

---

① 尼克尔·斯腾豪斯（1806—1873），澳大利亚律师、文学赞助人。

受约翰·费尔法克斯①之邀，霍尔丁为《悉尼邮报》的《旧回旋镖》栏目撰稿。他早期的文章后来以《澳大利亚故事与真实生活素描》（伦敦，1868）为题结集出版。他也为一些宗教和世俗期刊撰写一些短篇小说，他所用过的笔名多达17个，包括"J. R. H. 霍桑"。他的第二部长篇小说《乡村与都市生活》（《斯塔布一家的命运》）（伦敦，1870）在某种程度上来说也是一部自传。他后期的小说是"神圣化文学想象"的榜样，但相对而言更短也更具有教化作用，并且如主日学校的奖励一样流行。这些小说包括：《投资本叔的遗产》（1876）、《家庭拓荒者》（1881）、《发射》（1882）、《大海深处》（1885）和《带来财富的洪水》（1886）。

1843年，霍尔丁在悉尼与伊丽莎白·汉纳福德结婚，隐居在伍利奇的霍桑的家中，赞助诸如为穷孩子提供教练船之类的慈善机构。他也是卫理公会的传道俗人、新南威尔士戒酒联盟的创始人，曾两次辞去议会代表职务。19世纪90年代视力衰退迫使他放弃写作。霍尔丁于1918年4月25日去世，葬于卢克伍德公墓的卫理公会墓区。他有两个女儿，其中大女儿露西·汉娜嫁给了威廉·基里纳克教士。

18. 威廉·布拉姆韦尔·威瑟斯（1823—1913）

作者：奥斯丁·麦卡勒姆

威廉·布拉姆韦尔·威瑟斯（William Bramwell Withers），记者、历史学家，1823年出生于英格兰汉普郡的惠特彻奇市，佃农、卫斯理宗传道俗人詹森·威瑟斯的幼子，是他与第二任妻子伊丽莎白·亨迪（1829年去世）的孩子。威瑟斯13岁之前一直在一所文法学校学习，后来给一个在温彻斯特当仓库总管的叔叔做学徒。从1843年起，他开始反对死刑，并在1846年为禁

---

① 约翰·费尔法克斯（1804—1877），报刊经营者。

酒和素食杂志撰稿，同年他获得一笔300英镑的遗产，用它在南非纳塔尔购买了300英亩土地，并于1849年前往南非。后来他与詹姆斯·埃利斯合买了一个6000英亩的农场，但由于无法忍受孤独，他将农场卖给埃利斯后去了彼得马里茨堡①，在此为报纸写稿并学习用荷兰语和英语排版。

1852年，威瑟斯被澳大利亚所发现的金矿吸引，于11月乘坐"汉娜号"抵达墨尔本。他徒步走到巴拉瑞特，但没有找到黄金，随即返回墨尔本并在堪华斯镇找到栖身之所，当一名筑路工人。后来他在码头当货运司机和办事员。1855年，威瑟斯加入《阿古斯》做校对员，后来成为记者，但不久就改投《悉尼先驱晨报》旗下。1855年6月他再次来到巴拉瑞特，但仍然没有发现黄金，只好在《巴拉瑞特时报》做记者与兼职排字员以维持生计，9月22日加入新创刊的《星报》(巴拉瑞特)②。

威瑟斯是一个文笔流畅、学识渊博的记者，常常在报道、社论和文学作品中插入动人的幽默，趣味无穷。作为《星报》和《矿工与星周报》的矿业记者，他记录了这个蓬勃发展的小镇的商业和投资状况。威瑟斯几乎没有时间从事其他活动，但于1859年入选巴拉瑞特机械学会首届委员会，1865年创立巴拉瑞特保龄球俱乐部并成为第一位冠军球手。威瑟斯住在里昂街上玛丽·安·杜莎托伊夫人舒适的家中，他决定写一部关于这个小镇历史的图书。他与金矿勘探者、尤里卡事件的参与者和目击者以及当地幸存的放牧人通信长达五年之久。《巴拉瑞特星报》从1870年6月11日开始分12期连载了他的《巴拉瑞特史》，合订本从8月9日开始出售，同时还有其他两个版本。

评论者对威瑟斯的研究及其文学风格和客观性高度赞赏，他的声誉在其所热爱的巴拉瑞特达到巅峰。随着城市的发展，他的事业也随之上升，不久他就与亨利·尼科尔斯和E. E. 坎贝尔成为《巴拉瑞特星报》的合伙人。他的两部小说《尤斯塔斯·霍普金斯》(1882)和《韦斯顿一家》(1883)也被广泛连载，前者还获得《时代报》所赞助的一个竞赛的二等奖。出售《巴拉瑞特星报》之后，威瑟斯投身《巴拉瑞特信使报》，如愿为其撰写社论与文学作品。1895年12月至1896年11月《南方之光》上连载的回忆录显示了他的写作才能、宽

---

① 彼得马里茨堡，南非东部城市。
② 《星报》是巴拉瑞特的主流报刊，创刊名为《星报》(The Star)，1865年改名为《巴拉瑞特星报》(The Ballarat Star)，1924年被其竞争对手《巴拉瑞特信使报》兼并。

容与温和的性格。

1887年，经过修订的第二版《巴拉瑞特史》由弗朗西斯·尼文[①]在巴拉瑞特出版，印刷10200本，每本售价一基尼。该书装帧精美，甚至可以说是奢华，销量却惨淡。从位于里昂街的家走到司多特街一路要行经六家书店，书店里的库存使这个身材矮小、胡子拉碴、昂首阔步、喜穿礼服、胳膊下常常夹着雨伞的历史学家深感羞耻。

1901年威瑟斯离开巴拉瑞特前往悉尼，他与杜莎托伊夫人及其儿子威廉·莱斯利·威瑟斯·杜莎托伊一起在达利奇山生活了六年，这一时期他继续为《巴拉瑞特信使报》撰稿。1903年3月19日，他离开澳大利亚前往英格兰，9月至12月，《巴拉瑞特星报》连载了《朝圣先锋》一文，这篇长文描述了他回到温彻斯特的情况，同时也回顾了他的一生，但这时他的文笔已经变得生气全无。1913年7月14日，威瑟斯在悉尼达利奇山死于脑出血，葬在卢克伍德公民的英国国教区。价值90英镑的遗产留给了玛丽·安·杜莎托伊。

19. 爱德华·梅特兰（1824—1897）
作者：尼尔·甘森

爱德华·梅特兰（Edward Maitland），公务员及小说家，1824年10月27日出生于英格兰的伊普斯威奇，布莱顿圣詹姆斯教堂的福音派牧师查尔斯·大卫·梅特兰之子。珀蒂家族（安卡斯特公爵）的出身让爱德华·梅特兰与许多杰出的学者和政治家多有联系，他两个做牧师的兄弟查尔斯和布朗诺也是卓有成就的作家。梅特兰也有意从事神职工作，因此进入剑桥大学凯斯学院并于1847年获得学士学位。由于不赞同父亲坚定的加尔文主义，他决定离开

[①] 弗朗西斯·尼文（1831—1905），印刷工、船员。

英格兰一年来解决自己的思想问题。他去了墨西哥，1849年又去了加利福尼亚的金矿区，以延长自己的适应期。

梅特兰随后投奔在新南威尔士当总督的亲威查尔斯·菲茨罗伊①爵士，1854年被任命为王室土地专员和惠灵顿治安法官。1855年5月3日，他在达令角与埃丝特·夏洛特(1834—1856)结婚，后者是古尔本平原威廉·布拉德利的次女，探险家W. H. 霍维尔的孙女，也正是在这个月梅特兰接任了古尔本的王室土地专员职务。后来他成为古尔本艺术学校的校长，在推动公众讨论方面表现积极。他认为澳大利亚人在"打破与摆脱传统"的过程中有变得心胸狭窄的危险，他们太依赖"阶级特权和阶级禁例"。他激烈批评理查德·伯克②的教会法和悉尼大学1854年要求颁发的宗教文凭，因为它们"违反了宪章"。他决定返回英格兰，因此于1958年1月9日在位于悉尼的艺术学校发表告别演说。

梅特兰在英格兰全身心地投入到写作中。他的小说《朝圣者与圣地》(1867)大部分背景设置在澳大利亚，尽管这部书主要讲述他的精神朝圣之旅，但是在公开表达政治观点之余显示了他对金矿区与内陆生活的细致观察。书中人物如"雅拉戴尔号"上的特拉弗斯船长几乎就是霍维尔的翻版。玛丽的人物原型则大多来自约翰·伍利的妻子玛丽·玛格丽特，后者父姓特纳。梅特兰后来的小说大多涉及神秘主题与社会未来，在《不久以后》(1873)中把澳大利亚想象为一个强大的民族。《英格兰与伊斯兰教》(1877)显示了他的先见和创造力，他提出的一些观点后来为精神病学家C. G. 荣格③所吸收，他也预见了基督教男权文明的破坏性后果。尽管他为《旁观者》和《审查员》撰稿取得了成功，但是由于他与怪人安娜·金斯福德医生的友谊，以及宣称自己"精神通灵"，能够看到别人的精神状况，记得他过去作为底比斯王子、但以理、圣徒圣约翰和马可·奥勒留的生活，这些都极大地影响了他的事业。他反对活体解剖和食肉，帮助建立通神学会并成为该学会副会长。1884年，他与金斯福德太太一起创立秘术协会，1891年在金斯福德夫人去世后他又成立秘传基督教联盟。梅特兰著述丰富，但文学界却不无惋惜地评价他"伟大

---

① 查尔斯·菲茨罗伊(1796—1858)，澳大利亚总督。
② 理查德·伯克(1777—1855)，新南威尔士总督。
③ C. G. 荣格(1875—1961)，瑞士心理学家和精神分析医师，分析心理学的创立者。

的天赋白白浪费了"。1897年10月2日，梅特兰在肯特郡的汤布里奇去世。他所写作的两卷本传记《安娜·金斯福德：生平、信札、日记与作品》于1896年在伦敦出版。

凭借其高大身躯和敏感品性，梅特兰很容易与已婚知识女性发展出"柏拉图式的爱情"。他的儿子查尔斯在英格兰长大，后来成为孟买医疗服务队的中校。

20. 詹姆斯·爱德华·尼尔德（1824—1906）

作者：布莱恩·甘德维亚

詹姆斯·爱德华·尼尔德（James Edward Neild），法医病理学家、戏剧评论家、医学编辑兼新闻记者，1824年7月6日出生于英格兰约克郡的唐卡斯特市，是詹姆斯·尼尔德与莎拉·比尔顿之子。虽然父亲受教于英国国教，但实际上信奉卫斯理宗教义，相继做过小学校长、木材经销商（在儿子出生时）和酿酒师。尼尔德在孩提时代就接受过音乐、文学和艺术的早期教育，显示出对文学艺术的热爱和天赋，并立志将之作为终身事业。然而，按照母亲的要求，他不得不于1842年跟着在谢菲尔德行医的叔叔做了五年学徒，一边听课一边在医院进行临床实习，1847年报名参加了伦敦大学学院的外科课程学习。在约克郡的奥尔顿经过两年的全科医师锻炼之后，他做了曼彻斯特附近的洛奇代尔诊疗所的外科住院医师。尼尔德在这里坚持使用麻醉药，使他与当局产生了冲突。然而他在1853年辞职时却被授予内有题赠的仪器箱以及一份对医务工作者表示认同和信心的证书。

尼尔德显示了广泛的兴趣，也乐于论战，这是他后来在墨尔本生活时的特征。从13岁起，他就偶尔为各种杂志撰稿，主要是写一些无韵诗。在谢菲尔德和伦敦时，他经常光顾画廊和剧院，在谢菲尔德和洛奇代尔经常写戏剧评论。尼尔德在政治上"非常民主"，1848年4月宪章派前往伦敦请愿时，他和校友都拒绝宣誓加入临时警察①。他与约翰·布赖特私交甚笃，积极推动《谷物法》②的废除。

1853年，尼尔德被殖民地发现的金矿所吸引，前往澳大利亚做外科医生，乘坐"东方之星号"在悉尼登陆。几个星期之后，他从墨尔本步行前往卡索曼金矿区，在那里一边行医一边挖矿，后回到悉尼考察格拉夫顿卫生干事一职，但由于地方太过偏僻，他拒绝上任。尼尔德返回墨尔本，加入大卫·卢特·龙的企业，做了一名药剂师和药商。1855年年初，尼尔德加入新创办的《时代报》综合报道组，但同年又与龙的长子接手他们的制药事业，以"龙和尼尔德"为公司名运营了六年。这期间，他用"克里斯多夫·斯莱"的笔名为《我的记事本》《审查员》和《阿古斯》撰写戏剧评论，并兼任了一段时间《我的记事本》的编辑。尽管早在1856年尼尔德就进行了医师资格注册，但直到1861年他才在墨尔本真正开始行医。不久他就入选维多利亚医学会并于1868年成为会长，20多年来他利用自己手中的投票权对该学会产生了重大影响。1863年、1866年以及1870年、1874年（其间他还接受了维多利亚皇家协会的一个任命）的实践证明他是一个合格的图书馆管理员。他于1875年至1879年间成为一名秘书。从1862年至1879年，他一直勤奋地编辑着会刊《澳大利亚医学杂志》，这是一个艰巨的任务，在这里他找到了适合的论战领域，不管是作为编辑还是"西纳皮"③。戏剧性地促使他辞掉这两个职务的恰恰是在一次会议上关于会议记录和杂志报道的争论。

1864年尼尔德被墨尔本大学授予医学博士学位，尽管很多人反对，他还是被任命为新成立的医学院的法医学讲师。他在这个职位上干到1904年，他的成就得到了委员会颁发的特别证书认可。这一时期不断增多的医学活动在他与G. B. 哈尔福德④教授的研究中得到反映，他的成就在毒蛇咬伤方面尤为显著，但法医著作尤其多。受到验尸官理查德·尤尔⑤医生的鼓励，他在法

---

① 英国在特殊时期，尤其是紧急情况下训练的警察。
② 这项法律主要反映英国地主乡绅的利益，禁止外国便宜谷物进口，从而使国内面包价格不必要地居高不下。
③ 西纳皮（Sinapis）是一个基于共同信仰而提供培训和汇聚资本的组织。
④ G. B. 哈尔福德（1824—1910），教授，1862年被任命为墨尔本大学首任解剖学、生理学及病理学教授。
⑤ 理查德·尤尔（1821—1897），医生、验尸官。

医病理学方面积累了丰富的经验，也获得了声誉，但是设置政府病理学家的职务以及由他来担任第一任政府病理学家的建议在医学界同行中褒贬不一，因而被搁置下来。他一度当过验尸官、市卫生官员、墨尔本慈济院的名誉医生以及墨尔本和阿尔弗雷德等医院的助理名誉卫生官员。1865年，尼尔德继续不辞辛劳地为同行服务，帮助成立医学慈善联合会，他担任名誉秘书长，1868年还成立了一个短暂存在的医学伦理学会。1879年他与路易斯·亨利医生以及其他八名医生一起成立英国医学会维多利亚分会，在他家中举行第一次会议，他被选为名誉秘书长，1882年成为会长。作为维多利亚的通讯员，他还在新南威尔士帮助创办杂志，即《澳大利亚医学公报》。在圣约翰救伤会维多利亚分会的建立上，他起了主要作用，1897年之前他一直担任审查员。1871年之前他还是维多利亚眼耳科医院的首任院长。

1865年至1890年间，尼尔德以"雅克"或后来的"塔西特"的笔名为《澳大拉西亚人》撰写戏剧评论，对当时的戏剧界产生了直接而深刻的影响，比如他自称是首个认识到内莉·梅尔巴卓越嗓音条件的人，并建议她放弃钢琴研习。尼尔德还以"克莱奥法斯"之名出版了《论维多利亚的文学与美术》（1889）、戏剧小说《金笼里的鸟，圣诞节，1867》（1867）。据说他还有两部小喜剧在演出中获得成功。他为《悉尼先驱晨报》及其他同类报刊如墨尔本《潘趣》《每周评论》写了大量文章，他给《维多利亚时代》写稿用的笔名是"爱发牢骚的人"。他也是墨尔本莎士比亚协会的创始人，1890年成为会长，还担负了皇家协会的文学与艺术部的发展的一部分责任。同年他的朋友乔治·科平①在公主剧院主持的一次正式聚会上给他公开颁发证书，赞赏他的公共服务，尤其是与剧院有关的公共服务。

尼尔德署名的医学论文很少，其中最有价值的也许是发表在《澳大利亚医学杂志》（1887）和《窥镜》（1892和1900）上回忆医学院早年轶事的文章。他的讲演中不时穿插着莎士比亚的引言和他自己广泛而丰富的个人经历，他对这些比对正事更感兴趣。1874年他给维多利亚皇家学会撰文阐述火葬的优点。

尼尔德个头矮小、穿着整洁、浓眉大眼、目光锐利、警惕性高，"总是让人联想到一种活泼小狗在说'谁说猫……'"G.T.霍华德医生说他是一个

---

① 乔治·科平（1819—1906），喜剧演员、企业家。

"多才多艺的天才"，也许是波希米亚派中最正常、最精明的一个，这个圈子里还有马库斯·克拉克[1]、G.C.麦克雷[2]、帕特里克·莫洛尼[3]医生、"俄里翁"霍恩[4]、J.J.希林洛[5]、亨利·肯德尔[6]和亚当·林赛·戈登[7]。这些人再加上许多演员和艺术家，每周日下午聚集在尼尔德位于春天街21号的家中举行聚会，他们的聊天"总是很热闹"。他们认为尼尔德"私下里是一个可爱的人，彬彬有礼、体贴……阅读广泛，但同时也是一个好胜者，对他认为对的东西坚决维护……他的朋友很喜欢他，他的敌人则对他恨得咬牙切齿，恨他的人还不少"。

尼尔德于1906年8月17日在家中去世。1857年，他与D.R.龙的女儿苏珊娜(1831—1918)结婚。他们有九个孩子幸存下来，其中有三个儿子：建筑师查尔斯在一战中阵亡；埃德温于1949年去世，留下两个女儿；约瑟夫也于1949年去世，终身未婚，他和父亲一样对病理学、新闻、戏剧和文学很感兴趣。六个女儿中只有两个出嫁了。尼尔德和儿子收集的家族记录大多已经丢失。

他的一幅肖像画藏于维多利亚圣约翰救伤会，还有一尊石膏像立在维多利亚医学会。

21. 塞莱斯特·德·沙布里扬（1824—1909）

作者：J. 安·霍恩

塞莱斯特·德·沙布里扬（Céleste de Chabrillan），交际花、作家，1824

---

[1] 马库斯·克拉克(1846—1881)，记者、小说家。
[2] G.C. 麦克雷(1833—1927)，诗人。
[3] 帕特里克·莫洛尼(1843—1904)，内科医生、作家。
[4] "俄里翁"霍恩(1802—1884)，诗人。
[5] J.J. 希林洛(1831—1905)，公务员、历史学家。
[6] 亨利·肯德尔(1839—1882)，诗人。
[7] 亚当·林赛·戈登(1833—1870)，诗人、马术师。

年 12 月 27 日出生于巴黎，是安妮-维克托瓦尔·韦纳尔的私生女。她有一个不幸的童年，15 岁时因流浪罪入狱。16 岁进入妓院，待了不到半年就离开了，改名塞莱斯特·摩加多尔，在巴尔马毕和博马舍剧院做舞蹈演员，后作为竞技场的明星骑手成为巴黎的骄傲。她后来做了莱昂纳尔·德·沙布里扬伯爵的情妇。莱昂纳尔大手大脚、肆意挥霍，到 1852 年时家产已经耗尽，因而前往澳大利亚淘金。同时，塞莱斯特作为演员大获成功，她的回忆录被出版社接受。1854 年 1 月 9 日，她与莱昂纳尔在伦敦结婚，两天后，他们一起乘坐"克里萨斯号"前往墨尔本接受法国总领事的任命，这是他愤怒的家人为他找到的一个职位。

沙布里扬夫妇在圣吉尔达建了一座活动板房并访问了混乱的巴拉瑞特。塞莱斯特记载说，总督查尔斯·霍瑟姆爵士是"一个非常有教养、和蔼可亲的人，但这远远不够"，这次访问以及后来的经历为她的小说创作提供了素材。就如她去墨尔本之前出版的《回忆录》所言，很少有社会活动能使她分心。她说自己对"墨尔本社会的某些成员感到恐惧和憎恶"，尽管好奇心战胜了这些情绪，"有些女士甚至更勇敢、更和善"，她仍然"怀疑她们的主动姿态"。她只有很少的几个朋友，包括摄影师安托万·福舍里和罗拉·蒙蒂兹。

1856 年一家倒霉的进出口企业使他们夫妇一贫如洗，8 月份塞莱斯特返回法国筹钱还债。尽管这里的气候影响了她的健康，她还是写道："我觉得我热爱澳大利亚坚硬的土地、植物、树木以及我的寂寞。"在巴黎，《回忆录》的畅销使她关于澳大利亚的小说《盗金人》得以很快出版。亚历山大·大仲马[①]评论她和她的小说道："上帝创造的一个自我牺牲与挣扎的人……这些年来她一直远离法兰西……她完全是自学的，不仅学会英语而且重新学习了法语……那两天晚上我坐着看《盗金人》，一直到天亮。"塞莱斯特一天写作 12 至 15 个小时，又写了两部关于澳大利亚的小说，分别是《裴维尔小姐》《移民》。她还清债务后回到了莱昂纳尔身边，当时莱昂纳尔已经回到墨尔本，并于 1858 年 12 月 29 日死于痢疾。塞莱斯特拒绝了沙布里扬家族要求她放弃夫姓的要求。由于大仲马和小仲马赞助她的文学事业，沙布里扬家族后来停

[①] 亚历山大·大仲马(1802—1870)，法国 19 世纪浪漫主义作家。大仲马各种著作达 300 卷之多，主要为小说和剧作。

止了对她的袭扰。塞莱斯特一生共创作 12 部小说、26 部戏剧、7 部小歌剧、诗集和歌曲集。

普法战争中塞莱斯特发动法国姐妹团照顾伤员，后来还把自己位于勒韦西内的家用来收容战争孤儿。她与德诺鲁瓦爵士的友谊让她的后半生在经济上有了保障。1909 年 2 月 18 日塞莱斯特在蒙马特去世。

22. 弗洛伦斯·西奥多·莱因哈特·穆勒（1825—1881）
作者：托马斯·A. 达拉赫

弗洛伦斯·西奥多·莱因哈特·穆勒（Florens Theodor Reinhard Müller），植物学家、诗人，1825 年 12 月 26 日出生于德国萨克森州的德累斯顿，萨克森司法办主任格奥尔格·海因里希·穆勒之子。穆勒受到良好教育，学过一些植物学知识。他于 1849 年来到南澳大利亚，可能是当年 9 月份乘坐"澳大利亚号"来的，1852 年前往维多利亚做淘金工之前一直在阿德莱德当屠夫。

在本迪戈当了一段淘金工之后，穆勒 1854 年来到背溪，后来又前往比利牛斯山淘金。1857 年至 1861 年他在马里伯勒从事石英石开采工作。穆勒在马里伯勒和背溪协助建立了德国人俱乐部并担任干事，1861 年他来到卡斯尔梅茵，在查尔斯·伦内和爱德华·尼科莱的托儿所和种子店工作，其间成立了卡斯尔梅茵德国人俱乐部并任首任干事，但是该俱乐部不久就解散了。1862 年 9 月穆勒移居墨尔本，10 月 8 日在植物园获得了一个临时助理职位。在这期间，他常常活跃于墨尔本体育协会。1863 年 7 月穆勒当选为新成立的维多利亚德国人联盟中央委员会秘书。

在维多利亚，穆勒作为诗人和德语作家知名度很高。1857 年他创作的德语诗歌《淘金工》确立了他在当地德国人心目中的地位，这首诗非常流行，于 1859 年和 1864 年再版两次。他最少有 20 首诗歌在墨尔本的德语报纸上发表，很多诗歌都为庆祝维多利亚举行的德国人聚会、周年庆典和其他活动而作。序曲《祝你好运!》获得大奖，并在1862年克莱芒花园举办的第一届德国人体育与歌唱节上朗诵。他还写了两部短篇小说《德国人杰克》和《找到了》，先在《维多利亚德语新闻》连载，1860年以《澳大利亚丛林故事》为名由F.葛尔布莱希结集出版。他还有一些短文发表在墨尔本的德语报纸上。

1869年4月30日，穆勒从植物园辞职返回德累斯顿，并在自然历史博物馆找到一份工作，随着博物馆的植物标本移交给皇家理工学院，他也随调过来担任管理员。回到萨克森后，他与克拉拉·博尔诺斯卡结婚，他们收养了一个孩子，名叫海伦娜·博尔诺斯卡。穆勒在德国发表了一些关于澳大利亚的短文，出版了一部小说《澳大利亚殖民者》(1870)和一部关于打猎的书《在澳大利亚狩猎》(1878)。穆勒1881年3月4日于德累斯顿去世，葬于三一教堂公墓。穆勒的诗歌与作品充满感伤之情与爱国情怀，具有一定的澳大利亚风情，颇受19世纪60年代生活在维多利亚的德国大众的喜爱。

23. 凯瑟琳·海伦·斯彭斯（1825—1910）

作者：苏珊·依雅荻

凯瑟琳·海伦·斯彭斯（Catherine Helen Spence），作家、牧师、改革家与女权主义者，1825年10月31日出生于苏格兰梅尔罗斯附近，是律师兼银行家大卫·斯彭斯之女，母亲海伦，父姓布罗迪。1839年大卫的小麦炒作失败，斯彭斯无法在爱丁堡继续上学，全家人乘坐"巴尔米拉号"前往南澳大利亚，于11月份到达。1840年至1843年间，父亲大卫任职于第一届阿德莱德市政委员会。

斯彭斯在阿德莱德做家庭教师，开始实践其童年时代的理想，即"首先做教师，以后成为伟大的作家"。第一部由女性作家写的关于澳大利亚的小说《克拉拉·莫里森：淘金热时期南澳的故事》1854年在伦敦以两卷本的形式出版，之后她又出版了两卷本的《谨慎与真实：殖民地的故事》(1856)，这两部书都是匿名出版。三卷本《贺加斯先生的心愿》(1865)首次印上了她的名字，之后又出版了三卷本的《作者的女儿》(1868)。《相聚》于1881年至1882年在阿德莱德的《观察家》上连载，《订约》是为1880年左右《悉尼邮报》举办的一个大奖赛而作，但由于"意图破坏婚姻的纽带……太偏向社会主义，因而是危险的"被拒绝，目前尚未出版。这些作品尽管从未流行，却赢得了尊重，但随着年龄的增长，她的志向改变了，同时也停止了写作。《一个不可知论者的进步：从已知到未知》(1884)和《未来的一周》(1889)是她最后的两部主要小说。

斯彭斯在《自传》(1910)中写道："我在报纸和评论性刊物上发表的文章更具有我本人的特色，从本质上说比我的小说好。"到1878年她已经克服了内心的胆怯，在南澳大利亚的报纸和《康希尔杂志》《双周评论》《墨尔本评论》上发表的文章为她赢得了文学评论家和时事评论者的声誉。当她成为《南澳大利亚纪事报》的定期有偿撰稿者时，她已经对这块殖民地及其未来表达了强烈的兴趣，也为自己选择的事业获得了一个公开讨论的平台。

1872年斯彭斯协助卡罗琳·艾米丽·克拉克①成立外膳协会，为孤儿和贫困人口提供膳宿，帮助失足青少年在家中进行改造，不定期拜访以检查他们的行为和待遇。1872年至1876年间，她是这个协会的正式干事，不辞辛劳地做着探访员。当1886年州儿童理事会成立时，她成为其中一员，后来又参加了贫困者协会。

斯彭斯大多数关于教育的工作都是通过文字完成的。她支持为女孩建立幼儿园和政府支持的中等学校。1877年她受命到东托雷斯教育委员会任职，但这是一个虚设而短命的机构。她写作的《我们置身其中的法律》(1880)是澳大利亚学校使用的第一部社会研究的教科书，成为20年后其他殖民地同类教科书的先声。

1859年斯彭斯读了约翰·斯图亚特·密尔②评论托马斯·黑尔③关于比例代表制的文章后变成了选举改革的狂热推动者。她于1861年写了一份《纯粹

---

① 卡罗琳·艾米丽·克拉克(1825—1911)，澳大利亚慈善家、改革家。
② 约翰·斯图亚特·密尔(1806—1873)，英国哲学家、经济学家，功利主义倡导者，《论自由》是其代表作。
③ 托马斯·黑尔(1806—1891)，英国政治改革家，比例代表制的创始人。

民主请愿书》并自费印刷(由她兄弟出资),进行散发。但是她在《适用于南澳的黑尔先生改革法案》中评论说,"它(黑尔先生改革法案)并没有使托伦斯热血沸腾"。尽管她后来声称这个制度是她终身的主要事业,但1861年至1892年间却忽略了这个制度,只是在《贺加斯先生的心愿》中插入了一些讨论,以及1864年至1865年当她在英国度假时拜访了一次黑尔。她首先提出黑尔方案是确保少数群体中有美德和学识的男人拥有选举权的手段,这个提议被视为支持特权的保守派想法。1892年她提出把修订过的黑尔—斯彭斯制度作为真正政党比例选举制的唯一实现途径,这是非常适合当时殖民地政治气候的议案。

到那时为止,斯彭斯变得越来越自信,已经成为熟练的演讲者,这个过程是从她在南澳学院宣读论文开始的——作为南澳学院历史上第一个女性宣读者,她于1891年和1892年在澳大拉西亚[①]会议上发表演说时赢得了喝彩。长期以来她对自小伴其成长的苏格兰长老会教义的怀疑使她颇感苦恼,1856年左右,斯彭斯加入了一神论基督教。1878年,她读了一篇已发布的布道词之后取代了牧师的职位,同年抓住机会发布了一篇她自己写的布道词,自此之后她便经常在阿德莱德布道,有时也会去墨尔本和悉尼讲道。

罗伯特·巴尔·史密斯[②]从经济上支持她从事比例代表制的斗争,这个制度也受到了早期工党和一些民粹派和社会主义群体的支持,1892年至1893年间这个制度在公众聚会中得到广泛宣传。1893年斯彭斯前往芝加哥世界博览会,在慈善与惩戒国际会议、比例代表制大会、单一税制会议、和平大会以及妇女大厦的聚会上发表演讲。她还借此机会在美国发表演讲和布道,访问了英国和瑞士,1894年回到南澳。1895年她成立了南澳有效投票联盟,1897年为联邦大会而奔走,是澳大利亚首位女性政治候选人,在33位候选人中排名22位。1899年和1900年她试图在联邦选举中引入"有效投票"但未成功,1902年至1910年间她的支持者把比例选举制法案引入南澳议会。有效投票联盟的混杂构成表明了她无党派的特性以及她的个人魅力,使她拥有一批追随者。斯彭斯参加竞选时已67岁,这时的她头发花白、个头矮小粗

---

① 澳大拉西亚(Australasia)一般指大洋洲的一个地区,澳大利亚、新西兰和邻近的太平洋岛屿,由法国学者布罗塞于1756年提出,取自拉丁文。
② 罗伯特·巴尔·史密斯(1824—1915),商人,慈善家。

壮、精力充沛，带着沙哑但并不刺耳的苏格兰口音，行为直率而自然，有时稍显唐突。斯彭斯激发了民众的热情，尤其是她本身作为一个女性突破了很多社会禁忌。

斯彭斯于1891年加入争取妇女选举权的斗争，并成为南澳妇女选举权联盟的副主席。1894年，南澳妇女获得选举权后，她支持新南威尔士和维多利亚的妇女斗争，并在妇女联盟的会议上发表讲话，该联盟是在阿德莱德为妇女进行政治教育而成立的机构。她敦促建立了一个附属于国际妇女理事会的地方组织。这个工作为她赢得了声誉，让她成为澳大利亚妇女勇于尝试的一个象征。1910年4月3日，斯彭斯去世时，人们赞誉她为"澳大利亚伟大的老妇"。斯彭斯一直和父母住在一起（父亲死于1843年，母亲死于1886年），相继抚养了三个家庭的孤儿。她的财产价值215英镑，肖像悬挂在南澳大利亚艺术馆。

24. 托马斯·亚历山大·布朗恩（1826—1915）

作者：T. 英格里斯·摩尔

托马斯·亚历山大·布朗恩（Thomas Alexander Browne），田园诗作者、治安法官和金矿专员，但更为人知的则是作为小说家的"罗尔夫·博尔德伍德"。布朗恩1826年8月6日出生于伦敦，是东印度公司一位名叫希尔韦施特·约翰·布朗船长之子，母亲伊丽莎白·安琪儿，父姓亚历山大。19世纪60年代，布朗恩在自己的姓氏后面加了一个字母"e"。布朗恩五岁时随父亲来到澳大利亚，父亲驾着自己的船"普罗透斯号"在霍巴特镇卸下囚犯的货物后与妻子和三个孩子一起于1831年8月在悉尼登陆。他们一家最初住在麦夸里广场，后来他父亲在捕鲸与贸易中发迹，于是建了一座石砌大厦并命名为"恩莫"，恩莫成为悉尼郊区的一个地名。

布朗恩先后就读位于国王街的威廉·蒂莫西·凯普私立学院和悉尼学

院，凯普是第一任校长。他接受了良好的古典训练，与同学过着幸福、健康的生活，其中一些同学成为杰出的人物。1838年，他那富于创业精神的父亲带着设备转战菲利普港新开拓的殖民地，在马其顿山附近开始新的营生，他购买了一些市政配地，创办了墨尔本至威廉斯镇之间的第一家轮渡公司。1839年，父亲带着全家来到墨尔本，在海德堡的哈特兹乡下建立新家，但布朗恩未随父亲迁移，他继续在悉尼学院学习两年，之后在墨尔本完成学业，师从牧师大卫·博伊德。

1844年，布朗恩在波特兰区的下尤莫拉拉经营牧场，他称这个地方为"斯瓜特西湖"。1846年，经济大萧条导致父亲事业崩溃，他为母亲和六个未婚的妹妹在这里建立了一个新家并居住了10年。除了早年与原住民发生过武装冲突之外，他的事业蒸蒸日上，也非常享受牧场生活。在轻快的《旧墨尔本纪事》（墨尔本，1884）中他记述道，这种生活"与其说是拓荒，不如说是野营"。1858年，布朗恩卖掉原有的牧场，在斯旺山附近墨累河边买下墨拉比特羊场。1860年，他去往英格兰和爱尔兰。1861年8月1日，在穆尔戈的圣托马斯教堂，布朗恩迎娶亚历山大·莱利[①]的孙女玛格丽特·玛利亚；婚后育有四儿五女。糟糕的气候条件迫使布朗恩不得不于1863年卖掉墨拉比特羊场。他于1864年开始在纳郎德拉附近经营两位内兄租赁的本迪格里羊场，直到1869年的几场干旱使他不得不放弃牧场经营。

在悉尼生活了一小段时间之后，1871年4月，布朗恩被任命为古尔冈的治安法官，1872年又被任命为金矿专员。作为地方法官，他经验丰富，因为他曾在纳郎拉德做过主审法官，但是在古尔冈这个新南威尔士最大最富有的金矿区，最初那些年里他常常被人批评无法胜任金矿专员的职务，因为他忽略了采矿业和这里复杂的规程。布朗恩一直受到《古尔冈卫报》的攻击，该报甚至于1873年刊登一封控告他偏袒和腐败的匿名信。该报的编辑随即在悉尼被以诽谤定罪，被判6个月监禁。对布朗恩的指控被证明是错误的，经过法官的调解，诽谤者只受到了轻微的惩罚，他的宽宏大量为他赢得了矿工的支持。1881年和1884年布朗恩分别被派往达博和阿米代尔任治安法官和矿区区长。1885年他调任阿尔伯里土地执照委员会主席，1887年至1895年担任

[①] 亚历山大·莱利（1778？—1833），商人、田园诗人。

该地的治安法官和区长，退休后返回墨尔本。布朗恩于1915年3月11日去世，葬在布莱顿公墓。

布朗恩做了大约25年的牧场主，与在政府任职的时间几乎一样长，但他的另一个职业——写作——则超过40年。早在1866年他就在《康希尔杂志》（伦敦）发表了一篇题为《围猎袋鼠》的文章，但直到1870年才开始在悉尼勤勤恳恳地以写作来养家。布朗恩起先写作的是纪实性文章，后来才转向小说创作。1873年至1880年间他在《澳大利亚城镇与乡村杂志》上连载了七部长篇小说，后另外四部连载在《悉尼邮报》和《世纪》上。因此，与公众认知相反，尽管他所有的小说首版都在伦敦出版，但实际上主要是为澳大利亚读者而作，而他后来创作的作品，主要是一些粗制滥造的面向海外市场的作品。

他的第一本书印刷时定名为《沉浮》，是以小说形式真实描述自己的牧场生活，最初于1875年连载时题名为《牧场主之梦》。该作品连载时第一次使用了他的笔名"博尔德伍德"，此名来自司各特的《马米恩》，只是在前面加了一个诺斯语单词"罗尔夫"。1879年的日记显示他是匿名作品《S. W. 希尔维澳大利亚放牧指南》（1879—1881）一书的作者，这是一部两卷本的综合性牧羊与牧牛手册。

1882年布朗恩在达博给一个朋友写信说，"我也在写一部很有轰动效应的小说《武装行劫》，在《悉尼邮报》上连载。一个男人有八个孩子但收入有限，为了弥补收入的不足，什么赚钱他做什么"。这个故事曾遭两家杂志拒绝，后被《悉尼邮报》接受，每周连载一篇，但不是开始于通常所说的1881年，而是从1882年7月1日开始连载，到1883年8月11日截止。布朗恩像往常一样先写好开篇的章节，然后提前一两周写好下周将要刊登的章节。偷盗牛羊和丛林打劫的刺激冒险故事激发了人们的强烈兴趣，1888年该书在伦敦出版时大受欢迎，在英格兰、美国和其他英语国家非常流行。故事被改编成戏剧、电影，发行了多个版本，甚至被视为"世界经典"。

因为故事讲得非常精彩，《武装行劫》成为澳大利亚当之无愧的经典，故事的叙述者狄克·马斯顿运用鲜活的丛林土语使该书简单、直接，人物形象生动活泼，尤其是老本·马斯顿，"从里到外都是澳洲橡木"，亨利·格林[①]

[①] 亨利·格林（1881—1962），记者、图书馆员、文学史家，著有两卷本《澳大利亚文学史》。

把马斯顿兄弟称为"小说中第一对彻头彻尾的澳大利亚人物角色"。该书中浪漫主义精神与现实主义细节非常巧妙地结合在一起,书中大多数故事都以真实事件为基础,如偷盗牛群的故事来自1870年雷德福德从鲍恩唐斯牧场偷盗一千多头牛的事件。恐怖山谷取材于新闻报道中圭迪尔地区的凹陷山谷,而星光这个人物角色则是由几个丛林劫匪和一个人称"午夜"的具有绅士风度的盗马贼合成而来。故事也有薄弱环节和前后矛盾的地方,如"澳洲野狗"的演讲和"彩虹"的星星,但笼而统之地批评狄克的"道德说教"则是有问题的,因为他只是对自己的愚蠢而不是对他所做过的坏事感到后悔。托马斯·伍德[①]博士称这本书为"一部经典之作,它的生活、锐气、活力和色彩,这一时期的澳大利亚文学作品无一能与其匹敌",不足之处倒是次要的。

从1888年至1905年,布朗恩发表文章、给他人作序(包括给班卓·佩特森《来自雪河的人》以及他自己妻女的作品作序),还出版了16部长篇小说,其中8部在报刊上连载,另外还创作了一些短篇小说。《矿工的权利》(1890)中人物性格与情节描述较少,但包含一些戏剧性的场面和金矿区的隐私场景描写。之后出版了大量著作,诸如《殖民地改革者》(1890)、《悉尼那边的撒克逊人》(1891)、《永不超生》(1892)、《现代海盗》(1894)、《鹰之谜》(1895)、《蛇形杖》(1895)、《海豹皮披风》(1896),记录英格兰之旅的小说《经营的家》(1897)、《朴素的生活》(1898)、《坎沃思镇的传奇及其他故事》(1898),关于毛利战争的《殊死搏斗》(1899),1876年以"澳大利亚乡绅"之名连载的《丛林婴儿》(1900)、《乌龙搭档》(1901)、《鬼营》(1902)、《最后的机会》(1905)。《现代海盗》之所以被记住,是因为该书大部分取材于路易斯·贝克[②]写的关于"恶棍"海耶斯的手稿,这是他从贝克手中购买而来。当他单独署名"博尔德伍德"出版这部小说时,贝克提出了抗议,因此布朗恩在悉尼的新闻发布会及以后的版本中对贝克表示了感谢。总体而言,这部小说没有多少文学价值,情节俗套、人物肤浅、风格做作,不是缺乏想象力就是过于夸张,只是因为描绘了当时的乡村和采矿生活而具有历史价值。因此事实上,布朗恩只是一个无法超越自我的"一本书"作者,可能主要是因为作为

---

① 托马斯·伍德(1892—1950),作曲家、作家。
② 路易斯·贝克(1855—1913),作家。

一个丛林青年以第一人称讲述故事的策略让他能够自如地用丛林俗语写作。《武装行劫》为他获得了国际声誉,马克·吐温和瑞德·哈葛德[1]都对他表示赞许。

性格温和、蓄着胡子的布朗恩中等身材,体格健壮,对各种体育运动充满兴趣,尤其热爱骑马,同时还广泛阅读,对他喜爱的司各特、彭斯、莎士比亚和丁尼生张口即来。一个朋友形容他"是一位绅士,从头到脚充满运动细胞……忠实可靠的朋友,彬彬有礼、谦逊、忠诚",而他的女儿罗丝则称他是"最仁慈、最慷慨的男人"。他是一个温柔亲切的丈夫和父亲,英国国教的忠实信徒。作为一个过渡性人物,他的保守思想带有殖民主义色彩,坚信"贵族"的优越性,热衷于英格兰传统,然而19世纪90年代在他的民主与厚道中也反映了他的民族主义情绪,尊重个性而不考虑阶级和澳大利亚人的狂热情感。他的外表远远不像一个纯粹的英国人,正如他自己常常宣称的,他为自己是澳大利亚人感到自豪,并且认为"土生土长的澳大利亚人"的"进步与发展"超越了父辈英国人。

布朗恩的妻子是一个专业园艺家,1893年用"罗尔夫·博尔德伍德夫人"为笔名出版了一部令人着迷的《澳大利亚花园》(1893),他的女儿以"罗丝·博尔德伍德"为笔名出版长篇小说《科勒罗伊的纠纷》(1911)以及一些回忆父亲的文章。

25. 卡罗琳·乌尔莫·李基(1827—1881)

作者:J. C. 霍尔纳

卡罗琳·乌尔莫·李基(Caroline Woolmer Leakey),作家,1827年3月8日出生于英格兰的埃克赛特,是肖像、微缩、风景与内画画家詹姆斯·李基

---

[1] 瑞德·哈葛德(1856—1925),英国小说家。

的第四个女儿，在 11 个孩子中排行第六。卡罗琳成长于一个宗教气氛浓厚的家庭，三个幸存的兄弟都做了牧师。由于身体虚弱，她所受学校教育有限，但热爱阅读，尤其是诗歌。18 岁时身体好转，卡罗琳参与了许多慈善和宗教事务，包括加入英国圣公会传道会和海员协会。1847 年她与一对牧师夫妻一同前往范迪门地帮助姐姐伊莱扎，伊莱扎是詹姆斯·古尔德·梅德郎牧师的妻子，他们全家于 1844 年移居霍巴特镇。

不到一年卡罗琳就得了热病与髋关节疾病以及其他并发症，在接下来的五年中一直在养病。尽管只能待在家里，但是由于殖民地的医保和住院治疗，她能够在家看护孩子和从事家政服务。1851 年 11 月，卡罗琳的身体状况好转，于是前往亚瑟港看望朋友 T. B. 加利克夫妇。有一段时间她与尼克松主教夫妻住在博阿维斯塔，她的一些诗歌就是在这里写作的。尼克松鼓励她把诗作拿来发表，因此，1854 年在伦敦和霍巴特市面上出现她署名的诗集《天琴座南极光》(《陌生土地上的歌唱》)。这些诗歌主要涉及疾病与死亡、婴儿、青年与母性，所有这些诗歌都有强烈的宗教主题。其中两首献给她的朋友兼医生 J. W. 阿格纽夫妇。本书的第二部分献给丹尼森女士。

1853 年，卡罗琳被迫回到英格兰，因为这是她唯一可以活命的机会，同年 3 月她乘船出发，经过一段完全封闭于船舱的长途跋涉后，于 6 月抵达英格兰。回来后身体迅速好转，她开始准备诗歌的出版并为杂志和圣教书会写稿。1854 年开始接替其病逝的姐姐担任学校负责人。1855 年 7 月母亲去世，她回到埃克赛特照顾 80 岁的年迈老父亲，父亲于 1865 年 2 月 16 日去世。

1857 年 3 月，卡罗琳开始写作小说，即以笔名奥林·基丝 (Oliné Keese) 出版的两卷本《宽箭》(伦敦，1859；霍巴特，1860)。这部书发行了好几个版本。作为马库斯·克拉克的《无期徒刑》出版之前的重要先驱，《宽箭》是最早把囚犯作为主要人物的小说之一，并且由一个谨慎观察囚犯社会的作家写作而成。作为小说，它有很多瑕疵：多愁善感、情节夸张、说教味浓，情节的发展不时被许多毫无关联的说明打断，整部书负载了太多的东西，亨利·格林把它们称为"尽管不虚伪却是死板的说教"。1888 年，一个不知道作者是女性的澳大利亚评论者发现书中是"清一色的痛苦角色"，而作者在攻击刑罚制度方面却是"强而有力并且有效"。对于卡罗琳来说，这种制度与其说严酷不如说是侮辱人，因为对囚犯的暴行不是官员施加的，恰恰是他们的囚犯同胞所施加。基于这样的评论，她在书中对流放对塔斯马尼亚社会所产生的影响的描述给人留下深刻的印象。她的妹妹认为她不仅仅是一个过着"圣洁而诚实生活"的坚韧女性，而且"精神品性尤其可爱"，卡罗琳显示了她的聪明才智。

在这些年里，卡罗琳战胜了数次突发的热病，并继续为《女孩的报纸》撰写宣传手册和"纯道德诗"。1861年她也为埃克赛特失足妇女之家工作。1871年开始，她把绝大多数精力放在写作上。一场长达18个月的病痛夺走了她的生命，卡罗琳于1881年7月12日去世。

26. 玛蒂尔达·简·埃文斯（1827—1886）

作者：H. J. 芬尼斯

玛蒂尔达·简·埃文斯（Matilda Jane Evans），教师、小说家，笔名毛德·珍妮·弗兰克，1827年8月7日出生于英格兰萨里郡的派克汉庄园，石油工人亨利·康格里夫的长女，母亲伊丽莎白·安，父姓雅各布。一次不成功的投资卷走了康格里夫父亲留给他的大部分遗产，1852年康格里夫带着全家移居南澳大利亚，他的两个儿子已于1849年定居此地。玛蒂尔达的母亲49岁时在海上去世，父亲于1852年12月18日在阿德莱德死于"上帝的探访"。

由于需要负担年幼的孩子，玛蒂尔达当起了家庭女教师，后来在巴克山开办了一所学校。她在这里写出第一部小说《玛利亚》（《某家之光》），这个关于澳大利亚丛林生活的故事于1859年由当地印刷商亚瑟·韦迪出版，但在伦敦却有几个不同的版本。1860年2月16日，玛蒂尔达在阿德莱德的锡安山小教堂与努里乌特帕的浸礼会牧师、鳏夫以法莲·埃文斯结婚。她的丈夫死于1863年4月6日，她在小说《碧翠斯·麦尔登的纪律》（1880）中描写了他人生的最后几个小时。埃文斯给妻子和四个孩子留下的财产很少，玛蒂尔达借助一次公开筹款在努里乌特帕开办了一所学校。后来又在安格斯顿开办了一所女校，并于1868年移居位于南阿德莱德的安格斯顿。1882年，她放弃教书，专心在南阿德莱德浸礼会教堂做了一名女执事并从事写作。她给当地杂志写了很多短篇小说和其他文章，还写了14部长篇小说，有些首先在当地出版，但全部作品都在伦敦由桑普森·洛公司出版，而且最少都有两个版本。

1888年出版商出版了玛蒂尔达的澳大利亚故事全集。她的作品颇受主日学校青睐，因为它们都具有很强的福音性质，是从作者自己的经历和当地寻找灵感和人物角色的产物。玛蒂尔达还曾致力于戒酒事业。

玛蒂尔达于1886年10月22日在普罗斯佩克特的家中死于腹膜炎，留下两个儿子。大儿子亨利·康格里夫（1861—1899）24岁时成为《广告人》办公室主任，1899年创立社会政治周刊《智力竞赛》；小儿子威廉·詹姆斯（1863—1904）是新闻记者，与母亲合作创作了作品集《圣诞钟声》（1882），独立创作了《不合理的押韵》（1898）。他们继承了母亲的版权、手稿和绝大多数作品，但是她的金丝雀和"关于华纳小姐的全部作品"都留给了她的妹妹，其他小东西都留给她的兄弟、继儿和继女。

27. 乔治·兰肯（1827—1895）

作者：大卫·德诺姆　H. J. 吉布尼

乔治·兰肯（George Ranken），测量员、田园诗人、公务员以及作家，1827年7月17日出生于苏格兰的埃尔郡。父亲托马斯·兰肯是一名律师，母亲吉恩·坎贝尔，父姓洛根。兰肯是他们的长子，是巴瑟斯特的乔治和亚瑟的侄子。兰肯曾就读于埃尔学院，在那里学习测量。1851年他抵达维多利亚州，1853年成为欧文斯区新南威尔士银行的黄金交易员。

兰肯和威廉·兰保夫共同拥有昆士兰的沃德贝和伯内特区的三个市场。1858年他们结束合作关系，兰肯离开澳洲回到苏格兰。1859年，他在埃尔娶了范妮·萨拉·萧(1918年去世)。同年，兰肯返回澳洲，并定居在罗克汉普顿，成为罗克汉普顿志愿军步枪队的一名军官。1863年到1864年，兰肯与威廉·瑞合伙经营一家拍卖和佣金代理公司。1868年3月，他成为柯蒂斯港的皇家土地专员，9月，转移到莱希哈特区。1869年8月，兰肯出于忌妒，用左轮手枪向瑞开枪，但是没有射中。9月，因谋杀未遂，他被宣判无罪。

被解除公职后，兰肯去了悉尼，和在证券公司工作的弟弟约翰·洛根·坎贝尔·兰肯以及在牧场工作的J.B.威尔森会合。1876年左右，兰肯以地产代理的身份在东圣伦纳德斯定居，成为市议员，1886年，当选市长。他以笔名"摩羯座"在《悉尼先驱晨报》上就土地问题撰文。他的一些作品以小册子和小说的形式重新出版。小说《入侵》以W.H.沃克的笔名于1877年出版。他的另一部小说《温蒂拜恩》，1878年至1879年连载于《澳大利亚人》，他去世后，该小说在英国出版。1891年，兰肯在悉尼出版《英属澳大拉西亚联邦地理》。

1879年，兰肯受邀加入一个皇家委员会的地政总署。1883年1月8日，他和奥古斯塔斯·莫里斯一同接受委托调查殖民地的土地法律。他们5月提交的报告引起了争议。约翰·罗伯森爵士的土地立法政策遭到指责，因此，爵士形容莫里斯如同"旧筛般破陋"，其他委员也和"这两个无用且无能的男人"一样。地政大臣J.S.法内尔下令删除报告的某些部分，但是它仍然为1884年颁布的官地法案提供了框架。尽管这份报告作为一个时代的真实写照，长期以来为历史学家所接受，然而目前已证明它存在一定的缺陷。

1888年前后，兰肯和弟弟一起在扬市做测绘业务。他成为社会治安的裁判官以及当地土地局的一员，并且是凤凰文学和辩论社的积极分子。1895年5月6日，兰肯在扬市的纳索布雷去世，留下妻子和四个儿子。他被埋葬在扬市公墓的长老会区。

28. 丹尼尔·亨利·德尼黑（1828—1865）

作者：G.P. 沃尔什

丹尼尔·亨利·德尼黑（Daniel Henry Deniehy），演说家、文学家、律师和政治家，1828年8月18日出生于悉尼，农产品商人亨利·德尼黑（1850年去世）的独子，母亲玛丽（1883年去世），父姓麦卡锡；8月28日，德尼黑在圣玛丽教堂受洗。1819年，德尼黑的父亲被判七年徒刑，流放到科克，1820年8月乘"哈德洛号"抵达该地；母亲同样被判七年徒刑，1824年8月乘"阿尔莫拉号"抵达。

德尼黑天资聪颖，父母意识到其才能非比寻常，因此大力挖掘他的天赋。他在几所学校里学习法语、意大利语、经典作品和英国文学，他的老师和家庭教师都十分佩服他超强的记忆力。威廉·比德·达利[①]是他儿时的朋友，艺术家阿德莱德·艾恩赛德[②]是他早期的合作者。

德尼黑14岁那年随父母回到英国，跟随一名大学教师学习了一段时间；他参观了欧洲大陆很多重要的艺术中心，在燕子归来的季节里，他在爱尔兰度过一段时光，在那里遇见青年爱尔兰党的领导人，对其印象深刻。1844年4月29日，他搭乘"伊丽莎白号"移民船回到悉尼，继续学业，并成为律师尼科尔·斯滕豪斯[③]的学徒。1845年，德尼黑在《殖民地文学》上发表短篇小说《一见钟情》；他还为《人民的辩护者》撰写批评文章。1847年，在《人民首脑》上发表了一些青春诗歌。德尼黑与斯滕豪斯的关系使得他有机会接触私

---

① 威廉·比德·达利（1831—1888），澳大利亚政治家、律师，首位在英国枢密院任职的澳大利亚人。
② 阿德莱德·艾恩赛德（1831—1867），印刷商。
③ 尼科尔·斯滕豪斯（1806—1873），律师、文学赞助人。

人藏书。他开始建立自己的藏书室，后来藏书超过4吨，广为人知。1851年5月3日，他成为一名律师。尽管他精通法律，但他对文学的热爱逐渐占了上风，开始参与激进的政治活动。1851年至1853年，他在悉尼机械艺术学院举办了几场关于诗歌和法国文学的讲座。

1850年，德尼黑热切地支持牧师约翰·邓默尔·朗[1]的澳大利亚联盟，并参与自由党的宪法委员会的工作。1853年8月15日，作为知名的"男孩演说家"，德尼黑公开嘲讽威廉·查尔斯·温特沃斯提议的殖民地贵族实为"邪恶的贵族"，随后又讽刺这个荒谬的计划会被人们彻底遗忘。1854年，他来到古尔本疗养，同时从事法律工作。1854年12月在寄给亨利·帕克斯[2]爵士的信中表达了对从政的疑虑，"我的学问，从这个词的深层意义来看，还不够渊博——我的精神和心理素质未达到我认为必要的程度——我学识浅薄，思想狭隘，观察力不够"，随后两人产生了短暂隔阂。1855年德尼黑给帕克斯的信中显示出愈发浓厚的政治兴趣，但是他仍然没有迫切地想要进入政界。然而，在一次震撼人心的演讲中，他重申了内心的疑问，之后却赢得了亚皆老街的议会席位。从1857年2月13日至1859年4月11日，他一直是亚皆老街"极端自由主义"的代表。

他做了多次精彩的议会发言，特别是那些针对土地法案(1857)、选举制度的改革以及华人移民法案(1858)的发言。1858年，他回到悉尼，对这个偶尔一现的演说家，人们简直趋之若鹜。他的名声传到了维多利亚州，同年9月，他在墨尔本就土地法案发表演讲，认为"一个新国家的治国之才，他的首要目标应该是把土地分给人民——简言之，就是创造一个伟大的社会"。在以考珀为首的第二任内阁期间，德尼黑反对任命利特尔顿·贝利爵士为总检察长，并以《我是怎样成为新巴拉塔里亚的总检察长的》(悉尼，1860)一文辛辣地讽刺了整个事件，使之名垂千古；该文首次发表在德尼黑1859年创办并主编的《南十字星座》上，这是他最长的一篇文章，也是他作为政治讽刺作家的一座丰碑。

德尼黑仍然致力于文学评论和创作。1857年11月，他在演讲中夸赞朋

---

[1] 约翰·邓默尔·朗(1799—1878)，长老会牧师、政治家、教育家、历史学家、人类学家和记者。
[2] 亨利·帕克斯(1815—1896)，澳大利亚政治家，被誉为澳大利亚联邦之父。

友查尔斯·哈珀①的诗歌。他还认同威廉·福斯特②的诗歌。他为《自由民》《南十字星座》以及其他杂志撰写各种主题的文章；1859年至1860年，他为一些知名作家，包括他的榜样托马斯·德·昆西③等，创作了许多文采斐然的讣告。

德尼黑的行事原则和独立作风导致他与教会之间产生了冲突。第一次是在1859年1月，他反对额外的国家援助，第二次是在随后的一个月，他针对修道院院长亨利·格雷戈里提名一名新教徒加入帕拉马塔的天主教孤儿院。在抗议集会上，德尼黑认为格雷戈里的行为"违背了天主教最基本的利益"，并投票表示他对教会的管理没有信心。包括德尼黑在内的七人委员会向大主教约翰·比德·普尔丁提交了决议，后者不忍将修道院院长逐出教会，因而要求七人撤回决议。除德尼黑以外，其他六人都顺从了主教的意思，但此事最终移至罗马教廷处理。

德尼黑在议会的最后一届任期中，从1860年5月至11月，他代表东麦夸里。他对政治家和政客的道德感到极度失望。他拒绝无原则地妥协，甚至疏远了自己最好的朋友，整日沉迷酒精。在土地问题上，尤其是就《罗伯逊土地法案》一些关键条款，他取得了显著的政治成果。

1862年，德尼黑和家人迁至墨尔本，并担任《维多利亚时代》的主编。一段时间后，他进入创作高潮。然而，自从唯一幸存的儿子去世后，他旧病复发。1864年，德尼黑关闭报社回到悉尼，重新从事法律行业。他的精力和体力已经所剩无几，亨利·肯德尔还是注意到他有一点"回光返照"的迹象。10月，德尼黑在给妻子的信中写道，"在一天的时间里，此时此刻最糟糕，我的世界又回到了当初；然而，我必须现在就悬崖勒马，否则就永远都无法回头"。为了抓住最后一丝康复的希望，德尼黑去了巴瑟斯特，在那里，他在深深的绝望和些微的乐观之间挣扎，最终彻底地陷入酗酒而不可自拔。

1865年10月22日，德尼黑摔倒在巴瑟斯特的街上，头部受伤。由于"失血和酗酒引发的病情"，他在医院去世。两天后，仅屈指可数的几位悼念

---

① 查尔斯·哈珀(1813—1868)，澳大利亚诗人、评论家。
② 威廉·福斯特(1818—1882)，文人、政治家。
③ 托马斯·德·昆西(1785—1859)，英国散文家，被誉为"少有的英语文体大师"。

者护送他的遗体回到了老天主教公墓。分会的神职人员彼得·怀特因在葬礼上宣读悼词而引发教会不满。

德尼黑四肢纤细、身体瘦弱，身高五英尺二英寸(158厘米)；脸上有雀斑，浓密的亚麻色头发遮住了饱满的额头。他的言行举止中规中矩，笑声爽朗明亮。他的诗歌一般草草写就，只是些平庸之作，但是，他的演讲却是爱尔兰演讲术的绝佳范例。他的文学批评虽然受到大卫·布莱尔、乔治·巴顿、弗兰克·福勒以及爱德华·布沃尔·利顿爵士的高度赞赏，但肆无忌惮的夸张和大量的暗讽多少使其减色。作为一个评论家，他认为"批评应该是温和的"，因为"一切生活、文学以及政治都只不过是逐渐接近的过程"。用沃尔特·默多克的话来说，德尼黑以他"非凡的智慧和敏锐的鉴赏力"谨慎地批评了从司汤达到爱默生，从海涅到詹姆森夫人涉及现代文学的所有领域。

德尼黑认为殖民地"因自然环境、第一批移民的到来以及最初几十年的不堪历史而变得黑暗"，在这里，"艺术没有一丁点儿用处，而自然环境意味着一切"。他把自己从这个环境中无情地孤立出来，最终却一败涂地。殖民地社会很残酷，基本上很难容忍像他这样喜怒无常、思想深刻而又多愁善感的人；他的生命最终在屈辱、悲惨和失败中结束。

德尼黑没有留下多少证据供后人去评判他不容置疑的政治和文学才华以及伟大的品质。对他的任何评估，都必须考虑与他同时代人的意见，即便"年轻而不幸的天才"这样维多利亚时代的评价具有局限性，这些意见仍有很强的说服力。他们中很多人对德尼黑谦逊的态度、热情大方的性格、丰富的学识、敏捷的才思以及活泼的个性赞赏有加。达利、巴顿和斯滕豪斯认为他是殖民地最有才华的人之一。理查德·霍恩认为德尼黑是所有年轻澳洲人中"最才华横溢的一个"。1883年，达利回想起德尼黑，称他为"我们历史上最有才华的爱尔兰裔澳大利亚人"，德尼黑轻易占据"最具才华和荣耀的现代爱尔兰人中的最高位"。1888年9月，丹尼尔·奥康纳以及一群德尼黑的崇拜者将他的遗骨从巴瑟斯特迁出，埋葬在威弗利方济会长老公墓。坟墓之上竖起一座高大的纪念碑，谨以此诗向"一个才华横溢并有着爱国热忱的澳洲之子的非凡天赋"致敬，"南方激扬之声，响彻于记者长眠之处。他虽已沉默，眼中的安宁依然美好"。

1852年2月24日，德尼黑在悉尼与阿德莱德·伊丽莎白结婚，她是绅士约翰·卡其米尔·豪沃思的独生女，其母玛丽·伊丽莎白，父姓英格利希。德尼黑夫妇育有两儿五女。德尼黑去世后留下妻子和三个女儿。1877年7月7日，他的遗孀再嫁约翰·麦加威·史密斯，两人没有孩子。1908年12月31日，78岁的伊丽莎白在乌拉纳去世，葬于威弗利公墓的英国国教区。

悉尼地政总署大楼前矗立着一尊由詹姆斯·怀特①制作的德尼黑雕像。

29. 亨利·约翰（哈里）·康格里夫（1829—1918）
作者：芭芭拉·华尔

亨利·约翰（哈里）·康格里夫［Henry John（Harry）Congreve］，探险家、记者、传教士，1829年3月31日出生于伦敦。父亲亨利·康格里夫是有医疗经验的化学家，母亲伊丽莎白·安，父姓雅各布。有着剧作家威廉·康格里夫血统的老亨利投资失败后，贫困的一家被迫移民。1849年1月，接受过医学训练的小亨利和弟弟威廉先于父母以及兄弟姐妹四人到达南澳大利亚的阿德莱德港。

受丛林生活和潜在奇遇的吸引，康格里夫到达林肯港，和原住民一起工作，因此熟悉了原住民的传统，学会几种当地方言，并开始行医。后来，他在巴拉做赶牛人，在培基纳装卸羊毛。1851年发现金矿后，他又筹划动身前往维多利亚州淘金。他在英格尔伍德附近勘探12年，1863年作为《英格尔伍德广告人》的记者以及编辑定居在那里。1865年12月14日，康格里夫在英格尔伍德按照公理会的仪式迎娶18岁的简·马歇尔·柯克伍德，后者是苏格兰格拉斯哥的一名用人。他们育有十个孩子，四个在襁褓中夭折。康格里夫成为英格尔伍德区医院和学校董事会的书记官、泽西礁矿业有限公司的经理，以及土地和保险代理人。他同时还是托马斯·霍华德的《英格尔伍德岛

---

① 詹姆斯·怀特（1861—1918），澳大利亚雕塑家，1902年怀恩奖（Wynne Prize）得主。

礁史》(英格尔伍德，1883)的撰稿人。

1880年，康格里夫一家前往妹妹玛蒂尔达·埃文斯所在的南澳大利亚，并定居于高勒，康格里夫成为《标准》的编辑，1885年后成为《奔异兽》(两个周刊合并)的编辑，他为这些杂志以及阿德莱德的《观察者》撰写连载小说、报道以及短篇小说。他活跃在高勒社会的很多领域，特别是成为长老会的成员。1882年，尽管他还未被授予圣职，却被要求在史密斯菲尔德为神职人员布道，1885年，又在戈尔登格罗夫布道。他申请神职，但没有得到教会的许可。繁重的工作和长途跋涉进行布道使他健康受损，1890年7月，他辞去在《奔异兽》的工作，搬到瑟玛福尔，在那里他被称为"牧师康格里夫"。1894年，他搬到哈克尼，之后又搬到东阿德莱德。康格里夫加入了查莫斯教会，1899年至1916年担任长老，是一名积极的传教士，经常前往教堂礼拜。

1918年7月10日，康格里夫在东阿德莱德斯特雷顿的家中去世，葬于佩恩汉姆公墓，留下妻子、五个儿子和一个女儿。遗嘱认证称其遗产共有960英镑。他的儿子都参与了布尔战争或者第一次世界大战。康格里夫多才多艺、精力充沛，他的公众意识和强烈的信念使他在所到之处备受尊崇。从他的照片可以看出，他有着浓而突出的眉毛和凌乱的络腮胡。他写的关于原住民、开拓生活和淘金生活等大约50个故事都刊登在他曾任编辑的报刊上。

30. 亨利·金斯利（1830—1876）

作者：A. A. 菲利普斯

亨利·金斯利(Henry Kingsley)，小说家，1830年2月1日出生于英格兰北安普敦郡的巴纳克。父亲查尔斯·金斯利是牧师，母亲玛丽，父姓卢卡斯。三个哥哥分别是查尔斯(1819—1875)，牧师、小说家；杰拉德(1844年逝世)，海军军官；以及乔治(1826—1892)，医生、旅行作家。金斯利早年主要生活在德文郡和切尔西，他的小说以这两地为创作背景。

金斯利身材弱小，相貌丑陋，因而性格十分敏感，他经常谄媚相貌英俊的人，尤其是他的哥哥查尔斯。金斯利中学就读于国王学院学校。1850年，他被牛津大学的伍斯特学院录取。虽然他在那里成为一名成功的运动员，但在学术上却毫无建树。500英镑的遗产帮助他偿还了债务，1853年他从牛津大学肄业并决定移民，同年12月，金斯利抵达墨尔本高特莱特。人们对他在澳大利亚的生活知之甚少。他曾尝试在加多利亚、亚拉腊以及奥米欧等地淘金，但没有成功。有充足的证据表明他做过一段时间的骑警。在1857年返回英国之前，金斯利住在斯基普顿附近朗吉维利农场的某处，住所由好心的寮屋居民提供。

金斯利的第一本小说《杰弗里·哈姆林的回忆》1859年一经发表即获得成功。该书为他之后的创作积累了大量的读者。小说描绘了德文郡的巴克尔和布伦特伍德两家，由于日益减少的收入不能维持他们的社会地位，因而来到澳大利亚寻找发财之路。据W.K.汉考克称，金斯利应该注意到临近德利盖特的图巴特农场，因为它与小说中梅杰·巴克利优雅奢华的家十分相似。森林大火、丛林居民以及遍地牛羊的场景尤其那些引人同情的角色最终娶到了美丽富有的新娘等情节颇具戏剧性。

1860年父亲去世后，金斯利与母亲住在埃弗斯利。《雷文斯霍》通常被认为是他最好的一部小说。该小说于1861年1月至1862年7月在《麦克米伦》杂志上连载，然后出版成书。1862年12月5日，金斯利被内殿法律学院录取，但是他很快便辍学。1863年11月至1865年4月，《西拉斯一家与伯顿一家》连载于《麦克米伦》杂志，然后结集出版。小说主要情节发生在澳大利亚；次要情节与一个虚构的殖民地库克斯敦的政治生活有关。为此，金斯利利用19世纪50年代中期维多利亚时代的政治事件，引入了几个角色，他们在一定程度上影射了威廉·斯塔威尔[①]爵士、约翰·奥沙南希爵士以及查尔斯·加万·达菲[②]爵士。

1864年7月19日，金斯利与莎拉·玛丽亚·哈兹尔伍德结成夫妻。夫妇二人定居在泰晤士河上的沃格雷夫，然而由于莎拉身体欠佳，加之债务缠

---

① 威廉·斯塔威尔(1815—1889)，首席大法官。
② 查尔斯·加万·达菲(1816—1903)，爱尔兰民族主义者、维多利亚时代的政治家。

身，不久他们的生活便拮据不堪。尽管诸事不顺，金斯利还是尽力写成16部小说，其中大部分只是充满压力的环境下所著的平庸之作。后来创作的小说中，只有《雷金纳德·赫瑟里奇》(1874)以澳大利亚为背景。他的创作也涉及散文，其中包括关于斯特和爱德华·约翰·艾尔的探险旅行随笔以及一本《旅行澳大利亚》。1869年，由于债务困扰，金斯利接受爱丁堡《每日评论》的主编职务。1870年8月，普法战争期间，他以该报记者的身份在法国工作，同年10月重返编辑岗位。1871年年初，金斯利辞职回到伦敦。1874年年底，他与妻子搬到苏塞克斯郡的库克菲尔德，在那里，他坚持写作直至生命结束。1876年5月24日，金斯利因舌癌去世。

作为维多利亚时期传统的浪漫主义作家，金斯利水平优于一般作家。总体来说他的作品具有自然主义的特征，但同时也点缀着情节化的事件以及狄更斯式的情感道德刻画。尽管他不具备深刻的观点或者丰富的想象，但是他有一种简单的活力以及友好逗趣的叙事口吻。在描绘这个新的国家上，金斯利成功之处在于他对风景和动物的描写。

金斯利兄弟几人都对大自然有着强烈的感情：亨利以生动、准确的笔触描绘丛林，抒发欢快的情感。他对人物环境的处理往往只是介绍性的，且受制于必须忠于人物背景的偏见。在他看来，英国上层人士具有很强的优越感。尽管他对一个牧场工(《杰弗里·哈姆林的回忆》)做了一番美好的描绘，但是他的偏见可以从他对下层移民的评论中看出："一个懒惰的独立阶级，他们过度夸大了自己在他们生活的这个时代的重要性，但是没有囚犯身上那些更糟糕的恶习。"

不过，金斯利记录了他在矿区度过的平等、友爱、愉快的生活，在下面这段话里，他对下层移民的看法更加具有肯定性："基本上不存在比这些诚实的移民更好的伙伴了；但是他们对老流放犯充满不可思议的尊重简直是可怜(《西拉斯一家与伯顿一家》)。"

总的来说，金斯利描绘了一幅令人向往且鼓舞人心的澳洲移民生活。他将澳洲描绘成一片充满希望的土地，尽管他个人在那里生活得并不如意。《杰弗里·哈姆林的回忆》中的牧场开拓者不费吹灰之力就发了财，其中一个人这样说，"我的财富完全靠积累得来，对我来说，花钱比赚钱还要费劲(《杰弗里·哈姆林的回忆》)"。

金斯利对澳大利亚文学的间接贡献之一在于他身为上层阶级的偏见。他认为实际上英国绅士能够领导澳大利亚原住民，尽管后者对当地环境更为熟悉。金斯利的臆断极大地惹恼了约瑟夫·弗菲，因此弗菲撰写了一篇驳斥他的文章，也是他最有抨击性的文章之一（《生活便是如此》，第39页）。如果迈尔斯·弗兰克林早点发表关于格蒂·希利尔的看法，那么金斯利可能会受到更多的抨击。格蒂是一个美丽的澳大利亚女孩，她有着维多利亚式的温顺，却又异常愚蠢。然而，在很多方面，格蒂都是一个有趣的、可能是经过准确观察而刻画出来的当时一个牧场工的女儿，极具文学价值。金斯利赋予她熟练掌握当时澳大利亚俚语的能力，通过格蒂，金斯利对澳大利亚俚语做出了绘声绘色的记录，造福了子孙后代。

31. 詹姆斯·约瑟夫·克劳奇（1830—1891）

作者：约翰·恩肖

詹姆斯·约瑟夫·克劳奇（James Joseph Crouch），江湖骗子、演说家、记者，出生于英格兰，幼时被寄养在巴特尔济贫院。少年时期智力超群，之后有意愿成为天主教神职人员。1850年经支持他的牧师安排，克劳奇被派往罗马的布道学院进修，三年后因行为不良被开除。回到英国后他开始了诈骗生涯，这成为他一生的特点：一般来说，只要与自己的目的相符，任何宗教派别的服装他都能披在身上。据说他以红衣主教的身份于1855年出现在罗马，但很快被揭穿，并被再次驱逐出境。随后他在中东到处旅行。1857年他在英国以牧师亚瑟·密尔顿的身份做关于圣地的讲学，并进行了一系列诈骗活动。1858年1月，他以爱德华·亚瑟·奥古斯都·莫顿之名，由什鲁斯伯里治安法庭判处三个月监禁。获释后他又一次受到指控并再次被捕，由吉尔福德巡回法庭判处入狱12个月。在逃期间，他遇到布拉德福德一个名叫博纳的寡妇并娶了她，但没多久便卷款而逃。随后不久，他利用伪造的凭证，在"博阿内格斯号"上谋得了牧师职位，同移民一起乘船前往澳大利亚。

1861年年底，克劳奇假扮牧师蒙塔古·密尔顿，同两个流浪艺人一起出现在布雷德伍德金矿区。他们在实施一桩非法婚姻诈骗后不久，一个人称"查理·香槟"的幸运矿工指控他们盗窃了价值100英镑的可采矿石。布雷德伍德法院将他无罪释放，他随即便带着行骗所得匆匆离开，他的同伙对此深感不满。随后人们以为他在塔斯马尼亚待了几年，但那里没有留下他过往行为的任何记录。后来有传言称，1865年他作为某富有自由民的家庭教师，乘"步兵号"去了英国。

1870年克劳奇以牧师托马斯·奥斯卡·罗郎·基廷、副署长、法学博士的身份，在"妻子"的陪同下，在美国进行了一系列大胆的诈骗行动，部分细节记录在《伊迪丝·欧·戈尔曼小姐以及特蕾莎·德·尚塔尔修女的审判和迫害案》（悉尼，1886）中。他在牧师亨利·沃德·比彻的基督教联盟工作，后来该联盟谴责了他的欺骗行为。克劳奇回到英国，1872年，由于伪造声称是由巴思和韦尔斯主教发出的文件，他被判五年徒刑，并受警察监视七年。出狱后他又在都柏林以各种神职身份进行一系列离谱的诈骗，并被驱逐出爱尔兰。

1890年，克劳奇离开英国回到悉尼，不久后便以牧师兼神学博士西奥多·奥斯瓦尔德·基廷的身份在那里实施了最后一次诈骗。克劳奇做了关于"伦敦生活"的演讲，9月在《悉尼季刊》上发表了名为《即将到来的罗马教皇理事会》的文章，旁征博引。他优雅的举止和毋庸置疑的才能很快引起了公众的注意。他利用当地产业的动荡不安，为《真理》杂志的早期出版物创作了风格激进、文采斐然的诗歌。从9月开始，他还短暂地担任了《澳大利亚工人》的第一任主编，创作了一部名为《该死的，安特卫普的故事》的小说，他声称这部小说比当时最畅销的墨尔本小说《神秘的汉瑟姆马车》更能引起轰动。他将手稿卖给《真理》，然而当他为了拿到稿酬而前往杂志老板阿道弗斯·乔治·泰勒家拜访时，在后者不在场的情况下，他强奸了一名年轻用人。泰勒和他的朋友尼古拉斯·威利斯和约翰·诺顿出于个人目的，将此事隐瞒了几个月，这一行为非常可恶。最终，警方得到了消息。1891年2月，基廷（即克劳奇）被带往刑事法院，被判五年劳役。在被拘押于达令赫斯特拘留所的第二天早上，他被发现昏倒在牢房里。尽管审讯记录显示其死因是脑中风，但人们普遍相信他死于自杀。

32. 罗伯特·珀西·惠特沃思（1831—1901）

作者：海伦·K. 阿尔曼兹

罗伯特·珀西·惠特沃思（Robert Percy Whitworth），记者、作家，出生于英国德文郡托基。父亲约翰·惠特沃思是名工程师，母亲安，父姓道森。惠特沃思在兰开夏郡和柴郡长大，1854年9月9日和玛格丽特·里弗斯·史密斯在曼彻斯特大教堂结为夫妻，当时他是一位大律师的书记员。1855年他们移民悉尼。据罗伯特自己记述，他曾在古斯塔夫·沃恩·布鲁克导演的《哈姆雷特》中扮演雷欧提斯，还在猎人河区驯马。他加入了悉尼的《帝国》杂志社，后来创办过几份昙花一现的杂志。他也做过骑术教练，在一次严重的摔伤之后重返新闻界。

1864年，惠特沃思在昆士兰居住一段时间后抵达墨尔本，他和费迪南·贝利奥[①]创作了一系列澳大利亚各殖民地的地名字典。在墨尔本，他和《时代报》《阿古斯》及《每日电讯报》等报刊合作，一度还担任了《澳大利亚杂志》的编辑。19世纪70年代后期，他是《街谈巷议》的老板和编辑，并为墨尔本《潘趣》和其他杂志撰稿。他创作了几部戏剧，其中最成功的一部是1867年的笑剧《逮捕阴谋家》。他是马库斯·克拉克多年的密友，1880年两人在改编一部政治讽刺剧《乐土》中密切合作，这部戏讽刺了格雷厄姆·贝瑞爵士政府。这部作品仅有部分存留于克拉克的手稿中，但同时署有克拉克和惠特沃思两人的名字。二人还合作了一部风俗喜剧《反转》，这部戏从未上演过。在克拉克的葬礼上，惠特沃思充当了护柩者。

惠特沃思在新西兰至少待了四年，1870年住在但尼丁。他是《奥塔哥每

[①] 费迪南·贝利奥（1838—1881），书商、出版商。

日时报》的记者，还以"文学界的波希米亚人"的笔名为《奥塔哥目击者》撰写"文思缜密、言辞巧妙"的作品。1870 年，惠特沃思的小册子在但尼丁出版，书中描述了马丁湾向奥塔哥西海岸移民的可能性，此书为他从奥塔哥地方议会那里赢得 50 英镑的奖金。后来，他借助自己对毛利人的了解，创作了《探访毛利人》（墨尔本，1887）。

惠特沃思是一位多产作家，作品涉及诸多领域。他出版了成功的短篇小说合集：1872 年的《亮片、锯末和篝火边的澳大利亚故事》，1893 年与 W. A. 温达斯合著的《丝绸之光：墨尔本杯故事集》。他写了几部小说，编辑了几部故事集。他编写《维多利亚州、新南威尔士州及昆士兰州土地法案流行手册》（1872）、《墨尔本官方手册及指南》（1880）和《维多利亚及其首府：过去与现状》（1888）。他创作了大合唱《冬青之下》（1865）和《尤里卡栅栏简史》（1891），并编辑、撰写了几篇杂记。他的作品体现了他对于城市、丛林、金矿区和剧院生活的渊博知识。

盛年时期的惠特沃思是墨尔本一位相当知名的记者，晚年的伦道夫·贝德福德形容他是"逝去的阿波罗"。1901 年 3 月 31 日，惠特沃思在普拉郎中风去世，享年 69 岁零 14 周，人们几乎忘记了他曾是一名作家，但仍有少数人哀悼这位"率真而不做作的波希米亚人"。惠特沃思埋葬在墨尔本公墓，留下 1867 年后出生的两个儿子和一个女儿。

33. 玛丽·海莲娜·福琼（1833—1910？）

作者：L. 苏塞克斯

玛丽·海莲娜·福琼（Mary Helena Fortune），作家，出生于爱尔兰贝尔法斯特。父亲乔治·威尔逊是一名有苏格兰血统的土木工程师，母亲埃莉诺，父姓阿特金森。玛丽后来写道，她"从来没见过母亲与兄弟姐妹"。她和父亲一起移居加拿大蒙特利尔，把那儿当成自己的家。虽然她的教育经历鲜为人知，但她擅长英语写作，常以工整的书写体写作。她的作品中不时冒出法语和拉丁语词汇。1851年3月25日，在加拿大的墨尔本，玛丽与约瑟夫·福琼上校的儿子、测量员约瑟夫·福琼成婚，婚后育有一子。玛丽的父亲后来移民澳大利亚金矿区，成为一名店主。玛丽和儿子在伦敦短暂停留后投奔父亲，于1855年10月3日抵达墨尔本。

1856年11月，玛丽在布宁甬生下第二个儿子，这个孩子后来成为一个惯犯。玛丽声称约瑟夫·福琼是孩子的父亲，尽管在澳大利亚并没有发现关于他的任何记录。约瑟夫·福琼1861年在加拿大去世。玛丽和父亲、儿子一起搬到金矿区。1858年1月，她的长子夭折。10月25日，玛丽在蒂诺利以英国国教仪式与骑警珀西·罗洛·布雷特成婚，后者的父亲是来自爱尔兰韦克斯福德的一名牧师。在结婚仪式上玛丽称自己是寡妇。同年，珀西离开警局，不久他们婚姻破裂，珀西搬到了新南威尔士州，并于1866年6月26日在克洛瓦的圣约翰教堂与玛丽·安·里克结婚，显然他并没有与前妻离婚。

玛丽的创作生涯始于1855年，她用笔名在金矿区报纸上发表了一些作品，其中有激进诗歌。《亚历山大山邮报》曾经为她提供了一个副编辑的职位，却在得知她的性别后收回这一邀请。1865年年底，她自称"流浪儿"，开始向墨尔本新成立的《澳大利亚杂志》投稿。同年，她开始和詹姆斯·斯基普·博莱斯合著澳大利亚首部侦探系列小说。博莱斯后来以自己的名义再版了玛丽的《神秘谋杀案》。1866年，玛丽为《澳大利亚杂志》创作了六部系列小说的第一部《伯莎的遗产》，主题既有当代生活，又有哥特式的闹剧。1875年以前，她还撰写新闻。

玛丽的主要作品是警察办案的"侦探系列专辑"，1868年至1908年间，以W.W的笔名发表在《澳大利亚杂志》。玛丽是世界上最早的女性侦探作家之一，具体到澳大利亚，她无疑是第一位。她的一些关于犯罪的小说以《侦探集》（墨尔本，1871）为名出版，是澳大利亚出版的第一部侦探小说。她还创作了一部真实度值得怀疑但却十分生动的回忆录《二十六年前》（《1855年后的矿区》），这本书后来再版时改名为《玛丽·福琼的一生》（墨尔本，1989）。

尽管玛丽有着漫长的创作生涯，但她的身份一直不为广大读者所知。视力衰退迫使她停止创作，她还饱受酒瘾的困扰，生活陷入困顿。19世纪70

年代，她甚至因为醉酒和流浪而被警局关押。1909 年，《澳大利亚杂志》开始以年金的方式接济她。玛丽去世的地点和日期不详。一直到 20 世纪 50 年代藏书家 J. K. 摩尔才透露了笔名背后玛丽的真实姓名。

34. 乔治·戈登·麦克雷（1833—1927）
作者：诺曼·考珀

乔治·戈登·麦克雷（George Gordon McCrae），诗人、文学家，1833 年 5 月 29 日出生于苏格兰利斯。父亲安德鲁·穆里森·麦克雷是苏格兰律师协会成员，母亲乔治亚娜·亨特利·麦克雷，乔治是他们的长子。1841 年 3 月 1 日，乔治亚娜和四个儿子抵达菲利普港，丈夫安德鲁此前已于 1839 年移民此地。麦克雷一家在伯克街住了没多久就在雅拉河畔的阿博茨福德建立了梅菲尔德庄园。1843 年，在靠近德罗马纳的地方，安德鲁收购亚瑟牧场，在西北边俯瞰海湾的位置建立农庄。1845 年至 1851 年，麦克雷一家住在那里，现为国民托管组织所有。

麦克雷在伦敦读过小学，1841 年他和弟弟们由多才多艺的母亲教导；从 1842 年起，他们开始由家庭教师、阿伯丁大学文学硕士约翰·麦克卢尔教育，麦克卢尔给他们开设了定期系统的指导课程，事实证明，他是麦克雷兄弟的良师益友。

在梅菲尔德庄园和亚瑟牧场的丛林里，飞鸟走兽、爬行动物、花草树木比比皆是，麦克雷与它们亲密无间；他了解原住民，并对他们产生了感情，他学会钓鱼、射击、骑马以及其他丛林人的技巧。他对于大海、船只以及一切与之相关的东西的迷恋始于利斯，发展于前往澳大利亚的旅途中，加深于墨尔本码头的漫步中，增长于乘风破浪的航行、捕鱼以及在德罗马纳海岸观望船只中。

麦克雷 17 岁时曾在测量队当实习生，1851 年 2 月 6 日，一个黑色星期四,麦克雷与死神擦肩而过。当时他正和同伴们跨过一条小溪上的原木,烈火从他们身边席卷而过。测量工作对麦克雷并没有吸引力,他后来曾为弗林德斯街的商人工作了一年,还在墨尔本储蓄银行工作了一小段时间。1854年,麦克雷成为维多利亚州政府公职人员,在那里工作到1893年,成为注册总署副主任,然后退休。1864年休假时,他去了英格兰、苏格兰和法国旅行,1887年和1894年,他分别在毛里求斯和塞舌尔长期旅行,并对那里产生了长久的感情。

麦克雷思维活跃、爱好广泛、观察细致、情感丰富,这些个性驱使他把自己的所见所闻以文字或图画的形式付诸纸上。尽管他不被视为艺术家,但是他画笔下的船只还是得到了奥斯瓦德·布莱尔利①爵士的称赞。汤姆·罗伯茨②在给休·麦克雷的信中形容他"用钢笔和墨水画出的两艘船美轮美奂"。他在与旅行和自己经历有关的手稿中穿插着一些素描,生动地展示了他所描绘的场景和事件。尽管如此,麦克雷在退休之前还是将大部分的闲暇时间贡献给了写作事业,在他退休后的34年里,更是将全部时间用于写作。

麦克雷出版的第一部作品是《两个老男人的故事:爱情与战争》(伦敦,1865),1867年又出版了《明亮的眼睛》,这两部作品都源于原住民的传说。1873年,他出版了长篇无韵诗《铁面人》。他还向《澳大拉西亚人》和其他杂志投了不少短诗,1883年《墨尔本评论》将其作品结集为《来自泰姬陵花园的玫瑰花蕾》出版。小说《约翰·劳斯》是关于安娜女王统治时期的故事,创作后没有立即发表,直到1918年才出版。《堂·恺撒》节选自一首长诗,发表在悉尼《公报》上。1915年,他的一小部分精选诗作,以《舰队和护航队及其他诗篇》为名出版。他没有发表的手稿包括以《回忆——经历而非功绩》命名的几卷作品。这些作品写于他退休之后,包含了大量对自己少年和青年时期的见闻和事件的详细描述。这些作品虽然篇幅冗长,但绝不枯燥,呈现出一幅迷人的乡村风光,是对早期墨尔本居民生活的真实写照。

被称为"维多利亚诗歌之父"的麦克雷十分擅长创作音乐诗歌,作品有时能达到诗歌的水准,但一些批评家认为它们过于烦冗且不加修饰,现代人有

---

① 奥斯瓦德·布莱尔利(1817—1894),英国画家。
② 汤姆·罗伯茨(1856—1931),澳大利亚著名艺术家,海德堡学派的重要成员。

时无法忍受它"诗歌式的遣词造句"。

麦克雷是约里克俱乐部的早期成员，该俱乐部的其他会员还有 R. H. 霍恩、亨利·肯德尔、亚当·林赛·戈登、马库斯·克拉克、帕特里克·莫洛尼博士以及约翰·希林洛。他们相聚交谈，互相鼓励，相互帮助，形成了 19 世纪六七十年代维多利亚州唯一一个重要的具有文学兴趣和成就的活动中心。休·麦克雷在《我的父亲和他的朋友们》一书中生动有趣地描写了他们的交往。

麦克雷身材高大、相貌英俊，有艺术气质，举止优雅，"对朋友慷慨大方"。他是一个温柔善良的人。1927 年 8 月 15 日，麦克雷去世于墨尔本的霍桑，直到去世之前，他都保持着清醒的意识。他的妻子奥古斯塔·海伦是詹姆斯·克雷格·布朗之女，二人于 1871 年结婚，妻子先于他去世。麦克雷死时，六个孩子只有四个在世，其中包括著名诗人休·雷蒙德以及撰写过几本诗集的弗朗西斯·佩里。

35. 卡罗琳·路易莎·阿特金森（1834—1872）
作者：A. H. 奇瑟姆

卡罗琳·路易莎·阿特金森（Caroline Louisa Atkinson），博物学家、作家，1834 年 2 月 25 日出生于新南威尔士州近贝里马的奥德伯利。父亲詹姆斯·阿特金森，母亲夏洛特，父姓沃瑞。阿特金森接受的是私人教育，大部分时间由母亲教导。她的母亲曾是一名教师，很有艺术天赋，对自然历史感兴趣。显然，这个幼时身体羸弱的女孩，未受正规学校教育的束缚，在母亲的潜移默化以及环境的影响下，很小便掌握了一些地质知识，并对植物学和动物学产生了浓厚的兴趣。她的寡母嫁给乔治·布鲁斯·巴顿后，母女二人移居到悉尼西面库拉用高地的费恩赫斯特。

阿特金森的新家附近丛林密布，她还前往其他地方进行短途旅行。她坚持不懈地研究植物，撰写这方面的通俗文章，创作了备受称赞的绘画作品，还向包括威廉·伍尔兹①和斐迪南·缪勒②在内的著名植物学家寄去了大量标本。鉴于其行为意义非凡，很多新物种都以她的名字命名。她拓展了鸟类和昆虫类的基本知识，并提高了制作动物标本的水平。阿特金森似乎还是服饰变革的先驱：当时女性穿着的长裙对丛林地区的生活来说简直就是一种累赘，因此，据说这个女博物学家在散步和骑马时均身着一种在"殖民地那些墨守成规的人中引起非议"的服装。

阿特金森的《移民格特鲁德》于1857年在悉尼出版，两年后《考恩达，老手的认可》出版；前者的作者署名为"一位澳大利亚女士"，后者署名为"格特鲁德之作者"。这两本书笔调质朴而合乎道德，描述性段落文采斐然。1861年至1872年间，她以连载方式在《悉尼先驱晨报》和《悉尼邮报》上发表的其他小说作品也具有同样的特点。阿特金森小姐的作品中还流露出恻隐之心，她在库拉甬参与慈善和教会工作，以实际行动表达这种感情。阿特金森最著名的作品与自然历史相关，这些作品投给了悉尼的各种期刊。其作品连同画作，受到伍尔兹博士的称赞。

19世纪60年代末，阿特金森和母亲回到奥德伯利，1869年3月11日，她嫁给同样对植物学相当感兴趣的詹姆斯·卡尔弗特。阿特金森生下女儿后不久，于1872年4月28日去世。为了纪念阿特金森，人们以她的名字为几种植物命名。另外，园艺学中一种独特的有尾蕨类植物也以她的名字命名。

---

① 威廉·伍尔兹(1814—1893)，英国国教牧师、学校校长、植物学家。
② 斐迪南·缪勒(1825—1896)，植物学家。

36. 乔治·亚瑟·沃尔斯坦伯（1834—1909）

作者：E. M. 芬莱

乔治·亚瑟·沃尔斯坦伯（George Arthur Walstab），作家、记者，1834年12月31日出生于伦敦托特纳姆，家中长子。父亲阿伦德·约翰·乔治·沃尔斯坦伯曾是西印度群岛德梅拉拉的种植园主，母亲乔治娜·弗朗西斯，父姓斯蒂尔。沃尔斯坦伯曾就读于伦敦麦钱特·泰勒斯学校，1851年12月拿破仑三世政变时他恰在法国。

1852年，沃尔斯坦伯随父母移民维多利亚州，他们搭乘"迪纳普尔号"于11月18日抵达墨尔本。他的父亲创办了一家拍卖行，兼做地产代理。沃尔斯坦伯成为骑警学校的学员，直到1854年尤里卡事件①发生之后才结束学习。此后，他在印度服役，印度兵变（1857—1859）②期间他担任中尉，战争中腿部受伤，他的余生因此饱受腿伤折磨。1860年，沃尔斯坦伯转行做记者，成为加尔各答《英吉利人》的助理编辑，1862年成为编辑。1864年，他的小说《回顾》（《赌局、胜局、大获全胜》）在加尔各答出版，在伦敦大受欢迎。

1861年，沃尔斯坦伯与玛丽·安妮在加尔各答结为夫妇，妻子父姓诺朗，1865年他携妻子回到墨尔本。沃尔斯坦伯开始为《时代报》和《先驱报》撰稿。1865年9月，他成为A. H. 马西纳③的《澳大利亚杂志》的首席编辑。1866年，他担任《澳大利亚月评》的编辑。

---

① 尤里卡事件，澳大利亚维多利亚殖民地淘金工人反抗殖民当局的斗争。
② 印度兵变，1857—1859年由印度封建主领导的印度人民反抗英国殖民统治和争取民族独立的起义，发生在印度北部和中部。引发大起义的导火索是密鲁特起义。
③ A. H. 马西纳（1831—1905），印刷商。

作为马库斯·克拉克的密友，沃尔斯坦伯同样是风格不羁的约里克俱乐部的早期创始人。1868年，克拉克接管《殖民地月刊》，沃尔斯坦伯与他合作经营，大概一年后克拉克将生意转手，沃尔斯坦伯在与接管人J. J. 希林洛的合作中投资失败。沃尔斯坦伯还与克拉克合作向维多利亚州的乡村报纸提供新闻稿。1881年克拉克去世时，沃尔斯坦伯陪伴在他身边。他们两人都对戏剧兴趣浓厚，沃尔斯坦伯的业余表演一度受到赞赏，1866年他在皇家剧院做过短期的职业演员。沃尔斯坦伯还在克拉克的第一部小说《小概率》中露了一手：1868年，该小说在《殖民地月刊》连载，当克拉克因故无法完成时，沃尔斯坦伯代他撰写了第十五章到第十八章。在最终出版的书中，克拉克将这几章稍做删减和修改，使之与其他章节融为一体。

1867年至1869年，沃尔斯坦伯个人的小说以连载的形式发表。《澳大利亚杂志》将其小说《回顾》拆分为几个部分进行连载，1867年发表《哈考特·达雷尔》(《赌局、胜局、大获全胜》)，1868年发表《最后的忏悔》和《丛林大盗》两部分。1869年至1870年间，《殖民地月刊》发表他的《双马挽具》(《皮尔斯·查尔顿的妻子们》)。他的短篇小说和素描作品出现在各种文集里。沃尔斯坦伯是一个博学的作家，尽管他的一些作品名称陈腐，但仍表达了他对殖民地生活的真情实感。

1869年年底，沃尔斯坦伯破产，部分是因为家庭问题使得他无法正常工作。他去了卡斯尔梅恩，在那里为《卡斯尔梅恩代表和纪事》做了大约一年的编辑。1873年12月，他作为J. J. 凯西①的门生，被任命到地政调查署就职，年薪315英镑；1880年，他已经是该部门收入最高的职员，年薪400英镑。在他的同事看来，他的能力毋庸置疑，但是"沃尔斯坦伯式的自吹自擂"就像是"蚁冢上的开水"，导致他与同事们相处得并不是很好。1880年，沃尔斯坦伯被裁，双方都获得了解脱。

沃尔斯坦伯回到《先驱报》担任首席记者，1882年担任编辑。在他的鼎盛时期，他被描述为一个引人注目的人物，对自己的衣着相当在意。他年轻的时候是一个不错的剑客，经常进行击剑表演。沃尔斯坦伯一直为《先驱报》写稿，一直到1909年2月8日，因腿部慢性溃疡，在埃尔斯特尼克的家中去

---

① J. J. 凯西（1831—1913），政治家、法官。

世。在英国圣公会的葬礼后,沃尔斯坦伯被埋葬在布莱顿墓地。他身后留下两个女儿,另外两个女儿和一个儿子先他离世。

37. 亚瑟·詹姆斯·奥格威(1834—1914)

作者:E.M. 芬莱

亚瑟·詹姆斯·奥格威(Arthur James Ogilvy),公职人员、土地改革家兼作家,1834年4月15日出生于加尔各答。父亲詹姆斯·巴尔弗·奥格威是孟加拉省①的公务员,母亲安妮,父姓金洛克。奥格威是福法郡因弗科海瑞提奥格威家族的后裔,在加尔各答以及威尔特郡的马尔伯勒学院接受教育。父母去世后,奥格威于1851年6月坐船到范迪门地投奔叔叔大卫·奥格威上尉,大卫·奥格威在里士满附近拥有丰厚家产。游历英格兰期间,奥格威于1861年8月8日和玛丽·卡米拉·利蒂西亚·尼达姆成婚,并将妻子带到塔斯马尼亚,在里士满居住。1862年他成为一名治安法官,不久后成为市政议会成员。作为里士满阅览室和图书馆秘书,他说服政府将图书馆搬迁至老警察局拘留所。1870年5月奥格威申请众议院助理秘书一职,未获成功,但在11月被任命为乔治城附近沃特豪斯金矿区和鸸鹋湾的首席警员,1872年在斯坦利任职,并在康河短暂任职。他于1876年7月左右辞职,8月和妻子协议离婚,在新城为妻子和孩子购买了一套房子,而自己住在里士满附近的因弗科海瑞提。10月24日奥格威的叔叔过世,将财产留给妻子卡罗琳·海伦娜和奥格威。他接受了叔叔的那份遗产,"从来没有想到这会有任何危害"。但是在1879年读了亨利·乔治的《进步与贫穷》后,他受到"启发",宣布放弃遗产。

---

① 1757年,孟加拉沦为英属印度的一个省,1947年印巴分治后归属巴基斯坦,1971年脱离巴基斯坦而独立。

奥格威以描写经济和社会问题开始了写作生涯。1886年他在《悉尼季刊》的"民族特性"版块发表第一篇文章。第二年他开始大量发表宣扬土地国有化的文章，并且在霍巴特和阿德莱德出版《土地》，他也成为塔斯马尼亚土地国有化协会的创会主席，并发表了《土地和劳动力》一文。1888年，奥格威前往英格兰，作为总会的副会长到处进行演讲，并撰写了多篇文章。他与格拉德斯通的观点一致，给许多名人留下了深刻印象。回到霍巴特之后，奥格威在1890年11月17日被选举为英国皇家学会研究员，并且宣读了一篇《罢工能够真正提高民众的地位吗？》的文章。1892年，奥格威出版了《生产力的第三要素和其他随笔》，并且在霍巴特"澳大拉西亚科学进步协会"年会的经济和社会科学论坛上宣读论文《资本是禁欲的结果吗？》，1894年，他出版《金融危机的起因》，并在1895年和1897年分别为霍巴特的《水星报》撰写《劳动力与资本》和《黄金的增值》两篇文章。1896年他主持召开会议，成立民主同盟，这是塔斯马尼亚工党的前身。当被问到他为什么不参加议会，他说，他将必然提出土地国有化议案，如果议案被否决，他就要退出议会。

1900年奥格威否定了亨利·乔治的学说，并且发现单一税制的矛盾。由于受到阿尔弗雷德·拉塞尔·华莱士[①]的影响，奥格威开始进行进化研究。华莱士曾在1892年给奥格威的《殖民者的土地国有化请愿》写过一篇导论。奥格威出版了《达尔文原理》（伦敦，1901），1905年写了一篇小说《沙利文公司》，1907年发表诗歌集《哑谜，离合诗和警句》。1908年他在霍巴特的伦理协会会议上宣读了一篇关于"利他主义"的文章，1913年撰写了《猿人》。1914年6月30日，奥格威在因弗科海瑞提去世，最后的作品《土地和劳动力问题》在其去世后出版。善后工作由他的儿子、里士满监狱长肯尼思和三个女儿完成。

[①] 阿尔弗雷德·拉塞尔·华莱士（1823—1913），英国人文主义者、博物学家、地理学家、社会评论家，他甚至早于达尔文提出进化论。

38. 辛普森·纽兰（1835—1925）
作者：G. K. 詹金

辛普森·纽兰（Simpson Newland），田园诗人、作家、政治家，1835年11月2日出生于英格兰斯塔福德郡的汉利。父亲里奇韦·纽兰是位牧师，母亲是里奇韦第二任妻子，名叫玛莎，父姓基林，是语言学家和古典学者。这个家庭是以里奇韦·纽兰为首的30多个公理会教友组织的一部分，他们于1839年搬迁至南澳大利亚因康特湾。在这里，澳大利亚原住民、捕鲸人以及这片土地深深影响了纽兰。纽兰的母亲教授他和七个兄弟姐妹知识，纽兰的成长有着受过教育的人的所有特点。虽然他很瘦弱，但是他既坚韧又有忍耐力，是一名合格的牧羊人和丛林人。

纽兰投奔他的内兄亨利·菲尔德，以合伙人的身份与他一同收购新南威尔士达令河上游的马拉和沃洛农场，并在不久后收购了昆士兰边境附近帕鲁河上的塔利伊尔。纽兰先是监工，后来当经理，前后大约持续15年，企业总部设在马拉。1872年9月12日，他在新南威尔士的布坎比和简·伊萨贝拉·雷顿成婚。1876年他们带着三个孩子搬到阿德莱德，在伯恩赛德买了一栋豪宅，他们称之为昂德卡拉。纽兰在阿德莱德管理牧场。

1881年至1887年间，纽兰成为因康特湾地方议院的议员，1885年6月至1886年6月，他担任唐纳政府的财务主管。从一开始他就为南澳大利亚人的两个传统目标战斗，并一直持续近40年：一是解放北方领土，尤其是通过建设横贯大陆的铁路；二是控制墨累河的贸易。1887年，纽兰主持一个调查委员会，审查从达尔文以北松树溪到阿德莱德以南马利的铁路。纽兰视察领地，建议按照政府赠地制度修建铁路，并让英国资本家对该项目产生兴趣。在他的鼓动下，詹金斯政府于1902年通过横贯大陆的铁路法案。1906年纽兰再次前往欧洲，他考虑成立一家公司来修建铁路，但是让他沮丧的是，次年普赖斯政府立法将领地转让给联邦政府，导致铁路未能建成。纽兰依然执着地要修建一条通航运河，连接古尔瓦的默里和维克多港的海洋。他发表文章，撰写信件，发表演讲，宣称水路因为洲际竞争而遭到浪费。纽兰是墨累河同盟的创始成员，并从1904年起担任同盟主席。墨累河港尽管一直没有实现，但是纽兰帮助规划并实施了船闸和堰坝系统来调节墨累河的流量。

1895年至1900年以及1920年至1922年，他是澳大拉西亚皇家地理学会南澳大利亚分会主席，1906年至1923年是南澳大利亚动物学和驯化协会主席。他连续23年担任维亚特慈善基金会主席，在北领地名声显赫。

纽兰为人们所熟知的身份还是作家，他发表的一篇小说《铺平道路》（伦敦，1893）是殖民历史的重要记录文件。到1962年为止，这部小说已重版七次。虽然小说的情节是浪漫主义的，有很多巧合，但又高于标准的浪漫主义，是他根据自己的丰富经历写作而成。保罗·德帕斯奎尔将它描述为"南澳式的拓荒生活小说：视野开阔，人物角色广泛而富有代表性，叙事维度是史诗的，基本的真诚令人印象深刻"。他还承认，纽兰即使"不是小说家"，他关于原住民传说的人道主义记述和固定套路也是做得最好的。纽兰的第二部小说《丛林中的血印》（1900）反响平平，一方面是因为写得不是太好，另一方面是因为他勇敢而准确地复现了警察和牧场主对原住民可怕的大屠杀，公众还没有准备好接受这样的真相。

纽兰珍视幼年从因康特湾的拉明杰里人那里接受的教育，对待达令河的原住民帕金奇斯人友好而善解人意，从他们那里学到很多词汇。他也是现在所谓的环保主义者，强烈反对欧洲人破坏环境，并且认为库容地区应该为原住民保留，重新造林。1922年，他被授予圣迈克尔和圣乔治勋章爵士称号。

纽兰既具有很高的教养，又是一个顽强的丛林人，无论到哪里都能自谋生路——他能将牲口带过泛滥的河流，也能对付武装劫匪。他的《回忆录》（1926）在他去世后出版。1925年6月6日，纽兰在手稿上签下名字，6月27日在北阿德莱德去世，其后的工作由他的妻子和五个儿子中的三个完成，其中包括亨利·辛普森·纽兰[①]爵士。纽兰的骨灰被带到他的精神家园维克多港埋葬。

[①] 亨利·辛普森·纽兰（1873—1969），辛普森·纽兰的长子，外科医生。

39. 罗伯特·布鲁斯（1836—1908）

作者：G. K. 詹金

　　罗伯特·布鲁斯（Robert Bruce），田园诗人和作家，出生于英格兰萨里的米切姆。父亲詹姆斯·布鲁斯是苏格兰本地人。罗伯特按照苏格兰传统接受了全面的教育，但是他第一份工作是在一个英格兰船坞，由此而兴起对船舶和航海旅行的兴趣后来一直影响着他。1853年他乘"吉普赛号"来到南澳大利亚，在阿德莱德港的一个物资暂存处做仓库管理员。1858年，罗伯特跟随哥哥道格拉斯旅行来到北弗林德斯山脉，在那里他被任命为阿尔卡巴牧场的监工，不久之后他负责管理的这份地产的西北部分几乎被蝗虫吃光。罗伯特花了几个月时间不顾一切地试图保住这份财产。1860年的一场暴雨之后，他前往阿德莱德休养身体，然后和兄弟收购了托伦斯湖东岸的沃勒柏迪娜。

　　1872年1月30日，罗伯特在彭迪班科伟按照基督教仪式迎娶邻居约翰·奥基弗17岁的女儿玛丽。1873年，罗伯特的兄弟于一场骑马事故中去世，随后罗伯特卖掉了彭迪班科伟，并与詹姆斯·摩斯利合伙。摩斯利开发了奥古斯塔港以西200英里（321.9千米）的库丹博牧场，最后罗伯特成为牧场唯一所有人。

　　罗伯特年轻时就思考过最好的驯养家畜的方法，他认为最有效的手段是放牧羊和牛，以伤害最低的方式进行开发。他用防虫围栏将库丹博牧场围起来，这是南澳大利亚西北部最早设置围栏的牧场之一。这种围栏很贵，但是可以使牧场受益，而且很快就能收回成本。罗伯特晚年的大部分时间都住在牧场，直到最后他在阿德莱德购买了一套房子，将其命名为库丹博。他曾于19世纪60年代和1878年重返英格兰。

　　罗伯特作为作家的时间并不长。他写了一部长篇小说《本伯努纳》（阿德莱德，1900)、一部自传《一个老牧场工的回忆》(阿德莱德，1902；1973 年再版)和四卷诗集，分别为《澳洲野狗和其他故事》(1875)、《来自澳大利亚丛林的声音》(1877)、《来自库丹博的回声》(1893)和《来自库丹博的再回声》(1902)，所有诗集都在阿德莱德出版。另外他还创作了两部戏剧和几首歌的曲和词，戏剧和歌曲都在英格兰出版。他的诗歌有韵律和节奏，但是缺少真正的诗歌力量。他的散文不能与同时代的田园作家辛普森·纽兰相比。保罗·德帕斯奎尔说："布鲁斯可能荒谬狂妄，但他经常用粗糙的诗歌描写天然真实的内陆生活，能提供信息，同时也能给人带来快乐。"

1901 年，罗伯特未能成功获得弗林德斯在国家自由联盟中的议员席位。1908 年 11 月 4 日，罗伯特在北阿德莱德去世，埋葬在西特勒斯公墓的天主教徒区，留下妻子和四个女儿(他的两个儿子很早便夭折了)，遗嘱中写明遗产为 22100 英镑。据一位讣告发布者回忆，罗伯特身材魁梧，"如箭一般挺拔"，眼神清澈和善，性情温和。

40. 查尔斯·亨利·伊登（1839—1900）

作者：多萝西·琼斯

查尔斯·亨利·伊登(Charles Henry Eden)，公务员兼作家，出生于 1839 年 3 月 20 日，是罗伯特·伊登(1800—1879)的次子，母亲弗朗西斯是罗郎·伊格顿·华伯登牧师之女。伊登的曾祖父老罗伯特·伊登爵士是西奥克兰准男爵三世，叔叔亨利·伊登(1797—1888)是海军上将。变卖海军军衔后，伊登于 1863 年 4 月 6 日乘坐"殖民地的女王号"到达摩顿湾。同年 5 月，伊登与同行的乔治娜在布里斯班的圣约翰大教堂结为连理。乔治娜的父亲是 F. W. 希尔上尉。根据他在《我和妻子在昆士兰：八年昆士兰生活记录以及波利尼西亚劳工法案的叙述》(伦敦，1872)中记载，他曾经在皮尔顿牧羊，后来凭借与乔治·埃尔芬斯通·达令普①的关系，在注册总署办公室谋得一个职位。他曾在厄内斯特·亨利②的麦康纳尔山待过两年，1867年又辗转于卡利俄铂和金皮两地淘金。1868年，爱丁堡公爵③到访布里斯班，任命伊登为治安法官，兼任卡德维尔的关税征收员，年薪300英镑。但1870年3月，在经历一番问询之后，伊登终被解雇，5月他乘坐四轮马车离开，返回英格兰。他在书中并未提及在自己卡德维尔的任职经历，却声称自己于1868年离开布里斯班，只身加入了约翰·戴维森④在贝伦登平原的制糖企业，直到1870年早期，由于发热而不省人事，昏迷之中被抬上了"黑王子号"。但是显而易见，这种说法并不真实。回到英格兰后，伊登便开始写作，并于1900年2月16日去世。他在伦敦大约出版了16本小说，大多是探险和旅行题材的作品，包括《澳大利亚英雄传》(1875)和《第五大陆及邻近岛屿》(1877)。

因其对殖民地生活幻灭性的描述，《我和妻子在昆士兰》在澳大利亚引发很大争议。在1872年6月22日的《伦敦新闻画报》中，一名评论员这样评述这部作品，"兼具男性的力量与绅士的风度"，但是却"足以让一个诚实正直的人在一段时间内远离昆士兰"。作为回应，《布里斯班信使报》指责伊登"对殖民地恶语中伤，但是澳大利亚却傻乎乎地给他一份既简单又体面的工作，而他除了与爱丁堡公爵的朋友关系外，一无所长"。一位通讯记者两天后又追加评论道："伊登放荡不羁，很少有人如此幸运在这里体验下层社会生活，见证社会的种种黑暗。伊登从中获取的乐趣，是任何人都无法比拟的。"

伊登的长子盖伊·厄内斯特·莫顿成为一名著名的律师，并为伦敦创作戏剧；他出版了两本小说和一本澳大利亚诗集《丛林民谣》(伦敦，1907)。

---

① 乔治·埃尔芬斯通·达令普(1826—1876)，探险家，公务员及政治家。
② 厄内斯特·亨利(1837—1919)，田园诗人，是澳洲许多铜矿的开发者和城镇的建立者。
③ 爱丁堡公爵(1844—1900)，维多利亚女王的次子。
④ 约翰·戴维森(1841—1923)，甘蔗种植园主和制糖业厂商。

41. 亨利·约翰·里克森（1839—1913）

作者：吉尔·伊斯特伍德

亨利·约翰·里克森（Henry John Wrixon），律师兼政治家，1839年10月18日出生于爱尔兰首府都柏林。父亲亚瑟·尼古拉斯·里克森是一名律师，母亲玛利亚·夏洛特·玛蒂尔达，父姓贝斯。全家于1850年移居墨尔本。1853年父亲亚瑟被任命为县法院第二任法官，主要在西区工作。里克森在波特兰接受教育，于1855年考入墨尔本大学。1857年他去了都柏林的三一学院，并于1861年获得学士学位，在这期间，里克森成了知名的辩论家。毕业后他进入爱尔兰律师协会，但是发现无事可做，于是在1863年又返回维多利亚。

经历了四年的律师职业生涯以及1864年的参选尝试，里克森作为土地法和立法委员会的激进改革家，在1868年贝尔法斯特的立法议会选举中赢得一席之地。他的竞选演说以《澳大利亚的民主》为题，1868年在墨尔本出版，他认为"财富是贵族的唯一徽章，但它赋予的高贵既不唯一，也不长久"。1870年4月至1871年6月，里克森在詹姆斯·麦卡洛克[①]的政府部门中担任副检察长。1872年12月17日，他与一位有钱的寡妇、富豪亨利·米勒的女儿夏洛特·安德森结婚。婚后他们买下拉辛庄园，庄园拥有一座大房子和一大片地产，一直延伸到裘园的雅拉河。

里克森没有参与1877年的竞选，反而去了欧洲旅行。1880年5月他成了波特兰的议员。不久后，他与格雷厄姆·伯里[②]一起几乎促成"保守派"和他

---

① 詹姆斯·麦卡洛克(1819—1893)，澳大利亚政治家、第五任维多利亚州州长。
② 格雷厄姆·伯里(1822—1904)，澳大利亚政治家、第十一任维多利亚州州长。

支持的自由党的联合，最终该联合党于1883年由格雷厄姆·伯里和詹姆斯·索维斯①促成。1886年，他在邓肯·吉利斯②和阿尔弗雷德·迪肯③的联合政府中任司法部部长。作为乔治·希金伯泰④的学生，他很高兴地任命自己的老师为首席法官。1888年的华人移民阿泰案件在王室进行辩论，但是在多数判决之下，他输了案件。1890年，作为王室法律顾问的他动身前往伦敦向枢密院上诉，虽然改变了判决结果，但是宪法中关于殖民地政府驱逐外国人的权力这一问题却不了了之。里克森像英雄一样凯旋，并于1891年成为联邦制宪会议的代表，1892年被授予圣迈克尔和圣乔治勋章。

1892年托马斯·本特⑤以微弱的优势打败里克森，担任议长一职，这是那个时期维多利亚政治标准的一个典范。同年8月，里克森将目光转而投向州长之职，但是他对威廉·希尔斯⑥政府的不信任提案最终以失败告终。1894年，他作为代表参加在加拿大举行的殖民地会议，并负责调查社会主义运动，著有《社会主义：政治旅途随笔》（伦敦，1896）。里克森1894年7月从议会辞职，1896年成为西南地区立法委员会的成员，并从1901年开始担任委员会主席一职，直至1910年6月退休。1897年至1910年，里克森在墨尔本大学任副校长，此外，从1902年起，他还是公共图书馆、博物馆、国家美术馆的受托管理人，1905年担任国家美术馆副馆长，1906年成为墨尔本俱乐部会长。

作为1891年全国澳大拉西亚（联邦）大会委员，里克森尝试着界定上下两院之间的关系。奎克和加兰认为他对议案草案的评论十分精彩，"他有先见之明，针对草案修改提出的意见可以说是议案通过的重要保证"。1897年，由于没有获得《时代报》的投票，里克森以一票之差无缘联邦会议。亨利·伯恩斯·希金斯⑦名列第十，他对结果感到十分惋惜，在他看来，里克森"学识渊博、谦恭有礼"，是一位合格的候选人。

---

① 詹姆斯·索维斯(1823—1899)，澳大利亚商人兼政治家、第十二任维多利亚州州长。
② 邓肯·吉利斯(1834—1903)，澳大利亚政治家、第十四任维多利亚州州长。
③ 阿尔弗雷德·迪肯(1856—1919)，律师、新闻工作者、澳大利亚第二任总理。
④ 乔治·希金伯泰(1826—1892)，政治家、澳大利亚维多利亚州最高法院首席法官。
⑤ 托马斯·本特(1838—1909)，澳大利亚政治家、第二十二任维多利亚州州长。
⑥ 威廉·希尔斯(1848—1904)，律师、第十六任维多利亚州州长。
⑦ 亨利·伯恩斯·希金斯(1851—1929)，澳大利亚政治家、法官。

里克森最令人钦佩的是他真诚的为人和雄辩的口才。迪肯曾经评论他"十分受欢迎，而且完全值得信赖。他有一颗最真诚、最无私的心去为自己的祖国服务"。尽管他是19世纪80年代及90年代初"保守派"杰出领袖，但他从未达到政治生涯的巅峰，一方面是因为他拒绝到处游说，另一方面是因为他缺乏进取的意志力，也没有独断决行的魂力。但是他在等级特权的一些问题上与大多数同事持有不同意见。他最为重要的个人决定就是坚持宪法原则，认为上议院不应拥有财政权力。结果，1880年的"索维斯改革法案"在议会中以两票之差被否决，索维斯个人也因此辞去职务。

里克森一直呼吁政治平等：早在1873年，他就支持黑尔比例代表制度，倡导女性选举权，而且强烈要求废除一人多选投票制。他谴责议会中的阶级基础，但不赞成为议员支付薪酬。秉着公平正义的原则，他在1869年呼吁周六半天休假，并试图为工人因他人过失所受工伤争取赔偿。1883年，他提出一个适度的雇主责任法案，巩固弱化的修正案，并尝试把其中的规定扩展应用到海员。最终提案在1886年生效。1899年，里克森向议会提出了更为全面的妇女薪酬法案，未果。作为议会主席，他竭力控制过度的财产保护。此外，里克森反对阶级特权，他抨击教派教育体系，因为在该体系下，穷人无法接受教育。他是1872年教育联盟的首任主席，谨遵教育法案原则。他严守安息日，强烈反对希尔斯的离婚改革，因此被《公报》评为"正义先生"。

里克森的财富、社会地位以及宗教信仰使他被纳入保守派的阵营，其实他在处事原则上很前卫，只是他的生活与这个世界之间的鸿沟导致他在实际处理穷人事务时十分苛刻。1871年他主导的刑法修正案主张对袭击妇女和儿童的犯罪行为进行鞭笞，对投掷石头、打碎窗户或破坏路灯的男孩也进行鞭笞。在19世纪90年代的萧条期，他谴责那些失业的人，因为他们在大街上举行各种集会要求工作。他是慈善组织协会的一名委员，严格区分应得和不应得援助的穷人；他不同意皇家养老金委员会（1897）的建议，声称只有那些能够支付养老金的人才有资格获得援助。然而，他的党内同僚反对所有的养老金计划。

里克森对社会主义的恐惧在他最后几本著作《形式国家》（伦敦，1906）、《普通人的宗教信仰》（伦敦，1909）中体现无遗。他也出版了一本耗时费力、具有高度自传性质的政治小说《雅各布·苏迈特：人民的行军，来自队伍的声音》（伦敦，1903），该书后来被改名为《爱德华·菲尔利·法郎克福：人民群众中的政治》（伦敦，1912）。1895年，他在评论学生兼朋友W.E.H.莱基的作品《欧洲理性主义的发展史及其影响》时说，"恐怕你只会让人们游离不定"，并希望莱基能够研究当下重要的政治问题——普选制——这种制度是社会发展的必然趋势，但是其前途很有可能"一片黑暗"。

由于身患哮喘，里克森终因心脏衰竭于1913年4月9日去世，葬于博隆达拉公墓，抛下他的妻子以及两个儿子、一个女儿，并留下大约20519英镑财产。里克森一生游离于激进派和保守派之间，是这两种思想结合的典范，对维多利亚时期的政治生活意义重大。

42. 威廉·亨利·费希特（1841—1928）

作者：A.G. 汤姆森·再努丁

威廉·亨利·费希特（William Henry Fitchett），牧师、作家兼教育家，1841年8月9日出生于英格兰林肯郡格兰瑟姆，是威廉·费希特的第三子。母亲汉纳，父姓哈伯德。费希特的父亲曾经做过香料商、理发师、木屐和木套鞋的制造商，以及玩具经销商。依照约翰·邓摩尔·朗的移民计划，他父亲作为卫斯理宗地方传教士来到菲利普港地区，并分到65英亩土地。威廉·费希特和妻子以及五个孩子于1849年6月20日到达拉本德的吉朗，父亲威廉·费希特于1851年12月去世。费希特有两个哥哥，阿尔弗雷德·罗伯森是但尼丁的市长，弗雷德里克是新西兰的司法部副部长。

费希特在卫斯理教会学校接受正规教育的时间很短，却有传言说他掌握了拉丁语的变格，并在吉朗采石场推车时翻译了莫里哀的作品。事实上，他通过大量阅读以及参加位于巴拉瑞特的利迪亚德大街卫斯理教堂的互助提高小组进一步完成了自我教育。

在1892年的采访中，费希特提到自己在吉朗"与牧师这份职业结缘"，而且是"在一个农场",也许就是在附近的克瑞斯,他在那里第一次考虑要成为当地的传教士。后来,可能是在 1862 年,他以新晋传教士的身份去了昆士兰。1863 年,费希特已经在巴拉瑞特"独自从事传教事业",并同他的挚友詹姆斯·坎贝尔一起在利迪亚德大街周末学校执教。1865 年 1 月,他已是当地知名的牧师。接下来的一年,他成为卫斯理宗的一员,接连驻扎在莫特湖(1866—1867)、依丘卡(1868—1869)、南雅拉(1870—1872)、墨尔本的朗斯代尔大街(1873)、卡尔顿(1874—1875)、本迪戈(1876—1878)以及霍桑(1879—1881)。1870 年 3 月 24 日,他与托马斯·肖[①]的女儿杰米玛(又名卡拉)步入婚姻殿堂。1872 年 7 月,他被墨尔本大学录取,并于 1875 年大学毕业。

1882 年费希特奉命到裘园卫理公会女子大学担任首任校长,成为一个狂热且颇具说服力传教士,尽管他因流动传教士的严苛环境被迫退出,但他认为卫理公会极具福音,并且经常布道。在他看来,新闻和教育工作是传教士的一部分,有助于传教工作的开展。他把敏锐的商业触觉应用于教堂的财政和管理事务中,并在多个委员会任职。在经济繁荣的 19 世纪 80 年代后期,他积极投身于投机市场。

1886 年,费希特被选为维多利亚和塔斯马尼亚卫斯理卫理公会大会主席,1902 年担任维多利亚和塔斯马尼亚联合卫理公会会议的首任主席。1904 年,为答谢他对卫理公会五大分支的重新统一所做出的贡献,他被选为澳大拉西亚卫理公会教堂大会的第一任主席,直到 1907 年他一直担任这个职位。此外,他在世界卫理公会中也颇负盛名,并于 1899 年在伦敦召开的卫理公会会议中发表演讲。1905 年,他参加了各种英国会议,在第 35 届芬利学术会议上做了关于"未实现的宗教逻辑"的演讲。他作为代表,于 1911 年赴多伦多参加全基督教大会。

费希特的新闻工作和写作生涯始于《卫理公会和卫斯理记事》(墨尔本)的每周专栏——《椅边杂谈》,从 1875 年至 1879 年他一直采用"XYZ"这一笔名。他的评论诙谐、直白,常引起争议。后来因为经济利益问题,该报不再给供稿人稿费,他便离开了编委会和《椅边杂谈》专栏。

---

① 托马斯·肖(1800—1865),羊毛专家。

1882年，费希特成为一份宗教性周报《南十字星》的编辑；1900年他从事出版和印刷业务的儿子托马斯·肖·费希特成了报纸经理。1883年，詹姆斯·巴尔弗[①]收购《每日电讯报》，并将其打造成基督教的阵地，费希特一直担任顾问编辑，直到1892年将报纸卖给先锋报和周报有限公司。同年7月，W.T.斯蒂德的学术期刊《评论回顾》在澳大拉西亚发行，英文版中增加了一份有关当地事务的32页增补刊，费希特任编辑。作为一个帝国主义者，费希特在南非战争问题上与斯蒂德闹翻，他的编辑一职也在1903年被他人取代。1902年，T.肖·费希特出版了一份女性杂志《新思想》，1911年改名为《女性之友》，费希特偶尔为该杂志撰写文章，1904年他担任儿子所拥有的《生活》的编辑。

以新闻报道起家，威廉·亨利·费希特因自己的著作在整个大英帝国家喻户晓，但这"在某种程度上是一种文学的偶然"。1896年，澳大利亚基地[②]的海军司令居谱良·布里奇邀请费希特为英国史上重要事件的周年纪念日做一个纪念性的概述。系列报道成为《阿古斯》持续16个月的周六专题，费希特用"维戴特"这一笔名撰写这些报道。文章在印度遭盗版，然后在伦敦的一份周刊上再版，之后又在澳大利亚出版，最终命名为《帝国大事记》(1897)。海军部把这本书存放于各军舰图书馆，而一些公立学校则将其列为假期必读书目，此外这本书还用盲文印刷过。其中六便士版本售出10万册。

费希特接下来又完成了《为荣誉而战》(1898)、《大暴动》(1899)、《惠灵顿的男人》(1900)、《尼尔森和他的首领》(1902)、《英格兰是如何拯救欧洲的》(1899—1900)；1793—1815年，他为《康希尔杂志》撰写战争故事，共四卷。《公爵》(2卷，1911)、《南半球的新世界》(2卷，1913)等关于澳大利亚身份的文章，收录在《从罪犯到丛林战士》中，并于1938年出版。他这样评论自己的创作："故事创作于我来说就像是律师处理案件一样迅速而简单……我没有刻意遣词造句，也不假装原创性研究……总是用简单的词汇和简短的句子，尽可能抓住最为生动的事件并将整个故事用自己的话讲述出来。"

费希特的小说《巡警指挥官》(1904)、《伊斯瑞尔的矛》(1906)、《无名小

---

① 詹姆斯·巴尔弗(1830—1913)，商人，牧师兼政治家。
② 澳大利亚基地是指负责澳大利亚大陆周边水域的海军机构。

卒》(1907)以及首发于《布莱克伍德杂志》，后来结集出版的《少尉历险记》(1917)，当时都不是很成功。他在宗教方面的出版物有《卫斯理和他的世纪》(1906)、《疑惑的信念》(1908)以及《高等批判失败的地方》(1922)。

在《卫理公会女子大学的40年》(1921)中，费希特描述了自己目睹的学校创办和发展的过程，学校规模从1882年年末的111人发展到1928年的721人(包括117名寄宿生)。在他任职期间，学校共有4任校长。除了在海外的六年(1886，1889，1891，1899，1905和1911)外，他在妻子的辅助下一直指导着大学的精神生活，并对住宿学校进行监督。1918年9月15日，妻子去世后，费希特写道："她是卫理公会女子大学的精神领袖。"1920年3月31日他与伊迪丝·斯凯尔顿在皇后学院的教堂结婚，伊迪丝·斯凯尔顿父姓温布尔，是牧师威廉·威廉姆斯的遗孀。他的侄女艾达·费希特(1859—1945)是学校教员，从1883年至1921年担任女监。长女埃尔西在学校时是《帝国大事记》的抄写员，婚前一直在学校任教。儿子弗兰克、托马斯和威廉分别担任学校的律师、出版商和医务人员。次子阿尔弗雷德也是一名律师，1917年学校建成一座以他名字命名的礼堂。礼堂有一面着色玻璃窗户，是为了纪念费希特的女儿内莉而装设，她因脑膜炎于1897年去世。费希特教堂建于1959年，学校的另一栋房子也是为了纪念他而建。在新礼堂和教堂的入口均有他的雕像。费希特强烈反对世俗的由国家控制的教育，他将自己公共关系和广告宣传方面的天赋用到学校的管理当中。在他的影响下，同他一起工作的同事都尽心为学校服务，学校委员会的卫理公会派教徒都为学校慷慨解囊，其中包括亨利·贝里[1]、弗雷德里克·约翰·加图[2]和尼古拉斯兄弟。

1899年，位于加拿大金斯顿的皇后大学"因费希特突出的文学成就"而授予他荣誉文学博士学位。在长达35年的时间里，他是公共图书馆、博物馆和维多利亚国家美术馆受托管理人。他的娱乐消遣活动是"高尔夫和努力工作"，此外他对板球运动也十分感兴趣。他对大英帝国满怀赤子之情，因此在作品中经常赞颂英国母亲的伟大。"在餐桌交谈中他机智聪敏，在私人谈话中他睿智诙谐，而在辩论中又气势逼人。""他是一个专制独断的人，有独

---

[1] 亨利·贝里(1836—1923)，商人。
[2] 弗雷德里克·约翰·加图(1858—1935)，食品商、慈善家。

裁者所有的优点和缺点。"他既可以是一个高尚优雅的朋友,也可以是一个无法沟通的死对头。在1904年的写作中,他提到"一段零散的记忆,时间、细节以及语言都已模糊不清",但是"每一个画面的描写又是那么地令人动容"。费希特属于他那个时代,在当今这个充满疑虑的年代,人们很难欣赏到他的伟大。

费希特由于十二指肠溃疡大出血,于1928年5月26日在学校去世,葬于博隆达拉公墓。他留下约14852英镑财产,包括一座大藏书楼。

43. 里士满·撒切尔（1842—1891）

作者:休·安德森

查尔斯·罗伯特·撒切尔（Charles Robert Thatcher, 1831—1878）和里士满·撒切尔（Richmond, Thatcher）是老查尔斯·罗伯特·撒切尔之子。查尔斯身为长子,是金矿区的演艺人员,里士满为次子,是新闻记者。他们的母亲索菲亚,父姓霍恩斯比（何塞）。查尔斯生于英格兰的布里斯托尔,后来全家搬到布莱顿,里士满正是在那里出生。在布莱顿,他们的父亲拥有一间古董店,有时候会被称作"贝类学家"。查尔斯小时候学过长笛,后来在伦敦剧院管弦乐队演奏。

查尔斯于1852年11月到达墨尔本,他曾经试着在本迪戈淘金,但不久便专事演出。他加入了桑德赫斯特的维多利亚皇家剧院,在演奏间隙,他会和着流行的曲调唱新词。这些歌曲以新朋友的烦恼、淘金人的兴奋、打架斗殴、赛马、板球、小镇附近恼人的狗以及其他的热点话题为主题。他很快便赢得了一大批观众,1854年5月,三叶草旅馆给了他最高的演出费,而这成为此后几年他出场费的起点。他也在其他采矿区巡回演出。查尔斯十分帅气,体形高大,肩膀宽厚,约有14英石（约88.9千克）重。他的发型很是帅气,脸刮得干干净净,只有一缕微微下垂的胡子。他总是用他那令人愉快的嗓音轻声演唱,"即兴的风格与他那轻松愉快的幽默感相得益彰"。其他歌手可能嗓音条件更好,却没有人能像他一样写出脍炙人口的歌。

1861年2月8日,30岁的查尔斯与寡妇安妮·维特利在吉朗结婚。安妮父姓戴,是一名歌手。12月他们经由霍巴特镇到达新西兰的但尼丁。他们在新西兰的很多地方都待过,直到1866年下半年才离开。回到维多利亚后,查尔斯开始独自演出。1867年11月到12月期间,他曾在墨尔本的工艺学校表演。1869年6月,查尔斯再次回到新西兰,大约在次年5月,他和妻子以及两个女儿在墨尔本会合,从那动身前往英格兰,最终定居伦敦,从欧洲、亚洲收集古玩并出售。1878年9月,他在中国上海去世,死于霍乱。

查尔斯有14首歌谣以单曲的形式出售,也有一些歌刊登在报纸上,大部分则以作品集的形式出版,包括《维多利亚歌者》(1855)、《撒切尔殖民地歌谣集锦》(1857)和《撒切尔殖民地歌谣精选》(1859)。他的新西兰歌曲集在1862年以后出版,1866年《阿德莱德歌者》得以发行。他的一些歌曲作为民谣被收集,其他则出现在一些回忆性书籍中;他自己希望这些歌曲"被看作是这个时期流行文化的记录"。最近有历史学家评论查尔斯是歌唱界的S. T. 吉尔[①]。

里士满(狄克)·撒切尔可以说是一个"典型的澳大利亚流浪者",但是更为人所熟知的里士满是一个思维敏捷且有说服力的记者和剧院的宣传代理。还在青少年时期,他便以海军学校学生的身份航行至印度、中国、好望角和西澳大利亚,大约在1861年他同查尔斯在新西兰会合。他曾尝试着淘金,但显然没有成功。于是他花了几年时间为墨尔本的F. 麦考伊[②]以及悉尼的J. C. 科克斯[③]医生收集贝壳标本。

里士满第一次正式接触报纸行业是在1870年,当时他是《斐济时报》的编辑,尽管在此之前他曾经向悉尼《潘趣》以及其他杂志投过稿。从1871年起,他住在新南威尔士,并为几家报社工作:他创立了《上亨特信使报》(来自莫鲁伦迪),在巴瑟斯特的《西部独立报》做编辑,并为《帝国》《新闻晚报》,以及《城乡日报》写文章。从1875年到1885年,里士满的出版物包括

---

① S. T. 吉尔(1818—1880),澳大利亚著名艺术家。
② F. 麦考伊(1817—1899),教授兼博物馆馆长。
③ J. C. 科克斯(1834—1912),医生。

两部选集、三本小说和《杰姆·潘趣传》（悉尼，1885）。

19世纪70年代晚期，里士满开始为艺人做经纪人，他的服务对象包括司各特·西登斯[①]女士、艾达·沃德小姐，他陪同她们去过英格兰、欧洲和南非。1884年他作为一个澳大利亚歌唱团的先遣人员前往英格兰。到1888年年底，"他的智力开始明显衰退"，后来得到些许恢复。1891年他在新赫布里底群岛从事贸易工作的一个月期间染上热病，回到悉尼后，又被查出患上布赖特氏病，于6月9日去世，享年49岁。里士满被安葬在威弗利墓地的英国区。他的第一任妻子是玛利亚·布朗特，他们在密士维布的英国国教圣奥尔本教堂结婚；1881年3月29日他与第二任妻子爱丽丝·艾玛·史密斯在萨利山结婚。他去世后留下妻子、儿子以及与前妻所生的一个女儿。

44. 爱德华·蒂莫西·胡利（1842—1903）
作者：温迪·波曼

爱德华·蒂莫西·胡利（Edward Timothy Hooley），探险家、牧场主兼作家，1842年9月30日在"玻利瓦尔号"船上降生。父亲丹尼尔·胡利，母亲埃伦，父姓巴里。一家人曾去过范迪门地，父亲在那里做了三年的牧场监工，后来搬回到维多利亚科尔雷恩附近的农场。胡利在波特兰一所学校接受教育，在与父亲一起工作的过程中学到许多关于农业和丛林谋生的实用知识。胡利起初做牛羊交易生意，1864年加入了卡登姆港牧业协会。协会成立于墨尔本，目的是在澳大利亚西北部获取土地租约。胡利驾驶着租来的纵帆船"牡鹿号"载着牛马羊航行。他到达卡登姆港时，迎接他的是一场灾难：整个乡村热浪袭人，他带来的羊因吃了有毒植物大批死去，于是胡利转而开始探索这片土地。他一路跋涉至哈丁和夏洛克河的源头，又与T.C.默里一起

[①] 司各特·西登斯（1844—1896），著名女演员。

横渡福特斯库河，历尽千辛万苦在崎岖不平的哈默斯利山脉打通一条山路，并将其命名为默里山脉和安德森山脉。此地风光秀丽，给胡利和默里留下深刻印象。两人又前往珀斯，希望能获取更多的羊。胡利向总调查官约翰·塞普蒂默斯·路尔①汇报自己的发现，也因此获得政府批予的10万英亩（40469公顷）土地的租赁权。不久他便买了2000只羊，用船将它们运到冠军湾，希望能够开通一条通向北部的运送牲畜的线路。1866年5月，胡利离开杰拉尔丁矿区，沿着弗朗西斯·格雷戈里②1858年开辟的路线前行，与他同行的有7个人，包括两名原住民囚犯和两支马队。在行程的第一周，彭帕斯博士作为博物学家跟随他们。队伍沿着默奇森河向加斯科因前进，经过莱昂斯和亨利河到达北部。胡利命名了格雷戈里泉和路尔山。3个月后他们最终到达尼克尔湾，在此过程中仅损失8只羊。在此安定下来的人们对他心怀感激，赠予他一只漂亮的金表。

出于对新产业的兴趣，胡利投身于采珠业。1868年，为了赶上去墨尔本的船，他骑马从沃尔科特港出发前往奥尔巴尼，全程约1300英里（2092千米）。同年4月，在妻子简和女儿的陪同下，胡利驾驶重达54吨的"自由号"纵帆船到达弗里曼特尔。妻子简，父姓梅斯，她与胡利于1861年11月4日在波特兰的天主教堂结婚。胡利原本打算用"自由号"从事沿海贸易和采珠业，却面临劳工问题、干旱、羊毛价格低廉等状况，此外还有原住民对他财产的种种觊觎。不久后，他接受提议在吉尔福德管理一家畜牧公司，并和威廉·纽合伙在珀斯南部的威廉姆斯建立牧场养羊。尽管取得了相当的成功，但是胡利始终向往北方。1882年他长途跋涉到达阿斯伯顿。途中，他的6500只牛羊损失近半，他最终定居在休伯特山，并在莫蒂默山获得额外的40万英亩（161876公顷）土地以及亨利河附近一个大型牧场。

5年后，胡利在珀斯约翰·芒格③的商业公司担任经理，后来该公司被弗雷德里克·多格蒂④的公司收购，胡利也就成了合并后的公司经理兼常务董事，直到1900年因健康问题被迫离职。1891年12月他出任立法委员会委

---

① 约翰·塞普蒂默斯·路尔（1797—1878），海军军官、调查员、探险家。
② 弗朗西斯·格雷戈里（1821—1888），探险家、总勘探员。
③ 约翰·芒格（1831—1892），商人、农业学家。
④ 弗雷德里克·多格蒂（1817—1894），商人、金融家。

员，直到委员会完全改为代议制。但是他在1894—1897年、1897—1900年期间在立法议会分别代表默奇森河和德格雷。1880年他奉命调查珍珠贝打捞基地，并被任命为1879年反罢工法案的智囊团成员。胡利不仅是地方执法官，还担任几家公司的主管，并就1888年1月西澳大利亚在墨尔本展会上的代表问题为政府出谋划策。胡利热衷于体育运动，经常在体育比赛中做裁判，一段时间还曾在跑马俱乐部担任主席。他的作品包括《澳大利亚丛林生活》(伦敦，1897)以及在各大地方报纸上发表的文章，这些作品都是以笔名"农夫"发表的。退休后，他和妻子一起去了瑞士。1903年8月3日胡利在韦威去世，留下妻子、一对孪生子以及5个女儿。1964年12月，珀斯为他在威廉姆大街的榆树林竖立纪念碑，以纪念他对西澳大利亚所做的贡献。

45. 塞缪尔·托马斯·克纳兹（1842—1921）

作者：C.G. 麦克唐纳　露丝·蒂尔

塞缪尔·托马斯·克纳兹（Samuel Thomas Knaggs），职业医师，1842年7月出生于爱尔兰蒂珀雷里。父亲是罗伯特·科波特·克纳兹（1809—1877），母亲菲比，父姓迈本。1848年克纳兹随父母一同前往悉尼。1855年4月他父亲注册成为一名职业医师，并定居纽卡斯尔，成为当地一名药剂师。

克纳兹在纽卡斯尔接受教育，后来在都柏林学医（皇家外科医师协会会员，1871），1871年在亚伯丁取得学士及硕士学位，1873年取得博士学位。他曾经在都柏林的阿德莱德医院做过医务官，也去过巴黎和维也纳访问。1872年1月8日他在新南威尔士成为一名正式医务人员，此后一直在纽卡斯尔行医，直到1880年。1874年7月，他被指定为政府医务官，次年成为纽卡斯尔医院的带薪医务官员。克纳兹对公共卫生十分关注，经常向《纽卡斯尔纪事》《纽卡斯尔先驱晨报》以及《矿工辩护报》投稿。1875年，他试图在墨尔本建立一个与澳大利亚医疗协会相似的机构，结果失败了，但是他却成了

《新南威尔士医疗公报》的编辑。1877年10月，他创办了一份名为《澳大利亚执业医师》的季刊，但这份刊物并未存在太久。从1878年开始，他一直是新南威尔士皇家学会成员，并在1888年至1889年期间担任学会医疗部主席。

欧洲之旅结束后，克纳兹在1883年前后开始在悉尼行医。他在悉尼大学临床外科担任讲师，在阿尔弗雷德王子医院任荣誉外科医生，直到1893年。1885年8月，他受命在新南威尔士卫生局任职，1887年至1892年期间，他担任技术教育局解剖和生理学主考官。此外，他还活跃在英国医学会新南威尔士分会，1887年至1888年期间担任该机构主席。1892年他与托马斯·安德森·斯图尔特①教授联合担任在悉尼召开的第三届澳大拉西亚殖民地医学会议名誉秘书长。克纳兹有时还担任公共教育部的医疗官员，也是铁路医疗局的成员，他一直都倡导建立一个公共卫生部门。从1895年起，他在《澳大拉西亚医疗公报》担任编辑，直到1901年他前往日本访问。后来他逐渐退出医疗实践。在志愿活动方面，克纳兹于1872年在海军部队任外科医生，后升至海军军医。退休时他因长期服务获得一枚勋章。

克纳兹极力反对庸医和巫术。他学了一些魔术技巧，会在公共场合做慈善演出，进行"各种所谓的灵异表演，比如飘浮"。为此，他写了一本内容丰富的小册子，其主题包括颅相学、巫师及其骗术，还有他自己的养生办法、常见疾病以及简单的处理方法等。他最著名的一部作品是《英明医师》，小说揭露了骗子如何利用他人的轻信来遮人耳目。他一直坚持修订关于死亡登记的法律，"以防止不够从医资格的人涉足医疗"，并坚持为医学期刊写文章。1917年因科拉雷内布里脑膜炎的突然爆发，已经退休的他重新复出与之做斗争。

克纳兹于1921年4月6日在帕丁顿去世，葬于威弗利公墓的英国圣公会墓区。他与第一任妻子海伦娜·夏洛特·里德1874年结婚，生育7名子女，他去世时还有5名子女在世。他的第二任妻子为艾米·艾尔福瑞达·布勒克曼，二人于1899年成婚。一篇讣告称克纳兹是"每天在医学界繁复的工作中孜孜不倦的人"。

---

① 托马斯·安德森·斯图尔特（1856—1920），生理学教授、医疗管理者。

46. 杰西·乔治娜·劳埃德（1843—1885）

作者：萨利·奥尼尔

杰西·乔治娜·劳埃德（Jessie Georgina Lloyd），笔名"银叶"，作家，1843年6月4日出生于范迪门地朗塞斯顿附近的朗福德农场，教名为杰西·乔治安娜。父亲约瑟夫·威廉·贝尔是一名拍卖商，母亲乔治亚娜，父姓福特。毕业后虽然她独自承担着照顾家里兄弟姐妹的责任，但还是抽空在主日学校教书，并且每周末在教堂弹奏管风琴。

1866年9月6日，杰西在格伦诺基的卫斯理教堂与G.A.劳埃德①的儿子乔治·阿尔弗雷德结婚。这对新人后来去了新南威尔士，1867年10月12日，他们的第一个孩子在悉尼出生，是一个女孩。有一段时间乔治一直经营着冈尼达附近的古尔利农场。19世纪60年代晚期他在库南博附近的泰雷本恩农场买了一块地，很可能是与G.W.艾伦②合伙。全家人搬到那里，并安置家业。他们的三个儿子也是在那里出生的。

大约1878年开始，杰西开始为悉尼的期刊写文章，并取笔名"银叶"。她用自己的收入送两个大点的孩子去悉尼的寄宿学校。她的《生活的轨迹：那些在澳大利亚的故事》于1880年在悉尼出版，广受好评。到那时她的短篇小说、随笔和诗歌陆续出现在《回声》上，后来又在月刊《悉尼新闻画报》和《悉尼邮报》上发表。1879年12月《请上船：圣诞节的故事》在《回声》杂志上连载。1881年至1882年期间，"银叶"的文章定期出现在《悉尼新闻画报》

---

① G.A.劳埃德（1815—1897），商人、政治家。
② G.W.艾伦（1824—1885），律师、政治家、慈善家。

上,话题包括"农场生活一览""旱季""城乡内务""牧场主 VS 选地民"[①]"丛林里的圣诞节"和"原住民"。1882 年至 1883 年她在《悉尼邮报》发表了一些短篇故事和诗歌。小说《报应》1884 年至 1885 年期间在《悉尼新闻画报》上连载。她去世时留下一个未完成的故事《水流湍急》。"银叶"以愉快的笔调描写澳大利亚内陆生活,情感平实,在当时十分受欢迎。有评论道"她是一个文笔生动、优雅得体的作家,她能够准确无误地刻画笔下的人物。她的小说格调高雅、三观端正"。

除了写作,杰西还喜欢园艺、素描和音乐:她是一个钢琴家,且"远高于一般水平",有着甜美的女低音。她是一个很好的棋手,也十分健谈。1885 年 7 月 30 日,患病六周之际,杰西在泰雷本恩去世。根据英国国教习俗,她被葬于农场。她的追悼会于 8 月 16 日在库南博的巴纳巴斯教堂举行,大批人汇集于此纪念这位作家。她留下 625 英镑的财产,包括矿业股份以及人寿保险。应她的要求,她的私人藏书中有 80 卷书捐给当地的机械学院以及圣巴纳巴斯教堂的主日学校。她去世后不久,丈夫便离开了泰雷本恩。1887 年他在悉尼再婚,组建了另一个家庭,并于 1921 年 2 月 8 日去世。

47. 约瑟夫 · 弗菲(1843—1912)

作者:曼宁 · 克拉克

约瑟夫 · 弗菲(Joseph Furphy),作家,1843 年 9 月 26 日出生于菲利普港地区雅拉格伦附近的叶灵。父亲塞缪尔 · 弗菲是一个佃农,母亲朱迪斯,父

[①] 选地是指根据 19 世纪 60 年代颁布的土地法,澳大利亚一些殖民地对王室土地进行"调查前的自由选择"。这些法案旨在鼓励更密集的定居,以集约农业,如小麦种植,而不是以粗放农业,如羊毛生产为基础。选地农民经常与牧场主发生冲突,因为这些人占用了土地,并且经常设法规避法律。

姓黑尔，1841年从北爱尔兰移居到此地。约翰·弗菲[1]是他哥哥。弗菲从小由母亲教育，很小的时候母亲就带他阅读《圣经》和莎士比亚。1850年全家搬到袋鼠坪，弗菲在当地学校入学。1852年全家去了基内顿，父亲在那里做谷物干草生意。后来父亲租了农场，并且拥有一台打谷机，弗菲成为他父亲在这个地区的代理人。在格郎里昂，他认识了一个法国裔的女孩莱奥尼·赛琳娜·杰曼。1867年5月27日，他们在戴尔斯福特的基督教堂结婚，莱奥尼当时16岁。对于他，莱奥尼的同代人乃至后来的评论家来说，他妻子注定会是谜一样的人物。

婚后，弗菲在柯宾纳宾地区购置了一块地。接下来的6年里，他努力像农民一样经营这片土地，但是并不成功。到1872年他已经认定这块地并不适合耕作，于是放弃努力次年把地出售，同时买进一批牛，在新南威尔士的瑞福利纳地区做起运货生意。弗菲被誉为赶车队里的作家。他生性乐观，很多丛林作家，比如亨利·劳森[2]都曾悲观抑郁，但是这些负面情绪从未出现在弗菲的生活里。在瑞福利纳的那段时间，弗菲的文学天赋在写给母亲的长信中显露出来，信中充满了戏谑和半幽默的意味。

弗菲自称笃信工作、自律和自学的福音。在拉克兰平原以及海恩附近地区赶车时，他经常与同伴聊天，这时他那"独到的见解"便显露了出来。谈及对于澳大利亚人命运的看法，他总是十分严肃，没有丝毫玩笑可言。对于流动性很大的丛林工人来说，没有舒适的生活，也没有妻子的体贴照顾，狂饮就是他们对自己的抚慰，但弗菲对此十分鄙视。他从来不去光顾那些丛林小酒馆。当他的同伴们都在开怀畅饮时，他却在荒凉的草原上沿着河边搭个帐篷，在微弱的灯光下读书。他与妻子的关系也因此更加冷淡。

这样弗菲渐渐地从一个活泼的乐天派转变为一个自学成才的人，而且他认为自己会为澳大利亚人传递某种信息。到了可以下笔的时候，他已经掌握了要布道的一些教义。他认同《诗篇》作者对高利贷的谴责，而且对自己挣了那么多钱感到十分自责。他似乎已经接受圣保罗的教义，即对金钱的崇拜是万恶之源。1882年2月，他告诉父亲，那些追逐金钱的人已经"与罪恶签订

---

[1] 约翰·弗菲(1842—1920)，工程铁匠。
[2] 亨利·劳森(1867—1922)，澳大利亚著名短篇故事作家、民谣作家。

契约"。与此同时，他告诫丛林工人要戒酒。当《公报》上宣传的那些放荡不羁的人纵情酒色时，弗菲劝告那些在荒凉的大草原上的人们要禁欲，至少坚持到下一个周末，因为他们已经"喝了一周的酒，那是被诅咒的东西"。

1883年的一场干旱突然间打断了他赶车的生活。1884年他开始在哥哥约翰在谢珀顿的钢铁铸造厂工作。晚上他继续如饥似渴地阅读，试图探寻生命的意义以及澳大利亚社会的未来。从那个时期留下来的为数不多的作品来看，他从不埋怨、哀号，也不会发火、咆哮，他有自己的信仰。那是一种高尚的人道的宗教，没有三十九条信纲[1]，也没有对它虚假的恭维。他自认为是一个善良的人，他的朋友们也认为他内心柔软，哪怕是用铁锤敲击铁钻或者把笔用力插入墨水瓶这样的事情也从来不会发生在他身上。

19世纪90年代大萧条期间，弗菲想到一些点子，希望通过工作传达他对生活的见解。那时候他已经是一名作家。他曾为林肯总统的去世写过诗，并因此在1867年获得基内顿文学协会授予的一等奖。弗菲将英雄的特质和道德说教融于自己的个性当中，这点十分重要。因为他生来就是一名预言家，尽管他用幽默的方式抨击他这一代人的罪恶。1893年1月，他在信里跟朋友说道"经济的不景气是由高层人士的恣意贪婪造成的"。那个时候他给《公报》写故事，画素描。

弗菲的一个教师朋友凯特·贝克尔[2]鼓励他把自己对生活的思考写下来。其实弗菲已经着手写了，只是一直苦恼于应该选择哪一个媒体发表。他告诉贝克尔自己在生活和创作中唯一的职责就是"致力于新秩序的建立"。这是他在谢珀顿后院的小屋中主要的工作内容。

1897年3月底，弗菲完成了手稿的最后一段文字："我的同伴们，这就是人生——就像一个可怜的表演家，在舞台上虚张声势，佯装表演，最后再幻化成虚无。那么就不要让我听到任何智言妙语，因为故事只是由俗人讲述的不真实，尽是粗言脏话，毫无意义。"

弗菲用笔名"汤姆·柯林斯"为他这代人写下他认为的道德观，并且希望这种道德能够用于任何时间任何地方发生的情况。就像关于生活的一切伟大

---

[1] 三十九条信纲是指16世纪在英格兰出现的对安立甘宗信条的阐释。
[2] 凯特·贝克尔(1861—1953)，教师。

告解一样，这是来自弗菲自己在瑞福利纳赶车的亲身经历。

接下来的任务就是发表了。1879年4月4日，他写信给《公报》提出建议，并且只要求两三个字的回复即可，这是典型的弗菲。他还让阿尔弗雷德·乔治·史蒂芬斯①给他推荐出版公司。史蒂芬斯用弗菲喜欢的方式回复了："把牲口赶来看下。"

史蒂芬斯在第一个回复中总结了后来的读者发现的内容："虽然内容很长且绕，但是《人生就是如此》还是很好的作品。在我看来，它会是澳大利亚文学的一个经典或者半经典作品，因为作品精准地描述了我们的性格、风俗、生活以及风景，其技巧性和系统性是我在其他书中看不到的。我认为该书应该出版，而且定会找到买家。"

史蒂芬斯还提出帮助弗菲修改作品。当弗菲到达悉尼讨论出版事宜时，《公报》的文人觉得他十分幼稚。一位不知名人士发表了对他的看法："汤姆·柯林斯，他从来不喝酒赌博，忠爱妻子，自己偿还债务，满足现状。"

悉尼的文人还在嘲弄传统的道德观，而弗菲却坚持给他母亲写信，探讨"人类可能存在的正义"，或者告诉她"喧嚣的时代"已然过去，现在是"脚踏实地工作的时候"。

弗菲听从了史蒂芬斯的建议，同意从自己原稿中删除两部分。然后他把手稿带回谢珀顿，并煞费苦心地把稿件打出来。1903年作品由《公报》在悉尼出版。

正如史蒂芬斯所预计的那样，这部作品很快便被大家接受。评论家认为弗菲是一个令人敬畏的人：这部作品是他受到巨大的道德热情的感召写出来的。评论家一致认为，作者的目的是辅助澳大利亚读者获得智慧和领悟，但是对于智慧所包含的精确内容，他们无法达成一致。一些人称弗菲是"瑞福利纳的圣人"，但并未做出具体解释。读者的反馈十分缓慢，作品的销售情况也令史蒂芬斯和作者大失所望。

《人生就是如此》原稿中删去的两部分在出版后，读者的反应同样冷淡。第五章经过修改之后首次以连载的形式在1905年至1906年布罗肯山的《真理障碍物》上发表。后来第五章以书籍的形式出版，书名为《里格比的故事》，

---

① 阿尔弗雷德·乔治·史蒂芬斯(1865—1933)，文学评论家、编辑、出版商。

1921年出版缩减版，完整版于1946年出版。第二章节经过修改后，1948年以《琴鸟和澳洲鹤》之名出版。1917年《人生就是如此》再版，万斯·帕尔默[①]为书写了前言。1937年出版缩减版，万斯·帕尔默为其撰写导读，1944年另外一个完整版出版，这一版本在1948年再次发行。同年芝加哥大学出版社出版了1903年那个版本，并且添加作者的生平简介以及美国文学评论家和历史学家克林顿·哈特利·格拉顿[②]的评论。

美国和澳大利亚的评论家都认为这是一部小型经典作品，至少它在澳大利亚文学史上占有一席之地。但奇怪的是对于后代人来说，他们唯一记得的却是弗菲写给《公报》的信中的几句话："温和、民主，不一样的澳大利亚人。"像万斯·帕尔默、亚瑟·菲利普斯、约翰·巴尔内斯、盖伊·霍华斯[③]和伊恩·特纳[④]等评论家都努力想要探寻其作品的深意，以及故事发展的微妙性。可以明确的一点是，弗菲对澳大利亚人的行为举止充满热情。他曾经把自己的作品看作是"令人不快的澳大利亚式的"。他相信澳大利亚丛林人的品质和能力，也相信精英政治，"我不承认贵族，只认可服务他人和自我牺牲。那些领袖应该做公众的仆人，而统领一切的人，也应是服务一切的人"。他赞同道德启蒙。在他看来，通过启蒙和布道，人类终将会从黑暗走向光明。他一直认为通过这样的道德劝说，人类的美好时代终会到来。但是，美好时代的到来并不会给澳洲丛林人带来像饮酒这样的乐趣，这就是矛盾所在。弗菲一向认为"正直行事，必不致招致灾难"。对于男女之间的关系，他没有太大的信心。似乎对他来说最大的个人痛苦就是他不能够了解和女人在一起的快乐。至于为什么会是这样，他一生都未给出答案。弗菲个人意识很强，从不在公共场合表露心迹。

弗菲是一个很机智的人。他作品中最令人印象深刻的部分，一个是在《里格比的故事》中描写拉克兰平原上的赶车人叙述他们自己第一次读到《旧约》摩西的故事时的反应。另外一个是在《琴鸟和澳洲鹤》中，诚实的丛林人

---

① 万斯·帕尔默(1885—1959)，作家、文学评论家。
② 克林顿·哈特利·格拉顿(1902—1980)，新闻记者、作家、史学家、外事评论家。
③ 盖伊·霍华斯(1906—1974)，学者、文学评论家、诗人。
④ 伊恩·特纳(1922—1978)，政治活动家、历史学家，在澳大利亚共产党和澳大利亚工党中担任重要职务。

叙述自己对莎士比亚戏剧的反应那个片段。但是在他所有的作品中，幽默总是伴随着忧思以及对女性爱情的伤感。对他自身、他的评论家和读者来说弗菲都是一个谜。

《人生就是如此》发行后的一年，弗菲和妻子去了西澳大利亚克莱尔蒙特两个儿子那里。1912年9月13日，弗菲去世，抛下他的妻子、儿子和一个女儿。基督教堂仪式结束后他被葬在卡拉卡塔公墓。弗菲去世后，凯特·贝克尔余生都致力于宣传他的作品，希望他的名字不会从公众的视野中消失。1916年，贝克尔收集编辑了《约瑟夫·弗菲诗集》。1944年她与迈尔斯·弗兰克林一起合作出版了《约瑟夫·弗菲：奇人奇书》。弗菲的书信选摘于1935年1月16日在《公报》刊登。尽管有很多崇拜者以及评论家都在研读他的作品，但是还是很少有人能够读懂，也没有人能清楚地论述它的内容。

48. 亚历山大·查尔斯·格兰特（1843—1930）
作者：克里斯·蒂芬

亚历山大·查尔斯·格兰特（Alexander Charles Grant），农场主、商人，1843年8月12日出生于苏格兰因弗内斯。父亲彼得·格兰特是西印度群岛德梅拉拉的糖商，母亲杰西是因弗内斯尼斯城堡约翰·麦克唐纳的女儿。格兰特曾在爱丁堡的皇家中学、德国的哈雷皇家学院，以及苏格兰靠近欧文的蒙戈任南学院接受教育。1861年早期，格兰特来到昆士兰，为他在伯内特地区卡达加的凯斯波罗·克劳迪亚斯·麦克唐纳伯父工作。刚开始他是没有任何薪酬的新手，后来管理一些牲畜。他曾经赶着2万只羊一路向北，最后到达麦克唐纳在克莱蒙特附近的洛根唐斯。1868年格兰特和他的兄弟一起购买达特穆尔牧场，这是从麦基开始的一片内陆地区，后来证明这片土地不适合牧羊，所以他们在1870年把土地变卖。1874年格兰特在米歇尔河边建立罗瑟姆庄园。虽然他向诺曼比和帕尔默矿区售肉，但是却始终没能找到一家肉类批发公司的合作伙伴。这次失败和严重疟疾导致格兰特于1878年卖掉了他在罗瑟姆庄园的股份。

海外旅行养病期间，格兰特将自己的经历写成一部小说，1879年至1880年在《布莱克伍德杂志》上发表。后来再版重命名为《昆士兰的丛林生活》，又称《约翰韦斯特的澳大利亚生活》（爱丁堡，1881），以后又两次再版。1879年格兰特返回昆士兰，同年11月28日，他与萨拉·伊丽莎白·诺斯在伊斯普维奇结婚，并加入了商牧业公司——B. D. 莫尔黑德[①]公司。由于有一定的实践经验，他的重要性很快凸显出来，短期内便被提名为农场主管，成为一名年轻的合伙人。通过莫尔黑德和威廉·弗里斯特两位资深合伙人，他与政界和商界都有了重要的接触。根据1884年《王室土地法案》，需设立土地管理局，在此之前，格兰特应要求在听证会中担任评审员，因此他到昆士兰各地勘察，为农场主寻求较低的估价。尽管这家公司历史悠久，且有一定的口碑，但是由于昆士兰国民银行危机导致土地贬值破产频发，莫尔黑德担任银行主管时的丑闻更是雪上加霜，因此公司也遭遇沉重的打击。最后公司进行了改组，格兰特成了改组后的莫尔黑德公司的总经理，并持有公司30%的股份。莫尔黑德公司曾经赞助过昆士兰肉类出口与代理公司，该公司被允许在昆士兰进行冷冻肉交易。从19世纪80年代开始格兰特便呼吁在当地销售羊毛，而不是去悉尼或者伦敦。尽管有很大的阻力，布里斯班的羊毛交易最终成功建立。

1890年之前，格兰特一直是昆士兰苏格兰志愿者队队长；1896年，他成为布里斯班公共图书馆的托管人；此外他还是约翰逊俱乐部[②]成员。1898年他任昆士兰牲畜饲养人和牧场主协会的副主席。在1900年至1901年发生旱灾，格兰特损失惨重。由于害怕激进的政治趋势，担心孩子们的前途，格兰特还深信畜牧事业的黄金时代已经过去，于是决定到美国寻求庇护。1902年他将自己在昆士兰所有的产权卖掉，带着妻子、三个儿子和八个女儿去往加利福尼亚。1930年1月8日格兰特在洛杉矶去世。

[①] B. D. 莫尔黑德(1843—1905)，田园诗人、商人、政治家。
[②] 约翰逊俱乐部(1878—1991)，以约翰逊博士在伦敦的文学俱乐部为榜样，致力于文学与文化交流。

49. 约翰·波义尔·奥瑞利（1844—1890）

作者：温迪·波曼

约翰·波义尔·奥瑞利（John Boyle O'Reilly），作家、编辑、爱国者，1844年6月24日出生于爱尔兰的德罗赫达，是家中次子。父亲威廉·大卫·奥瑞利是道斯城堡的内特维尔孤寡机构附属国立学校的校长，母亲伊莱扎，父姓波义尔。奥瑞利由父亲亲自教育，11岁时到《德罗赫达·阿古斯》报社学排字，15岁加入了在兰开夏郡普勒斯顿的《卫报》，成为一名记者。因卷入费尼运动①，于1863年回到爱尔兰，加入第十军团，集中精力游说士兵加入革命组织。不久，从他营房中学到的"谋反歌谣"便在整个兵营传唱开来。他的反动言论一直没有被发现，直到1866年2月有人出卖。同年6月27日，在都柏林的近卫军营，军事法庭判决因"意图叛乱"知情罪而被判决死刑，命令于7月9日枪决，后减为终身监禁，又减为20年劳役拘禁。

在英国监狱待了两年，奥瑞利同其他62名爱尔兰前爱国者乘坐"霍高蒙特号"于1868年1月10日抵达西澳大利亚。在弗里曼特尔劳改所的前几周，他与牧师林奇一起在犯人图书馆工作。后来被调任到班伯利的公路机构，不久就被任命为办事员，每周都要向当地的罪犯站点做报告。在牧师帕特里克·麦凯布和移民詹姆斯·马奎尔的帮助下，奥瑞利曾一度计划逃跑。第一次尝试失败后，他藏到了马奎尔的农场，直到1869年搭乘上美国的捕鲸船"小羚羊号"。在罗德里奎兹岛，他勉强逃过一劫，后来在圣海伦娜转移到美

---

① 费尼运动是19世纪后半叶发生在爱尔兰的革命运动，目的是推翻英国在爱尔兰的统治。运动产生的影响一直持续到20世纪上半叶。

国"蓝宝石号",在利物浦加入"孟买号"成为一名舱面水手,并于11月23日到达费城。

奥瑞利很快便成为美国公民,并在波士顿定居。他从一名记者开始做起,后来担任《领航员》的编辑,并在1876年成为《领航员》的合伙人。爱尔兰人奥瑞利原本是一个虔诚的天主教徒,对民主也是满腔热忱,他支持爱尔兰自治,但是现在他赞成宪政改革而非武力革命。在《领航员》上,他批评费尼会1870年入侵加拿大。1875年他和几个人设计了一个大胆的计划,想要拯救6个仍在弗里曼特尔监狱的爱尔兰政治犯。这个计划需要购买美国捕鲸船"梓树号",然后将船只开到班伯利,等待捕鲸船只把逃犯从弗里曼特尔带过来。由于恶劣的天气条件,加上与政府的船只起了一些冲突,这个计划差点失败,但是最终费尼会会员还是于1876年8月19日安全抵达纽约。

奥瑞利喜欢社交,身边总是围着一群朋友。他在美国是公认的诗人和演说家。他的小说《慕戴尼》作为对西澳大利亚的一种回忆于1879年出版。小说是"一部充满理想主义色彩的巨著",讲述了一个重返殖民地的逃犯,作为审计长改革刑罚体系的故事。1885年,印第安纳州圣母大学授予他荣誉法学博士学位。奥瑞利也是一名优秀的田径和划艇运动员,1888年他编纂了《拳击和男子运动的道德规范》,1889年编辑了《爱尔兰诗歌集锦》。去世后,所有的诗歌由他妻子于1891年出版。

奥瑞利与玛丽于1872年8月5日在马萨诸塞州的查尔斯镇结婚。玛丽的父亲是约翰·墨菲,母亲叫简。奥瑞利通常会吃一点三氯乙醛防止失眠,但是因用药剂量过大,1890年8月10日,在赫尔去世。奥瑞利被葬于布鲁克莱恩的好来胡墓地,留下妻子和四个孩子。

波士顿芬威立着他的纪念碑,华盛顿的天主教大学里面有他的半身像。

50. 艾达·坎布里奇（1844—1926）

作者：吉尔·路尔

艾达·坎布里奇（Ada Cambridge），作家，1844年11月21日出生于英格兰诺福克的圣杰曼斯。父亲亨利·坎布里奇是一名乡绅，母亲托马西娜，父姓埃莫森，是一名医生的女儿。坎布里奇出生在诺福克的唐纳姆，从小就善于观察，备受家人呵护。她并未从那些家庭女教师那里学到很多东西，但是自己却广泛阅读，在家乡快乐成长。对英国国教的虔诚赋予她灵感，写就了《连祷颂歌与两件白袍》（伦敦，1865）。1870年4月25日，她与乔治·弗雷德里克·克劳斯在伊里的圣三一教堂结婚。因为克劳斯是殖民地公职机构的助理牧师，这对新人于同年8月19日去了墨尔本。

在接下来的几年里，因工作原因他们去了旺加拉塔（1870）、亚肯丹达（1872）、巴郎（1875）、科尔雷恩（1877）、本迪戈（1883）、比奇沃斯（1885）和威廉斯镇（1893）。在这几十年里，坎布里奇将重心转移到家庭，但是并未完全受制于家庭事务，他们辗转于不同的教区，这种忙碌令她的殖民地生活丰富起来，后来她将这些经历写进《在澳洲的三十年》（1903）里。1908年前往英格兰的旅途激发了她的创作灵感，写了《回忆录》（1912），回忆自己的童年生活。从这两本书可以看出，她喜欢从自己的经历和个人梦想取材进行创作。坎布里奇外表柔弱，散发着独特的个人魅力，自1870年一场车祸后，身体一直没有康复。她十分敢想，作为一个牧师之妻她的思想显得有些前卫，甚至有些不当。在她的诗里，坎布里奇更多地展现了自己。尽管她是澳大利亚第一个重要女诗人，但是她最好的作品《黑暗中的手》直到1913年才得以发表，其中包含上市即被禁的《没有说出口的想法》（1887）中的描述性抒情诗和反思性十四行诗，表达对宗教的忧虑，对性爱受限的思考，以及对弱势群体的关怀。

　　1873年，坎布里奇开始抽时间有目的地进行创作，"在家里日用品快用完的时候，以便能够添置一些"。她的语言流畅，创作中毫无矫揉造作之嫌，因此她的作品一度备受关注：1875年《墨累河上游》在《澳大拉西亚人》上连载，接下来15年中陆续连载了几部，她为此跻身于盎格鲁—澳大利亚人贵族社会，她在那里如鱼得水，反复在作品中描写这个阶层。她的第四部小说《引人瞩目的男人》(伦敦，1890)是第一部为她带来巨大收益的作品。接下来的一部作品《三位金小姐》(伦敦，1891)在英国和澳大利亚都为她赢得了知名度。坎布里奇一共写了21部小说、3卷诗歌、2本自传，并为《大西洋月刊》和《澳大利亚女士年刊》等期刊写文章。总的来说，坎布里奇所写的是殖民地社会，与英格兰及其自身风格和标准都是紧密相连的。故事有着传统的浪漫情节，背景是图拉克府邸或者田园庄园。在早期的连载中，刚刚到达澳大利亚的英国人遇到自己的真爱，她笔下的女主角往往是挣脱财富的诱惑，选择那些有着极好教养的男人。1882年有评论道，她在处理这些素材时"有很好的感知力"，对人物有很强的洞察力，"能够把一个平淡的看似不太可能发生的故事变得十分有趣"。坎布里奇后来创作的小说围绕婚姻选择的原则展开。在《引人瞩目的男人》中，她成功地把它与流放联系起来，且在以后的创作中不断变化。但是其广度和深度还是不能与亨利·汉德尔·理查森[1]相媲美。

　　1909年年底，坎布里奇的丈夫辞去在威廉斯镇的工作，但是在1912年前都可以在主教教区主持宗教仪式。1913年坎布里奇同丈夫一同返回英格兰。1910年他们在塔斯马尼亚的卡里克待过一段时间。丈夫于1917年2月27日在英格兰的布莱顿去世，那年晚些时候坎布里奇返回维多利亚，1926年7月19日在埃尔斯特尼克去世，留下一个儿子和一个女儿。

　　坎布里奇认为自己的成功在很大程度上是因为自己对早期澳大利亚的描述。《引人瞩目的男人》和《并非枉然》(伦敦，1892)是她创作的高峰。尽管她的小说并没有达到杰西·卡特琳·库夫勒尔[2]的《派普山的派普大叔》那种高度，也没有像坎贝尔·普雷德[3]夫人那样描写澳大利亚独特的环境。她的

---

[1] 亨利·汉德尔·理查森(1870—1946)，小说家、短篇故事作家。
[2] 杰西·卡特琳·库夫勒尔(1848—1897)，小说家、短篇故事作家，笔名"塔斯玛"。
[3] 坎贝尔·普雷德，本名罗莎·卡罗琳·普雷德(1851—1935)，小说家。

作品是对19世纪末澳大利亚英国人的生活方式和生活传统的一种风趣的刻画。

51. 厄内斯特·法旺克（1845—1908）
作者：H.J. 吉布尼

厄内斯特·法旺克（Ernest Favenc），探险家、新闻记者兼历史学家，1845年10月21日出生于英格兰萨里的沃尔沃斯。父亲亚伯拉罕·乔治·法旺克是一名商人，母亲艾玛，父姓琼斯。法旺克曾在柏林维尔德舍高级中学以及牛津郡考利的天普大学学习，1864年来到悉尼。一年后，他开始在鲍恩周边游牧，接下来的14年中，他一直在昆士兰北部的农场工作，偶尔为《昆士兰人》写文章。1877年晚期，《昆士兰人》的业主为验证修建一条到达尔文的横贯大陆的铁路具有可行性，计划开展一段探险之旅，法旺克被选为领队。1878年7月他同奥玛莉、赫德利、布里格斯以及一名原住民从布莱科尔出发，1879年2月到达达尔文。他的探险报告一经出版便声名大噪，不久后他定居悉尼，1880年11月15日，他与伊丽莎白·简·马修斯结婚。

法旺克有着丰富的丛林谋生经验，对昆士兰也十分了解，这对游牧投资者来说都是难能可贵的。德萨利①兄弟想要将他们的利益范围拓展到北部领地，因此邀请法旺克作为合伙人。1881年下半年，法旺克离开悉尼为公司在克雷斯韦尔河地区建立了一个牧场，并且与赫德利一起，探索从横跨大陆电报线②到克雷斯韦尔河的大片区域。他还尝试着沿着东部牧场的河岸走到卡彭塔利亚湾，以失败告终。1883年2月，他成功地向南澳大利亚政府递交了一份关于麦克阿瑟河灌溉区域的报告。1883年5月28日，他同林赛·克劳

---

① 德萨利（1816—1898），牧人、政治家。
② 横跨大陆电报线是一条从阿德莱德至达尔文港的电报线路，于1872年8月22日完成，将澳大利亚各殖民地之间及大英帝国和世界其他部分连接起来。

福德一起离开鲍威尔河地区，一段时间内他做过陆路电报官，也做过助理。他们到了麦克阿瑟河的上游地区，并且沿着水域探索到唯一一条可以通向卡彭塔利亚湾的道路。后来他们沿着更北面的路线返回到电报线，7月15日抵达戴利沃特斯。

回到悉尼后，法旺克竞选北领地行政长官，但没有成功。新南威尔士百年纪念的来临开启了他的创作生涯。由新南威尔士政府赞助的《1788—1888年澳大利亚探险史》取得了巨大成功，直至今日都是十分有用的文献资料。在该书印刷期间，法旺克访问西澳大利亚，并写成《西澳大利亚：历史，贸易资源和将来的发展》一书，但是其内容浮浅，编辑仓促，与书的题目全然不符。虽然政府不愿出资资助，但是因为这本书，英国辛迪加委任法旺克在西北部对游牧土地进行调查。1888年3月，他来到杰拉尔顿，并且和两位同伴在加斯科因河和阿斯伯顿河上游待过几个月。1889年这支勘察队的报告在皇家地理学会会刊上发表。但是西澳大利亚人评论他在悉尼出版社发表的回忆性文章"滑稽可笑，是对现实的诽谤"。法旺克在悉尼为《新闻晚报》工作，1893年至1905年之间他出版了5本小说、1本诗歌。虽然这些作品平淡无奇，情节还有点夸张，但是法旺克对澳大利亚内陆地区的准确描述巩固了他在澳大利亚文学界的地位。

法旺克是一个爱瞑想的人，他会把自己1883年探险队的霉运归咎到妻子做的修理箱的丢失。尽管身体日渐衰弱，他经常谈论探险的事情。1908年11月14日，法旺克在悉尼去世，留下妻子和女儿。

52. 马库斯·安德鲁·希斯洛普·克拉克（1846—1881）

作者：布莱恩·艾略特

马库斯·安德鲁·希斯洛普·克拉克（Marcus Andrew Hislop Clarke），新闻记者兼小说家，1846年4月24日出生于伦敦肯辛顿伦纳德广场11号。父亲威廉·希斯洛普·克拉克是大法官法庭律师，母亲艾米利亚·伊丽莎白，父姓马修斯，马库斯是他们唯一的孩子。祖父安德鲁·克拉克医生是一个退役军队卫生官员，在西印度群岛发迹以后定居爱尔兰。在这个家庭中，有好几人在军队、殖民地服务以及法律领域中取得较为显赫的成绩。父亲在伦敦地区的司法实践中成绩斐然，马库斯因此认定这也是他的未来之路。在前途尚未明朗时，整个事情发生了彻底改变。父亲由于身体和心理疾病以及财务问题，于1862年被调到诺森伯兰郡议会，大约一年之后在那里去世。16岁时，这个年轻人希望业余从事文学创作，但由于父亲的原因而被迫放弃这种生活。马库斯没有从事任何职业的准备。他曾经高傲地谈及外交部工作的前景以及试图通过在法国生活一至两年来提高自己的法语水平，但是这些都是不确定的事情。早些年他试图进入军队，但由于身体残疾而被拒绝。可以肯定的是他是一个被宠坏、自负而又毫无目标的人；很明显，马库斯的生活观因为他所沉溺的那些小说而变得不切实际。也许是因为那些认为他在英国找不到出路的亲友的劝说，他选择了去澳大利亚。

在性格尚未定型的青少年时期，马库斯的家庭光鲜而单调。他父亲时而寻欢作乐、时而避世隐居，挥霍无度，过早地把他带入了世俗生活，其他时间又对他疏于管教。四岁时，母亲的去世让他更加孤独。作为一个生来左臂关节僵直、体弱多病的孩子，尽管其手臂肌肉永久性地萎缩了，他的健康还是有所好转。马库斯终生都有轻微的口吃，也许是童年时缺乏安全感而留下的后遗症，然而这一点并没有稍减他的魅力。他的魅力和机智弥补了身体的缺陷，这是他唯一的实际才能，因为这才能最终让他成了一个记者。

1858年至1862年，马库斯在海格特的乔姆利文法学校上学，由于学习不用功而与校长产生冲突，毕业时作为惩罚取消了他应得的诗歌奖。但是后来他回忆起达因博士的严厉教导时充满了悔恨与尊敬。他在海格特的同辈人还有霍普金斯两兄弟杰拉德·曼雷和西里尔[1]，以及 E. H. 柯勒律治[2]。S. T. 柯勒律治[3]的墓就在校园内，因为那时学校附属的小教堂同时也是教区教堂。

---

[1] 杰拉德·曼雷·霍普金斯(1844—1889)，英国诗人、耶稣会牧师，维多利亚时期的重要诗人。
  西里尔·霍普金斯(1846—1932)，杰拉德·曼雷·霍普金斯之弟。
[2] E. H. 柯勒律治(1846—1920)，英国文艺学者、诗人，其祖父是 S. T. 柯勒律治。
[3] S. T. 柯勒律治(1772—1834)，英国浪漫主义重要诗人、文学评论家、哲学家。

文法家内斯菲尔德那时也在海格特当教师。

马库斯父亲病倒以后，他在伦敦的堂兄安德鲁·克拉克[①]爵士安排他去墨尔本，因为他的一个叔叔詹姆斯·郎顿·克拉克在亚拉腊的地方法院做法官，可以对他进行照看。1863年6月6日，从父亲挥霍殆尽的家产中，东拼西凑了大约800英镑，带着这些钱他来到了墨尔本。由于安德鲁·克拉克的推荐，他在一个银行找到一个职位，但事实证明他完全不适合这个工作。后来他用有趣的文字记录了这段经历给他留下的印象。在墨尔本的第一年，他深入观察，积累了许多素材，成为后来文学创作的养料，这些都是鲜活的记忆与敏锐观察的产物。然而不久后，他就像自己的作品《新朋友》中的某个人一样，消失在内地，去尝试大农场生活。叔叔对总部位于格伦诺基的斯温顿和莱德阔的农场感兴趣，马库斯在这里似乎过得比较愉快，并且打算开拓自己的领地。在向新南威尔士寻找土地的过程中经历了损失惨重的探险，这次旅行恰逢干旱，耗费了他大笔金钱，并且导致一个同伴丧生，而他的计划却毫无结果。回到斯温顿，恰逢一个业余科学家与孔德主义哲学家罗伯特·莱温斯博士来到这里，自诩"发现"了这个年轻的天才，说服他回到墨尔本并加入《阿古斯》杂志。尽管马库斯因为性情善变而不能成为该刊专职撰稿人，但从这时开始明确了自己的爱好。1876年的下半年起，马库斯为《逍遥派哲学家》时事专栏供稿，旨在观察墨尔本第欧根尼[②]们的生活，他们居住在科尔码头的煤气管道中。马库斯很快便站稳脚跟。他诙谐而鲁莽的言辞的第一个声名显赫的受害者是来殖民地进行国事访问的爱丁堡公爵。马库斯与《阿古斯》虽保持多年联系，但最终还是与其失和，继而转向墨尔本的《先驱报》和《每日电讯报》，最后投在《时代报》旗下。他保留了学童式的幽默：比如，在他离开《阿古斯》时，所有的报纸都在和维多利亚赛马俱乐部为赛马规则而争执，他在"下流的"竞争对手《先驱报》上发表了一篇激情昂扬的"讽刺文章"嘲弄《阿古斯》，假装通过设在《先驱报》办公楼上的镜头来直接观察比赛，对墨尔本杯的运作进行报道。

马库斯一开始就渴望成为编辑，为此他一直都在漂泊中奋斗。为了收购

---

① 安德鲁·克拉克(1824—1902)，军事工程师、公务员。
② 第欧根尼(大约公元前412—前323)，古希腊犬儒主义哲学家。

《澳大利亚月刊》，他几乎耗尽所有祖产和一群文学圈朋友捐赠的其他基金，1868 年至 1869 年他任编辑期间改名为《殖民地月刊》。他为该刊创作长篇小说《偶然的机会》；从马上摔下来使马库斯严重丧失行为能力，他的朋友 G. A. 瓦尔斯坦①在 1868 年 7 月与 8 月分两次为他捐款。当小说完成时，他的精力衰退了，杂志转让给了 J. J. 希林洛，不久倒闭。马库斯把从中收回的资金全部投到漫画周刊《虚伪》上，但也很快倒闭；墨尔本《潘趣》把它的死亡归因于"说教病"。1870 年年初他理所当然成了《澳大利亚杂志》的编辑，他主要的小说《寿命》从 2 月开始在上面刊发；但是两年半以后当小说完成时，该刊的拥有者耐心耗尽。很明显他的编辑生涯没有延续多久。后来他在维多利亚公共图书馆获得一个职位，开始是董事秘书，后来做了副馆长。他似乎合理而有效地履行了自己的职责，但是他轻率的性格并未改变，最终导致他丢了这份工作。一个明显的例子是，他在 1879 年 12 月的《维多利亚评论》卷首发表的文章引发了广泛的争议，在这篇文章中，他提出科学的进步已经导致人们不相信奇迹，作为知识和道德力量的基督教也将灭亡。这篇文章激起了莫尔豪斯主教②的回击，马库斯被指控为无神论者。他最后的文章发表在 1880 年 4 月份的《墨尔本评论》上，该文极其聪明地揭示了主教论据的弱点，取得了重要的胜利。这些争论引起了广大公众对墨尔本的兴趣。这年下半年，他在《乐土》——一部讽刺性轻歌剧中悄悄提及一个一触即发的政治话题：贝里政府与立法会之间的争论。这件事情引起了另一场公众的骚乱，很可能是后来导致他下台的原因。除了这部恶作剧外，他还在剧院积极从事创作和翻译工作。然而他从来没有创作脍炙人口、流传久远的作品。他最有活力的戏剧创作是哑剧，有时是与 R. P. 惠特沃思③合创。

由于性情敏感、工作努力，所以他进入公共图书馆后，为报刊撰文的数量并未减少太多。有人曾怀疑他酗酒；职业生涯之初，他曾称自己消化不良、肝功能失调。他生活挥霍无度，颇有乃父遗风，以至于债务缠身。焦虑与过劳导致身患疾病。1881 年，由于和图书馆董事意见不合而再次被解雇，因此这是继 1874 年破产之后再一次被迫破产。马库斯由于未能成功当上图书

---

① G. A. 瓦尔斯坦(1834—1909)，作家、新闻记者。
② 莫尔豪斯主教，这里是指詹姆斯·莫尔豪斯(1826—1915)，英国国教牧师。
③ R. P. 惠特沃思(1831—1901)，新闻记者、作家。

馆馆长而颇感失望，从而导致了他的突然崩溃，根据官方的说法，他1881年8月2日死于丹毒，然而真正的死因谁也说不清楚。有谣言说他死于自杀，但这些说法不太可靠。

1869年，马库斯和爱尔兰演员约翰·邓恩之女，同为演员的玛丽安结婚。他们育有六个子女，其中至少有两位是在维多利亚时代结婚的，他们都比他去世得晚。

马库斯去世后，他的朋友汉密尔顿·麦金农选取他最流行的报刊文章以及一篇传记介绍以《马库斯·克拉克纪念文集》为名结集出版（墨尔本，1884）。这些文章大部分点缀着诙谐、常常是恶毒而又昙花一现的幽默，与《寿命》中的灰暗而丰富的想象力形成奇怪的对照，《寿命》后经修改、删节，于1874年和1875年两次以单行本刊行，成为最有名的版本。马库斯去世后，出版商把该书更名为《无期徒刑》。到底是平淡而琐碎的社会记者、轻浮的文人，还是这部伟大（也有缺点）小说的严肃作者才是马库斯·克拉克？谁能说得清呢？从当时的语境来看，其报刊文章的价值在于它们读起来相当生动活泼，明确地标示了殖民地文学的鼎盛时期。《寿命》尽管有各种缺点，最终还是为他从浪费他人精力的指责中挽回了极大的声誉。这部小说在伟大的文学传统中，使他能与19世纪伟大而富有远见的作家查尔斯·里德[①]、维克多·雨果，以及陀思妥耶夫斯基比肩，他在犯罪与惩罚的问题中找到了新的视角，特别是关于一个囚犯建立的澳大利亚社会中的犯罪与惩罚问题，从而奠定了人类价值的基础。这部作品比他其他所有的作品都有生命力，也是澳大利亚历史上第一个完整世纪里所创作的虚构作品中能够证明叙事可以不朽的里程碑。

---

① 查尔斯·里德(1814—1884)，英国小说家、剧作家。

53. 劳蕾特·卡罗琳·玛丽亚·拉夫曼（1846—1929）
作者：玛格丽特·贝蒂森

劳蕾特·卡罗琳·玛丽亚·拉夫曼（Lauretta Caroline Maria Luffman），作家、女权运动家，1846年12月17日出生于英格兰的贝德福德。父亲约翰·爱德华·莱恩是海军中尉，母亲劳蕾特·莫德，父姓布吕埃。劳蕾特是他们的第三个孩子。劳蕾特10岁丧母，心灵脆弱，但天生喜爱阅读，在英格兰和法国接受教育。

20岁时，劳蕾特投身写作和慈善事业，同时协助已婚的姐姐经营一所男子学校。1875年，劳蕾特以笔名劳拉·M.莱恩，出版第一部长篇小说《弗斯科伊尔绅士》，共三卷。1877年至1894年，14部作品陆续问世，包括1890年的关于瑞士评论家、神学家亚历山大·维内的传记。劳蕾特的大部分作品与女孩或职场女性有关。19世纪80年代初，劳蕾特患上神经系统疾病，在欧洲居住数年期间，劳蕾特思想一度偏向新社会主义，在伦敦为狂热的社会改革者克莱芒蒂娜·布莱克收集妇女在血汗工厂工作的证据。

1893年，劳蕾特在伦敦遇到了卡尔·博格·拉夫曼[①]，并随他到墨尔本。1895年12月14日，两人在墨尔本的圣詹姆斯教堂举行婚礼。1897年，卡尔·拉夫曼开始担任伯恩利园艺学院院长。劳蕾特发现墨尔本市区地方小，她喜欢往乡下跑，不喜欢住在城区，并因为丈夫而热爱园艺和前来花园参观的访客。

1902年，劳蕾特结束了与拉夫曼的婚姻，移居悉尼，成为记者，一切毫无预兆。1903年至1905年，劳蕾特用笔名"优娜"为《每日电讯报》撰写大量

[①] 卡尔·博格·拉夫曼（1862—1920），园艺家、作家。

与妇女有关的稿件。1903年新南威尔士州妇女首次获得选举权。在采访妇女政治联盟带头人的过程中,劳蕾特结识了希尔马·莫利纽克斯·帕克斯夫人,并与之成为密友。帕克斯夫人是新南威尔士州妇女自由联盟(1915年后更名为妇女改革联盟)的创立者。1905年5月至10月,劳蕾特编辑月刊《家》,刊中对该联盟进行大量正面宣传。1908年,劳蕾特加入该联盟,1909年至1918年任组织秘书,1918年至1921年任主席,以及会刊《每月记录》(1910年更名为《自由妇女》,1916年更名为《妇女之声》)的编辑,其风格翔实完整。1923年劳蕾特辞职,《妇女之声》随后停刊。

劳蕾特不仅是编辑和演说家,还以组织秘书的身份访问城市和郊区,并且是新南威尔士州全国妇女理事会的代表,她用大部分精力指导妇女成为选举人。一战期间,劳蕾特很活跃,参加征兵游行,并在丛林读书俱乐部、澳大利亚红十字会、澳大利亚妇幼女荣誉联盟、种族卫生学会、妇女园艺与国内工业社团等机构服务;战后在国家工会联盟州分部工作。此时,劳蕾特认为社会主义对澳大利亚是威胁,极力支持自由贸易,拥护皇权。

劳拉·博格·拉夫曼[①]为《悉尼邮报》撰写了两篇微型故事,于1907年被悉尼报刊《红袋鼠》转载。儿童读物《威尔·艾尔默:澳大利亚丛林童话》(伦敦,1909)、小说《界限问题》(伦敦,1911)都取材于澳大利亚。20世纪20年代,她向《悉尼先驱晨报》投稿,并写下自传《知足女人的生活印象》,但未发表。对于大多数人,特别是不熟悉劳拉的人来说,她高贵且保守,热爱丛林,时不时拜访布昌埃家族在拜里达拉的亲戚们。

1929年6月7日,劳拉于昆比恩去世,以英国圣公会仪式被火化。玛丽·吉尔摩[②]女士创立了劳拉·博格·拉夫曼文学奖以纪念这位已逝的女作家。

[①] 劳拉·博格·拉夫曼即劳蕾特,劳拉是她的笔名。
[②] 玛丽·吉尔摩(1865—1962),澳大利亚早期著名诗人。她因为引用澳大利亚土著人话语来表现他们的生活而在澳大利亚文学史上占有重要地位。

54. 杰西·卡特琳·库夫勒尔（1848—1897）

作者：雷蒙德·比尔比

杰西·卡特琳·库夫勒尔（Jessie Catherine Couvreur），笔名塔斯玛（Tasma），小说家、短篇小说家，1848 年 10 月 28 日出生于伦敦海格特绍斯伍德小屋。父亲詹姆斯·艾尔弗雷德·海波斯，母亲夏洛特·索菲娅，父姓奥格立白。杰西是父母的第二个孩子，也是家中长女。杰西的父亲有荷兰血统，母亲为英法混血。早在 19 世纪 50 年代初，杰西一家就移居到小镇霍巴特，父亲海波斯在那里做生意发迹。尽管海波斯先生有学问，还拥有个人精选书库，但母亲对孩子智力发展的影响似乎更大。因此，海波斯家孩子们的思想见识是 19 世纪五六十年代霍巴特的其他孩子难以企及的。

1867 年 6 月 8 日，杰西与家族世交、市长兼黑仗传令官[①]詹姆斯·弗雷泽的儿子查尔斯·福布斯·弗雷泽在圣戴维教堂举行婚礼。蜜月刚过，弗雷泽夫妇就搬到维多利亚的凯恩顿区。查尔斯在那里与亲戚威廉·德格拉夫合伙炼金。后来，他继承了马尔姆博瑞附近彭伯里的房产。由于热衷赛马，他成为凯恩顿区维多利亚赛马俱乐部的第一位带薪工会代表，之后成为裁判。丈夫沉迷赛马、赌博、收入不稳定，甚至他游离的眼神，都令杰西难过困扰。杰西常常被打发回娘家。1873 年，杰西与母亲到英格兰，在那儿停留近三年，在丈夫的请求下，她才重返维多利亚。但当时查尔斯已经破产，只能再次把杰西送往英国，并允诺每年给杰西 100 英镑，然而她一共只收到过 10 英镑。后来，查尔斯告知杰西自己已在 1877 年与婢女希尔小姐诞下孩子，并

[①] 黑仗传令官（简称黑仗官）是英国上议院传统职务，于 1361 年设立，专司维护威斯敏斯特的安保、勤务和建筑物。

且与希尔建立了稳定长久的关系,不再希望与杰西有任何关系。于是,1883年7月,杰西回到维多利亚,对查尔斯提起离婚诉讼。同年12月13日,法院准予离婚。

随后,杰西回到欧洲,并很快与比利时政治家兼记者奥古斯特·库夫勒尔结婚。多年来,他一直担任《独立比利时》的政治编辑;1864年至1884年间,任比利时众议院自由党的代表。这次婚姻使她的创作拓展到小说领域。此前,杰西只写文学批评和短篇小说,尽管小说内容大多与其第一次婚姻的磨难有关:一个聪明伶俐的女主角囿于沉闷无知的氛围中,忍受着道德和智力都很低劣的丈夫。1889年,她的第一部小说《派普山的派普大叔》出版。这本小说至今仍然在她众多小说中独占鳌头,流传最广。这部作品与1894年出版的小说《白羽骑士》一样,几乎没有自传的痕迹。而其他小说,比如《她的青春年华》(1890)、《波西娅·詹姆斯的补赎》(1891)、《不计代价》(1895),以及《烈焰苦难》(1897)等在很大程度上明显是自传,在这些轰动整个维多利亚的小说中,一定有查尔斯·弗雷泽的身影。

虽然她常常不情愿前往遥远的君士坦丁堡,但跻身布鲁塞尔外交界,杰西还是很愉快的。杰西在澳大利亚的很多城市讲学,传播欧洲大陆文化,法国政府和比利时国王对此举致以崇高敬意。尽管她声明"我没有做主妇的天分",但也会为错过妹妹的婚礼而遗憾,会享受经营自己的家,会因稿费能帮助穷苦亲戚解决生活问题而喜悦。她不仅关注时政与社会热点问题,更拥有很多女人的爱好,比如实证主义、不可知论、面相学、骨学种种。她的这些爱好与创作融合在一起,浑然天成,天衣无缝。1894年库夫勒尔先生去世后,她接替丈夫成为《泰晤士报》驻布鲁塞尔的记者。1897年10月23日,杰西·库夫勒尔在布鲁塞尔逝世,人们依照她生前经常提及的前卫方式将其火化。

杰西·库夫勒尔的小说行文稍显迂腐,结构重复。尽管她在思想观念上明显是英国人的而非澳大利亚人的,但通过对澳大利亚城市中产阶级的刻画,成功地描绘了19世纪末澳大利亚景象中被忽视的态度以及价值观。

55. 凯瑟琳·伊迪丝·麦考利·马丁（1848?—1937）
作者：玛格丽特·艾伦

凯瑟琳·伊迪丝·麦考利·马丁（Catherine Edith Macauley Martin），作家，出生于苏格兰斯凯岛（Skye）。父亲撒母尔·尼科尔森·麦凯是位佃农，母亲珍妮特，父姓麦金农。凯瑟琳是父母的第七个孩子。1855年，他们举家移居南澳大利亚并与其他贫困的高地家庭一起去了罗布，随后又搬到东南部的纳拉库特。前往澳大利亚的航程中，凯瑟琳的父亲曾教授孩子们知识，也可能在纳拉库特教过凯瑟琳。在他的培养之下，凯瑟琳热爱德国语言文学。19世纪70年代初，她帮助姐姐玛丽经营在甘比尔山克劳奇街埃尔姆农舍的学校。

1872年起，凯瑟琳的原创诗歌以及她翻译的德国诗歌在《边境观察》刊登。作为古典文学硕士，凯瑟琳1874年在墨尔本出版《探险者及其他诗歌》，该书不仅收录了法、德诗歌的英文译本，还包含一首与伯克和威尔斯探险[①]有关的长诗。1875年，凯瑟琳搬到阿德莱德，作为记者谋生，并与凯瑟琳·斯彭斯[②]成为朋友。1877年，凯瑟琳开始在教育部工作，但未得到工作编制，在报酬上也遭遇歧视，1885年被解雇。1882年3月4日，她嫁给会计师弗雷德里克·马丁。斯彭斯这样评价马丁："他更喜欢文学而非做生意；做生意只是遵从父命。"凯瑟琳与马丁没有孩子。凯瑟琳是安妮·蒙哥马利·马丁和

[①] 罗伯特·奥哈拉·伯克（1821—1861）是一位爱尔兰警察，伯克和威尔斯探险队的领队。这是一次规模最大、装备最精良的探险。1861年，他们从墨尔本到卡彭塔利亚湾成功地穿越澳大利亚，但伯克和他的副手威廉·约翰·威尔斯在返回墨尔本的途中饿死于库珀溪。
[②] 凯瑟琳·斯彭斯（1825—1910），澳大利亚作家、教师、记者、政治家，主要的妇女参政权论者。

亨利·迈德威尔·马丁的嫂嫂。安妮经营一所进步学校，而亨利在斯丹菲尔酒庄酿酒。马丁一家都是上帝一位论派教徒。弗雷德里克曾在沃克灵加金矿做会计，凯瑟琳随之在那儿生活了一段时间。1890年，凯瑟琳的小说《一个澳大利亚女孩》在伦敦匿名出版。该书在澳大利亚很受欢迎，并于第二年再版。故事在澳大利亚与欧洲两地展开，主角是一位才女，要在一位德国的知识分子和一位富有却愚钝的农场主中做出选择。1892年，凯瑟琳·马丁以笔名"阿利克·麦克劳德夫人"于伦敦出版小说《寂静的海洋》，描写她在采矿业的经历。

1890年至1894年，马丁夫妇游历欧洲。其间凯瑟琳继续写作，弗雷德里克也为《时代报》撰写连载小说——《异域生活与劳动》。1906年，《古老的屋脊》匿名出版，记录了凯瑟琳在国外的见闻感受。1904年，马丁夫妇重游欧洲，因弗雷德里克健康恶化而在三年后返回阿德莱德。1909年，弗雷德里克死于肺结核。凯瑟琳在德国生活了很长时间。她以自己的真实姓名出版了《难以置信的旅程》(伦敦，1923)。小说从原住民妇女的视角出发，描写穿越沙漠，找回被白人男子带走的孩子的故事。亨利·格林认为这部小说针砭时弊，又妙趣横生。1928年，杖朝之年的马丁夫人最后一次踏上欧洲大陆，并于1932年返回阿德莱德。1937年3月15日，凯瑟琳·伊迪丝·麦考利·马丁去世并被火化。

凯瑟琳发表过散文、小说、诗歌，并在澳大利亚报刊连载小说。其作品引经据典，特别热衷于引用歌德与海涅的作品。凯瑟琳在小说中表达了对原住民以及德国、英国普通百姓的同情，也支持女权主义，塑造了众多女性角色。除最后一部作品外，凯瑟琳的作品均匿名或以笔名发表。人们对其作品的评价千差万别，但是她对澳大利亚景观的抒情描写得到一致好评。斯彭斯钦佩她的写作才能，但迈尔斯·弗兰克林[①]认为《一个澳大利亚女孩》是"冗长无意义的废话"。保罗·德帕斯奎尔则认为该书重在反映"人类的心路历程与思考轨迹"，因此也是南澳大利亚小说的巅峰之作。

[①] 迈尔斯·弗兰克林(1879—1954)，澳大利亚著名女作家。澳大利亚历史最悠久、影响力最大的文学奖即以其名字命名。

56. 霍勒斯·芬恩·塔克（1849—1911）与杰拉德·肯尼迪·塔克（1885—1974）父子

作者：露丝·卡特

霍勒斯·芬恩·塔克（Horace Finn Tucker）与杰拉德·肯尼迪·塔克（1885—1974）父子是英国圣公会神职人员。霍勒斯1849年10月13日出生于英格兰剑桥。父亲约瑟夫·基杰·塔克是神职人员，母亲伊丽莎白，父姓芬恩。霍勒斯在家里排行第三。约瑟夫被任命为英国和外国圣经公会在澳大利亚的代理人，全家于1861年搬到悉尼。

从新南威尔士州摩尔神学院毕业后，霍勒斯于1873年成为执事，1874年成为祝圣神父。1873年9月10日，他与威廉·亚当斯·布罗德里布之女卡罗琳·拉维尼娅喜结连理，婚礼在墨尔本布莱顿的圣安德烈英国圣公会教堂举行。霍勒斯的第一个教区在维多利亚中部，他的布道和开拓进取精神吸引了主教穆尔豪斯的注意。霍勒斯于1880年晋升为繁荣的墨尔本基督教堂教区牧师，同时在南雅拉设置了三个使命教堂并建立了一所文法学校。19世纪90年代萧条期，霍勒斯与查尔斯·斯特朗牧师提出计划以安置农村地区失业人员。1892年至1894年，塔克村定居点在吉普斯兰和维多利亚中部成立，吸纳了大约200个家庭。但由于资源匮乏、经济状况恶化和管理不善，该计划未能持续多久。政府认识到他们的努力，于1893年通过《土地定居法案》，为未来的农村定居点建设提供法律保障。霍勒斯相继出版了以塔克村定居点形成的思想为基础的《新阿卡迪亚》（1894），研究基督教圣徒的诗集《数天之后》（1905），《为次要之日点亮的灯光》（1909）以及一些反映社会问题的文章。

1894年霍勒斯当选墨尔本圣保罗大教堂的咏礼司铎，1908年从教会退休，但继续在远郊教区工作，直到1911年12月22日因脑出血于格伦辞世，安葬于圣基尔达墓地，留下妻子、三个女儿和三个儿子。霍勒斯高大的身材很惹眼——高额头，浓胡子。他的幽默、同情心和为公众所做的服务深深印在教民们的心中。

　　霍勒斯的儿子杰拉德·肯尼迪1885年2月18日生于墨尔本南雅拉。杰拉德自幼希望像祖父和父亲一样，到教会工作。在墨尔本的英国国教会文法学校读书时，瘦小的杰拉德并不起眼。严重的口吃使他被政府部门拒之门外。刚出校门，他曾在糖厂和亲戚的农场短暂工作过，均不成功，父亲遂同意他做神职人员。1908年，杰拉德进入墨尔本的圣约翰神学院学习。其间，他与另外四名学生一起向大主教亨利·劳瑟·克拉克请命到市区的穷人当中去做独身牧师。这一不切实际甚至疯狂的想法遭到拒绝；但这种疯狂也预示了杰拉德日后的成就。

　　由于极度紧张，杰拉德没能通过期末考试。1910年，杰拉德担任澳大利亚西北部教区执事，因完全不适应内陆条件，数月后返回墨尔本。1914年，杰拉德担任马尔文圣乔治教堂的牧师。战争爆发时，他请求担任随军牧师，驻扎海外，遭遇拒绝。于是，杰拉德应征入伍，成为列兵，并于1915年12月开赴中东。三个月后，他被任命为澳大利亚皇家部队随军牧师，在埃及和法国服务，直到1917年因病返回澳大利亚。1919年，出版了《在澳大利亚帝国部队做列兵与牧师的日子》。

　　1920年，杰拉德被任命为新南威尔士州纽卡斯尔附近教区的牧师，结识了盖伊·科尔曼·考克斯。两人志同道合，要建立一个服务牧师的共同体，于是1930年，两人成立了圣劳伦斯兄弟会。创会伊始，最初的四名会员承诺在会期间不结婚，节俭生活，积极参与会务。圣劳伦斯兄弟会的第一份《季度报告》于1932年出版，以飨支持者；随后40余年，他们就诸多重要的社会问题发表了看法。

　　应大主教黑德邀请，1933年圣劳伦斯兄弟会迁至墨尔本，杰拉德随之成为东方山圣彼得教堂的助理牧师，以及菲茨罗伊圣玛丽布道团的传教士。1937年至1942年，他任东不伦瑞克圣卡斯伯特的副主教。他的第一个项目是建立慈善收容所以收留无家可归的失业者。1935年，他计划让这些人及他们的家人移居到附近的农业社区。该计划与其父早年的计划结果相同——并不完全成功。但是杰拉德在开若姆唐斯的定居点被保留下来，并在1944年成为名副其实的退休村，为老年人提供住房、组织各项活动，后来扩大到为体弱者提供设施完备的公寓以及乡间诊所。

杰拉德神父发起的其他福利计划主要包括：孤儿慈善收容所、老年人俱乐部、贫困家庭海边度假屋、二手店。在为废除贫民窟的游行中，墨尔本人熟悉了杰拉德瘦高的身材、清澈的蓝眼睛、牛角框眼镜以及犹疑的声音。1956年，杰拉德获得英帝国勋章。

1949年杰拉德搬到开若姆唐斯，并在那里发起了"食品换和平"的新项目。他鼓励当地居民贡献出部分退休金，以向印度发送一船大米。星星之火可以燎原，支持该计划的团体顺势兴起，蔓延整个澳大利亚。1961年，该团体成长为全国性组织"国外援助社团"。为支持该组织，杰拉德曾出版宣传册，并于1954年出版自传。

1959年，在维多利亚的拉腊，另一个老年人定居点圣劳伦斯教堂开放。杰拉德搬到该定居点的第一个山村，直到1974年5月24日在吉朗去世，安葬于墨尔本的普通公墓中。

57. 詹姆斯·休姆·尼斯贝特（1849—1923）
作者：彼得·科恩

詹姆斯·休姆·尼斯贝特（James Hume Nisbet），作家、艺术家，1849年8月8日出生于苏格兰斯特灵。父亲詹姆斯·尼斯贝特是室内装潢师，母亲简，父姓休姆。尼斯贝特师从牧师的詹姆斯·卡尔罗斯博士学习文学，师从皇家艺术学会艺术家山姆·博夫学习绘画。尼斯贝特生性不安分，16岁到墨尔本，从事过各种各样的工作。大约1868年，尼斯贝特用一年时间与沃尔特·

蒙哥马利①等人一起经营皇家剧院，实际上尼斯贝特仅参与其中一小部分业务，随后便游历于澳大利亚东部、新西兰以及南海诸岛。

1872年，尼斯贝特回到英国，在伦敦国家美术馆和南肯辛顿博物馆学习艺术；1873年年底回到苏格兰，1875年11月1日在圣帕特里克罗马天主教教堂与雕刻家安德鲁·柯里的女儿海伦（1901年去世）结婚，并在爱丁堡做场景画师。1878年至1885年间，尼斯贝特在瓦特艺术学院教写意画。他用油彩和水彩作画，并在苏格兰皇家学院展出。作为约翰·罗斯金②的助理，尼斯贝特常常与学院有严重分歧，其中最重要的原因是学院不愿承认年轻艺术家的作品。

受卡塞尔公司委托，尼斯贝特在1886年访问澳大利亚和新几内亚。回国后，他为卡塞尔公司的《风景如画的澳大拉西亚》（1887—1889）撰稿献图。尼斯贝特在伦敦过得贫困潦倒，1888年他以笔名休姆·尼斯贝特出版第一本小说，这也是他46部著作中的第一部，他的作品大部分取材于澳大利亚和太平洋地区。《木槿花之乡》（1888）与《八个铃铛》（1889）是其早期作品，以新几内亚为背景，对巴布亚人及其文化寄予同情。他在《殖民流浪者》（1891）以及半自传小说《骨灰》（1890）中描述了自己的冒险奇遇。1895年，尼斯贝特再次访问澳大利亚。

尼斯贝特的通俗小说严格遵守创作惯例，偶尔使用耸人听闻的情节，作品塑造人物类型丰富——原住民、堪纳卡斯人、丛林居民、淘金者、流放犯以及棚户区居民。他经常对社会问题直言不讳，猛烈抨击种族偏见、社会的虚伪和不平等。小说《野蛮皇后》（1891）的主人公是特鲁加尼尼，小说《丛林女孩的浪漫史》（1894）以西澳大利亚为背景，两部作品均谴责了白人对原住民的不公正待遇。纵然尼斯贝特极端保守与传统，他依然在小说中认为"对殖民地的偏见是荒谬的"；出生于澳大利亚的华人吴钛是其三部小说的主人公，尽管被描绘成一名罪犯，吴钛的天赋要优于大多数白人诋毁者。《一个自由的梦想》（1902）背景设置在威廉·雷恩③设想的澳大利亚新殖民地。尼斯

---

① 沃尔特·蒙哥马利（1827—1871），美国出生的英国演员。
② 约翰·罗斯金（1819—1900），英国维多利亚时代杰出艺术评论家、社会思想家、慈善家。
③ 威廉·雷恩（1861—1917），澳大利亚记者、作家、澳大利亚劳工政治倡导者和空想社会主义理论家。

贝特在《沼泽居民》(1897)中表达了对《公报》的蔑视，致使 J. F. 阿奇博尔德[1]以法律相要挟，该书遂退出澳大利亚。

尼斯贝特还出版了四卷诗歌、五本与艺术相关的书籍，包括《艺术的起点》(1892)、短篇小说集和旅游书籍。他为自己和其他作家的作品注释，同时继续创作绘画。他是伦敦约里克俱乐部的会员，也是菲利普·门内尔[2]的朋友。1902 年 1 月 28 日，尼斯贝特在布里斯托尔与时年 73 岁、两次丧偶的凯瑟琳·赛普蒂玛·阿米蒂奇(父姓霍珀，1909 去世)结婚。他们住在萨默塞特贝金顿修道院。1914 年 6 月 9 日，他在伦敦娶了另一个寡妇布兰奇·杜比(父姓奥斯汀)，居住在杜比位于苏塞克斯伊斯特本德的房子里，直到 1923 年 6 月 4 日尼斯贝特去世。尼斯贝特有两个女儿在童年时夭折，两个儿子在刚刚成年时早逝，只有第一次婚姻的两个女儿和妻子在他去世后还活着。

尼斯贝特的独立见解、对社会问题的认识以及对冷门主题的热衷，使其小说极富个性，成为 19 世纪 80 年代澳大利亚文坛的奇葩。遗憾的是，因其独特的思想在澳大利亚遭遇冷落，他幽默的言辞以及一针见血的讽刺也经常被评论家忽视。

58. 斯蒂芬·曼宁顿·卡芬（1850—1896）

作者：古拉·所罗门

斯蒂芬·曼宁顿·卡芬(Stephen Mannington Caffyn)，外科医生、小说家，1850 年 5 月 15 日出生于英格兰苏塞克斯的塞尔赫色特。父亲詹姆斯·卡芬是杂货店老板，母亲伊丽莎白，父姓曼宁顿。他曾就读于爱丁堡大学

---

[1] J. F. 阿奇博尔德(1856—1919)，澳大利亚新闻记者、出版家，《公报》在澳大利亚政治和文学圈影响最大时期的编辑和合伙人。
[2] 菲利普·门内尔(1851—1905)，出生于英国的百科全书学者、记者和报纸所有者，活跃于澳大利亚，《澳大拉西亚传记词典》(1892)的作者。

（1880）。1879年2月25日，卡芬与凯瑟琳在萨里郡乔巴姆结婚。凯瑟琳是蒂珀雷滑铁卢家族威廉·亨特之女，也是诗人奥布里·维尔①的亲戚。在英国和德国由家庭女教师教育，后来凯瑟琳到伦敦接受护士培训，大概是在此期间结识了卡芬。1880年卡芬夫妇移民新南威尔士，卡芬在悉尼和卧龙岗担任政府卫生官员。1883年，夫妻二人移居墨尔本，那时的布莱顿是许多文人旅游或定居的理想之地。1892年前，卡芬夫妇一直居住在布莱克大街，那儿"有着奥斯卡·王尔德的气息，能吸引杰出的印象派画家查尔斯·孔尔德②"。

卡芬曾在科林斯街道、霍桑郊区，南雅拉郊区和布莱顿郊区做眼科医生和外科医生。学生时代起，他和布勒特·哈特用牛肉和泡菜施舍给"伦敦北部的失足女、妓女、老妇人"，这些行为表现出卡芬对被剥削者以及受虐者的同情。卡芬曾在北悉尼防疫站工作，深知那儿环境恶劣，在卡芬的促成下，1882年对该防疫站进行公开调查，防疫站环境也得到一些改善。1883年，根据自己在英格兰的医疗经验，卡芬为塔斯马尼亚的精神病院的状况出庭作证。1890年，他和妻子为维多利亚慈善机构的状况作证。他曾公开主张建立一个组织分配在墨尔本筹集的善款，并对许多问题发表意见，比如质疑酒精制度化管理的有效性，谴责救世军的狂热。卡芬改进了"肉类复合物的萃取液"，并于1888年1月获得专利。1883年，他出版了一些小册子，包括《眼睛及其使用和滥用，殖民地眼病治疗提示》《饮食三问》《殖民饮食指南》《江湖医生和骗术》《同种疗法短期博览会》《正骨法》以及《殖民地和其他地方发现的异常现象》。

曼宁顿·卡芬创作了两部小说，《米尔恩小姐与我》（1889）、《罂粟的眼泪》（1890）。前者背景设在伦敦和悉尼，讲述了一名医生被女病人勒索的故事。截至1894年，该书已发行四版。他同时为《公报》《百年杂志》以及其他期刊撰稿，并出现在帕切特·马丁夫人1890年的小说《橡胶树下》中。卡芬是乔治·戈登·麦克雷的密友，麦克雷的儿子休回忆父亲时这样说道，"父亲很瘦，穿着带有医生微甜气味的衣服；头发蓬乱，做手势时，会随之晃动……渴望的眼神……口吃"。记录着麦克雷思想的手稿填满了房间，他本

---

① 奥布里·维尔（1814—1902），爱尔兰诗人、评论家。
② 查尔斯·孔尔德（1868—1909），英国出生的画家、石版画家和设计师，海德堡画派的关键人物。

人也为这些思想的混乱而感到绝望。阿尔弗雷德·乔治·斯蒂芬斯回忆《公报》的撰稿作家时说"曼宁顿·卡芬也许是最杰出的讲故事的艺术大师"。与卡芬水平相当甚至更杰出的作家比比皆是,但是他们的作品并未被如此频繁地引用。

  卡芬夫人接受过正规的护理培训,在专业方面给予了丈夫很大支持;她是维多利亚区护理学会创始人之一,担任该会委员两年左右,并积极支持把护理专业从业者的定位从"萨拉·甘普①式提高到有教养的女人的科学职业"。在文学领域,卡芬夫人凭借个人的勤勉蜚声小说界,让丈夫也未免相形见绌。卡芬夫人的小说最常用的署名是"约塔",少数小说也用凯瑟琳·卡芬或者曼宁顿·卡芬夫人署名;她为当地出版社撰稿。《赛丝的受害者——墨尔本—塔斯马尼亚协会与维多利亚牧场的故事》,长达60页,收录在帕切特·马丁夫人1891年出版的《喂!听澳大利亚女性讲述澳大利亚故事》中;1899年由拉拉·费希尔编辑出版的《沟渠边》也收录了卡芬夫人的作品。约塔的17部小说中,只有《喜剧痉挛》(1895)和《多琳达和她的女儿》(1910)与澳大利亚有些许关系;其处女作《黄紫菀》(伦敦,1894)是唯一一部在澳大利亚创作的作品。《黄紫菀》在短短一个月内发行四版,是公认的"畅销书"。《圣詹姆斯的预算》认为《黄紫菀》是一本"奇特"的书,继承左拉的风格,摒弃易卜生的影响,是"病态且多愁善感的自我意识"的产物。《黄紫菀》讲述了一个女孩儿在成长过程中,被特意安排不接触基督教,"她智商高,有教养,但情感匮乏,缺少精神寄托"。她嫁给一个富裕英俊的绅士,相信自己可以"无性",而实事也证明她对性生活完全冷淡。当孩子出生后,爱才如洪水般涌入她原本冰冷空洞的心。评论家指责约塔对婴儿出生过程的描写过于细致,笔墨过多,这些细节更适合出现在医学类书籍中,而不是一本可能落入"年轻人、老人、男人、女人和儿童"手中的小说。对《澳大拉西亚人》来说,它是一本"叙述有力的小说,只是有些地方内容青涩、描述冗长、情节突兀,而这些都是第一次尝试创作和写作上的野心所导致的缺点,是可以淡化和忽略的"。

  凯瑟琳·曼宁顿·卡芬的小说从一开始就取得了巨大成功。其中的秘诀之一就是,带有浓厚的浪漫色彩,深深吸引着女性读者,尽管小说复杂冗

---

① 萨拉·甘普是狄更斯小说《马丁·翟述伟》中的人物,一位懒惰马虎的护士。

长，涉及艺术、宗教、科学和哲学等晦涩难懂的情节。卡芬夫人的小说通常分析男女之间的关系，时而描写对性的联想，这比主要情节重要、吸引人得多。成功秘诀之二无疑是她与丈夫一样，擅长性格描写。爱情小说不断变化的创作规范，以及卡芬夫人自身在文学创作上的软肋，使她渐渐受到冷落。

1892年，卡芬夫妇回到伦敦。1896年10月2日，卡芬因肺结核死于贝斯纳尔救济院。卡芬夫人的大部分小说于丈夫去世之后创作。《梅里·里米里利斯》是卡芬夫人的封山之作，1916年出版。此后她停止了写作，培养出其他兴趣，比如狩猎和马球。1926年2月6日，卡芬夫人在意大利都灵一家养老院做过手术后去世，享年73岁，留有一子。

59. 约翰·亚瑟·巴里（1850—1911）

作者：H.P. 赫塞尔廷

约翰·亚瑟·巴里（John Arthur Barry），作家、记者，出生于英格兰德文郡托基，自幼孤苦，13岁时说服监护人，到东方蒸汽船航海公司做学徒。他一直从事航海工作，最终晋级为大副。19世纪60年代，巴里在澳大利亚的航线上航行，1870年跟随淘金热来到昆士兰州北部的帕尔默矿区。据说在随后的数年里，巴里赶过牧群、采过矿、巡过边，还从事过其他内陆地区的活计。1877年，巴里重回航海业，这次他开着蒸汽船和帆船在澳大利亚东海岸从事贸易活动。1879年，巴里再次回到陆地，在新南威尔士斯昆附近做监督员和牧场经理。

巴里一直在斯昆工作，直到1893年回英国度假。这次旅行的成果之一是其处女作《史蒂夫·布朗的奔异兽及其他》（伦敦，1893）。这本故事集收录了巴里在英国、澳大利亚的报纸杂志上发表的作品。拉迪亚德·吉卜林[①]因与巴里有些交情，为该书作序。巴里只在英国停留半年便回到悉尼，他几乎没能体验过真正的伦敦生活，更没有经历英国的冬天，回国后继续在牧场工作，直到1896年加入《新闻晚报》。1896年至1911年的15年中，巴里不仅与《新闻晚报》紧密联系，还与《澳大利亚国家与城市》杂志保持一定的往来。他热衷游艇，喜欢与朋友下象棋。巴里终生未婚，孑然一身，1911年9月23日因慢性心肌炎于北悉尼家中病逝，享年61岁。他被安葬在戈尔山公墓的英国圣公会教区，遗产认证的1521英镑留给了朋友。

巴里是一位多产的作家，虽然他的作品有点肤浅。他在报纸上的连载，比如《悉尼市》《金羊毛舰队》有一定的历史价值。他的长篇、短篇小说或多或少带有自传色彩，集中反映两个主题：大海和澳大利亚内陆。他的其他主要作品有《幸运的本土人》（伦敦，1898）、《海之子》（伦敦，1899）、《红狮子与蓝星星故事集》（伦敦，1902），以及《南海的同船水手》（悉尼，1913），该书的传记式序言未署名。这些书描写才子佳人的爱情故事，语言俏皮清新，一些作品显示是为青少年而作。同时代人认为巴里"不乏能力，只是不善营销"；1911年10月5日的《公报》则这样评价他，"真诚与正直是其作品的主旋律，他对文人间的相互吹捧向来敬而远之。他是一个真正可爱的人、一个灵魂温柔的人、一个不知怎样与人为敌的人。"

60. 罗莎·卡罗琳·普雷德（1851—1935）

作者：克里斯·蒂芬

罗莎·卡罗琳·普雷德（Rosa Caroline Praed），小说家，1851年3月27

[①] 拉迪亚德·吉卜林(1865—1936)，英国小说家、诗人。他于1907年获诺贝尔文学奖，英国历史上第一位获此奖的作家。

日出生于昆士兰州布罗米顿洛根河。父亲托马斯·洛奇·穆雷-蒲莱尔，母亲玛蒂尔达，父姓赫尔布尔，在11个孩子中排行老三，是诗人查尔斯·赫尔布尔①的侄女。孩提时代，罗莎住在洛根和伯内特区的花园住宅中，位于布里斯班的克利夫兰。为了避开昆士兰的高温，母亲玛蒂尔达带着孩子们在塔斯马尼亚度过了多个夏天。虽然父亲托马斯的牧场生意并不完全成功，罗莎的童年还算舒适。罗莎从小接受的是母亲和家庭教师们的教育。父亲日后的从政生涯使她有机会接触到昆士兰的政治，她对帝国政治的兴趣油然而生，这些在她今后的小说中都有体现。

由于母亲的鼓励，罗莎十几岁开始写作，为其家族的手写杂志《马龙杂志》撰写摘要和故事。1872年10月29日，政治家庭出身的罗莎在布里斯班的圣约翰教堂嫁给了亚瑟·坎贝尔·巴尔克利·普雷德。坎贝尔来自一个从事银行业和酿造业的家庭，是家中幼子，曾到澳大利亚牧区谋生。坎贝尔拥有基督山大型牧场，在格莱斯顿附近的柯蒂斯岛，他的妻子在那里度过了两年孤独悲惨的光景。这些经历在她的自传《我在澳大利亚的少女时代》(1902)和小说《牧场罗曼史》(1889)以及《妹妹的悲伤》(1916)中均有描述。1876年，坎贝尔和罗莎回到英国，在北安普敦郡从事酿造生意。罗莎恢复了文学创作，以澳大利亚的经历为素材，并于1880年出版《澳大利亚女英雄》。随后的40多年中，以笔名坎贝尔·普雷德夫人出版书籍超过45部，其中大约一半取材澳大利亚。

1882年，罗莎出版《纳丁》，小说以奥尔加·诺维科夫②的生活为素材，对其进行了深入的心理研究，这部书获得很高的声誉，成为她进入伦敦艺术、政治、文学界的敲门砖。威尔士亲王也是她的崇拜者。同年回到伦敦，与爱尔兰政治家贾斯廷·麦卡锡③合作出版四本书。麦卡锡给她写了冗长的信，介绍19世纪80年代自治辩论的进展。她把这些信编辑成书《我们的回忆》(1912)。罗莎试水戏剧，成就了《阿丽亚娜》，该剧根据她1887年的小说《婚姻的担保》改编而成。1888年，《阿丽亚娜》在伦敦西区上演了100场。90年代，她与丈夫渐渐疏远，并于1897年离开他。她开始与灵媒南希·哈

---

① 查尔斯·赫尔布尔(1813—1868)，澳大利亚诗人。
② 奥尔加·诺维科夫(1842—1925)，俄罗斯流放作家、新闻记者和爱国者。
③ 贾斯廷·麦卡锡(1830—1912)，爱尔兰民族主义者、自由主义历史学家、小说家、政治家。

瓦德一起生活，罗莎深信她曾是罗马弗拉维安的德国奴隶。降神会创造了暴政和基督殉难的叙述，罗莎将他们写进小说《尼日亚》（1904）。她后期小说很多是与哈瓦德合作写成的，反映了她对超自然虔诚的信仰。

虽然罗莎仅在1894—1895年重访过澳大利亚，但是她一直在创作中重现这段回忆，并与澳大利亚的亲人、朋友保持联系，直到去世。她的作品包含对殖民心态尖锐的分析，特别是对上流社会的妇女，比如《政策与激情》（1881）、《克里斯蒂娜·查德》（1893）和《鬼》（1903）。与亨利·詹姆斯一样，罗莎看到了一个坦诚、富有活力、未受沾染的国家和一个诱人、老练但个中腐朽的欧洲的对立。历史事件和人物常常为她的小说提供背景与素材：19世纪90年代，昆士兰羊毛工人罢工事件出现在小说《特雷克斯夫人》（1895）中，19世纪60年代关于伊普斯维奇－布里斯班铁路的辩论出现在小说《政策与激情》中。詹姆斯·泰森、约翰·博伊尔·奥莱利和乔治·鲍文爵士分别出现在小说《特雷克斯夫人、亡命之徒与国会议员》（1893）和《纳玛》（1897）中。她的小说以现实主义为主，其中1902年的小说《逃犯安妮》是一个例外，讲述北昆士兰一个已经消失的部落——"红人"族的幻想。本质上，罗莎是一个相当富有的小说家，1896年德斯蒙德·伯恩这样评价罗莎，"第一个尝试给澳大利亚上层阶级的社会和政治生活以深入、公正评价的人"。然而，她的绝大多数作品所关注的是找到一个精神相投的伴侣。她描写了许多婚姻不幸的妇女，她们的丈夫足够优秀，只是精神世界不够丰富，并且对妻子的需求不敏感。

在20世纪20年代初，罗莎搬到德文郡的托基，与南希·哈瓦德同住，直到1927年南希去世。此后普雷德经历了八年的孤独和疾病缠身。当她于1935年4月10日去世时，她的三个儿子早已去世，而天生耳聋的女儿莫德也在收容所去世。死后无嗣。

61. 阿尔弗雷德·瑟西（1854—1925）

作者：C.C. 麦克奈特

阿尔弗雷德·瑟西（Alfred Searcy），海关官员、议员和作家，1854年1月4日出生于南澳大利亚的巴克山。父亲威廉·瑟西曾当过职员和警察，母亲夏洛特·埃德温，父姓罗福。威廉·瑟西后来出任殖民地总督察。阿尔弗雷德先在巴克山的仲马学校就学，后转学至阿德莱德的普尔特尼街区学校，直到1896年作为记者与《广告人》签约。四年后，他加入海关并步步高升。伦敦皇家人道协会授予他证书以表彰他营救溺水女子的英勇事迹，其后升为阿德莱德港步枪公司总管。阿尔弗雷德于1876年2月10日与简·安妮特·伦斯福特结婚，婚后育有三个女儿和四个儿子。

1882年阿尔弗雷德被下派到领地指导新的海关筹备工作。他身材高大、精力充沛、意志坚定、具有很强的户外生存能力。照片显示，他在丛林里带着鞭子和手枪，而在放松状态下则身着围裙和拖鞋。他在帕默斯顿（达尔文）的工作需要与华人打交道，他还在阿纳姆地海岸建立了向望嘉锡的采参人征收税务和许可费的系统。在与保罗·福舍和爱德华·罗宾逊同行的几次航行中，他与望嘉锡人、昆士兰走私犯各色人等接触广泛。

因为工作出色，阿尔弗雷德在1888年晋升为治安法官。在白人社区里，他是少数致力于对广大地区建立有序管理的公务员之一。阿尔弗雷德一向是积极向上的乐观主义者，其关于未来发展的蓝图尤其在19世纪80年代给人以希望。

由于健康原因，他的妻子和家人于1890年返回阿德莱德，但直到1896年为止阿尔弗雷德都没能找到一个合适的职位，同年他继承了弟弟亚瑟（1852—1935）在南澳大利亚众议院书记助理和警卫官的职位。1918年，阿尔弗雷德成为众议院秘书，并在1920年出任议会书记。这些职位发挥了他的管理才能。

阿尔弗雷德的第一本书《在北部海域》（阿德莱德，1905）是在北领地期间发表在报纸上的文章集合。此书大卖之后，他对其进行修改并著成《在澳大利亚热带》（伦敦，1907）；原书稿涵盖了他在报纸上发表的文章摘录和他标记过的海关报告。尽管文章素材来源不同，该书也可称为是阿尔弗雷德的巅峰之作；他活力四射的风格和对北部的怀念之情贯穿始终。他着重强调该地区的热带风情和非欧洲劳工（尤其是中国劳工）对其发展所做出的贡献。1909年另外两个版本得以出版。他在埃涅阿斯·冈恩夫人[①]的鼓励下创作了《洪水和田野》（墨尔本，1911），尽管题材与前书相同，但未获得成功。尽管他是从官方视角看待北领地，阿尔弗雷德生动的行文和叙事技巧赋予了该书较大的文学和历史价值。

阿尔弗雷德卒于1925年10月1日，葬于阿德莱德北路公墓。

62. 乔治·路易斯·贝克（1855—1913）

作者：萨利·奥尼尔

乔治·路易斯·贝克（George Lewis/Louis Becke），作家，1855年6月18日出生于新南威尔士州的麦夸里港。父亲弗雷德里克·贝克是即决法庭（小治安裁判法庭）书记员，母亲卡罗琳·玛蒂尔达，父姓贝比，两人均出生于英格兰。1867年贝克举家迁至悉尼之前几乎未受过正式教育，后来他在福特街道示范学校接受了正规教育。两年后，他与兄弟弗农一起去了旧金山，离家19个月。16岁时他偷渡到萨摩亚，在阿皮亚当簿记员。18岁时，他遇到了臭名昭著的船长"恶霸"海耶斯，后来成为其作品中的重要角色。

[①] 埃涅阿斯·冈恩夫人（1870—1961），澳大利亚作家、编剧。

海耶斯于1874年春签下贝克作为"利奥诺拉号"的货物管理员，10周后该船在科斯雷附近沉没，幸存者被搁浅在那里。英国军舰对海耶斯进行追捕，六个月后抵达该地并将贝克作为海盗逮捕，流放至布里斯班。后无罪释放，贝克加入帕尔默河的淘金热，在雷文斯伍德驻地（1877）工作，1878年至1879年在汤斯维尔做过银行职员。

1880年4月，贝克在埃利斯群岛从事贸易。次年2月，他在努库费陶经营商店，并与内莱亚·迪克娜结婚。年末，他在一次海难中倾家荡产，其后几年在新不列颠和马绍尔群岛的马朱罗工作。

1885年末贝克返回新南威尔士，1886年2月10日在麦夸里港与伊丽莎白（贝西）·玛丽·斯图亚特，父姓曼赛尔特结婚。贝克曾作为地政部门的合约起草人在悉尼工作，夫妇俩于1888年移居昆士兰的汤斯维尔。1890年贝克一度是澳大拉西亚皇家地理学会新南威尔士分会的助理秘书，直到他接受了岛区的职位。1892年1月，他从努美阿①回到悉尼。

在无法找到固定工作的情况下，贝克转向写作。他的朋友厄内斯特·法旺克劝他写下在南海的轶事向报社投稿，并把他介绍给了J. F. 阿奇博尔德。他署名发表的第一个故事是《与生俱来》，1893年5月6日发表在《公报》上。1894年短篇小说集《暗礁与棕榈树》在伦敦出版，一年内重印3次。在1896年和1897年，其他故事集相继问世。贝克又写了34本书，包括与沃尔特·詹姆斯·杰弗里合作的六部小说和他自己写的七部小说。伯特伦·史蒂文斯②称他为"一个天生的小说家"，一个能信手拈来的务实的印象派现实主义者。贝克后来称阿奇博尔德为教授自己"简练语言的秘密"的恩师。

一经出版他便卖掉所有书的版权，但成功未能给他带来任何财富；1894年4月，贝克宣布破产。1896年，贝克和妻子分居（其妻试图在1903年和1910年和他离婚）并在女儿诺拉和范妮·莎碧娜·龙（1871—1959）的陪同下前往英格兰。贝克在伦敦受到明星般的待遇。他和莎碧娜居住在伊斯特本并在那里迎接了他们两个女儿的出生。之后他们居住在爱尔兰和法国北部；贝克于1902年访问牙买加，1908年赞助去太平洋搜集民歌的探险。7月22日，

---

① 努美阿，新喀里多尼亚岛首都。
② 伯特伦·史蒂文斯（1872—1922），澳大利亚文学批评家、艺术批评家。

在经新西兰前往苏瓦之前，他和莎碧娜在圣潘克拉斯登记结婚。

1909年，贝克返回悉尼。他仍在为《公报》撰稿，但始终债台高筑，又酗酒成性，最终在疾病和孤独中度过了生命的最后两年。1913年2月18日，他因罹患癌症在国王街的约克酒店去世。他被《公报》的朋友们安葬在威弗利墓地，留下两个儿子和三个女儿。

63. 詹姆斯·默多克（1856—1921）

作者：D. C. S. 西森斯

詹姆斯·默多克（James Murdoch），东方学家，1856年9月27日出生于苏格兰金卡丁郡费特利索。父亲威廉·默多克是工人，母亲海伦，父姓麦克唐纳。从旧阿伯丁当地的教区学校和文法学校毕业后，他在1875年以第一名的成绩进入阿伯丁大学学习，1879年作为一等荣誉学生毕业。他获得弗拉敦游学奖学金后前往牛津大学伍斯特学院，但他在牛津大学文学学士学位初试合格3个月后，于1880年6月26日与莱姆里吉斯公理会牧师之女露西·帕克斯结婚，不久后返回阿伯丁担任一个希腊语教授的助理。

默多克在1881年7月抵达昆士兰州，出任马里伯勒新成立的文法学校校长。他和受托人的关系僵化后（原因可能是他的无神论信仰与恶化的婚姻状况），于1885年3月因为他的员工在女子文法学校授课而违背了受托人的意愿，被撤职。之后的两年中，他出任布里斯班文法学校的副校长。他还在1886年参加了律师资格考试，八道题中错了两道，他误以为每个题目都需要回答。默多克自愿离开布里斯班文法学校，后与威廉·雷恩①、弗朗西斯·亚当斯②以及其他同好共同为激进民粹主义杂志《回旋镖》写稿，1888年4月

---

① 威廉·雷恩（1861—1917），英国记者、空想家。
② 弗朗西斯·亚当斯（1862—1893），作家、诗人。

开始游历东亚和东南亚。默多克作为激进派的主要观点出现在他撰写的一系列文章中：在描写其所参观港口的华人社区时带有强烈的种族主义倾向；他预测，在一代人的时间内澳大利亚将成为一个共和国，并将把土地收归国有（在此过程中可能出现流血事件）。

默多克返回布里斯班短暂逗留，处理完手头事务后，于1889年9月在第一高等学校（东京帝国大学面向年轻男性招收的预科选拔性机构）主讲欧洲史。除了教学工作，他在未来四年内积极地进行文学创作。1890年6月，默多克出版讽刺长诗《唐璜之孙在日本》。当年11月，他推出一份周刊《日本回声》，共出版六期。1892年，他出版《澳大利亚和日本通信》，这是一个短篇小说集，再版了三次；另外还有长篇小说《菖蒲小姐》。这些传奇小说的男主人公往往在学术和体育等领域取得过很高成就，女性角色则唯利是图而残忍，抑或集博学、美丽和高贵出身于一身。他还面向具有历史意识的旅行者写了几个描述性的作品，编辑了乘船遇难者浜田彦藏[①]的回忆录，浜田彦藏是日本第一个获得美国公民身份的人。

1893年9月，默多克离开日本加入巴拉圭的"新澳大利亚"公社。然而，在他到来之时，约三分之一的殖民者已经脱离组织。他只停留了几天，将12岁的儿子留在南美后前往伦敦。在大英博物馆翻译16世纪欧洲修道士书信五个月后，默多克回到日本。从1894年至1897年，他在金泽的第四高等教育学校教授英语。1899年11月23日，他在东京的高等商学院（今天的一桥大学）教授经济史时，与冈田竹子结婚。

默多克在1901年搬到鹿儿岛，在第七高等教育学校教书。因为在南美染上的疟疾（日射症）而日渐消瘦，他希望九州温暖的冬天能帮助他恢复健康。他于1903年出版《日本史》第一卷，记载日本1542年至1651年间的对外交往史。他遍寻欧洲语言（拉丁语、西班牙语、法语和荷兰语）所记载的资料并亲自翻译。日本方面的资料则由历史系的一名年轻研究生村川肯高搜集，由他过去的学生山形五十绪翻译成英文。

虽然默多克在1908年终止了教学合同，但是他留在鹿儿岛，定期为《神户纪事》供稿，还经营一个柚子果园来补贴家用。虽然日语口语不很流利，

[①] 浜田彦藏（1837—1897），出版日语报纸第一人。

他已精通日本文学经典，不再依赖于日本助理。他于1910年出版《日本史》第二卷：《从上古到公元1542年葡萄牙人入侵》。

1915年，第三卷《德川时代1652—1868》完成，拮据的经济情况迫使默多克在志不志市的中学教书。1917年2月，他返回澳大利亚在邓特伦皇家军事学院和悉尼大学教日语，这是在国防部的建议下同时任命的。次年，在早稻田大学的竞争下，悉尼大学将他晋升为教授。

作为对国防部每年600英镑的回报，大学允许默多克在邓特伦担任副职、每年出访日本，并向国防部定期发表日本舆论和外交政策的变化情况。默多克的朋友、军事情报主任E.L.皮耶斯在备忘录中记载了他的首次访问，并对澳大利亚在巴黎和会上对种族平等问题方面的顽固立场提出强烈批评。两年后，默多克被召至墨尔本给总理解释自己对重建英日同盟的看法。

1921年10月30日默多克在宝琴希尔斯的家里因癌症去世，那时他刚刚完成《日本史》第四卷的研究，但还未开始写作。去世后留下在南美的儿子和返回日本生活的妻子。

默多克精力充沛，影响深远，在抵达悉尼的头18个月，他即招聘了两个日本人到悉尼的两个高中任教，并于1921年举行了首次日语入学考试，但是他在悉尼和邓特伦都没有取得大的进展。默多克的主要贡献是《日本史》(第三卷在其死后的1926年出版)。直到20世纪50年代末，他这项工作的开山地位都无法撼动。

64. 乔治·里德·墨菲（1856—1925）

作者：安妮·贝格斯·森特

乔治·里德·墨菲(George Read Murphy)，公务员、发明家和作家，1856年5月17日出生于墨尔本的布拉格恩，商人亨利·摩根·墨菲的长子，母亲伊迪斯，父姓里德。他的父亲出生于都柏林，1864年至1873年间是维多利亚立法委员会成员。从墨尔本的英国国教文法学校毕业后，墨菲于1874年1月5日被任命为维多利亚州法院书记员，成为当地最年轻的法院公务人员。他的公职生涯长达40余年，在17个地区担任多项职务，包括法院书记员、验尸官和治安法庭法官。

但墨菲成就卓然的公共服务生涯似乎只是支持他学术追求的经济来源而已。青年时代起，他便就一系列的社会问题写成诗歌和散文投稿。1886年一场严重车祸令他不得不请长期病假离开公共服务，他前往伦敦从事时事问题研究。他对鱼雷进行研究并发明了大约超前20年的鱼雷，命名为"维多利亚"鱼雷。《泰晤士报》对此有所记载。有家公司出资500英镑一年购买此专利计划投产，但由于涉及对现有系统进行改造费用过高，未能将其卖给皇家海军。1890年，他在英国科学促进协会发表关于鱼雷的演讲。

在伦敦期间，墨菲写了第一部小说《布莱克利的悲剧》(1891)，这实际上是呼吁立法驱逐街头妓女。回到维多利亚后，他在吉朗复职，出版《冰川之上》(伦敦，1894)。该书副标题显示这是一个旅行冒险故事，地点是北极附近一个新发现的地方；但它其实是一个乌托邦式的小说，描写澳大利亚(扎拉)、美国(乌拉)、英国(古拉)和其开化的附属国(罗达)在基督的理念指导下以社会主义社会形态实现普世幸福。1894年他还在吉朗出版了对话体小说《联邦史》。他还就监狱系统、种族改革、社会主义和其他改革发表演说、进行写作。他对1897年的皇家法改起到了主要推动作用。

墨菲于1916年在巴拉瑞特以治安法庭法官身份退休。1904年11月3日，他在维多利亚州桑福德同埃伦·斯多克结婚，没有子嗣，退休后居住在墨尔本，并于1920年出版了最后一本著作《和平》。墨菲于1925年9月11日在悉尼死于肺炎，以英国国教仪式埋葬在北郊公墓。

65. 纳撒尼尔（内特）·古德（1857—1919）

作者：B.G. 安德鲁斯

纳撒尼尔（内特）·古德[Nathaniel（Nat）Gould]，记者、小说家，1857年12月21日出生于英格兰兰开夏郡曼彻斯特的奇塔姆，是茶商纳撒尼尔·古德的独子，母亲玛丽，父姓莱特；父母都出身于德比郡的自耕农家庭。古德（人称内特）在南港布鲁克斯和斯特拉斯莫尔学习，然后在茶叶贸易行做学徒，但他对茶叶贸易没有兴趣，便与叔叔们一起从事农耕。20岁时古德应聘《纽瓦克广告人》，并做了七年记者。他还作为记者、通讯员为诺丁汉和伦敦的报纸工作，并对赛马产生了兴趣。他决定访问澳大利亚，1884年到达澳洲。他受雇于布里斯班《电讯报》运输、商业和赛马部门，并担任《运动员》和悉尼《裁判员》的通讯员。1886年4月14日，他在安妮街长老会教堂迎娶伊丽莎白·玛德琳·鲁斯卡，婚后育有三子两女。

1887年年末古德与《电讯报》管理层发生争执，前往悉尼成为悉尼《裁判员》的赛马通讯员，以"维拉科斯"的笔名撰写每周专栏（该专栏为他赢得"线人"的称号）、特稿和赛马系列文章《青花》（1888年3月8日—5月3日）。1888年，古德移居巴瑟斯特担任《巴瑟斯特时报》编辑，但仍然为悉尼《裁判员》撰写另一个关于赛马的专栏《弄潮》，这也是他的第一个赛马专栏。1890年5月他完成了这个专栏，重返悉尼《裁判员》。此系列文章于1891年在伦敦以《双重事件》为标题出版，该书成为英国铁路书店畅销书，并在澳大利亚广泛发售，部分原因是该书出版恰逢1891年墨尔本杯。1893年乔治·达雷尔改造的赛马场能同时容纳20匹马上场，墨尔本杯进入巅峰时代。

古德于1890年至1895年间住在悉尼，他将新闻和小说相结合。他继续作为"维拉科斯"在悉尼《裁判员》工作，并为《星期日泰晤士报》和《自由之鸟》撰写文章，完成悉尼《裁判员》连载的八篇小说后，由罗德里奇出版社在伦敦出版。他于1895年1月从悉尼《裁判员》辞职，4月和冠军马卡宾乘坐"欧瑞扎巴号"一同离开澳大利亚，在船离开码头时他预测了维多利亚赛马大赛的下一届冠军。

古德在米德尔塞的斯泰恩斯附近定居下来。他在之后的25年里投身戏剧、旅行和古文物学史研究，并每年出版四五部体育和冒险题材的小说。作品的典型特征是将体育题材融入侦探故事和爱情小说中：笔下的男女主人公通常会克服腐败的赌注登记人设置的重重障碍，赢得重要比赛，故事往往在惊心动魄的比赛结尾处达到高潮。古德成为一个家喻户晓的名字，他的"廉价小说"发行约千万；《双重事件》在其出版的头十年售出超过10万册，1919年仍然在印。为了获得稳定收入，他将每部小说的版权全部出售，1919年7月25日在斯泰恩斯的纽黑文贝德方特因糖尿病去世时只留下了7797英镑，葬在德比郡的阿什伯恩。

古德一共写了约130本小说，其中22本于其身后出版，30多部的背景设在澳大利亚。他对有志于写作的人的建议是，"描写你见过的人和物，从花花世界中寻找主人公，从自然中取景"。他对赛马场、板球和戏剧的描写坚守着这个原则，但他对所推崇澳大利亚和英国贵族进行的伤感描写则有悖于此。他在政治上是个比较保守的帝国主义者，对中国人、印度人和土著人持居高临下的态度。尽管他从事赌博，但同时又是一个"老古板"。这些特质不仅体现在他的小说中，也出现在他的自传体作品中：《场上场下——澳大利亚赛马》(1895)、《城镇与丛林》(1896)和《自传：体育的魔力》(1909)。

古德矮壮、开朗，在中老年时蓄起了卷曲的胡须。古德于1888年在悉尼《裁判员》员工野餐时的障碍冲刺中意外获胜后得到如下描述："舒适的生活和一副好胃口造就了他壮硕的身材。"他在澳大利亚体育黄金时期的经历改变了他的一生。他对澳大利亚，尤其是布里斯班有着深厚的感情。他开创了澳大利亚体育小说的先河，只有他的追随者亚瑟·莱特[①]能与之匹敌。他也同时被很多人认为是英国侨民。更准确地说，他应该被看作世纪之交盎格鲁—

[①] 亚瑟·莱特（1870—1932），澳大利亚最著名的体育小说家，被称为"澳大利亚最多产的小说家"。

澳大利亚运动评论家的典型。

66. 詹姆斯·希布勒斯韦特（1857—1921）

作者：希拉里·韦伯斯特

詹姆斯·希布勒斯韦特（James Hebblethwaite），诗人、教师和牧师，1857年9月22日出生于英格兰兰开夏郡的普雷斯顿，是磨坊主威廉·希布勒斯韦特与妻子玛格丽特·昆达尔之子。希布勒斯韦特的教育费用主要来自奖学金。1877年至1878年，他进入巴特西培训机构担任校长一职，而在此之前当了五年小学教师。在接下来的12年里，他担任兰开夏郡学校校长，同时也兼任普雷斯顿哈里斯学院英语文学讲师。1890年，希布勒斯韦特因为健康原因前往霍巴特，在当地朋友的学校和巴克兰学校任教数年，直到因病被迫辞职。1895年4月22日，按照公理会教友的仪式，他在霍巴特迎娶了大他10岁的玛丽·布朗。

虽然希布勒斯韦特是英国圣公会学校的认证教师，但他于1898年进入公理会任牧师，到鳊鱼溪和拉特罗布教区任职；1899年，他担任拉筹伯皇后学院校长，1903年放弃公理会职务成为英国国教执事，并于1904年受戒。1903年至1905年，他担任霍巴特三一堂的助理牧师；1905年至1908年，担任乔治城教区牧师，1908年至1909年在斯旺西任职，1909年至1916年在水渠区①任职，一直到退休。玛丽·希布勒斯韦特逝于1909年。1914年4月20日，他在木桥与露西·梅尔·特纳结婚，并育有一子。

早年在霍巴特时，希布勒斯韦特在各种报纸和期刊发表诗作，包括悉尼的《公报》和《水星报》。1895年，他唯一的小说作品《城堡山》（《两个半球的

---

① 水渠区是澳大利亚内陆的一个地区，主要位于昆士兰州，部分地区属于南澳、北领地和新南威尔士州。这个名字来源于横穿该地区的众多相互交织的河流，覆盖15万平方千米。

故事》)在伦敦出版。他的作品僵化呆板，情节夸张，特别是关于澳大利亚的描写让人难以置信。一本小诗集于1896年发表，其中包含19首古典题材的诗，只有一首写给帕特森·安德鲁·佩特森[①]的诗，其内容与澳大利亚相关。1900年，阿尔弗雷德·乔治·斯蒂芬斯[②]创作《玫瑰的遗憾》，是为"公报小册子系列"第二册。《草甸和丛林》于1911年出版，1920年出版《詹姆斯·希布勒斯韦特诗集》，并于1921年出版了最后一卷作品《詹姆斯·希布勒斯韦特的新诗》。

当代评论家用忧郁、浪漫、学究和缺乏力量来形容他的诗歌；内蒂·帕尔默[③]认为他的诗歌"很少有令人惊异的地方"；弗恩利·莫里斯[④]承认他的魅力，但也批判他对旧世界文学主题的偏见。希布勒斯韦特诗歌多有怀旧的特点，虽然偶尔有些章节也有些许典雅气息，但语言往往陈旧而牵强。希布勒斯韦特后期诗歌颇具哲学和宗教气息，但跟早期作品一样，很少包含关于澳大利亚的内容。然而有些章节却以澳大利亚元素开始，展示一个致力于欧洲文化的人也会热切地欣赏和热爱这里截然不同的环境；这种开拓精神被认为是夸张的。

希布勒斯韦特是一个爱幻想而浪漫的男人。他滴酒不沾，健壮结实，不修边幅。他在自己的世界里悠然自得，在现实中却难以获得这样的感受。然而，他仍然是个尽职尽责、受人喜欢和尊敬的牧师。广泛的阅读和对艺术的浓厚兴趣使他与同伴相处十分融洽。1921年9月13日，希布勒斯韦特在霍巴特逝世，葬在玉髓湾墓地，弃妻儿而去。

[①] 帕特森·安德鲁·佩特森(1864—1941)，也称班卓·佩特森，澳大利亚记者、诗人、作家。
[②] 阿尔弗雷德·乔治·斯蒂芬斯(1865—1933)，澳大利亚作家、文学评论家。
[③] 内蒂·帕尔默(1885—1964)，生于维多利亚，著名作家、诗人。
[④] 弗恩利·莫里斯(1881—1942)，原名弗兰克·莱斯利·汤姆森·威尔莫特，此处为笔名，澳大利亚著名诗人。

67. 芭芭拉·简·贝恩顿（1857—1929）

作者：佚名

芭芭拉·简·贝恩顿（Barbara Jane Baynton），作家，1857年6月4日出生于新南威尔士斯昆镇，是木匠约翰·劳伦斯的幼女。其母伊丽莎白·尤尔特于1840年11月9日作为赏金移民乘坐"皇家伙伴号"从爱尔兰的伦敦德里郡达到悉尼。但是芭芭拉后来称其父亲是孟加拉省轻骑兵上尉罗伯特·劳伦斯·基尔帕特里克。1866年，劳伦斯迁到马鲁郎迪。芭芭拉在家里接受教育，她喜欢狄更斯和俄罗斯小说。她在昆瑞蒂南部的梅隆庄园成为弗雷特家的家庭教师。1880年6月24日在塔姆沃思长老教会教堂与亚历山大·小弗雷特结成夫妻。次年，他们搬到库南博区，在那里育有两儿一女。

1887年，弗雷特与仆人萨拉·格洛弗私奔，芭芭拉带着孩子来到悉尼，提起离婚诉讼并于1890年3月4日获得终审判决。第二天，她自称是一个寡妇，在圣菲利普的英国国教教堂与一个70岁的鳏夫托马斯·贝恩顿成婚。托马斯是一名退休的外科医生，他在文学界和学术界的朋友经常拜访他位于沃拉拉的家。由于经济有保障，芭芭拉开始为丈夫增补乔治时代的银器和古董。芭芭拉身体健康强壮，活力四射，开始给《公报》写短篇小说、诗歌和文章。她的第一个故事《流浪者》于1896年12月发表。阿尔弗雷德·乔治·斯蒂芬斯成了她的密友。

芭芭拉在悉尼未能找到出版商为她出版短篇小说集，其中收录了6篇短篇小说。因此，她于1902年拜访伦敦的评论家爱德华·加内特[①]。在他的帮助下，达克沃斯公司当年就出版了她的《丛林研究》。她并没有将丛林生活浪

[①] 爱德华·加内特（1868—1937），英国作家、评论家。

漫化，反而表现出对孤独残酷生活的强烈反感。《梦想家》《天选器皿》《紧急刹车》和《告密者的伙伴》都是让人不寒而栗的恐怖故事和噩梦，这些都是根据事实逐一改编而成，而非信口开河或超自然的怪事。1903年2月14日，斯蒂芬斯在《公报》发表评论称：《丛林研究》"非常准确，非常完整，见解洞若观火，陈述鞭辟入里，它在任何一种语言的作品里都是现实主义杰作"。万斯·帕尔默认为《丛林教堂》和《比利的遐想》有"一种阳刚男性的幽默"。笔力雄健，文风简约，芭芭拉使用一定的象征手法和常见的主题，尤其是强大的母性本能、狗的忠诚、丛林的与世隔绝，以及一贯以来批评男人残忍对待女人的态度，这些让故事有了统一的主线，且脱离了简单的现实主义层面。

1903年，芭芭拉返回悉尼。她的丈夫于1904年6月10日去世，把所有财产都留给她，价值3871英镑。她开始投资股票，特别是投资于澳大拉西亚法律书籍有限公司，后来她成为公司董事会主席。她是一个精明的商人，也购买、出售古董，开始收藏莱特宁岭山脊开采的黑色猫眼石。她也偶尔在《悉尼先驱晨报》发表一些关于"家政服务有伤尊严"和其他女性问题的文章，文章很有说服力。后来几年，她往返于澳大利亚和伦敦，居住条件越来越好，周围陈列着中国漆器、齐本德尔式家具①、华丽的瓷器和银器。在文学界，她也算个名人，出手阔气，结识了很多名人。她抽出时间写作唯一的小说《人类的代价》（伦敦，1907），尽管小说情节夸张、"结构处理欠佳"，亚瑟·安吉尔·菲利普斯②还是认为"这是她最有特色的作品……和对人类行为具有成熟的见解"。第一次世界大战期间，她捐出康诺特广场的房子，提供给英国士兵和澳大利亚士兵，并在1917年出版了《合伙人》，《丛林研究》再版中新增了两个故事，其中一篇是"警官吉姆·塔斯曼"。

1921年2月11日，芭芭拉·贝恩顿嫁给罗郎·乔治·阿郎森-温，他是黑德利男爵五世、英国工程学会和穆斯林学会会长，也是运动员。第二年，他破产之后又不愿意去阿尔巴尼亚任职，芭芭拉一怒之下回到墨尔本。她在图拉克修建了一处房子，陈设着安妮女王和乔治时代的饰件。房子邻近女儿

---

① 乔本德尔式家具兴起于18世纪，是世界上第一种以生产者名字命名的家具样式。
② 亚瑟·安吉尔·菲利普斯(1900—1985)，澳大利亚作家、评论家、教师。

佩内洛普的住所，女儿于1912年嫁给亨利·格莱特爵士。她厌倦这些东西，于是卖掉全部家产回到英国，并带回另一船古董。芭芭拉肤色较暗，眼睛深邃而警惕，喜欢珠宝首饰，尤其是猫眼石、珍珠和漂亮的衣服。她魅力十足，有着令人震惊的才智，说话尖刻、个性专横，同时也具备取悦人和打动人心的能力。威廉·莫里斯·休斯[1]评价她是"一个了不起的女人"。

1929年5月28日芭芭拉在图拉克的家中死于脑血栓，随后火化。她的遗产估值为160621英镑。她的第一任丈夫和第三任丈夫都比她活得久，她去世时第一次婚姻的两个儿子和一个女儿仍然健在，而她与第二任丈夫所生的儿子婴儿期就夭折了。她的第二个儿子罗伯特·盖伊·弗雷特遗传了她的冒险精神。他15岁参加南非战争，为中国军阀征募士兵，在萨拉热窝担任大公费迪南德的保镖，与兄弟一起加入英国的军队参加第一次世界大战。约翰·朗斯塔夫给她画的肖像由弗雷特家族保管。

68. 乔治·克雷维兹·索沃德（1857—1941）

作者：S. H. 吉尔伯特

乔治·克雷维兹·索沃德（George Klewitz Soward），建筑师，1857年8月27日出生于在阿德莱德市的诺伍德。父亲乔治·索沃德是木材商、铁器商、公共工程管理员，母亲伯莎·克雷维兹是他父亲的第二任妻子。1867—1874年间，他就读于圣彼得学院，并约定跟托马斯·英格力士当学徒，学习建筑。1880年，他们成立了英格力士＆索沃德公司。索沃德是一个英俊的青年，蓄着浓密而时尚的胡须。1880年4月，索沃德在克莱尔圣巴纳巴斯教堂与艾米·露西·夏洛特·贝莱结婚。他们住在格莱内尔格，并育有两女一

---

[1] 威廉·莫里斯·休斯（1862—1952），澳大利亚政治家，1915—1923年担任澳大利亚第七任总理。

子。英格力士与索沃德的合伙关系直到英格力士 1884 年去世才结束。其子 J.W. 英格力士也加入了该公司，索沃德的儿子刘易斯·道格拉斯于 1921 年加入他们的公司，不过小英格力士 1924 年就去世了。1925 年 H.M. 杰克曼加入公司，他们建立的伙伴关系直到 1936 年索沃德退休才结束。

索沃德在阿德莱德的工作成果包括：蜂巢角（1896）、格伦费尔街的遗孀基金大厦（1888）、威廉国王街的威尔会议厅（1890）（已拆）和北大街的高勒会议厅（1914）。索沃德还建了仓库和羊毛店，但在他 20 岁左右时为南澳大利亚建筑做出的贡献最大，他在阿德莱德及其郊区修建了很多漂亮的房子。其中，卡尔弗楼和沃克城镇（1881）显示出些许混搭的风格，意大利风格的整体结构点缀着都铎时期的风格。1884 年，索沃德在北阿德莱德彭灵通大街 64 号设计建造了一座市政大楼，展现了他喜爱的哥特式设计。1914 年，他在北阿德莱德东台勒费夫尔大街 76 号建了恩索大楼，1961 年在北阿德莱德布鲁厄姆广场 52 号设计了一栋很大的房子（1969 年拆除），在 20 世纪 20 年代中期，在北阿德莱德帕尔默广场 52 号设计了一座府邸，现在依然存在。在最后三次设计中，索沃德放弃了哥特式风格。

在他设计生涯的前 30 年，房子常常用石料修筑，用砖做填料，用未上漆的瓦楞铁做山墙屋顶。房子是两层的，经常以 A.W. 普金①式出拱。在铸铁花边盛行的年代，索沃德却很少使用这种花边。他喜欢的哥特式细节通常仅限于住宅设计，但在一些商业建筑也偶有出现：如埃普沃斯大厦（1927）、维多利亚银行和亚历山德拉会议厅。他是南澳大利亚赛马会的建筑师，并在莫福特维尔跑马场设计了一个看台。

作为南澳大利亚建筑师学会和阿德莱德俱乐部成员，他是城市永久性建筑投资协会和格雷尔铁路公司的一名董事，也是慈善基金委员会主席。他是南澳大利亚公共图书馆、博物馆和艺术画廊馆长，格雷尔板球俱乐部总裁，1895—1898 年间担任格雷尔市市长。1902 年至 1905 年，他代表托伦斯成为南澳大利亚众议院保守派议员。

索沃德编纂了《插图本格莱内尔格》（阿德莱德，1896），也撰写了一本小

---

① A.W. 普金（1812—1852），英国建筑师、设计师、艺术家、批评家，以复兴哥特式建筑风格著称。

说《欢喜的叛变者》,在《澳大利亚妇女镜报》发表(悉尼)。1909年至1910年,他笔下的爱情故事颇具当地德国风味。《单独行动》中的《一个意外的诺言》《亚当·林赛·戈登故乡的艺术与信件》无不体现了他的敏感。索沃德1941年2月21日去世,安葬在布莱顿圣裘德英国圣公会的墓地。

69. 查尔斯·雷诺兹·霍奇(1857—1946)

作者:V. A. 埃杰洛夫

查尔斯·雷诺兹·霍奇(Charles Reynolds Hodge),大学管理者,1857年9月20日出生于维多利亚州吉朗,家中长子,父母均来自康沃尔,父亲查尔斯·霍奇是圣经基督教[1]牧师,母亲玛莎,父姓雷诺兹。1861年,他们举家搬至南澳大利亚,老查尔斯在那里成为公理会牧师。霍奇先后在埃利奥特港的邂逅湾公立学校以及詹姆斯·霍特姆神父私立学校接受教育。1880年3月24日,他与艾米丽·安妮·道斯在肯特镇结婚。1884年8月霍奇就职阿德莱德大学教务处之前,已从事了十年的商业工作,其中包括服装销售。在J. W. 提阿斯[2]缺席期间,霍奇曾于1889年和1891—1892年间短暂代理教务长,工作极其出色。1892年2月这个职位空缺出来时,未经竞争,校务委员会直接任命他担任此职。

1884年霍奇成为一名大学职员。此时,法律课程是第二次开设。1885年才有第一届医学毕业生,而音乐学位课程才开始招生,当时教职工10人,学生152人。1923年,霍奇作为教务长的任期即将结束,教职工总数为119人,学生人数为2010人。在他任教务长期间,大学增加了包括工程、商学和牙科等学术研究方向,增开了老年音乐学院;并积极讨论开设韦特农业研究

---

[1] 圣经基督教坚守《圣经》中基督信仰的基本教义,与文化基督教相对,后者信仰的教义受家庭背景、个人经历、居住国家或社会环境的影响,《圣经》教义反而是次要的。
[2] J. W. 提阿斯(1833—1903),语言学家、藏书家和阿德莱德大学教务长。

所。1899年，霍奇出版了一本大学指南。1923年12月12日，霍奇正在休退前假，校长乔治·默里爵士在为其举行的退休仪式上称他是"一位有能力、值得信赖和忠诚的官员"，赢得了同事们的"钦佩、感激和爱戴"。校友沃尔特·克罗克爵士后来在书中称赞他为"一个好教务长"。然而，霍奇并非创新者，而是他的继任者F. W. 厄德利在行政管理上取得了一些值得注意的进步。

1888年至1901年间，霍奇担任南澳大利亚文学协会联盟的执行委员，曾获幽默演说奖（1885）和中篇小说奖（1890）。他也是莎士比亚协会和澳大利亚土著协会的活跃成员，据说他以"U-no"为笔名在日报上发表了许多短篇小说。1900年，他出版了一部平淡无奇的长篇小说《遗嘱补遗：一个关于变节和胜利的澳大利亚故事》，是他在《快报》连载的《橄榄神庙》的修订版。

霍奇曾任玫瑰园公理会助祭13年，公理会执行会员5年，1913年他以大会代表身份出席澳大利亚和新西兰公理会联合会大会，1939年担任南澳大利亚公理会百年庆典组委会负责人。他也曾任治安法官。

退休后，霍奇搬到维克托港，之后7年时间里致力于编纂一部邂逅湾的历史。他出版了几部历史概览，并于1932年出版《邂逅湾：澳大利亚的小那不勒斯》。1946年4月27日霍奇在维克多港去世。妻子于1935年去世。霍奇一生育有7个女儿，他去世前尚有6个女儿在世。

70. 威廉·尼古拉斯·威利斯（1858—1922）

作者：玛莎·拉特利奇

威廉·尼古拉斯·威利斯（William Nicholas Willis），政治家、报刊经营者、地产商、出版商，1858年8月3日出生于新南威尔士州马奇，是当地出生的铁匠约翰·威利斯的第三子，母亲玛格丽特，父姓勒翰。约翰后来去了加州。威利斯在当地教会学校接受教育，全家搬到悉尼以后，他就读于圣玛丽学校。9岁那年，威利斯开始在办公室帮助母亲做事，从事各式各样的工作，也上夜校。他是一个帅气、风度翩翩的男孩，1877年至1878年受聘于维多利亚剧院，并以"W. N. 金斯敦"为名出现在威廉·克莱斯韦克①的莎士比亚公司。威利斯后来在达博成为一名店员，而后成为沿麦夸里、达令和滞水湾河流的流动小贩。

与T. L. 理查森合作期间（1879—1888），威利斯开张并管理在吉里郎邦、宁根、穆拉加和布雷沃里纳的商店。1888年1月25日，他在悉尼圣玛丽天主教堂迎娶玛丽·海斯。躁动而灵活的性格使威利斯成为一个大胆而幸运的投资者，他投了《中部澳大利亚与伯克电讯报》。同年，他开始在布雷沃里纳的塔内恩从事宅基地租赁。威利斯1887年竞选下议院议员失败，但1889年2月作为贸易保护主义者赢得了伯克的席位。

搬到悉尼后，威利斯与乔治·麦克奈尔合作成为土地和财务代理人，他在广告上宣称不要"土著黑人给他做指引"。他在投资土地的过程中有得有失。1891年他获得巴望的席位，并在1894年至1904年代表巴望选区。1894年，唐纳德·麦克唐奈②要求取消他的席位但失败了，1904年威利斯在竞选代表达令的席位时被击败。

作为W. P. 克里克③的一位赛车密友，威利斯性格粗暴，饮酒无度，令人厌烦。他多次提出法案要求限制虐待骆驼，要求修改主仆法案，还要求废除协议验证法。他试图规范小贩，减少诉讼成本，修订禁止周末营业的法规，引入赛马赌金计算器和主张给予妇女选举权，但在这些方面他的态度并不是十分坚决。他提出的法案一项也未通过。他是一个准备充分、表达流利而有感染力的演说家，他利用议会为自己服务并成功地完成了许多有利可图的改革。1900年，尽管他给皇家委员会提供皇室租户服务，但并未声名鹊起。

1890年8月，威利斯和麦克奈尔开办报纸《真相》，A. G. 泰勒担任编辑。报纸内容低俗，因此很快发行量就超过3万份。因当年发布了一封涉嫌叛国的信件，他被撤销地方行政职务。威利斯否认这一指控。为了让自己免受牵

---

① 威廉·克莱斯韦克(1813—1888)，英国喜剧演员，在英国、美国和澳大利亚出演莎士比亚的情节剧著称。
② 唐纳德·麦克唐奈(1862—1911)，澳大利亚政治家。
③ W. P. 克里克(1862—1908)，澳大利亚政治家、律师、报刊商。

连，他将《真相》转给合作伙伴，1893 年，合作伙伴中的克里克和约翰·诺顿[①]与他在国王街展开了一场激烈的决斗。虽然有意模糊所有权，但威利斯仍然是主要股东。经过旷日持久的诉讼后，1896 年他将股票卖给诺顿，这可能是勒索的结果。

威利斯率先在南非市场为英国军队提供饲料和马匹，并招募澳大利亚土著人作为南非战争的童子军和神枪手。1902 年他走访该国，据说还在马达加斯加获得财产。1901 年至 1904 年克里克担任地政司长官时，威利斯参与土地暗箱交易，因为这一交易中的租约需获得部长同意。他还用妻子名字仿冒了两个大的租约。约翰·海恩斯[②]在《时事通讯报》中不断指控威利斯和克里克的腐败。1905 年，在威廉·欧文爵士被任命为王室理事负责管理地政总署后不久，威利斯狡猾地想离开这个国家。

海恩斯阻止了他从珀斯逃跑的计划，于是威利斯逃往南非的纳塔尔。他虽然暂时挫败了引渡计划，但 1906 年 7 月在警方的护送下回到悉尼，因诈骗和阴谋(与克里克共谋)获取钱财罪面临刑事指控。陪审团两次都未同意他的罪行，因此他被无罪释放。威利斯是一个流浪汉的形象，在墨尔本《潘趣》杂志中被描述成"一个身材粗壮、脸色红润的男子，他的活力似乎从不因麻烦而有所增减，以他强烈的个人主义挑战人们的关注，在大街上说着别具特色的方言，经常挑起斗殴"。1909 年，他出版了《克里克的一生》。

1910 年，威利斯经过慎重考虑搬到伦敦。他写下《德国想要什么?》(1912)和一个关于赛车的浪漫故事《蓝灰色》(1912)。他建立益格鲁-东方出版有限公司，写一些低俗的书籍，如《皮卡迪利公寓的白色奴隶》(1913)。他的儿子曾在澳大利亚帝国部队第六轻骑团服役，战争结束后加入公司，可能用布雷·纳郎一名为公司写稿。威利斯在作品《执着的爱》(《已婚的苦难》)(1920)中暗示玛丽·斯特普在鼓励不道德的行为，后者十分惊恐。威利斯比澳大利亚的妻子、六个女儿和一个儿子都去世得早，1922 年 4 月 3 日，他因冠状动脉血管疾病在兰贝斯突然去世，没有遗嘱而且身无分文。

---

① 约翰·诺顿(1858—1916)，澳大利亚记者、编辑，新南威尔士议会议员。
② 约翰·海恩斯(1850—1917)，记者、新南威尔士议员。

71. 约瑟夫·斯库里（1858—1949）

作者：奈杰尔·H. 辛诺特

约瑟夫·斯库里（Joseph Skurrie），金矿工人，自由思想家和社会主义者，1858年1月8日出生于苏格兰格拉斯哥，铁匠约瑟夫·斯库里之子，母亲名简，父姓邓肯。1864年，他们举家移居墨尔本，不久后在本迪戈金矿定居下来。斯库里幼时安静好学，喜欢恶作剧。他9岁开始做临时工，11岁辍学。斯库里职业生涯的大部分时间受雇于矿山，主要是做矿车司机、铁匠和凿岩钳工。1882年9月27日，他与埃伦·米利根在伊戈尔霍克结婚，婚后育有两女。

斯库里年轻时就成了素食主义者和绝对禁酒者，还是政治激进分子。1886年，他无意中与一本约瑟夫·赛姆斯主编的激进自由思想周刊《解放者》结缘。他开始为该刊撰稿，并成为澳大拉西亚世俗协会积极成员，而赛姆斯是该协会主席。在墨尔本，斯库里通过演唱情节剧歌曲和背诵罗伯特·彭斯①的诗歌来取悦世俗主义者。

1889年，该协会的办公场所在墨尔本建成，即位于菲茨罗伊维多利亚广场的科学馆（现为圣文森特医院的一部分）。1890年反赛姆斯派试图用武力占领这座建筑时，斯库里被任命为馆主以帮助保卫这座建筑。第二年，法院将该馆判给反赛姆斯派，斯库里回到本迪戈，在那里他成了澳大拉西亚世俗协会伊戈尔霍克和本迪戈分会的秘书长，以及妇女公民权运动委员会成员。1893年，斯库里在伊戈尔霍克市政厅前做了一次自由思想的演讲后，被以亵渎、妨碍公务和非法侵入罪起诉，但仅在第三项指控中被定罪。

---

① 罗伯特·彭斯（1759—1796），苏格兰诗人。

和许多熟练工人一样，19世纪90年代的大萧条迫使斯库里不得不外出谋生。他去过阿德莱德和塔斯马尼亚，也曾在布里斯班地区和新南威尔士州的阿德隆短暂工作，最后在西澳大利亚州的卡尔古利定居约15年。斯库里存了足够的钱因而得以出席1910年在华盛顿举行的第六届国际世界语大会，并在经苏格兰前往美国途中参观彭斯的出生地。

斯库里大约于1915年回到墨尔本。他加入维多利亚社会党并参加反征兵运动。在一次由R.S.罗斯①主持的关于基督教和战争的演讲中，斯库里直言不讳，于1916年根据《战争预防法》被判处监禁。1918年，他加入墨尔本新成立的理性主义者协会。1917年离婚后，他与温妮弗雷德·斯诺登·弗罗格特于次年3月28日在霍桑结婚。

在照片中，斯库里显得警觉、严肃，胡子刮得很干净，大耳朵、鼻子高耸。斯库里成为职业演讲者的梦想从未实现，但其中篇小说《无照工会》1948年于墨尔本出版。这部小说极富想象力，强烈呈现出他对婚姻、政治和宗教的观点。另一份手稿《世界语作家的环球旅行》仍未出版。斯库里于1949年12月12日在霍桑去世，并被火化。去世时只有他与第一任妻子埃伦生的女儿尚健在。

72. 弗格森·赖特（弗格斯）·休谟（1859—1932）

作者：波林·M·柯克

弗格森·赖特（弗格斯）·休谟[Fergusson Wright (Fergus) Hume]，小说家，1859年7月8日出生在英国，是詹姆斯·休谟博士的次子。全家移居新西兰后，父亲在达尼丁帮助修筑了阿什本大厦。休谟在奥塔哥男子中学上学，后来在奥塔哥大学继续学习文学和法律，并跟着司法部部长罗伯特·斯

---

① R.S.罗斯(1873—1931)，社会主义新闻记者、工会组织者。

托特①实习。1885 年，休谟进入律师界不久后去了墨尔本，在那里成为 E. S. 拉斐尔律师的秘书。

休谟怀有剧作家的抱负，并决定写一本小说来吸引剧院经理的注意。休谟接受墨尔本书商的意见，选择埃米尔·加博里欧②的写作风格，因为那时他的英译作品深受欢迎。休谟写了《两轮马车的秘密》，一个粗糙但很新颖的故事。他根据自己对小伯克街的了解，描述下层社会的生活。墨尔本出版商们甚至拒绝阅读他的手稿，因为他们认为殖民地题材的作品不值一读。于是他决定自己发行。1886 年，他在坎普和博伊斯印刷了 5000 份。根据休谟自述，这个版本在三个星期内销售一空，并要求再版。几个月后，他以 50 英镑的价格将版权卖给了一群澳大利亚投机商。1887 年两轮马车出版公司出版的版本在伦敦获得巨大成功，导致小说印刷量剧增，但休谟并没有获得更多收入。尽管他要求享有著作权，但原版版权显然存在争论，即使他在 1896 年给修订版写过序言。

随着第一部小说的成功和另一部小说《布兰克尔教授的秘密》(1886) 的出版，休谟选择了文学事业，并于 1888 年定居英国。他在英国发表了 140 部小说，其中大部分作品都是神秘故事，以英国、美国、非洲和他经常访问的欧洲大陆为背景。只有《麦达斯夫人》(1888) 和它的续集《梅菲斯特小姐》(1890) 是以澳大利亚为背景，尽管另外 15 部作品也与殖民地颇有联系。他的小说情节巧妙，但没有太大的文学价值。尽管《两轮马车的秘密》是隐逸文学③发展的一个重要组成部分，却几乎无人关注。

休谟以虔诚的宗教信仰、淡泊名利而享誉，但他晚年经常在青少年俱乐部和辩论社团演讲。1932 年 7 月 12 日，他在埃塞克斯（Essex）桑德斯利过世。

---

① 罗伯特·斯托特（1844—1930），19 世纪晚期新西兰第十三任首相、新西兰首席法官。
② 埃米尔·加博里欧（1832—1873），法国作家、小说家、记者、现代侦探小说先驱。
③ 隐逸文学是指通过让读者沉浸在幻想式想象的情景式事件中，为读者提供一种从日常压抑和严肃的现实中进行心理逃避的文学。

73. 詹姆斯·亚历山大·肯尼思·麦凯（1859—1935）

作者：彼得·伯恩斯

詹姆斯·亚历山大·肯尼思·麦凯（James Alexander Kenneth Mackay），军人、作家、政治家，1859年6月5日出生于新南威尔士州的沃伦碧，是苏格兰出生的牧场主亚历山大·麦凯之子，母亲安妮，父姓麦肯齐，唐纳德·乔治是他的弟弟。麦凯在家接受教育，后来在坎登学院和悉尼文法学校继续学习。20多岁时，他在米塔贡的H.E.骚塞学院继续学业。他是一个优秀的运动员，也是一个优秀骑手、闻名乡村的业余赛马师。他也在兰德威克和玫瑰山赛马。

1885年，麦凯在米塔贡组建一支志愿骑兵队伍，叫西部卡姆登轻骑部队，并被任命为队长。不久，他回家协助年迈的父亲管理家产。这段安静的日子里，他以写短篇故事和歌谣度日。他的第一本书《马镫顺口溜》（1887）发表前，已有几篇作品在一些报纸和流行杂志上发表，并相继在悉尼发表了《丛林牧歌》（1888）和《阳光灿烂的大地之歌》（1908）。他也创作小说，如《内陆》（伦敦，1893）和《黄色波浪》（1895），后者想象中国入侵澳大利亚的场景。1890年3月13日，他在墨尔本北部的长老会牧师公馆与梅布尔凯特·怀特举行婚礼。

1895年，麦凯作为贸易保守主义者入选布罗瓦立法议会。1898年，他在议会代表埃德蒙·巴顿[①]爵士的国家联邦党。1899年9月15日，他担任威廉·莱恩[②]爵士的内阁副总理，10月被提名到立法委员会代表政府。1903年

[①] 埃德蒙·巴顿（1849—1920），澳大利亚政治家、法官，澳大利亚第一任首相，澳大利亚最高法院的创始法官。
[②] 威廉·莱恩（1844—1913），澳大利亚政治家、新南威尔士州总理。

至 1904 年，他是约翰·西①爵士和托马斯·沃德尔②的下属，并担任同一职务，一直任职到 1933 年委员会重组。

1897 年，新南威尔士州军队恢复无偿志愿者组成部分。麦凯组建澳大利亚第一骑兵团，整个骑兵团招募的士兵都是来自乡村。他被任命为队长，并于 1898 年晋升中校。骑兵团的混编队被派往南非战场，但麦凯官位太高而无法一同前往。因此，他辞职后于 1890 年 4 月率领新南威尔士州皇家丛林人队伍从悉尼出发。皇家丛林人队伍被派往罗得西亚，受弗雷德里克·卡林顿③爵士指挥。

7 月，他们到达马弗京，并深入西部的德兰士瓦。在未来 3 个月里，麦凯骑马超过 550 英里（885 千米），与部下露天而宿，甚至有几次还遭到了攻击。这是他一生中最不幸的时期：卡林顿极差的指挥使他沮丧，他又与部队长官发生争执，一起服役的妻弟惨死。在济勒斯特城外，他从马上跌下受伤，最后被送往开普敦。1900 年 11 月，他被任命为澳大利亚特遣队首席参谋。他在南非参加第一届澳大利亚参议院的选举，但失败了。1901 年 7 月，他回到悉尼。由于战功卓著而被授予巴斯勋位爵士，并在战报中受到表扬，还被授予荣誉上校军衔。

1906 年至 1907 年，麦凯是皇家委员会主席，负责巴布亚的管理。1907 年委员会报告出炉；1909 年他自述的《穿越巴布亚》出版。麦凯保持着对军事方面的兴趣，并于 1912 年任第一轻骑旅的指挥官。作为上校，他负责把第一轻骑旅改编进第三轻骑旅。他指挥了 1913 年堪培拉的阅兵式，为首都的设置以及命名奠定了基础。

由于年龄过大无法参加第一次世界大战，他被任命为澳大利亚陆军预备役人员，并从 1916 年开始担任该机构的首位总干事。1920 年他被授予英帝国勋章。这一年，他从澳大利亚军队退役，并获荣誉少将称号。

终其一生，麦凯一直保持对第一产业、乡村和人民的浓厚兴趣。他个人在沃伦碧的财产是一部分其父自 1842 年起所占有的土地。自从住进库塔曼德

---

① 约翰·西(1844—1907)，新南威尔士立法议会成员、新南威尔士州总理。
② 托马斯·沃德尔(1854—1940)，澳大利亚政治家、新南威尔士立法议会成员、新南威尔士州总理。
③ 弗雷德里克·卡林顿(1844—1913)，英国将军，以 1896 年粉碎马塔贝列人叛乱出名。

拉区医院后，他就一直生活在那里，直到 1935 年 11 月 16 日去世并火化，留下妻子和两个女儿。

74. 阿尔弗雷德·亚瑟·格林伍德·海尔斯（1860—1936）

作者：唐纳德·格兰特

阿尔弗雷德·亚瑟·格林伍德·海尔斯（Alfred Arthur Greenwood Hales），作家、战地记者、矿工、冒险家，1860 年 7 月 21 日出生于阿德莱德的肯特镇。父亲弗雷德里克·格林伍德·海尔斯是淘金者、木材车工，母亲萨拉·雷，父姓维尔，是个"古板的、可敬的、敬畏上帝的平民"。海尔斯回忆称母亲希望他能获得上帝的"召唤"并"让阳光普照异教徒。我也已经做了，不过是用步枪"，但他不是这样的人。他曾就读于阿德莱德的伯格因、霍斯金和 R.C. 米顿文法学校，后跟着一个木匠当学徒。13 岁时辍学离家，16 岁时在《弗瑞尔森周刊》发表第一篇故事。他强迫自己广泛阅读，也从事淘金、木材切割、放牧、捕野狗和店员的工作。他曾就读于维多利亚州巴拉瑞特矿山学校矿物分析专业，并成为悉尼《裁判员》报的体育编辑，后来成为新南威尔士州布罗肯山的《巴里尔矿工报》和《白银时代报》的矿区记者。1886 年至 1889 年，他在那里揭露欺诈销售盐矿和毫无价值的股票等新闻。他还去过美国担任澳大利亚拳击手 F.P. 斯莱文的经纪人。当西澳大利亚发现金矿的消息传到伦敦时，他像归巢的小鸟一般回国了。

"这个总是面带微笑的男人"于 1894 年抵达库尔加迪，之后五年他成为东部金矿区文人里生活最丰富多彩的一个，淘金时间之外就是阅读。他的第一份报纸工作是在《库尔加迪矿工报》。报刊所有人比利·克莱尔回忆这个"潇洒、英俊的小伙子"时说道："矿区许多人都提到他关于悉尼、阿德莱德、布罗肯山矿区剥削和政变的报道，他十分有活力……他的文笔和想象力适合金矿读者……在这方面可能澳大利亚其他新闻记者难望其项背。"海尔斯创立自己的周报《库尔加迪矿业评论报》，后来又创立《博尔德矿工的权利》等日报。他还管理一家酒店，举办两周一次的拳击赛。1897年，他未能成功赢得西澳工人联合会库尔加迪分会主席一职。

1899年，海尔斯作为战地记者前往南非。他在伦敦《每日新闻》和《英国佬》等报刊发表的文章为他赢得一个"重要而大胆的前线记者"的称号，而这一声誉因他在伦斯堡被布尔人俘虏受伤得到提升。1903年，《每日新闻》委派他报道马其顿反抗土耳其控制事件；两年后，他报道了日俄战争的一些重要事件。他在南美洲待了四年。第一次世界大战期间，海尔斯加入塞尔维亚军队，并担任伦敦报纸的自由撰稿人。他声称，第一篇关于空战的报道就是出自他之手，投给了《新闻晚报》。

海尔斯走遍世界，讲学，骑在马背上穿越戈壁沙漠，倒卖军火，与几个闹革命的混在一起；他勘探过世界上大多数重要矿场，自己也拥有几个矿场，他也写了50多部小说。他的第一部畅销书，也是唯一一本在澳大利亚出版的书是《一个笨小孩的漫游记》（1890）。这是一本将新闻和小说高度结合的书，包含着极其强烈的爱国主义情感。《南非战争图片集》于1900年出版。随后，第一本以麦克格拉西为主角的小说出版，1902年至1935年间写成一个系列。这些小说使他成为英国、北美和澳大利亚广受欢迎的畅销小说作家。麦克格拉西是一个强壮而富有冒险精神的苏格兰人，"一手拿《圣经》，一手拿砖头"漫游世界。海尔斯在《中止的足迹》（1937）中这样写道："一个人不可能写50部小说，同时又在全球五分之四的地方留下足迹，却像去年的叶子一样被吹到一边。"他还写历史小说，颇具异国情调的故事，多以非洲、阿拉伯、日本和南美为背景；也写作诗歌和民谣等书籍，还有戏剧，一系列由回忆、幻想和预言混合、相互之间联系松散的自传。

尽管他的绰号叫"笑面人"，但海尔斯是个双下巴，下垂的下巴衬托着一双十分好战的眼睛和突出的下颚。1936年12月29日，他去世后被葬在肯特镇赫恩海湾。1886年5月15日，他和第一任妻子埃米琳·普里查德（约1891年去世）结婚，海尔斯先于妻子和他们的一个女儿和四个儿子去世。1920年，他与来自苏格兰的第二任妻子吉恩·瑞德结婚，最后海尔斯也先她而去。

75. 沃尔特·詹姆斯·杰弗里（1861—1922）

作者：B. G. 安德鲁斯　桑德拉·伯希尔

沃尔特·詹姆斯·杰弗里（Walter James Jeffery），记者、作家，1861年8月20日出生于英格兰新罕布什尔州的朴次茅斯，皇家海军准尉詹姆斯·杰弗里之子，母亲罗西娜，父姓莱特。15岁时，杰弗里进入皇家海军，但两年后转移到商船，去了印度和澳大利亚。他在英吉利海峡灯塔船上工作过，也在伦敦做过消防员，在朴次茅斯当过农场工人和新闻记者。1881年12月19日，他在新罕布什尔州波特西迎娶伦·玛莎·伊丽莎白·威尔逊（约1934年去世）。

1886年，杰弗里定居新南威尔士州，在伊拉瓦拉煤矿工作。1887年10月，他开始在塞缪尔·贝内特①创办的报业帝国漫长的职业生涯。受聘悉尼《新闻晚报》的记者后，1891年成为《澳大利亚城市和乡村周刊》助理编辑，1893年晋升为编辑。在他担任编辑的13年里，报纸发行量非常大，也是风格更尖锐的《公报》的一个重要竞争对手。从1906年直到他去世，杰弗里是《新闻晚报》的经理和编辑。在他管理下，报纸花费很大工夫取悦读者，但并未抹掉它的绰号——"晚间打盹"。1918年，他在与贝内特家族的谈判中发挥了重要作用，目的在于将家族对新闻报和周刊的控制转移到上市公司（S. 贝内特有限责任公司）。杰弗里在澳大利亚报刊界赢得广泛尊重，他致力于英澳联系，并于1920年出席在渥太华举行的帝国新闻发布会。

19世纪90年代初期，杰弗里遇见一位写海洋故事的作家乔治·刘易斯

---

① 塞缪尔·贝内特（1815—1878），澳大利亚殖民地时代的新闻记者、报刊主、历史学家。

(路易斯)·贝克①。1896年至1901年，他们合作了三部小说，《第一舰队的家庭》(1896)、《劳克林群岛之谜》(1896)和《叛乱者》(1898)，最后一部小说聚焦"邦蒂号"的叛乱者弗莱彻·克里斯蒂安。他的作品还包括一部亚瑟·菲利普②传记(1899)、历史书《澳大利亚海军先驱》(1899)和一本杂录《本德拉赫的禁忌》(1901)，杂录中许多短剧和故事后来又发表在1896年至1902年间自己供职的《半月评论》《波迈宪报》和伦敦其他刊物上。他们之间的信件显示其伙伴关系向来十分和谐，杰弗里完成大部分的研究并准备初稿，贝克加工后出售给伦敦出版商。据杰弗里自述，他也出版了两本小说，《国王的庭院》(伦敦，1903)和《一个世纪的海洋故事》(伦敦，1901)，扎实的研究和生动的轶事有机结合。

除了著作之外，杰弗里为威廉·迪克森③爵士编辑澳大利亚期刊引用索引，下议院辩论记录和其他史料。他还大力倡导为菲利普总督竖立雕像，支持救援诺福克岛周围水域抛锚的第一舰队舰船之一的"天狼星号"。1908年至1922年，他是新南威尔士州公共图书馆托管人。1922年2月14日，他因布莱特氏病在北悉尼去世，葬在英国国教区卢克伍德墓园，留下妻子和一个女儿。

76. 亚瑟·阿尔弗雷德·林奇（1861—1934）

作者：杰弗里·塞尔

亚瑟·阿尔弗雷德·林奇(Arthur Alfred Lynch)，反叛者、博学者，1861年10月16日出生于维多利亚斯密斯代尔，在爱尔兰天主教教徒约翰·林奇

---

① 乔治·刘易斯(路易斯)·贝克(1855—1913)，澳大利亚短篇小说家。
② 亚瑟·菲利普(1738—1814)，新南威尔士第一任长官，悉尼殖民地建立者。
③ 威廉·迪克森(1860—1935)，澳大利亚政治家。

的14个孩子中排行老四。父亲是检验员，土木工程师，母亲伊莎贝拉，父姓麦格雷戈，苏格兰人。约翰·林奇在19世纪50年代初移居澳大利亚，做过淘金工，在尤里卡当过彼得·拉洛的工头，也曾被囚禁但因证据不足而无罪释放。1893年至1894年，他将《南方之光》中的回忆录再版为《尤里卡栅栏事件的故事》。他是一个诗歌爱好者，能滔滔不绝地讲拉比·彭斯①数小时。他也是布朗和斯卡斯代尔市政当局的首任主席。1870年他是巴拉瑞特矿业学校的主要创建人，也是数学主考官。

因为林奇的家庭成员众多，他的童年时光多与外祖父母麦格雷戈一家一起度过。他的几个兄弟姐妹都死于白喉。忆起往事，他认为早年就读的学校坏透了，但在嘉慧和巴拉瑞特大学的时光却很快乐。他贪婪地阅读亚当·斯密②、洛克③和赫伯特·斯宾塞④的作品，着迷微分学，并决心以自己的方式继续学习："如果再活一遍，我将以最高的效率和无所畏惧的精神付之于生命。"扁桃体炎困扰着他整个青少年时期，然而他身体强健，当时斯密斯代尔是竞技体育运动中心，他曾一时成为一名优秀的跑步运动员。

1878年开始，林奇就在墨尔本大学土木工程系攻读学位课程。因两次基础自然哲学不及格，他毕业延期两次。但获得展览奖的第二年，1882年2月他以第二等荣誉生毕业。在干过工程和教过数学之后，1885年他获得学士学位。1886年2月，他获得逻辑学、精神哲学和伦理学第三等荣誉学位（硕士学位，1887）。他对导师W. C. 克尔诺特⑤忠心耿耿，但他觉得他们老师很平庸——"没有伟大的心灵……没有伟大的灵魂"；纳森教授"令人心寒"。

为进一步寻求和探索思想王国，林奇去了欧洲，从此再也没有回来。1888年至1889年，他在柏林大学学习物理学、生理学和心理学，获得德国科学界的尊重，尤其是物理学家亥姆霍兹⑥的尊重。他在柏林遇到爱尔兰学

---

① 拉比·彭斯（1759—1796），苏格兰诗人，被称为苏格兰的民族诗人，"拉比"是罗伯特·彭斯的绰号。
② 亚当·斯密（1723—1790），苏格兰社会哲学家、政治经济先驱。
③ 洛克（1632—1704），被誉为"自由主义"之父，英国哲学家、医师。
④ 赫伯特·斯宾塞（1820—1903），英国哲学家、社会学家、教育家，"社会达尔文主义之父"。
⑤ W. C. 克尔诺特（1845—1909），澳大利亚工程师、墨尔本大学第一位工程学教授、维多利亚皇家学会主席。
⑥ 亥姆霍兹（1821—1894），德国物理学家。

生安妮·鲍威尔，于1895年结婚。19世纪90年代初，他在伦敦做自由撰稿人，出版的诗文很大程度上受到拜伦①的影响，《我们的诗人》（1894）这首讽刺诗让他四面楚歌。他在爱尔兰各界声名显赫，曾代表戈尔韦市竞选下议院议员，但未能成功，后来受托远航美国，意欲调和爱尔兰两大派别。他成为《国家改革者》的一个有影响力的记者，而后1898年成为《每日邮报》驻巴黎记者。因游历广泛，林奇精通几种语言，并熟练使用法语和德语写作。

他被派去报道南非战争，到达后立即与博塔取得联系，同意帮助组建爱尔兰第二大队。克鲁格任命他为上校，指挥约70名不同国籍的志愿者组成混合队伍。共和政体反君主制是他的基本原则之一。在他非专业的指挥下，部队表现值得称赞，但半年后就解散了。返回巴黎之前，林奇被送往美国推动布尔人的事业。与此同时，他作为一个民族主义者在戈尔韦市当选，他写信给《泰晤士报》表示有意接受该职位，然后出发前往伦敦。1902年6月11日他在多佛尔被捕。1903年1月，他平静地提出抗议，称自己是一个澳大利亚人。他因背叛罪受审，被判绞刑，但随后立即减刑为终身监禁。在群众请愿和爱德华七世②国王干预下，他在一年后被释放并在1907年被赦免。林奇开始在帕丁顿圣玛丽从事医学研究，伦敦大学毕业时获得皇家学院内科医生资格证书和皇家学院内科医生成员资格（1908），后在哈弗斯多克希尔实习。后来他在巴黎继续学习，毕业后获得电气工程文凭。1909年，他当选西克莱尔议会议员。第一次世界大战期间，他如以往一样为自由而战。在法国从事一段时间的非正式工作以后，他帮助英国和法国领导人之间的沟通，战后被任命为上校，鼓励爱尔兰招募士兵。但他未获成功。现在，他是一个诺斯克里夫勋爵③的亲密盟友。

1918年，林奇在换届选举中未获连任，而后重新从事医学研究，成为颇有争议（如攻击弗洛伊德博士的概念）而多产的作者。他写了近30本书，包括五卷诗集和两部小说。也许他最重要的贡献是在心理学、伦理学和科学批评方面，尽管他的《反对爱因斯坦》（1932）并没有经得起长期考验。1924年，

---

① 拜伦（1788—1824），英国诗人、浪漫主义运动的主要人物。
② 爱德华七世（1841—1910），英国国王，1901—1910年为印度皇帝。
③ 北岩勋爵（1865—1922），又称诺斯克里夫勋爵，原名阿尔弗雷德·哈姆斯沃斯（Alfred Harmsworth），英国现代新闻事业创始人。

他出版了有趣的传记《我的人生》。

林奇是个体格健壮、相貌英俊、魅力十足、礼貌而性情温和的人。他是当时最为英俊的人物之一。他在公共事务中显得古怪，但却因他的正直和广博的知识得到普遍的尊重。他和许多同时代的杰出人士友好往来而且毫不怀疑自己也是这个时代的杰出人物之一。1934年3月25日，他在伦敦帕丁顿去世。他的妻子比他活得长久。他们夫妇没有子嗣。

77. 玛丽·伊丽莎·贝克韦尔·冈特（1861—1942）

作者：E. 阿彻

玛丽·伊丽莎·贝克韦尔·冈特（Mary Eliza Bakewell Gaunt），小说家、旅行者，1861年2月20日出生于维多利亚州因迪格。父亲威廉·亨利·冈特是治安法官，后来成为法官，母亲伊丽莎白·玛丽，父姓帕尔默。塞西尔、欧内斯特和盖伊都是她的兄弟。家人称她"米妮"，就读于巴拉瑞特嘉慧大学，此时她的写作天赋已引人注意。

玛丽·冈特认为，一个女人即便结了婚，也有权利追求自己的事业，获得经济独立。1881年3月19日，她是最早报名参加墨尔本大学入学考试的妇女之一。她开始学习艺术课程，但由于第一年成绩不佳而中断。她转向写作，"我的志向是成为一名作家"，她回忆道，"我写作的目的仅仅是想赚钱。"钱是旅行的必要条件。通过回忆金矿区度过的童年时光以及她的兄弟们对异国的向往，她为澳大利亚和海外的报纸杂志撰写了很多文章和故事。她最早的一部作品是关于黄金的故事《卡塞尔风景如画的澳大拉西亚》。她的收入使她能够前往英国和印度旅行。

她的第一部小说《戴夫的甜心》于1894年年初出版。同年8月，她在马尔文圣乔治教堂嫁给鳏夫休伯特·林赛·米勒博士。他支持玛丽打算继续用闺名写作的想法。她的短篇小说集（1895）和两部长篇小说在他1900年10月

30 日过世前出版。玛丽·冈特放弃一年 30 英镑的收入,决定去伦敦,那里临近文学市场。1901 年 3 月 15 日,玛丽·冈特离开墨尔本。

玛丽·冈特开始住在"沉闷冷漠的"的肯辛顿大街的两间屋里。她努力成为一位作家。她的书开始出售后,便前往法国、意大利和西班牙。她与约翰·里奇维尔·埃塞克斯合作撰写以非洲西海岸为背景的探险故事,这些故事十分成功,促成了她 1908 年的黄金海岸(加纳)之旅和 1910 年由出版商委托前去探索古老的西海岸堡垒。带着一箱漂亮的礼服、玫瑰修边的帽子、手套、摄影器材以及搬运的随从启程了,她是唯一一个加入这次危险旅程的白人妇女。1911 年,她在伦敦出版这次旅行的见闻:《独自在西非》。

接着,她接受乔治·莫理循①和新娘给她的邀请访问中国,并在 1913 年 2 月抵达北京。她坐着骡车前往北方的热河(承德)满族狩猎的行宫。在回来之际,她在北京大学西侧的一个小山上租了一座小庙,写下《在中国独自旅行的女人》的大部分。为了离开中国,她希望经亚洲的俄罗斯传统商队路线回去,但后来还是按来时的路线穿越西伯利亚到芬兰的路线回去。与此同时,因战争爆发,她历经艰难回到英格兰。她的经历为她提供了两本旅游书、几本小说和故事的素材。1919 年,她在牙买加度过了几个月。

1920 年年初,玛丽·冈特定居在意大利波迪吉拉,在那里有个忠实的管家照顾她。在接下来的 12 年里,她写了 10 本书并撰写回忆录。1940 年,她不得不放弃财产逃亡法国,定居旺斯。她的健康每况愈下(得了哮喘),于 1942 年 1 月 19 日在戛纳去世。

玛丽·冈特虽不是一个伟大的作家,但她知道自己的缺陷并尽力避免,她写作风格简洁、率直、充满想象力、活力非凡。尽管没有深入研究人物性格,但她的故事十分具有说服力。她的 6 部小说都以澳大利亚为背景,其中就包括她最好的作品《旋风之后》(1898 年开始写作,1923 年出版)和《皮尔查德的琼》(1930)。她为写作做的研究都很透彻。她身材矮小而结实,当情势需要时便展现出决绝的性格和专横的态度。她性格坚强,当想去危险地方旅行时常常与当局发生冲突,最后总是能取得胜利。

---

① 乔治·莫理循(1862—1920),也被称作中国的莫理循,澳大利亚冒险家。

78. 弗朗西斯·威廉·劳德代尔·亚当斯（1862—1893）
作者：S. 默里·史密斯

弗朗西斯·威廉·劳德代尔·亚当斯（Francis William Lauderdale Adams），诗人、小说家、评论家，激进派，1862年9月27日出生于马耳他，安德鲁·利斯·亚当斯之子。父亲是军队外科医生，后来在都柏林和科克担任自然科学教授，母亲伯莎·简，父姓格郎迪，是知名小说家。他的祖父弗朗西斯·亚当斯，苏格兰医生，杰出的古典学者。在加拿大、爱尔兰待了几年后，亚当斯从8岁开始于英格兰中部一些学校接受教育，之后在布莱克西斯圣奥古斯丁待了三年。1876年，他用别名利斯·亚当斯就读于什鲁斯伯里学校（即小说《这个时代的儿童》中的格拉斯顿伯）。1879年他离开英国到巴黎学习法语，希望进入外交部门。他在那里待了两年，并撰写第一部小说。1881年，他放弃了驻外事务部的打算，而且也未能成功进入印度和英国的政府部门。之后，他离家并在文特诺学院成为一名助教，这更坚定了他终生写作的志愿。他自小患有结核病，疾病迫使他于1884年辞职。他在文特诺寄宿房继续写作，在那里他遇到年长6岁的海伦·伊丽莎白·厄特利。7月，他们在伦敦成婚。经医生建议，他于11月坐船抵达墨尔本。亚当斯似乎与英格兰的家庭少有联系，因为他敬重的父亲在1882年过世了，而且他讨厌母亲的社会生活和性道德观。

当发现新闻工作只为他提供少量收入时，亚当斯试着在内地牧场从事教学工作。此时他的健康状况日益恶化，并第一次吐血，1886年年初妻子来到身边后，他在悉尼又第二次吐血。他们搬到布里斯班，6月生下儿子利斯。7月，海伦死于风湿热和分娩后遗症。11月幼子夭折。1887年亚当斯移居悉尼，并于6月至8月远航中国和日本，而后回到澳大利亚布里斯班，在那里度过余生。同年，他迎娶曾是演员和护士的澳大利亚人伊迪丝·戈德斯通。后来，她成了弗兰克·迪恩夫人，比亚当斯寿命长得多。她一直活跃在伦敦的文学和艺术界。萧伯纳曾称她是"庸俗的骗子和恶棍"。

亚当斯认为英格兰已没有灵魂只剩骨架，澳大利亚的生活似乎从他抵达的当天就开始吸引着他。"澳大利亚的人民呼吸自由……这是一个真正的共和国，是我去过的国家里最真实的地方。"澳大利亚鞭策了亚当斯投身文学的决心和激情（虽然长期的贫困无疑也足够成为动机）。在听到朋友弗兰克·哈里斯[1]的演说后，亚当斯在海德公园会议上十分激动地加入海德门的社会民主联盟。

在布里斯班时，亚当斯在《布里斯班信使报》（他十分崇拜托马斯·麦基雷斯[2]以及《布里斯班信使报》的一些领导，斯宾塞·布朗[3]称他们具有博学的英国人的明显特征，并且精力旺盛）和威廉·雷恩的新《回旋镖》工作。这时候他也为《公报》写稿，弗雷德·J. 布鲁姆菲尔德[4]形容他的文章"活力非凡，还有各种各样的短剧、诗歌、描述性文章和批评等"。

亚当斯是一名记者、公关人员，同时还作为诗人和敏锐的社会观察家而知名（他也许是第一个到澳大利亚提出问题并回答问题的游客，后人认为这些都是合理复杂的社会学问题）。他已经出版了一本《莱斯特自传》（伦敦，1885）。1894 年，这部自传体小说在修订后再版为《这个时代的儿童》，并打算成为这个系列的第一本，能像巴尔扎克一样名声大噪。1886 年他在墨尔本出版《澳大利亚随笔》，1887 年在布里斯班发表《诗作》。1888 年他在悉尼出版《夜军之歌》，这部激烈的反帝国主义和反资本主义诗集为他赢得当时最高的声誉，后来又在伦敦出版了几个版本，最后一版于 1910 年出版。亚当斯后来的重要著作（也写了些粗制滥造的作品）包括《澳大利亚人》（伦敦，1893）、《新埃及》（伦敦，1893）和《现代性散论》（伦敦，1899）。在《澳大利亚人》一书中，亚当斯充分利用个人能力和独创性进行写作，他将抽水灌溉的沿海地

---

[1] 弗兰克·哈里斯(1856—1931)，英裔美国人，作家、编辑、记者、出版商。
[2] 托马斯·麦基雷斯(1835—1900)，昆士兰州殖民政治家、总理。
[3] 斯宾塞·布朗(1856—1943)，记者、新闻编辑，一战期间澳大利亚空军准将。
[4] 弗雷德·J. 布鲁姆菲尔德(1860—1941)，英裔澳大利亚人，澳大利亚著名作家亨利·劳森的朋友。

区文化和干旱的内陆文化做比较，描绘了著名的丛林人形象，"一个强大而独特的民族类型，并且产自澳大利亚"。

1888年至1889年，亚当斯笔耕不辍，许多作品为他赚得他和妻子前往英格兰旅行的费用，在政治上也为他赢得了昆士兰劳工运动代表职位。1890年，因厌烦澳大利亚，他们前往英国，亚当斯路上出了意外，使他有一段时间无法写作。在此期间，他们的资金完全花光并且双方暂时分开。1891年，亚当斯与《双周评论》建立联系后，写了一系列关于澳大利亚社会的优秀文章，因此他们的情况有所好转。然而，这年年底，他的健康状况再度恶化，在里维埃拉和埃及的休养也未能缓解他的病情。昆士兰的兄弟的死讯让他深感沮丧，挣扎着写作后，他再次吐血。多年来，他为应对这一情况准备了一把左轮手枪。1893年9月4日，在马盖特亚当斯让妻子把手枪取来，他把枪管塞进嘴里自杀了。验尸官问她是否能阻止亚当斯的行为，她回答说如果自己阻止他的行为，自己就是一个"可鄙的懦夫"。他的死据说在西方引起了轰动。

亚当斯表达了对当时英国上层阶级以及他们的伪善和罪恶的憎恨。仇恨在殖民地似乎已经蜕变成对澳大利亚统治阶层代表的钦佩之情。但他既不欣赏这个阶层的制度（他对殖民地教育的质疑就是他不认可他们的制度的一个例证），也没有抛弃他对工薪阶层的兴趣，正如他的诗歌所证明的那样。事实上，弗朗西斯·亚当斯考虑了朋友威廉·雷恩"假装正直"的建议，但他没有接受雷恩的诱劝而成为"澳大利亚自由奖获得者"，因为他写了关于巴拉那河两岸的文章。亚当斯告诉雷恩说："我不想狼狈为奸"，正如锡德尼·杰夫考特所说，煽动是民主的核心，"要成为一个煽动者，你必须选择性失明"。

亚当斯是马修·阿诺德[①]（他们之间有通信）虔诚的信徒，为了追求希腊的完美，为了与市侩战斗，虽然他并不总是很容易调和因为对文学的热情而寻求最好的艺术和作为一种革命武器之间的关系。他作为英格兰19世纪90年代反叛文化的先行者举足轻重。亚当斯在澳大利亚更重要。他是那里唯一一个将"现代性"引进的知识分子，以复杂的欧洲模式来讨论澳大利亚问题。亨利·凯罗称他为美学福音的"澳大利亚第一传教士"。他不仅与阿诺德、弗

[①] 马修·阿诺德（1822—1888），英国诗人，文学批评家。

兰克·哈里斯、亨利·索尔特、萧伯纳①和 W. M. 罗塞蒂②来往，也与威廉·雷恩和其他澳大利亚的激进分子来往。亚当斯提供了一个跨文化影响的独例，尽管他没能让他的澳大利亚朋友拿起古典希腊诗歌作为"主权的催化剂"。

总而言之，弗朗西斯·亚当斯留给人们的记忆是一个无论在外表上还是在精神上都极具魅力的人，他对传统的残酷行为和不公正感到愤怒，有时对批判有些专横和过度敏感，但他自己却极其仁慈和慷慨；一些迷念澳大利亚"左派"的人对他不屑一顾，但他几乎是唯一一个为华人和太平洋岛民伸张正义的人。弗雷德·布鲁姆菲尔德参与了《夜军之歌》的出版工作，谈到"那个身材高挑修长的男子"，"在各种场合诉说着令人不快的事实，满不在乎，就像一个孩子，但声音甜美而优雅顺从"。并非亚当斯的影响微不足道，伯纳德·奥多德③写道，亚当斯"对我来说，是除惠特曼以外唯一一个对我有直接影响"（惠特曼自己亲口赞许亚当斯诗歌中的人性）的作家。万斯·帕尔默认为，"这个国家很少有访客能有这样一种持久的影响"。不可否认，亚当斯的诗歌并不符合现代人的品位，特别是他的文学诗句。但是，W. M. 罗塞蒂是正确的，1894 年他写道，从另一个角度来看，《夜军之歌》使我们日常生活中许多令人愉快的礼节和公认的圆滑相形见绌。近年来，人们对亚当斯关于澳大利亚社会话题的论文的兴趣有所回升。在对政治和文学深度的感知上，他遥遥领先于当时的澳大利亚，但是他的贡献却十分重要，他的成熟让后人对他有着特殊的兴趣。

---

① 萧伯纳(1856—1950)，爱尔兰剧作家，伦敦经济学院创始人。
② W. M. 罗塞蒂(1829—1919)，英国作家，批评家。
③ 伯纳德·奥多德(1866—1953)，澳大利亚激进分子、教育家、诗人、记者。

79. 约翰·丹尼尔（杰克）·菲茨杰拉德（1862—1922）

作者：贝德·奈伦

约翰·丹尼尔(杰克)·菲茨杰拉德[John Daniel (Jack) Fitzgerald]，排字工人、记者、律师、政治家，1862年6月11日出生于新南威尔士州壳港市，是教师约翰·丹尼尔·菲茨杰拉德与玛丽·安·卡伦的儿子，两人皆来自爱尔兰利默里克。菲茨杰拉德就读于当地的公立学校，然后在悉尼堡垒街和圣玛丽大教堂的学校上学。在巴瑟斯特当排字学徒后，1885年他开始在悉尼《新闻晚报》工作，并活跃于工会运动和激进的政治运动中。他加入印刷协会，并于1887年至1888年担任会长和贸易劳工委员会代表，进入执行委员会，成为一个先进的政治和社会改革的主要倡导者。他是社会主义青年团成员，也是共和联盟创始人。他非常热爱进步文学，是一个热衷于英国社会主义和工会的学生。1891年，他是女性选举权联盟基金会的委员。

1890年，杰克·菲茨杰拉德处身于海员大罢工的最前线。9月，他自费代表工党国防委员会到英国宣传这一争议事件。1889年伦敦码头工人大罢工时澳大利亚给他们捐赠了约38000英镑，他意识到伦敦随处可见的悲惨景象与悉尼的贫民窟颇为相似，他也希望"提升新近发展起来的新旧世界工人之间的亲密关系"。他游历广泛，在许多会议上发表演讲，并为"隔海握手言欢"这一概念注入动力，在英语为母语的国家，这是对严酷的阶级斗争学说的点拨。他会见了著名的激进派和自由派人员，包括格莱斯顿先生、约翰·

伯恩斯①、凯尔·哈迪②、汤姆·曼③、乔治·希普顿④和 R. B. 坎宁安·格雷厄姆⑤。他在伦敦和其他地方学习城市社会主义和市区美化，还访问了法国、德国和意大利。他后来与几个海外朋友通信。1891 年 3 月，他在《十九世纪》上发表回击 H. H. 钱皮恩⑥攻击海员大罢工领导人的言辞。

菲茨杰拉德及时返回悉尼，并在工党选举联盟（工党）成立的最后阶段（3月）发挥重要作用。他是四个党派为 6 月西悉尼大选推选出的候选人之一，并成为五人意见委员会成员，带领 35 名工党议员。作为一个坚定的贸易保护主义者，他并不支持本党的帕克斯自由贸易部。10 月，工党正处于混乱时期，这时候更为适合的迪比斯政府取而代之。12 月，党派发生分裂，菲茨杰拉德成为贸易保护主义工党成员之一，保证了迪比斯政府的执政地位。

1892 年 9 月，一次严重的政党冲突在布罗肯山大罢工期间爆发。新的自由贸易领导者乔治·里德⑦爵士发起了一次简单的谴责运动，但并不会因处理罢工的劳工修正案使政府垮台。菲茨杰拉德和其他 10 个劳工保护主义者都赞成后者，拒绝支持里德的谴责，迪比斯仍保持执政地位。11 人中只有四人，包括菲茨杰拉德，仍被视为属于本党。他们为工党的所有部门所憎恨，并在 1893 年 11 月召开的大会上被正式开除。那时，菲茨杰拉德的激进思想吸收了以前的思想基础，包括英国的费边主义的影响，与他通信的阿尔弗雷德·迪肯和 C. C. 金斯顿⑧的中产阶级改良主义影响。他失去了部分工会和工党的务实主义，而现在试图通过民主、知识、警觉和相关专业知识在政府各个层级进行社会政治改良。

菲茨杰拉德中等身材，相貌英俊，胡子精心修剪成尖髯的样子。1892 年他回到英格兰，5 月 26 日在切尔西登记处与奥克塔维亚·卡米尔·克拉拉·厄内斯罗氏结婚。约翰·伯恩斯是证人。菲茨杰拉德的妻子是个有教养的法

---

① 约翰·伯恩斯(1858—1943)，英国工会会员，19 世纪末 20 世纪初政治家。
② 凯尔·哈迪(1856—1915)，苏格兰社会主义者，工党领袖，是第一位以独立工党议会成员的身份当选美国议会成员。
③ 汤姆·曼(1856—1941)，英国著名工会成员。
④ 乔治·希普顿(1839—1911)，英国著名工会成员。
⑤ R. B. 坎宁安·格雷厄姆(1852—1939)，苏格兰政治家、作家、记者、冒险家。
⑥ H. H. 钱皮恩(1859—1928)，社会主义倡导者、新闻记者。
⑦ 乔治·里德(1845—1918)，澳大利亚政治家，新兰威尔士总理，澳大利亚第四任首相。
⑧ C. C. 金斯顿(1850—1908)，澳大利亚政治家，早期南澳大利亚自由党总理。

国女人,她鼓励菲茨杰拉德的世界大同主义思想和对音乐(他会弹钢琴)、文学、艺术和建筑的兴趣。1893年,他在为唯一的孩子玛丽亚·加拉蒂亚做登记时称自己是一名画家。同年,他成为芝加哥展览理事。

"团结的"工党候选人威廉·莫里斯·休斯在1894年大选中将他击败。1895年菲茨杰拉德在巴瑟斯特再度被击败,在那里他与天主教有联系。他重回新闻界,为激进的报纸撰稿,并在白酒贸易杂志《公平竞争》做编辑。他在昆士兰州罗克汉普顿工作过一段时间,1899年至1904年在悉尼《弗里曼杂志》做编辑。1897年,他再次回到伦敦。兄弟汤姆和丹让菲茨杰拉德家族马戏团大获成功(1906年清盘),在他们的帮助下,菲茨杰拉德开始学习法律并于1900年4月30日被新南威尔士州律师行录取。菲茨杰拉德支持埃德蒙·巴顿爵士,他是个联邦主义者,于1901年竞选罗伯逊的席位,但失败了。1900年至1904年,他是悉尼市议会议员,第二年以无党派人士的名义争夺贝尔莫尔的州席位但失败了。1903年,他成为养老金中央委员会成员。

悉尼议会没有回应菲茨杰拉德关于地方政府在城市现代化中的作用的观点,但他可能比其他任何人都更愿为新南威尔士州的改善做好舆论准备。1899年,他出版了汤因比讲座讲稿《欧洲的市政治理才能》以及《市政改革做了什么》。1903年的日本之行让他更新了自己的想法;1906年,他引发了与报纸《大悉尼和大纽卡斯尔》之间辩论,第二年《单独行动》中《悉尼:城市中的灰姑娘》暴露了一些令人不快的事实。他希望约瑟夫·卡拉瑟斯爵士能够通过适当法律的幻想破灭了。他尊重并忠诚于迪肯,但联邦政府并没有为城市规划提供解决方案。1909年,迪肯的保守政党合并后,菲茨杰拉德回到工党,但次年就被丹尼尔·利维爵士在竞争达令赫斯特中产阶级州席位时击败,那是工党第一次获得执政权。

菲茨杰拉德再次成为党内活跃分子,1911年至1916年成为执行委员会成员,1912年是副主席。1913年他再次出访欧洲,并出席了奥古斯特·倍倍尔①的葬礼。1915—1916年,菲茨杰拉德是工党主席,标志着总理霍尔曼暂时保持对工党的控制,以及支持社会主义反对实业家的工团主义和贸易工会主义的残留影响。1915年他被任命为立法委员,并且担任执行委员会副主席

---

① 奥古斯特·倍倍尔(1840—1913),德国马克思主义政治家、作家、演说家。

（直到1919年7月）和委员会的政府代表（直到1918年6月）。与妻子和女儿一起在罗马时，他敏锐地察觉到一战中法国和以色列的困境，他在1915年创立完全服务于战争的环球服务联盟。1916年，他和许多人因支持征兵而被一同逐出工党。

霍尔曼组建政府那年，菲茨杰拉德成为公共卫生部部长和地方政府部部长。新同事的保守、沉重的工作负担、每况愈下的健康状况和战时的紧急情况延迟了他至关重要的改良主义的发展，但他在F.弗劳尔斯的基础上改进他的部门，促进了母亲和儿童福利的提高，以及肺结核和性病的治疗。他作为新南威尔士州卫生协会会长，成立了预防和治疗肺痨协会。1918年至1919年，他有效地领导国家抗击流感。

1912年J. R.黛西去世时，菲茨杰拉德已经成为住房委员会主席。在约翰·萨勒曼①爵士的协助下，他帮助启动并指挥黛西维勒花园式郊区的早期建设。1913年，他是大悉尼区皇家委员会成员。那一年，他也是新南威尔士州城市规划协会创建人和副会长。1917年，他是阿德莱德第一任州际联盟主席，次年任布里斯班第二联盟主席。他访问美国时休了六个月病假，面对越来越多的困难，他仍坚持一个当地政府的提案，该提案于1919年通过。尽管最后这个提案只是菲茨杰拉德的想法和愿望的一个暗淡影子，但它仍然是该领域的一个里程碑。1919年至1920年，他是副检察长和司法部部长。

鉴于他为法国慈善机构和经过悉尼的法国人提供的帮助，菲茨杰拉德于1919年被授予军团勋章。他与时为爱尔兰国家联盟秘书长的大主教凯利关系密切，尤其在战争年代。在地方自治奋斗的几年中，他一直与约翰·雷德蒙②保持联系，1916年，都柏林复活节起义中他却被驱逐出去。1912年至1922年，他是新南威尔士州公共图书馆托管人。1915年，他出版了《新南威尔士政治工党的崛起》；1922年出版一本小说《响谷》；1923年他在马戏团生活的故事《阳光下的儿童》出版；1924年《澳大利亚犯罪研究》出版。他也试着写诗歌和戏剧。

1922年7月4日，菲茨杰拉德因癌症在悉尼达令角的家中过世，葬在天

---

① 约翰·萨勒曼(1849—1934)，澳大利亚建筑师。
② 约翰·雷德蒙(1856—1918)，爱尔兰民族主义政治家、律师、英国下议院议员、爱尔兰议会党领袖。

主教的韦弗利墓地。他的女儿玛丽亚·加拉蒂亚·克拉克在美国歌坛小有名气，他去世时仍在人世。经认证，他的遗产为904英镑。他的密友朗斯塔夫[①]为他画的肖像存在悉尼市政厅。马鲁巴的菲茨杰拉德大道就是以他的姓氏命名的。

80. 托马斯·威廉·亨利（1862—1928）

作者：肯·斯图尔特

托马斯·威廉·亨利（Thomas William Heney），记者、诗人、小说家，1862年11月3日出生在悉尼，是印刷工老托马斯·威廉·亨利之子，母亲萨拉·伊丽莎白，父姓卡拉瑟斯。他曾就读于库玛，想成为天主教神职人员。父亲是《马拉诺水星报》的所有者，经常酗酒并于1875年去世，剩下母亲一人供养他。亨利献身工作的精神、清醒的头脑和来自母亲的英国国教信仰以及他对天主教的厌恶伴随他一生。

1878年，他成为《悉尼先驱晨报》的初级助理审稿员，并在1884年成为《每日电讯报》的记者。由于担心初见端倪的结核病，1886年他移居威尔坎尼亚，并在《西方放牧人报》做了三年编辑，也为《悉尼季刊》撰稿。田园式的内陆地区是他小说和一些诗歌的创作背景。在墨尔本逗留了一段时间后，他开始在悉尼的《回声报》工作。1893年，他以文学评论家、散文家，后来以议会记者和政治领袖作家的身份重返《悉尼先驱晨报》。1898年8月10日，他与亨利·古利特[②]的大女儿艾米·佛罗伦萨结婚，次年接替岳父的位置成为副主编。露西·古利特博士是艾米的妹妹。1903年，亨利成为《悉尼先驱晨报》第一个土生土长的澳大利亚人编辑。

[①] 朗斯塔夫(1861—1941)，澳大利亚画家、战争艺术家。
[②] 亨利·古利特(1878—1940)，澳大利亚内阁大臣、众议院议员。

他巩固了报纸务实的保守传统和作为主要媒体的声誉，坚持其不属于任何宗派和支持自由贸易的传统。在他担任主编期间，报纸销量终于超过其竞争对手《每日电讯报》。在第一次世界大战期间，亨利认为出于忠诚和自身利益，澳大利亚需要追随英国。社论呼吁充满活力的家庭支持并直接将所得税投入战争花销。尽管他同意新闻审查制度，但他认为在《悉尼先驱晨报》支持政府的征兵公民投票中，无知的审查人员制造了政治审查的嫌疑。

1918年6月，亨利被正式邀请加入一个到英国和战争前线的新闻代表团。管理层安排报纸的所有者詹姆斯·奥斯瓦尔德·费尔法克斯爵士代替他，经过亨利（1913—1920，创建新南威尔士新闻工作者协会并担任主席）抗议后，他也加入代表团。经过紧张的访问后，报刊所有人反对他在别的地方发表言论，9月亨利辞职。然后，他成为自由职业者，主要为墨尔本《阿古斯》撰稿，1920年至1923年任布里斯班《电讯报》编辑，1924年至1925年任悉尼《每日电讯报》编辑。

亨利描述性和冥想性诗句《幸运日》（悉尼，1886）；《中港》（伦敦，1890）都是精心创作的，与众不同的，有时也采用惠特曼诗歌风格，但缺乏诗歌的锋芒。1898年至1899年，小说《比勒尔的女孩》（伦敦，1896）和《牧场求爱》连载在墨尔本《领导人报》，两部小说都真实而详细地描写了爱情。他的批评精准而具有洞察力，他反对"垃圾也要神圣化，如果它来自澳大利亚"这一观点。他否认自己对有需求的作家和澳大利亚人的写作无动于衷，但他也拒绝推崇《公报》那些波希米亚式的诗人，"他们周五晚上常常出没在我的办公室周围以寻求援助"。因为与几个文学社团来往，他结识了许多年轻艺术家，如佛罗伦萨·罗德威和埃利斯·罗文，并帮助仇外思潮的受害者艾利罗斯·格鲁纳[①]，让他能够待在自己位于摩斯维尔的家中。他在花园里种植当地植物，也收集一些澳大利亚不太值钱的宝石。

1928年8月19日，亨利因心脏病在普林伍德去世，葬在英国圣公会墓地，留有妻子、两个女儿海伦（小说家）和露西，还有儿子约翰。一战中，约翰曾在科尔德斯特里姆卫队服役，他留下了一卷未完成的关于国内政策的

[①] 艾利罗斯·格鲁纳（1882—1939），澳大利亚画家，七次闰尼奖得主。

书,这是为查尔斯·比恩①的官方战争史而作。欧内斯特·斯科特②爵士将这部作品改写,并向他致谢。

81. 弗兰克·克里奇利·帕克(1862—1944)

作者:J.P. 霍尔罗伊德

弗兰克·克里奇利·帕克(Frank Critchley Parker),记者、出版商,1862年10月9日出生于墨尔本里士满,是钳工威廉·托马斯·帕克之子,母亲埃伦·索菲亚,父姓巴特利特,皆出生在英格兰。他登记的名字叫欧内斯特·弗兰克,在圣斯蒂芬文法学校和州立学校上学,同时跟弗格森和米切尔学印刷,后来前往太平洋旅行。1888年12月,他在墨尔本创办《太阳报》并担任编辑,准备与《公报》竞争,1889年3月悉尼版出刊。1897年,报纸开始销售,他买下以悉尼为根据地的《澳大利亚矿业标准报》,并把它带到墨尔本。在那里,他与职员汤姆·普里查德一起将报纸发展成一份著名刊物。汤姆是一位颇有才华的记者,也是凯瑟琳·苏珊娜·普里查德③的父亲。1891年,帕克用化名弗兰克·克里奇利出版了一本小说《衣不蔽体的国王》。1899年5月13日,他在菲茨罗伊与艾米丽·明妮·普拉玛结婚。大约1900年起,他更喜欢使用"克里奇利"这一名字,而非"弗兰克"。

因有官方补贴,帕克撰写并出版了关于五个州的矿产资源的书籍,还出版了其他科学技术书籍。1908年,他买下伦敦的《金融市场评论》,委任博学多才的 E.H.C. 奥利芬特担任编辑。1912年,报刊出售,他安排奥利芬特到《澳大利亚矿业标准报》做编辑。1914年出版奥利芬特的《德国和诚信》并亲

---

① 查尔斯·比恩(1879—1968),澳大利亚战争纪念馆馆长、历史学家、战争史权威。
② 欧内斯特·斯科特(1867—1939),澳大利亚历史学家、墨尔本大学历史系教授。
③ 凯瑟琳·苏珊娜·普里查德(1883—1969),澳大利亚作家,澳大利亚共产党创始人之一。

自作序。

帕克在1917年的征兵辩论和竞选活动中扮演了一个有争议性的角色。作为一名狂热的征兵制度拥护者，他在自己的窗户上张贴煽动性海报，用他的杂志即现在的《澳大利亚的政治家和矿业标准》抨击反征兵者和爱尔兰天主教徒。参议员T. J. K. 巴罕和J. H. 基廷的忠诚度在头版头条新闻中受到质疑，而后他们分别因被诽谤而获得450英镑补偿款。19世纪40年代到50年代，《潘趣》出版的反爱尔兰漫画以传单的形式广泛流通，引起一片哗然。联邦工党成员呼吁成立一个皇家委员会来调查它们的出版、发行、配送和融资。尽管总理W. M. 休斯拒绝了他们的要求，但他与帕克的"宗派主义作品"划清了界线，这一举动得到了《阿古斯》的支持，报纸谴责小册子是攻击性的、无关紧要的出版物。整个战争期间，帕克出版了自己撰写的《爱国主义小册子》和其他反德、亲英的宣传物。

黄金开采量的下降影响了帕克的杂志，1917年杂志更名为《澳大利亚工业和矿业标准》以扩大其吸引力。杂志从周刊改为半月刊，后改为月刊。1918年奥利芬特辞职，安布罗斯·普拉特[①]接任他的职位。1927年普拉特退休，帕克再次成为编辑。他积极支持维多利亚州教育部门和其他部门的出版，也为书写澳大利亚早期历史的作者提供经济援助。

作为科西阿斯科山和塔斯马尼亚敏捷的捕鱼高手，帕克编写了《五大湖杀鱼记》(1899)，也为英文期刊撰写捕鱼类文章。1937年，他出版了《塔斯马尼亚：澳大利亚联邦的宝石》，而且还说服总理A. G. 奥格尔维[②]订购2万册。帕克中等身材，为人和善，说话轻声细语，阅读广泛，而且十分健谈。工作中，他是家长式作风，要求很高。

1909年12月，帕克和妻子离婚。1910年4月12日，他在墨尔本柯林斯街独立教会迎娶凯瑟琳·克尔。1944年10月19日帕克在他位于南雅拉的家中过世并火化。帕克去世时，他的第二任妻子和第一次婚姻生育的女儿都在世。他的儿子克里奇利普与他共事，1942年在塔斯马尼亚远足时意外死亡。

---

① 安布罗斯·普拉特(1874—1944)，澳大利亚作家。
② A. G. 奥格尔维(1890—1939)，澳大利亚政治家、塔斯马尼亚总理。

82. 约翰·桑德斯（1863—1938）

作者：肯·斯图尔特

约翰·桑德斯（John Sandes），记者、诗人兼小说家，1863年2月26日出生于爱尔兰科克。父亲塞缪尔·迪克森·桑德斯是爱尔兰圣公会牧师，母亲索菲亚·茱莉亚，父姓贝斯纳。祖父曾经是克莱尔基拉卢主教。1872年，桑德斯随家人来到英格兰，在伦敦国王学院、埃文河畔斯特拉福特的三一学院和牛津的莫德林学院（1885年取得学士学位）接受教育。

1887年1月桑德斯到达澳大利亚，18个月后加入墨尔本的《阿古斯》。1891年8月开始，桑德斯和E.T.弗里克和D.西蒙斯一起以"奥利尔"为笔名写作往日重现，这是一个流行已久的周六专栏，是一个集时事传闻与杂谈、保守社会政治评论、严肃道德反思、轻松和严肃诗歌为一体的大杂烩。这个专栏1898年至1903年发表的文章中，桑德斯是唯一一个从中挑选诗歌结集出版的作者：《时代的韵律》（1898），这部休闲读物的目的是为"激起自豪或爱国热情，或同情与怜悯之心"；吉卜林式的《战争歌谣集》（1900）是一部严肃诗集，成为第一次世界大战战争诗歌的先兆，它强调大不列颠与英帝国的联系，荣誉与责任的传统，认识到澳大利亚的国家形态及其与丛林的关系，以及战争给双方带来的痛苦。"预知死亡的耳朵"等多次入选各种诗集，使其成为有关南非战争阅读最多、最为人知和最有影响力的澳大利亚本土诗人。

1897年12月24日，桑德斯与维多利亚前总理格雷厄姆·贝里爵士的女儿克莱尔·路易斯（1928年去世）在圣吉尔达的万圣结婚。克莱尔于1901年首次登台演出。1903年6月，他们夫妇俩移居悉尼的曼利。桑德斯加入《每日电讯报》，开始写作《鸟瞰》专栏，随后16年一直为其写作社论、报道和戏剧、音乐以及文学评论。他的第一部小说《爱情与飞机》(1910)由A.C.罗兰森[①]的新南威尔士书报有限公司出版。随后又出版了九部冒险罗曼史，其中六部以笔名"唐·德兰尼"发表。这些小说所涉及的主题如丛林打劫、淘金热、运动生涯的功绩等都显露了他的"民主"与"贵族"的价值观。桑德斯关于一战的许多诗歌和报道是对"澳新军团传奇"早期最有影响的阐述，如长诗《澳新军团日，拂晓登陆》(1916)、论文《坩埚中的澳大利亚国民性》(《今日澳大利亚》，1918)。1919年，桑德斯成为《每日电讯报》驻伦敦通讯员，参加凡尔赛和平会议。1920年，桑德斯随威尔士王子的团队乘坐皇家海军"名望号"返回澳大利亚，他为澳大利亚通讯社全程报道他们的巡游。1922年成为通讯社的终身员工。之后他为《悉尼先驱晨报》写了大量的各类文章，尤其偏好有关外交政策、海军与军事史类文章。1925年至1938年，他编辑悉尼海运杂志《海港》，航海的魅力全部反映在他的五卷诗集中。

桑德斯是一个坚定的爱国主义者、基督教徒、反社会主义者和戏剧爱好者，他沉默寡言，但与人为善。他的文章和态度中混合着对不列颠和盎格鲁—爱尔兰传统的热爱与澳大利亚民族主义自我意识。患上癌症18个月后，桑德斯于1938年12月29日死于新南威尔士的沃克普，在悉尼火化，此时他的两个儿子尚在世。

83. 詹姆斯·麦金龙·福勒（1863—1940）

作者：G.C.博尔顿 B.K.德·加里斯

詹姆斯·麦金龙·福勒(James Mackinnon Fowler)，政治家，1863年6月20日出生于苏格兰拉纳克郡米尔洪斯特雷文镇。父亲詹姆斯·福勒是一位农

[①] A.C.罗兰森(1865—1922)，澳大利亚出版商、书商。

民，母亲玛丽，父姓麦金龙，据信是拉克伦·麦夸里①的亲戚。福勒在当地以及格拉斯哥雅典娜宫②接受教育，之后于1884年进入一家会计行工作。传言说他曾经在苏格兰高地警卫团服役，也在格拉斯哥和曼彻斯特的纺织品仓库工作过，直到1891年移民澳大利亚。在维多利亚和西澳大利亚州，他从事过采矿业，并协助建立维多利亚社会主义联盟，随后于1898年定居珀斯。同年12月2日，当时已丧偶的福勒在苏比亚克与黛西·威妮弗蕾德·巴斯托结婚，婚后育有一女三子。

1899年至1900年间，福勒是西澳大利亚联邦同盟的一名宣传员兼秘书。1901年，福勒以财政关税候选人身份在第一届联邦议会中赢得珀斯地区的众议员一职并加入工党。1904年至1907年间，福勒任职于皇家关税和消费税委员会，成为其财政领域的主要发言人之一。他说话"音调高亢、具有很强的穿透力，并带有明显的苏格兰口音"，但是他的演讲内容却多为"批评和抱怨"。在工党内部，他反对威廉·莫里斯·休斯并参与阻挠后者的竞选活动，最终安德鲁·费希尔③取而代之并当选为总理。

1909年6月，费希尔的第一届政府垮台后，福勒退出工党，部分原因来自对休斯的不信任。福勒称工党内部已经变得过于中央集权，同年，他还拒绝加入工党针对自由党的财政提案所举行的批判活动。批评人士认为，福勒之所以这样做是因为对未能获得内阁职位而感到恼怒，但是福勒自己认为，他对该事的做法符合他职业生涯中一贯的政治理念。加入自由党后，他在1910年的大选中冲破了民意倾向于工党的重围，顺利保留住其珀斯地区众议员一职。但是，他对约翰·弗里斯特④爵士的执政风格颇有微词。此后，福勒在下述期间分别任委员会主席（1913—1914），联合审计委员会委员（1914—1917）及其主席（1920—1922）。在此期间，1916年他与亨利·钦卷入

---

① 拉克伦·麦夸里（1762—1824），出生于苏格兰的英国陆军军官和殖民地行政官，从1810年至1821年担任新南威尔士州第五任也是最后一任独裁总督，并在殖民地的社会、经济和建筑发展方面发挥了主导作用。
② 雅典娜宫位于格拉斯哥市中心，布坎南大街和纳尔逊曼德拉广场的交界处，作为成人教育和娱乐中心而建。
③ 安德鲁·费希尔（1862—1928），澳大利亚第五任总理，在任期内完成了立法计划，使澳大利亚成为有法治基础的国家。
④ 约翰·弗里斯特（1847—1918），澳大利亚探险家、西澳大利亚州首任总理、澳大利亚第一届联邦议会内阁部长。

墨尔本的科林斯大街上的一场斗殴。

福勒是联邦文学基金会早期倡议者之一。作为一名自由记者，他于1919年发表一篇反对时任总理休斯的文章《政治家还是江湖骗子：澳大利亚研究》。他给当时内阁以外的每位支持民族主义的议员都邮寄了一份文章，建议他们只阅读此文，而不要去参加该党的会议。同年大选期间，福勒被阻止参加预选，被此举动深深激怒，次年初他和休斯正式决裂。福勒对不断提高的关税保护感到尤为愤怒。1921年，《公报》曾评论说："如果不是因为他过于怀恨在心，他早就可以登上部长的交椅了。"1922年大选中，他丧失了党内支持，由此竞选落败。

福勒的个人信条始终如一：年轻时形成的苏格兰自由贸易激进主义，这与西澳人的态度一致，即不信任维多利亚和新南威尔士主导的澳大利亚联邦的中央集权和保护主义倾向。但是，福勒从未真正地、彻底地融入西澳大利亚。他的神情总是严肃认真，戴着一副眼镜，留着浓密的胡须。他在任职地方议员期间展示出可靠的品质和优点，在财政辩论时也展示出过人的技巧。可即便如此，他还是过于锋芒毕露，在政治风度上又太过疏远大众、太过哲学化，最终还是无法赢得群众的广泛爱戴。

竞选失败后，他居住在墨尔本，并建立了一家私人图书馆，藏书达4000多册。同时他还坚持创作，题材涉及小说、短篇故事、新闻报道，还包括一个电影剧本大纲。这些作品大都是关于他早期在金矿区的生活经历。有时他会用"哈米什·麦金龙"或"詹姆斯·埃文代尔"作为笔名。他出版了《澳大利亚的风险：实与虚》(墨尔本，1926)，书中对亚洲移民可能带来的危害提出警告。他还出版了《英国历史之虚假基础》(墨尔本，1943，其子理查德编辑)，是一本对盎格鲁-撒克逊民族起源的研究作品。此外，他还给英国和澳大利亚的报纸杂志供稿，例如《时代报》《澳大拉西亚人》，并与金砂-麦克杜格尔公司有业务往来。在生命的最后几年里，他一直与"残忍的痛苦和失明"做着斗争。1940年11月3日，福勒在墨尔本去世，葬在斯普林维尔墓地。他的妻子晚于他去世。

84. 安德鲁·巴顿（班卓）·佩特森（1864—1941）

作者：克莱门特·塞姆勒

安德鲁·巴顿（班卓）·佩特森[Andrew Barton (Banjo) Paterson]，诗人、律师、新闻记者、战地记者、军人，1864年2月17日出生于新南威尔士州奥林奇附近的纳朗布拉，家中七个孩子中的老大。父亲安德鲁·博格尔·佩特森（1889年去世）是个放牧人，母亲罗丝·伊萨贝拉在本地出生，是奥林奇附近布雷尼朗牧场的罗伯特·巴顿的女儿。父亲来自苏格兰低地地区，1850年左右移民到新南威尔士州，最终在奥林奇地区的奥布雷占了巴金跛牧场经营。

家人和朋友们都喊佩特森"巴蒂"，儿时的他喜欢在丛林中玩耍。7岁时，举家迁往雅斯地区的伊拉龙。这里临近悉尼和墨尔本之间的大路，许多来往的牛群、科布公司的客车、赶着牲畜的商贩以及押运黄金的护卫队都成为当地寻常的风景。在野餐赛马会和马球比赛上，他目睹了来自马兰比季和雪山乡下地区骑手们的出色表现，激发了他长达一生的对马和马术的巨大兴趣，也促使他后来创作一些有名的骑手民谣。

佩特森早期跟随一位家庭女教师学习，在学会骑马后便进入了宾纳龙的丛林学校。1874年，他被送到悉尼文法学校学习，1875年时与乔治·瑞奇[①]爵士一同获得了少年组诺克斯奖，16岁毕业。在参加悉尼大学奖学金考试失利之后，佩特森按惯例当了一名秘书，在赫伯特·萨尔维手下做事，1886年8月28日成为一名事务律师。大约在1889年及接下来的十年里，他与约翰·威廉·斯特里特合伙开律师事务所。

---

① 乔治·瑞奇（1863—1956），澳大利亚律师和法官，1913年至1950年在澳大利亚高等法院任职。

年轻的佩特森饶有兴致地加入了悉尼的社交和体育圈，当时很多人都希望能与他交朋友。诺曼·林赛的《公报的波希米亚人》(1965)这样记录他："身姿高大挺拔、肌肉发达、肢体协调、动作灵巧。头发乌黑，眼睛黑亮，鼻子修长且棱角分明，口齿犀利，肤色暗沉……如常所说，他的眼睛也是他最鲜明的体貌特征，眼皮稍稍下垂，与人说话时目光注视着遥不可及的地方。"佩特森热衷打网球，他还是一个出色的划桨能手，不过马术仍是他的首要乐趣。他与悉尼打猎俱乐部的朋友一起骑马，成为澳大利亚殖民地最棒的马球手之一，还作为业余骑手参加了兰德威克和玫瑰山的骑术比赛。

在悉尼求学期间，佩特森和已丧偶的外祖母艾米丽·梅·巴顿一起生活，她博览群书，是约翰·达维尔的妹妹，佩特森对诗歌的兴趣就源自她。1880年《公报》成立初期，佩特森的父亲在上面发表过诗歌。佩特森在学习法律时开始写诗，他的第一首诗《马赫迪到澳大利亚军队》发表在1885年2月的《公报》上。"班卓"（这是他家在依拉龙的一匹牧场赛马的名字）是他的笔名。后来他成了《公报》作家和艺术家群体的一分子，也正是因为他们，19世纪90年代的澳大利亚文学得以星光璀璨。他当时的朋友有E.J. 布雷迪[①]、维克多·戴利[②]、弗兰克·马赫尼[③]、"破坏者"哈利·莫仁德[④]等。他帮助亨利·劳森拟定与出版商的合同，还乐于在《公报》上和劳森进行友好的诗歌竞赛，书写关于丛林生活的吸引力或其他。

1895年，佩特森创作的民谣《溢流农场的克兰西》《吉本马球俱乐部》《埃隆巴克来的男人》《心头之爱如何打败我们》，以及《滨藜·比尔》受欢迎程度非常之高，以至于安格斯和罗伯森公司在10月份出版了他的诗歌集《来自雪河的人及其他诗歌》。同名诗《来自雪河的人》于1890年4月一经发表，就立刻风靡整个殖民地。这本诗集受到非同寻常的追捧：第一版出版一周就已售罄，后来几个月内又销售了7000多本。这本书的独特成就在于它树立了丛林人在民族意识中的一种浪漫和典型的形象。该书在伦敦也广受赞誉：《泰晤士报》曾把佩特森和拉迪亚德·吉卜林相提并论。后者还亲自写信祝贺佩特

[①] E. J. 布雷迪(1869—1952)，记者、作家。
[②] 维克多·戴利(1858—1905)，诗人、记者。
[③] 弗兰克·马赫尼(1862—1916)，艺术家。
[④] 哈利·莫仁德(1864—1902)，马术骑手、民谣歌手、战士。

森的出版商。"班卓"的真实身份最终展现在世人面前，佩特森一夜成名。

1895年年底，佩特森在昆士兰州度假时，曾与朋友们在温顿附近的达格沃斯牧场停留，在这里他写下后来澳大利亚最广为人知的民歌《华尔兹·玛蒂尔达》。接下来几年里，他深入北领地和其他地区旅行，为多家报纸创作关于自身生活经历的散文和诗歌，包括《悉尼邮报》《牧场主评论》《澳大利亚城市与乡村杂志》《单独行动》以及《公报》。1895年，他与厄内斯特·楚门合作出品了一部歌剧风格的滑稽剧《俱乐部生活》。1897年，他成为文学杂志《澳新》的编辑。

南非战争的爆发给佩特森的记者生涯带来重要转机，《悉尼先驱晨报》和墨尔本的《时代报》任命他为战地记者。1899年10月他启程前往南非。他随弗伦奇将军的纵队出征，9个月中他身临枪林弹雨，带来了关于主要战役生动形象的报道，例如布隆方丹投降（他是进入该市的第一位记者），占领比勒陀利亚和解放金伯利。他高超的报道水平吸引了英国媒体的关注，路透社也约他为该新闻社的战地记者，佩特森晚年时非常珍视这项荣誉。他把战争经历写成12首歌谣，其中最著名的是《约翰尼·布尔》以及《与法国人走向金伯利》。

1900年9月，佩特森回到澳大利亚。次年7月，他以《悉尼先驱晨报》巡回记者身份前往中国，在那里遇到了自己非常钦佩的莫理循，对这次会面的记述也成为他最精彩的散文作品之一。此后，他回到英国，在那里重逢于《公报》时结识的老朋友、漫画家菲尔·梅，还受吉卜林之邀在其苏塞克斯家中做客。

1902年，佩特森重回悉尼，发表了另一部作品集《里·格兰德河的最后一场比赛及其他诗歌》，同年11月，他决定终止原有法律事务工作。次年，悉尼《新闻晚报》任命他为编辑。1903年4月8日，他与艾丽斯·艾米丽结婚，后者是滕特菲尔德牧场W.H.沃克的女儿。婚后二人定居在乌拉纳，1904年女儿格雷丝出生，1906年儿子休出生。1908年佩特森辞去编辑一职。他很享受之前为报纸工作的时光，并且出版了一部自己研究整理的民谣《古丛林歌谣》（1905）。他还创作了一部小说《内陆婚姻》（1906），最早以连载小说形式出现在1900年墨尔本《领导者》上。但是，乡村生活的召唤让他难以抵挡，他买下伟贾斯珀谷附近的库德拉维尔，一处总计4万英亩（即16188公顷)的庄园，他在那里创作了一部未出版的关于赛马和马匹的专著。但是牧场经营并不成功，他还在格伦费尔短暂地尝试过种植小麦。

第一次世界大战爆发后，佩特森立即前往英国，希望能作为战地记者报道在弗兰德斯的战役，但未能如愿。后来，他在法国维姆勒当澳大利亚志愿军医院的一名救护车司机，1915年年初回到澳大利亚。作为一名荣誉老兵(有荣誉证书为证)，他曾携带马匹乘船到过非洲、中国和埃及。10月18日，佩特森受澳大利亚帝国部队任命加入第二替班马匹分队。

佩特森很快就被提拔为上尉，后前往中东作战。1916年4月受伤，7月重新归队。他出色地完成了任务，同年10月被提拔为少校，统领澳大利亚替班马匹中队，一直到1919年年中回到澳大利亚。1917年，安格斯和罗伯森公司出版了他的另一部诗集《滨藜·比尔和其他诗歌》和散文集《三象之力与其他故事》，A. W. 乔斯对这部散文集进行了大量的编辑整理，罗伯森还曾对他这样说过："真是难以想象，像班卓这样的健谈王子，笔头功夫却如此杂乱。"

一战后，佩特森重返新闻业，给《悉尼邮报》和《史密斯周刊》撰稿，1922年时成为赛马杂志悉尼《运动员》的编辑——这是一个非常适合的职位。1923年，他的大部分诗歌被收集整理到《诗歌合集》中，并被多次印刷。1930年，他隐退离开新闻业，把自己的闲暇时光投入到创造性写作上。至此，他已是一位广受颂扬和尊重的悉尼公民，人们经常在澳大利亚俱乐部看到他的身影。他早就是该俱乐部会员，现如今他的画像还悬挂在那里。接下来的几年里，他成为澳大利亚广播公司一名成功的广播员，谈论自己的旅行和经历。他还创作了一部精彩有趣的儿童诗集《诺亚忘记的动物》。在《快乐派遣》里，他描述自己和一些名人的会面，其中包括温斯顿·丘吉尔、吉卜林、莫里循、达德利女士，还有一些英国军队领导人。佩特森出版了另一部小说《剪毛工的小马驹》(1936)。1937年他为《悉尼先驱晨报》写了一些回忆录。同年被授予大英帝国勋章。短暂患病之后，他于1941年2月5日去世，遗体按长老会礼仪火化。他的妻子和孩子们比他去世得晚。

无论从澳大利亚人民的观点来看，抑或从他自己的行为举止和感知来说，佩特森在各方面都是一个伟大的澳大利亚人。作为一个民谣作家、骑手、丛林人、横跨大陆者、牧场主——他帮助建立了澳大利亚人的传奇。然而，他生前就是这个传奇活生生的重要组成部分。作为一个鲜有的伟大民间诗人，他通过自然到一气呵成的语言，把澳大利亚边远地区人们的各色生活写成民谣，使之成为永恒。他对边区生活的客观积极描绘（虽然有时嘲讽），给后人留下了宝贵财富：澳洲内陆腹地如此广阔——从昆士兰州边界延伸，穿过新南威尔士州西部平原，一直到雪山区域——以至于孤独的骑手看起来就像是"广袤平原上的一个小黑点"。这里就是佩特森描绘的那片充满差异的土地：这里"平原上遍地青草，天空是如此湛蓝"，但也会出现"强大的沙尘暴肆意飘移，海市蜃楼也嘲弄般地不断变换"的情景；"阳光下起伏的青草和森林就像海洋一样广阔"，但也有着"恶魔般的干旱"，牲畜们干渴致死，只留下"乌鸦目睹它们死去"。

虽然佩特森来自一个持有土地，并通过勤奋获得财富的拓荒者家庭，但是他却一直为那些与洪水、干旱和灾难做斗争的人们笔耕不辍。他透过笔下的人物审视生命和生活：老基利不得不眼睁睁地看着自己开垦的土地被转交给质权人，滨藜·比尔为了喂养快要饿死的羊群而和拿着高工资的监工打架，克兰西心满意足地骑马驰骋在风景明媚的西部平原上：

> 羊群悠悠排成一排前行，
> 身后的克兰西骑马歌唱，
> 赶羊人的生活乐趣多多，
> 城里的人永远不会知道。

通过这些文字，佩特森将丛林文学中原有的那些昏暗和沮丧气氛一扫而光。

佩特森辞世当晚，万斯·帕尔默通过广播发表了一份悼词："他理解我们的情感与想象；他让自己成为我们所认识和深爱的这个国家的重要一员。假如没有他在这里生活或创作过，这个国家将会更加贫瘠，也不会有现在如此亲密的感情把我们牢牢联系在一起。"

1983年，佩特森的孙女们出版了一部佩特森的作品全集，分为两卷，其中还包括当时从未出版过的作品。他的画像由约翰·朗斯塔夫创作，该画像获得1935年的阿奇博尔德奖，现陈列在新南威尔士州艺术馆。

85. 亨利·欧内斯特·布特（1865—1949）

作者：弗兰克·法雷尔

亨利·欧内斯特·布特（Henry Ernest Boote），工党宣传员、记者和作家，1865年5月20日出生于英国利物浦，是约瑟夫·亨利·布特和妻子伊丽莎白·汉普登的长子，伊丽莎白娘家姓乔利。布特10岁辍学后在一家印刷厂当学徒。他在当地免费图书馆读书自学，并对绘画产生兴趣。20岁时，一个艺术经纪人聘请他做文案，后来让他临摹作品出售。布特存了一些钱，1889年移居澳大利亚，在布里斯班找了一份排字工工作。布特工人阶级意识强烈，热衷于工会运动，很快便深度参与昆士兰州劳工运动事务，展现了社会主义宣传家和作家的天赋。他经历了一种"重生"的感觉，形成了自己终生的信念，即有组织的工人阶级事业是道德的、正义的，社会主义必然到来。

1894年，布特被澳大利亚劳工联盟派往班德堡编辑《班德堡卫报》，这是一份每周两期的报纸，以反对在制糖业雇用卡纳卡劳工而闻名。两年后，他搬到金皮，借宿安德鲁·费希尔[①]家，帮他发掘并编辑金皮的《真相》。1902年，布特成为布里斯班《工人》杂志编辑，并长期为该杂志撰稿。他以散文和诗歌而出名，同时为该刊撰稿的还有澳大利亚文学之父亨利·劳森、玛丽·吉尔摩、R. J. 奎因[②]和诺曼·莉莉等作家。布特经常用笔名"试金石"发表文章，并出版了第一本散文集《傻瓜的谈话》（悉尼，1915）。

1911年，布特来到悉尼，担任澳大利亚工人工会官方刊物《澳大利亚工

[①] 安德鲁·费希尔（1862—1928），澳大利亚政治家，曾在1908—1909年、1910—1913年和1914—1915年三次担任澳大利亚总理。1907—1915年是澳大利亚工党的领袖。
[②] R. J. 奎因（1867—1949），澳大利亚诗人。

人》的领导者和专栏作者；1914—1943 年担任编辑。他是 E. G. 西奥多①、J. H. 斯卡林②、费希尔、约翰·柯廷③和 H. V. 伊瓦特④等工党领袖的密友，对工党政策的形成和发展以及更广泛的政治和工业领域产生了深远的影响。布特以"H. E. B."为名发表社论，受到研究劳工事务的严肃学者的密切关注。他经常尽力调和社会主义理想与澳大利亚政治的现实，并提出一种指导思想——激进但循序渐进，即费边主义——得到所有劳工运动参与者的认同。

1916 年，工党在征兵问题上出现分歧，在全民公投中，布特可能是全澳大利亚最重要的反对派宣传者。1917 年澳大利亚工人工会在热烈的欢呼声中一致通过一个对他表示感谢的决议。伊恩·特纳曾表示，当时在劳工运动中没人比他"更为有名和更受尊重"。是年 11 月，他因发表有碍征兵的文章，即著名的《死亡彩票》，根据《战争预防法》而被起诉。尽管 W. M. 休斯承诺政治问题不会受到审查，但他还是支付了 100 英镑的罚款。1916 年年底，布特开始声援世界产业工人联盟 12 名被监禁的工人，并于 1917 年 3 月被判蔑视法庭罪。他的 10 万册宣传册《有罪还是无罪？》都被分发下去了。一开始他主要为声援其中一名囚犯，即他的朋友唐纳德·格兰特，但后来确信这 12 人无罪。由于他的不断活动，1920 年英国 N. K. 尤因皇家委员会释放了 12 个囚犯中的 10 个。

起初布特是激进的"统一大公会"理念的支持者，这一理念在一战结束时席卷劳工运动界，后来他协助澳大利亚工人工会中的保守派挫败了这一计划。左翼人士对雇主领导层的攻击让他很难不支持他们；但左派的过激行为促使他的态度发生了改变。布特虽然是一个狂热的国际主义者，但对 1917 年后俄罗斯的发展深感失望；他也看到有色人种因为数量和发展逊色而被排除在澳大利亚劳工共同体运动之外；因试图与泛太平洋工会秘书处（1927—

---

① E. G. 西奥多（1884—1950），澳大利亚政治家，1919—1925 年担任昆士兰州总理，州工党领袖。他后来进入联邦政坛，在工党斯卡林政府担任财政部部长。
② J. H. 斯卡林（1876—1953），澳大利亚工党政治家，第九任联邦总理。
③ 约翰·柯廷（1885—1945），澳大利亚政治家，从 1941 年起担任澳大利亚第十四任总理，直到 1945 年去世。
④ H. V. 伊瓦特（1894—1965），澳大利亚政治家和法官，1951—1960 年担任澳大利亚工党（ALP）领袖，1941—1949 年担任司法部部长和外交部部长，1930—1940 年担任澳大利亚高等法院法官。

1930年新成立的澳大拉西亚工会理事会隶属于泛太平洋工会秘书处)等共产主义阵线组织建立联系，左翼也对他们进行抵制。布特还对左翼工会会员支持 J. T. 朗感到愤怒，认为他是一个潜在的独裁者。

然而，随着20世纪30年代法西斯势力崛起和1934年后共产国际采取的和解统一战线政策，布特又开始直言不讳地支持一些左翼事业。20世纪30年代末他开始支持安全合作，严厉批评澳大利亚工党的孤立主义。1940年，布特威胁要辞去《澳大利亚工人》的职务，因为他那篇支持澳大利亚工党新南威尔士分部"不干涉俄罗斯"决议的文章被澳大利亚工人工会官方压制。尽管越来越失望，布特还是继续担任编辑，直到1943年3月因重病被迫退休。

私下里布特腼腆而沉默寡言，朋友和熟人都知道他是一位天才艺术家和音乐爱好者。1926年至1942年，他是新南威尔士公共图书馆财产托管人，同时也是米切尔图书馆委员会成员。1889年10月6日，布特与玛丽·简·潘格德斯特在布里斯班以罗马天主教仪式结婚；婚后育有两女一子。布特在1911年搬到悉尼之前与妻子分居，但他们没有离婚。他后半生一直与记者兼作家玛丽·埃伦·劳埃德住在玫瑰湾的梅德；在朋友们看来，这是一种"田园牧歌般的生活——一种真实而温暖的、脆弱而融洽的安宁生活"。1949年8月14日去世之前，布特一直处于平静的退休状态；唯理论者 H. 斯科特·贝内特主持了他的葬礼，他被安葬在南头公墓。

尽管布特是同时代最多产的作家之一，并在晚年获得联邦文学基金的养老金，但现在几乎被文学史学家忘记。他的出版物包括许多直接的政治和社会评论，主要是宣传册，还有政治小说如《人类阶梯》(1920)，一部讽刺寓言《惠里斯特的土地》(1919)，散文和素描《与魔鬼喝茶及其他》(1928)；还有几卷诗。所有这些作品都带有布特社会主义哲学的印记，但它们的说教气息在某种程度上被他优美的文笔和生动的风格所掩盖。

86. 玛丽恩·诺尔斯（1865—1949）

作者：塞西莉·克洛斯

玛丽恩·诺尔斯（Marion Knowles），作家，1865年8月8日出生于维多利亚州伍兹角，家中长女。父亲是爱尔兰移民詹姆斯·米勒，小商店店主，母亲安妮·玛丽亚，父姓鲍恩，天主教徒。玛丽恩曾在私立学校接受教育，后来家道中落，1878年12月在当地公立学校成为一名小学教师。1886年，玛丽恩开始在墨尔本地区长期从事救济教学，在各个乡镇甚至在那些只有一个教师的偏远学校教学。1893年1月至1901年9月，玛丽恩成为博士山学院一名助教。1901年9月19日，玛丽恩在圣帕特里克大教堂与鳏夫约瑟夫·诺尔斯结婚，诺尔斯是墨尔本市一个估价师。

玛丽恩从小热爱诗歌，不久便开始尝试创作诗歌。此后，诗歌成为她表达对自然、儿童、爱和死亡等感情的自然流露。在远离家人和朋友的地方教学时，她也会描绘乡村生活和记忆中的人物。最初用"约翰·德斯蒙德"做笔名，为《澳大拉西亚人》创作诗歌和小品文，然后由D.沃特斯顿[①]编辑，她对沃特斯顿的建议和鼓励终生感恩。1896年，她出版第一部小说《芭芭拉·韩礼德》，两年后又出版了一本诗集《山歌集》，两书再版四次；1900年，出版故事与小品文集《三叶草和荆棘花》。

1899年9月，玛丽恩在《倡导者》杂志开设一个妇女专栏，1900年成为《儿童角》栏目的"帕特西阿姨"。由于与丈夫合法分居[②]，她只能靠一点零花

[①] D.沃特斯顿（1845—1931），澳大利亚记者和报纸编辑；分别于1885年至1903年担任《澳大拉西亚人》和1903年至1906年担任《阿古斯》的编辑。

[②] 合法分居即经法庭判决，孩子自选与亲生父母的一方分居，而与另一方或养父或养母居住。

钱抚养两个男孩(一个女儿在出生时夭折),她的朋友约瑟夫·温特[①]任命她为《辩护者》正式职员。她在家工作,家务事由管家处理(她后半生也将如此度过)。她一直在《辩护者》工作,直到1927年4月不得不退休。后来通过这本杂志,一个委员会奖励了她334英镑,成为她在裘园一栋房子的押金,她在此安度余生。

玛丽恩·诺尔斯在一战前担任天主教俗人组织的领导,1913年成为天主教妇女俱乐部创始主席,后来任其慈善收容所董事会主席。同年,她通过《辩护者》帮助建立一个单身天主教徒社交俱乐部。战争期间,她组织向天主教士兵发送包裹,并于1919年主持欢迎他们回家的委员会。20世纪初开始,玛丽恩一直是萨里山圣约瑟夫贫困儿童之家委员会名誉秘书,二战后,她是该委员会的赞助人。1938年她被授予医学博士学位。

在为妇女和儿童服务期间,玛丽恩·诺尔斯出版了第二本诗集《黑人马刺上的复叶》(1911),1913年至1923年间出版了更多诗集。她继续为《辩护者》和其他天主教报纸如《爱尔兰天主教徒》(都柏林)撰写连载故事,其中一些结集成书在墨尔本出版:《牧场科琳娜的虚张声势》(1912)、《小医生》(1919)、《玫瑰园之家》(1923)和《米纳东的梅格》(1926)。退休后,玛丽恩通过佩莱格里尼在悉尼发行《美丽的南·哈蒂根》和《皮尔斯·奥格雷迪的女儿》(1928)、《鲍尔的运气与奇迹》(采矿故事)以及《小医生》的第二版(1929)。

这些以乡村为背景的浪漫故事主要是在歌颂天主教,他们的角色也以爱尔兰裔澳大利亚人为主,因而只受一小部分读者青睐;即使是天主教徒的评论也不冷不热。由于对书商推销和评论家的推荐感到失望,她决定自己在家做广告并分销书籍,取得一些成绩。退休后,玛丽恩的名字不再出现在天主教徒面前,她也无法参加她一直参加的澳大利亚文学协会的活动,她担心自己会被遗忘。然而,1931年,她获得了联邦文学基金每周10先令的养老金。1935年,一个赞助者委员会安排出版她的《诗歌选集》,1937年这部诗集重印时被分为两卷:《山间竖琴》和《风与浪抒情诗集》。

玛丽恩·诺尔斯晚年身体健康但视力下降,需佩戴眼镜。1949年9月16日去世前她一直待在家里。在两个儿子的安排下,她被安葬在布莱顿公墓。

[①] 约瑟夫·温特(1844—1915),约1870年从哥哥塞缪尔那接手管理和编辑《辩护者》。

87. 埃德温·格林斯莱德（扬筛机）·墨菲（1866—1939）
作者：亚瑟·L. 班尼特

埃德温·格林斯莱德（扬筛机）·墨菲［Edwin Greenslade（Dryblower）Murphy］，记者，1866年12月12日出生于维多利亚州的卡斯尔梅茵，家中排行第十。父亲爱德华·墨菲是来自爱尔兰的泥水匠兼泥模匠，母亲埃伦是英国人，父姓格林斯莱德。墨菲在南墨尔本接受过五年教育——但他的笔迹几乎一直都模糊难辨——随后他去了城市路，在父亲手下工作。墨菲在吉普斯兰停留了一段时间，凭借着自己悦耳的男高音，他在J. C. 威廉姆森所主持上演的吉尔伯特和沙利文公司的歌剧中谋得合唱团团员一职。后来，西澳大利亚州发现金矿的消息吸引了墨菲，他带着行李从珀斯出发，一路跨越350英里（563千米），1894年到达库尔加迪。利用扬筛机找到了一些金子，晚上他还喜欢听酒吧钢琴伴奏的演唱。

墨菲协助比利·克莱尔创办《库尔加迪矿工报》。他给该报每周的八卦专栏撰稿，内容除了闲谈八卦外，还包括一些押韵小短诗。他的笔名是"扬筛机"，这个叫法颇有渊源。当时一位朋友把他写的一首押韵诗发给悉尼《公报》，说是当地一个使用扬筛机的人写的。此后，墨菲一直沿用这个笔名进行创作。

墨菲曾与两名同伴前往新发现金矿的I. O. U. 镇（亦称布龙），该镇在库尔加迪的东北方向。1894年年末，他突然发现了一个富含黄金的地块，捣碎的金子价值2000英镑（这对于一贫如洗的探矿者们来说是笔可观的数字）。次年3月，他与其中一个同伴出发前往伦敦，在当地投资开办了一个名为艾丝美拉达的矿场。矿场衰落后，墨菲回到澳大利亚，但是，不久之后他又重返英格兰，开始为金融和社会性报纸撰稿，帮助揭发骗子路易斯·德·鲁格蒙特的丑行，然后带他去巡回演讲。

在伦敦生活期间，墨菲很喜欢去看戏剧演出，特别是吉尔伯特和沙利文公司的歌剧，偶尔他还会参与演唱。他把伦敦称作"大雾都"，并将关于伦敦的报道发回澳大利亚。1895年9月25日，他和艾玛·埃莉诺·朗兹在哈克尼民事登记处登记结婚，后者是个退休建筑工人的女儿。南非战争期间，二人回到澳大利亚。受当时英国爱国主义热情的启发，他写了一首名为《隔海之手》的歌，后由一位当红的歌剧界人士乔治·斯纳策尔谱曲。从郁郁葱葱的英国返回炎热的澳洲红土地时，"扬筛机"写下这样的诗句"太阳以万千英里的火焰充斥了这个残喘的星球"。

墨菲干脆利落、幽默诙谐的写作风格为他赢得卡尔古利的周报《太阳报》的工作。当时他主写的专栏名为《漫谈杂侃》。几年后，墨菲去了位于珀斯的《星期日时代报》，他写的"诗与失"专栏是讥讽文章的上品。1905年4月，他和 J. E. T. 伍兹共同创办《冒险生活》，报道有关赛马的新闻。这份报纸最终只经营了一年。之后，他重回《星期日时代报》工作，"给该报老板麦克勒姆·史密斯赚钱"。他还创办了一个戏剧专栏。墨菲的这份工作一直持续了35年，按他自己的说法，他只会在"过度狂欢"的时候才会偶尔漏掉一篇。

"扬筛机"还为到访当地的喜剧演出团创作一些关于本地内容的歌曲。1908年美国舰队抵达，他写的一句话，"美国是我们的老大哥"被广为传诵。第一次世界大战期间，墨菲为爱国主义理想不辞劳苦地工作。受儿子哈利入伍有感而发的一首诗《我的儿子》也深得群众喜爱。墨菲和澳大利亚同时期的众多幽默作家一样，都顺应并鼓励当时盛行的种族主义和沙文主义情感。

1904年，墨菲出版一部关于库尔加迪的小说《甜美的波罗尼亚》。四年后，《红柳桉地之歌》问世，这是他众多诗歌集中的第一部，在西澳大利亚州出版，并由 C. W. A. 海沃[①]作序。序言中，他高度赞扬墨菲"顽皮的笑话"和"尖锐的讥讽"。但是，海沃特别指出，书中大部分作品都是"压力下的速成品"，只对其中两首诗给予真正的赞扬。墨菲诗作的名气超过其他任何一位西澳大利亚诗人的作品。1926年，他出版了《扬筛机的诗歌》。

政界人士们很怕他尖锐讥讽的笔锋，但这没能阻止他以独立候选人身份

---

① C. W. A. 海沃(1866—1950)，澳大利亚新闻记者、作家。

参加1934年的参议院选举,尽管竞选以失败告终。

墨菲是一位充满活力、善于讲奇闻轶事的作家。他的身材粗壮,留着姜黄色头发,鼻尖耸起,一副咄咄逼人的样子。1907年有一位漫画家是这样描绘他的,头戴硬草帽,留着下垂胡子,身穿紧身烟囱裤,双手插在西装背心的口袋里大拇指傲慢地跷着。1939年3月9日,墨菲因癌症在东珀斯去世。他去世时妻子和三个儿子(他们共有五个孩子)尚在人世。"扬筛机"被葬在卡拉卡塔公墓,身后留下288英镑的遗产。

88. 塞缪尔·艾伯特(山姆)·罗沙(1866—1940)
作者:范瑞提·博格曼

塞缪尔·艾伯特(山姆)·罗沙[Samuel Albert (Sam) Rosa],社会主义者、记者,1866年1月31日可能出生于澳大利亚。父亲亚历山大·罗沙是一名油漆工,母亲玛丽·伊丽莎白,父姓亨肖。两年后,举家迁至伦敦。罗沙先后在圣安德鲁学校和摄政街的艺术理工学校接受教育。18岁时,他成为社会民主联盟的执行委员。1886年罗沙前往美国,在那里做一名自由记者,并加入社会主义劳动者联盟和劳动骑士团。

1888年罗沙前往墨尔本,次年1月,协助成立澳大利亚社会主义者联盟墨尔本分支,不过该联盟只存在了短短一段时间。1889年7月20日,他协同W.R.马洛尼[1]博士和W.D.弗林一起成立了社会主义民主联盟。1890年所著的宣传册《社会民主》中,罗沙认为社会的发展方向是"共同合作":"合作式的联邦"将会是直接民主,在这个体系下,每个公民都有权利对每部法律进行投票,法律本身的数量也会很少。政府官员由公民选举产生,监管法律的执行和实践,同时公民还有权利召回或取消对这些官员的授权。工厂将

---

① W.R.马洛尼(1854—1940),人道主义者、政治家,澳大利亚下议院长期任职的工党成员。

由工人们经营，两性之间将更加平等。作为社会主义民主联盟的主要公开发言人之一，他被指控发表"煽动性"演讲反对守安息日，被判入狱一月。

1890年，罗沙成为墨尔本众所周知的人物。他成为失业大众的著名领袖之一，他领导的游行示威和代表团掀起了恐慌，从而为失业者取得一些来自对峙方的妥协和让步。《公报》曾这样描述他："一个看起来像海盗似的家伙，长着潘趣似的大鼻子[①]，留着可怕的红髭……还搭配骇人的红头发。"但是，他的真实照片与该报塑造的形象大相径庭，照片里的他看起来和蔼且颇具学者风范，鼻子小巧，胡须整洁，发际线比较高。

同年晚些时候，罗沙迁至悉尼，在那儿当过工人、说客，还做过自由记者，很快他就成为澳大利亚社会主义者联盟书记。但是，1892年1月他被该联盟罢免，主要原因是联盟决定支持拥护以国家为导向的社会主义，而这正好与罗沙的观念相左。6月14日，他在帕丁顿与丧偶的玛丽·汉丽埃塔·威廉姆森结婚，后者娘家姓埃文斯，是个女裁缝。9月，罗沙以诽谤罪起诉《真理报》，并亲自在法官M.亨利·斯蒂芬爵士面前为自己辩护。法官判定《真理报》的陈词"完全错误且毫无根据"。但是，罗沙的好运未能持久，1893年他因贩卖亚瑟·德斯蒙德的书《真金白银》被监禁三个月。1894年，罗沙出版了一部短篇小说《恐怖临头》，次年更名为《奥利弗·斯彭斯》。1894年和1895年，他以工党候选人身份竞选特威德和巴望的席位，但两次均告失败。

虽然身处国家社会主义思潮最强盛的时代，罗沙却和当时的大部分社会主义者格格不入。1896年，罗沙出席在巴瑟斯特举办的人民联邦大会，此后他把一腔政治热忱全部灌注在独自创作反对联邦制的小册子上。1901年他竞选参议员失败。当时尽管他与约翰·诺顿之间还有法律纠纷，二人还是成了朋友。1901年诺顿任命他为《真理报》的社论作者和编辑。罗沙一直为该报工作到1923年，在此期间，诺顿身处国外或醉酒时，罗沙还经常代替他处理事务。

第一次世界大战期间，部分工人运动骤然左倾，此时的罗沙担任工业警戒委员会主席的工作。1919年7月，他和J. S. 加登、A. C. 威利斯一同被逐出工党，事情起因是这三人谴责政府行政人员腐败堕落和一无是处。1919年

[①] 潘趣是英国传统滑稽木偶剧《潘趣和朱迪》中的鹰鼻驼背滑稽木偶。

8月，脱离出来的部分党员成立了一个新的党派——工业社会主义工党，罗沙主持该党的成立大会。1923年，他成为澳洲煤矿和页岩工人联盟旗下杂志《共同理想》的总编辑。1925年，该报和其他报社合并之后，罗沙成为《工人日报》的社论作者和文学编辑。20世纪20年代间，罗沙是文学团体费利斯文学圈的"大师"，这个团体成员多是贫困潦倒的作家和画家，成员们经常在咖啡馆里会面。1934年，罗沙再次入职《真理报》，成为社论和特别报道的撰写者，1937年入职澳大利亚作曲家和作家协会，任协会主席。

罗沙于1940年5月25日去世，遗体按英国圣公会礼仪火化，他去世时妻子尚在世。他不容忍愚蠢之人和改革派，因而被反对者广为指责和诟病，"他有着非社会主义式的气质"。罗沙经常受人诽谤和中伤，他这样描述抨击他的人："他们像寄生虫一样附着在工会工人身上，一直以来还享受着高得离谱的工资。"

89. 盖伊·纽厄尔·布斯比（1867—1905）

作者：佚名

盖伊·纽厄尔·布斯比（Guy Newell Boothby），小说家，1867年10月13日出生于南澳大利亚州格伦奥斯蒙德。父亲托马斯·王尔德·布斯比是一名供货商代理人，也是政治家，母亲玛丽·艾格尼丝，父姓霍丁。祖父为法官本杰明·布斯比。约1874年，布斯比与其兄弟随母亲移居英格兰，先后就读于当地的修道院公学、索尔兹伯里及沃敏斯特文法学校。16岁时，他回到父亲身边，在阿德莱德的事务所任职。1890年，他成为市长路易斯·科恩的私人秘书。

布斯比曾在《南澳大利亚纪事报》上发表过一些文章，同时也为一些女演员写过戏剧与音乐喜剧。其中有几部作品曾在当地出演，自己也曾参加演出，但未曾取得成功。被《观察家》评为"平淡无奇"的《黄水仙》（1891）是一部以法国大革命为背景的音乐剧,作者曾对该剧寄予厚望。但它的演出收益甚微,未使作者获益。

1891年12月,布斯比与朋友朗利·泰勒乘坐下等客舱前往英国,中途因资金耗尽在斯里兰卡首都科伦坡登陆,在当地游荡了数月。他们有时做水手谋生,其间在新加坡、婆罗洲及爪哇岛靠岸,曾在星期四岛暂住,布斯比还在那潜水打捞寻找珍珠贝。他们沿昆士兰海岸漂流而下,后从诺曼顿乘轻型马车到达达令河。

1892年布斯比将这段经历写进他的自传体作品《流浪途中》,并将该作品带到英国于1894年发表。同年他的第一部小说《诡异同道》得以问世且成绩斐然。1895年10月8日,他同罗斯·爱丽丝·布里斯托于伦敦结婚,当时,他的另外四部小说已经写成。之后他以平均每天6000字的速度写作,在接下来的10年间完成50部小说。

他的小说将各种奇异的事件巧妙地串联在一起,并以一种略带嘲讽的语气娓娓道来。布斯比声称他是受"朋友"拉迪亚德·吉卜林的鼓舞。布斯比早期关于澳大利亚的小说是他的精华之作。后期作品浸染了浓郁的异国风情和主题,其中尼古拉博士系列作品流传甚广。尼古拉与靡菲斯特①相仿,痴迷于催眠术并研习魔法与超自然的隐秘之术。《泰晤士报》的批评家评论布斯比"将弗兰克式的耸人听闻的写作手法运用到了无以复加的地步",但他仍厚颜无耻地取悦忠实读者。"我给读者想要的……而他们也回报我想要的。"布斯比当时的年收入大概已经增长到2万英镑,过着舒适的生活,住在伯恩茅斯附近的博斯坎比,在名为温斯雷小屋的豪宅内收集书籍,饲养马匹、牛和斗牛犬,还建造了异域风格的养鱼池。成功之后,他的工作方式更加古怪。他上午9点休息,深夜起床,用他似蜡质的圆柱形留声机进行口述录音,然后让他的两个助手5点30分起床将其转录成文字稿。

布斯比于1905年2月26日死于突发肺炎,年仅37岁,葬在伯恩茅斯。

---

① 靡菲斯特是歌德《浮士德》里的魔鬼。实际上是魔鬼撒旦的化名,他妄图把伟大的浮士德引入歧途,但浮士德最终还是选择了为人类造福,死后灵魂并未让靡菲斯特带走,而是升上了天堂。

90. 亨利·劳森（1867—1922）
作者：布赖恩·马修斯

亨利·劳森（Henry Lawson），短篇故事作家、民谣作家，1867年6月17日出生于新南威尔士州的格伦费尔。他是家里最终存活下来的四个孩子中的老大。父亲尼尔斯·赫兹伯格（彼得）·拉尔森是挪威裔的矿工，母亲路易莎，父姓阿尔伯里。彼得21岁时当了水手，多次航行之后，于1855年到达墨尔本。在那里，彼得弃职离船，加入当时的淘金热。1866年彼得和路易莎结婚，次年亨利出生，给亨利注册出生的时候改姓为劳森。当时这个小家庭已经显示出一些压力和紧张的征兆。为了方便彼得能追随淘金热，整个家庭也经常随他搬迁。但是，1873年8月，当他们的第三个孩子快要出生时，他们最终回到了出发前的落脚地派普克利并定居下来。彼得购买了一片所谓的选地，路易莎负责耕种经营，她还以彼得的名义开了一个邮局。彼得则在穆奇地区周围做着建筑承包商的生意。

但是，即便如此，这个家庭的生计依然岌岌可危。即使在最好的情况下，那片土地的产出都微乎其微。由于丈夫经常不在家，路易莎感到非常孤独和脆弱，于是这个家庭的重担慢慢地落到劳森年幼单薄的肩上，这也使得他愈发的孤僻和内向。他更加相信自己与别人不同，也不和别人来往。不过，这个家庭也有过快乐时光：路易莎是个想象力丰富且非常健谈的女人，彼得是个出色的音乐家。但是，夫妻之间失败的沟通、彼得日益频繁的离家在外、长期不断恶化的生活困顿，这些都使得偶尔略微快乐的时光显得愈发的微不足道。年轻的劳森经常一人独处，田间农活让他担忧，父母之间明显的疏远不合也让他感到非常焦虑和不安。由于他是家中长子，对于父母之间的问题比弟弟妹妹们更清楚，也正因为如此，他感受到的痛苦也更为深刻。

在外面，他不可避免地成为其他年轻人嘲弄和欺负的对象之一，成了他们的笑柄。他几乎没有机会建立童年时代的友谊，即便是有机会，他自己也没有社交能力。虽然童年本应有的快乐大多被担忧、恐惧和压抑所占据，但他曾多次对父亲说自己其实并不愿意长大。

劳森 8 岁多时，经过路易莎的积极鼓动，他们生活的地区终于建起了一所学校。1876 年，劳森 9 岁多，最终进入用简陋木板搭建而成的尤拉德利公学，跟着新上任的老师约翰·蒂尔尼学习。同年的一个晚上，劳森感到身体不适，而且耳朵也疼，第二天起来时他已经有些轻度失聪。接下来的五年里，他的听力变得越来越差。14 岁时，他的情况急转直下，听力大幅度丧失，而且也无法治愈。对于心理上本来就已经很孤僻的劳森来说，局部失聪所带来的深深静寂无疑是极其沉重的当头一击。

劳森的学业断断续续地持续了三年，直到 1880 年结束。他跟随父亲做承包建筑工作，先是在本地，后来远至蓝山地区。1883 年，劳森在母亲的要求下前往悉尼与她团聚。当时路易莎已经放弃了家中土地，与劳森的妹妹格特鲁德、弟弟彼得一起在菲利普大街谋生。他在哈德逊兄弟有限公司当起了学徒，做汽车油漆工。为了参加大学入学考试，他还上夜校学习。但是，正如他根据自己当时生活经历所写成的故事《阿维·阿斯皮诺尔的闹钟》叙述的那样，他在悉尼的那段日子也并不快乐，就像儿时在乡下土地上生活一样。日复一日的工作和来自工友们的骚扰使他感到身心俱疲，他也没能通过大学入学考试。接下来的几年里，他尝试做过或申请过许多工作，但几乎都没成功。1887 年，劳森再一次被耳聋困扰，前往墨尔本的维多利亚眼耳医院求诊。虽然这次旅途带给他些许快乐，但是他的耳聋问题还是没有办法治愈。自此以后，劳森似乎认命地活在一个含糊不清且令人沮丧的失聪世界里。

与此同时，劳森开始创作。通过和母亲那些激进派朋友们的接触，他心中逐渐充满了似火般炽热的共和主义热忱。他发表的第一首诗《共和之歌》(《公报》，1887 年 10 月 1 日) 正来源于此。此后，他写下《德利城堡的残骸》以及《金沟》，后者可部分追溯到他少年时期关于挖渠的记忆。与此同时，他也开始接触到新闻业，为当时路易莎·基普和威廉·基普夫妇创办的一个小报《共和党人》写些文章，这个小报比较尖酸苛刻（劳森的诗《堪柏如拉之星》还歌颂了这份小报的风雨飘摇和稀奇古怪）。到 1890 年，劳森已经是小有名气的诗人了，他的一部分诗在当时比较有名，例如《街中人面》《安迪随牛去》和《路缘上的钟》。

1891年年初，布里斯班《回旋镖》报社的格雷斯利·卢金给劳森提供了一个进入新闻业的机会，按当时劳森自己的话说，这是他"唯一的、第一个而且也是最后一个进入新闻业"的机会，他欣然接受。劳森为该报和威廉·雷恩的《工人报》创作了大量的散文和韵律诗。但是，不幸仍然伴随着他：不到9月《回旋镖》已经陷入困境，不再需要他的创作。他再一次在悉尼打零工，时而写作，时而和朋友豪饮，E. J. 布雷迪①是他当时最重要的朋友。

由于运气不佳，抑或是自身性格的原因，劳森似乎无法在写作和生活上找到平衡与方向。在早期的优秀诗歌作品之后，他写的诗歌内容开始涵盖各种主题，既有当代又有怀旧。他出版的第一篇故事《他父亲的伙伴》（《公报》，1988年12月）虽然结构不够平整且过度情感化，但是他作为短篇故事作家的出色能力已初现端倪。截至1892年，他依最初的愿望创作完成了一些短剧和出色的作品《赶牲畜人的妻子》。然而，劳森似乎又重蹈覆辙：他只是在为生计奔波，无法把自己的精力和能力用到其他事情上，还浪费越来越多的时间光顾悉尼周边他喜欢的一些酒吧。J. F. 阿奇博尔德意识到劳森内心的颓废之后，就建议他做一次内陆旅行，费用由《公报》负担。1892年9月，劳森带着5英镑和一张去伯克的火车票，开始了他一生中最重要的旅程之一。

接下来的几个月里，劳森行走在新南威尔士州干旱肆虐的西部，被当地的大部分所见所闻深深震撼。"你完全无法想象这片土地有多可怕"，他在给姑姑的一封信中写道，"人们流浪、乞讨，过着狗一样的生活"。尽管如此，他随身带着旅行包游走在伯克及其周边地区的生活经历让他心潮澎湃。当他重新回到文明社会时，他的心中满是回忆和经历——部分可笑，但许多却震撼人心——这些都成为他此后多年的写作源泉。《丛林殡仪员》《联盟葬礼》以及米切尔速写中一些最精彩的篇章就是他回来后不久创作的。《诗歌与散文短篇小说集》是路易莎从他的作品中筛选出来的一部分，1894年由黎明出版社出版，这本书里面还包含了一些他创作的故事，不过当时形式不够吸引人，而且还存在些印刷错误。然而，《洋铁罐沸腾的时候》（1896）是劳森第一

---

① E. J. 布雷迪(1869—1952)，澳大利亚新闻记者、诗人。

部重要的短篇小说故事集，至今还是澳大利亚经典文学宝库的一部分。

虽然此次内陆之旅带给劳森的灵感在其创作初期就不断地涌现出来，但是，生活又回归到先前的旧模式，那种令人沮丧的、犹如秘密隔离般的生存。6个月后，他前往新西兰，在那里找到了一份电报线路工的工作，也远离了新闻业和酒精。1894年7月29日，他重新回到悉尼，准备在当时新成立的《工人日报》工作，但后来他只在那儿工作了三天。他用酒精慰藉自己，还同一帮朋友去进行波希米亚式的探险，其中包括J. Le. 盖伊·布里尔顿①。即使他的《短篇小说集》12月份发表在《散文与诗歌》上，也没能使他振作起来或带来什么收入。

然而，在接下来的一年里，劳森的生活似乎保持了很好的平衡，也实现了他一直以来追求的名誉和稳定。1895年，他应安格斯和罗伯森公司之约，准备创作两本书；他还邂逅了贝莎·玛丽·路易丝·布雷特（1876—1957），贝莎·麦克纳马拉的女儿。劳森对她的追求虽然短暂，但一如他的典型风格，这份追求热烈且冲动。二人于1896年4月15日结婚。同年，安格斯和罗伯森公司如约出版的两本书《在海阔天空的日子里》和《洋铁罐沸腾的时候》都获得了好评。

劳森前往西澳大利亚州淘金之旅失败后，举家重回悉尼，此时，他已经是一位知名的作家和公众人物。他又开始了往日的开怀畅饮，还与"黎明与黄昏俱乐部"几个朋友开始精彩纷呈的冒险，其中弗雷德·布龙菲尔德、维克多·戴利和伯特伦·斯蒂文斯是他的主要伙伴。为了让他能够脱离这种生活，1897年3月31日，劳森一家迁居至新西兰南岛的曼加毛奴，但是，这次冒险行动从各方面来说都不成功。劳森最初希望在这个孤独且原始的小岛上教毛利人读书，但是这份热情很快褪尽。与此同时，他当时创作的一些诗歌里（《追记》《愉快死旅》）也显示出，他第一次逐渐意识到，在他与妻子匆忙的逐爱、结婚以及之后在西澳大利亚和悉尼的喧嚣热闹生活之后，随之而来的是责任和束缚。英国出版商寄来的饱含希冀的信件也助长了他的焦躁与不安。贝莎的怀孕更加坚定了他的决心，于是，1897年11月他们离开曼加毛奴，并于次年3月回到悉尼，此时贝莎已经卧床待产。在待产期间，劳森

---

① J. Le. 盖伊·布里尔顿（1871—1933），澳大利亚诗人、评论家、悉尼大学英语教授。

应布兰德·霍尔特①之约在惠灵顿创作了一个剧本《品特之子吉姆》,但由于难以驾驭和操控,最终没能登台上演。

在悉尼,劳森又变成老样子,与旧友们厮混在一起。此前他是带着一个高于任何一切的目的回来的,那就是去伦敦,他确信在那里会有更多的机会靠笔杆子过日子。为了排解日积月累的挫败感和痛苦,他大量地饮酒——1898年11月他进入酗酒者疗养院——而且还给《公报》写了份个人声明,这篇文章出现在该报1899年1月刊上,标题为《在澳大利亚追求文学梦想》。接下来的一年里,劳森的生活变得勤奋且有节制,他开始创作早前安格斯和罗伯森公司委托的书——《在路上》《越过栅栏》(故事集)和《通俗诗和幽默诗》。假如没有大卫·司各特·米切尔、总督比彻姆伯爵、乔治·罗伯森的慷慨帮助,估计他也无法实现"闯荡伦敦"的梦想。1900年4月20日,他启程前往英国,随行的有他的妻子、儿子约瑟夫和刚刚两个月大的女儿贝莎。

虽然劳森曾对在英国的这段插曲翘首期盼,但是,他后来又矢口否认,说那是一场灾难:"在伦敦的日子就像一场噩梦";"狂热地来到伦敦/这彻底摧毁了我"。但是他在伦敦还是获得了一些成功,他确实有机会在文坛立足,不过从某些方面来说他确实不走运。到伦敦后,他仍把 J. B. 平克作为自己在英国的经纪人,并很快收到来自爱德华·加尼特和威廉·布莱克伍德热情洋溢的鼓励,加尼特是一位文学批评家和出版社阅稿人,布莱克伍德是《布莱克伍德之爱丁堡杂志》的编辑。劳森的四篇乔·威尔逊系列故事——一般被评论家视为他的创作巅峰——就是在伦敦完成的,而且布莱克伍德在两年内就出版了两本劳森的作品集:《乔·威尔逊和他的伙伴们》(1901)和《丛林儿童》(1902)。但是,陌生的环境和不友善的气候给他的家庭生活带来了紧张和压力,妻子又得了严重的疾病(她从1901年5月始在贝特莱姆皇家医院治疗精神疾病,共三月之久),后来劳森因为基本生活所迫,又进入为生存而写作的摧残折磨状态。这些因素逐渐消磨了他先前的耐受能力,影响了他的健康状况、写作质量,甚至他的文学理想和计划。到1902年4月,劳森已经开始安排贝莎和孩子们先回澳大利亚的事情,自己随后返回。当年7月底前,全家人都回到悉尼。

---

① 布兰德·霍尔特(1851—1942),喜剧演员、剧场制作人,活跃于澳大利亚。

之后劳森的个人生活和创作生活急转直下。回澳之后，劳森和贝莎之间很快达成和解，但这仅维持时间很短暂。1902年12月，他企图自杀。次年4月，贝莎寻求分居并获得法庭许可。虽然当时境遇非常糟糕，劳森还是进行了大量创作，孤注一掷地重启陈旧的主题和想法，抑或是尝试一些新突破，他徘徊在二者之间，但都未成功。先前作品里出现过的多愁善感和情节剧，此时大量地充斥在他的散文和诗歌里。这一时期的作品包括《蓝天骑士与其他诗歌》《我的部队，我的部队！与其他歌谣》(1915)以及《生活三角与其他故事》(1913)。由于无法为孩子们支付抚养费，他频繁地遭到监禁，而且在1907年后，他还几次因精神疾病入院。虽然忠诚的拜尔斯夫人一直在照顾他，但劳森还是变成了悉尼街上家喻户晓的可怜人，脆弱而又饱受折磨。在他的作品中弥漫着幽灵般的形象，持久的虚幻感也使作品中的人物和事件变得模糊不清。一些忠诚的老朋友(其中有布雷迪)在1910年和1916年分别为他在维多利亚州的马拉库塔和利顿安排了两场除咒法事，但是他的精神状态、身体状况以及酒精中毒情况仍在继续恶化。联邦文学基金会自1920年始给予他每周一英镑的津贴。1922年9月2日，劳森因脑出血在阿博茨福德去世。

劳森生前是一位传奇人物。9月4日他的国葬时，很多知名人士和其他人参加了葬礼，关于他的传奇也已经通过各种奇特方式传播开来。因此他的某些成就被过度抬高——例如他被认为是一个伟大的诗人——其他的作品则变得黯淡下来。但是，劳森的名声必须建立在他的故事作品之上，其实只是一小部分作品而已：《洋铁罐沸腾的时候》、四篇乔·威尔逊系列故事，以及其余的一些作品(其中包含《负重的狗》《告诉贝克夫人》和《地理骗子》)。这些作品展示了他不仅仅是一个短篇故事大师，而且也是一个具有独特现代倾向的作家。他的散文文风简朴犀利，故事情节细微或甚至不存在。熟练控制下的惜字如金使得哪怕是最短小精悍的故事也看起来充满了各种可能性，充满着多种选择和潜在的深刻见解。《平原边缘》就是一个出色的例子，其实《洋铁罐沸腾的时候》里的任何一个米切尔故事都是这些优点的典型例证。虽然不是一个象征主义派作家，劳森仍然有能力对那些准确观察并记录的细节赋予一个超越其实际存在的更深刻的意义：赶牲畜人之妻烧掉那条蛇、巨蜥"在地上剧烈的抽搐"中死掉(《丛林殡仪者》)，"达令河上坚硬的干土块"附在无名牲畜贩子的棺材上(《联盟葬礼》)看起来毫无艺术感,但这些都是典型的"劳森式"瞬间。文中简单的真实表象转化为对神秘事件的暗示、普通及无名生命的挣扎和悲剧生活。

劳森的失败之处在于,他没能把对他写作生涯最重要的灵感之一——西部内陆的经历——充分融入他的作品中。这段经历是他最佳作品的源泉,但是他却反复不停地重回这个主题,继续在已经彻底开采过的矿层中寻找创新重生,这几乎类似于海明威式的自嘲。只有"乔·威尔逊系列"让他暂时摆脱了这种奴役,因为这四个关联故事讲述的是一个正在不知不觉中缓慢衰败婚姻中难得的快乐、尴尬的亲密感以及频频的感伤。这样一个主题很明显是来源于他在曼加毛奴时那孤独的几个月时光,但是,这也没能给劳森的文艺创作注入活力,因为如果他没有从自己的婚姻中得到切实的负面体验,他是没有办法继续这个主题的。无论如何,劳森内敛及质朴的散文并不太适合深入分析,这也就是为什么"乔·威尔逊系列"虽然是优秀作品,但看起来却总是像要散架一样。

1902年起,劳森目睹自己创作能力的丧失(虽然这萎靡不振早已有迹可循),例如《在路上》和《越过栅栏》,这是他饱受困扰的一生中最大的悲剧之一。有太多证据显示,他依旧很严肃认真地期望人们把他看成一个创作能力虽有下降但仍是难忘的作家。除此之外,他还背负着沉重的十字架——耳聋及婚姻的失败让他痛彻心扉——即便是性格更坚强的人也会觉得这些负担难以承受。在如此的劣势和逆境中,甚至是令人震惊的困难中,劳森依然能够竭力创作出这么多优秀的故事作品,这些就是他的坚毅和决心的最好证明,也许世人对此应该给予他更高的赞许吧。

他的雕像由乔治·郎伯特创作,放置在悉尼的领地公园。由朗斯塔夫所作画像则陈列在新南威尔士州艺术馆,诺曼·卡特为其做的画像放在堪培拉的议会大厦里。

91. 延斯·索伦森·里昂（1868—1941）

作者：约翰·斯坦利·马丁

延斯·索伦森·里昂（Jens Sorensen Lyng），公职人员、军人、作家，1868年4月16日出生于丹麦奥尔胡斯附近的海斯勒。父亲索伦·延森·里昂是一名农民，母亲莫丽，父姓汉森。从学校毕业后，延斯加入丹麦皇家常备军，并被任命为少尉。因升职前景渺茫，延斯于1891年搬至澳大利亚墨尔本，但1900年加入澳大利亚国籍之前一直保留其丹麦军衔。

延斯做过劳工，曾受雇为别人擦地板、剪羊毛，后来成为拜伦·冯·米勒①的秘书。延斯活跃于墨尔本当地的斯堪的纳维亚人社区，于1896年成为丹麦社团一名干事，在社交和福利工作方面为斯堪的纳维亚路德教会联合会提供帮助，并为该会的半年刊杂志做编辑。延斯自知三个社区的规模不足以建立一个有鲜明特色的可行性组织，便转而支持泛斯堪的纳维亚运动。为实现这一目标，他于1896年创办了一个名为《诺顿》的月报。该报刊为他一手创办，且在1906年之前一直担任其编辑。

1897年10月28日，延斯在里士满的家中与生于维多利亚的玛丽·埃莉诺·格特鲁德·巴洛兹以斯堪的纳维亚路德教仪式完婚，婚后育有4个孩子。1906年，他在金莱克买了一处农场，工作日仍在墨尔本，周末回家。这段经历构成了他的小说《泰迪·威尔金的试验》的背景，该小说于1910年在墨尔本出版。

1909年延斯加入澳大利亚国防部海军部任制图员，后参与1911年的人口普查工作。1912年被任命为联邦军事训练团高级团中尉。第一次世界大战

---

① 拜伦·冯·米勒（1825—1896），植物学家。

爆发时，他凭借对德语、丹麦语、瑞典语及挪威语的掌握，于1914年9月11日被指派加入澳大利亚海军军事远征军，担任上校威廉·霍尔姆斯的翻译。他还参加了占领德国新几内亚的第一阶段的战争。同年9月26日，他开始掌管位于腊包尔的政府印刷局。在隔周发行的官方报刊《政府公报》及月刊《腊包尔档案》，延斯同时任发行人、编辑和印刷工。他还负责审查寄给当时被占领的德国种植园园主的信件。1916年4月，延斯被提拔为上尉，1918年5月被任命为位于凯泽·威尔姆斯兰马当的地方行政专员。以他在新几内亚的经历为蓝本，延斯完成了两部书籍：《我们的新领地》（墨尔本，1919）和《岛屿影像》（悉尼，1925）。延斯在澳大利亚海军军事远征军的任期于1918年9月11日在墨尔本结束，之后回到联邦公共服务部门做外国邮件的审查员，并于1920年转至人口普查统计局，在那里任主制图员。

1922年，延斯协助创办斯堪的纳维亚进步协会，该组织于1925年被公认为是澳大利亚新定居者联盟的分支。延斯支持丹麦移民，并于1923年向维多利亚政府提出申请，希望赐予他们适当的耕作土地。他前往丹麦实施该项计划，但由于丹麦方面反应冷淡最终功亏一篑。这段时间，延斯同时是墨尔本大学哈比森-希金伯泰学者，致力于撰写《澳大利亚的非英人士》（1927）一书。延斯一直热切参与墨尔本丹麦俱乐部的事宜，并曾在1928年任该俱乐部部长，任期不长。

澳大利亚人口普查统计局后来迁至堪培拉，延斯也举家搬至首都。1929年5月至1932年8月，延斯升任统计局图书馆馆长及文件起草人，5年后回到维多利亚。延斯倾其一生收集关于生活在澳大利亚与新西兰的斯堪的纳维亚人的资料，并用丹麦语与英语进行这方面的写作。他的主要作品《澳大利亚、新西兰与西太平洋的斯堪的纳维亚人》于1939年在墨尔本付梓出版。延斯的妻子死于1940年，次年10月25日，延斯在伯齐普去世火葬，留下两儿一女。

92. 乔治·伦道夫·贝德福德（1868—1941）
作者：罗德尼·博郎

乔治·伦道夫·贝德福德（George Randolph Bedford），新闻记者、矿业投机者、政治家。1868年6月27日出生于悉尼坎伯当，家中排行第六。父亲阿尔弗雷德·贝德福德，微图画家，1859年左右从约克郡移民而来，曾经因迫于生计而当过粉刷工匠。母亲伊丽莎白，父姓威尔科克斯。贝德福德曾就读于新镇公学，14岁时在悉尼一家律师公司做勤杂工。两年内他做过许多工作，之后他背上行囊，带着托马斯·卡莱尔①的《法国革命》、莎士比亚的著作和《圣经》开始游历新南威尔士西部平原。其间他做过捕兔工作，在海伊做了一年办事员后，在沃加沃加加入埃德蒙·达根不景气的轮演剧团，并在那里度过了"一生中最快乐最轻松的时光"。

贝德福德在阿尔伯里第一次阅读《公报》，"从此走进一个新世界"。他曾经在默里河的明轮汽船上工作过4个月。在伯克一家报纸供职之后，1888年之前他为《布罗肯山阿古斯》写文章，同时被激动人心的矿业繁荣所吸引。在《公报》上他开始形成了自己的风格。在《阿德莱德广告》短暂供职之后，他搬到墨尔本，在《时代报》工作了两年。1889年2月14日，他在菲茨罗伊以自由英国国教的仪式迎娶了玛丽·汉丽埃塔·阿罗斯密斯，一位活泼开朗、意志坚定的女演员。1892年，他曾短暂得到一家吉普斯兰小报《图拉与韦斯浦先锋》的所有权。

贝德福德靠自由撰稿度过了大萧条，1896年在墨尔本创办了矿业文学期

---

① 托马斯·卡莱尔(1795—1881)，苏格兰哲学家、评论家、讽刺作家、历史学家、教师。

刊《号角》，该刊由挚友莱昂纳尔·林赛①配图并编辑。作为激进的民族主义者，他提倡共和主义、"白澳"、警戒日本、实施教区形式的社会主义、与美国结为军事同盟。该刊受到莱昂纳尔·鲁滨逊的广告支持，后来为殖民地政府所推崇。为《号角》做出突出贡献的人有A.G.斯蒂芬斯、路易斯·艾森、安布罗斯、威尔·戴森②、诺尔曼和珀西·林赛。同林赛和戴森一起，贝德福德创建波希米亚·以赛玛利俱乐部。

创办《号角》之后，贝德福德参观了位于兹罕、莱伊尔山以及塔斯马尼亚的矿场。他花了一年多时间去勘探澳洲西部的金矿。通过对勘矿者习惯性的刨根问底，他为卡诺那砂金矿的发现做出了很大贡献。他在奇利格和北昆士兰的加尼特山度过一年。在参观矿场期间，他先后在1897年和1900年失去东郊和西伯克的维多利亚立法大会的席位。在联邦政府成立之前，他没有加入工党，但是他一直支持工党，一定程度上是因为工党是"唯一的澳大利亚政党"。

1901年至1904年，贝德福德携妻儿先后去往英国与意大利。1903年他的第一部小说《真诚的眼睛和旋风》在伦敦出版。另一部《力量的陷阱》于1905年出版。这两部小说都充满自传色彩。他发表在《公报》上的游记在1914年以《文明探索》为题出版。回到澳大利亚之后，1905年7月贝德福德到访新几内亚，他严厉批评土地申请方面的延误。1906年至1907年皇家专门调查委员会发布调查结果后，1908年他在巴布亚的米尔恩湾省获得1万英亩（4046.86公顷）土地，但是没有开发。1906年他被卷入西摩、莱希哈特河以及北昆士兰克朗克里附近的矿业辛迪加。当年下旬，他没有拿到贸易保护背书，且未能代表工党取得库克在众议院席位。

作为无可救药的乐观主义者，鲁莽的贝德福德梦想在北领地实施1400万公顷的牧牛计划。但是，正如他自己所言："意图所及之外，非良机即困境。"他陷入财政危机：1909年《号角》停刊，1914年无力支付北领地的放牧许可费。但同时，在访问新几内亚、所罗门群岛、中国、日本、欧洲和美国的期间，他创作了戏剧《白澳》（又名《空北》），于1909年在墨尔本上演。在

---

① 莱昂纳尔·林赛（1874—1961），澳大利亚艺术家。
② 威尔·戴森（1880—1938），澳大利亚插图画家兼政治漫画家。

1910年至1912年，他为《单独行动》写作关于矿藏、海运以及科修斯特山区域潜力的文章，也为《公报》写短篇小说，并且又创作了一部小说。

1912年，贝德福德和妻子分居。1915年，他与艾达·比林斯在布里斯班定居，生有一女。1915年至1916年，在《布里斯班工人》的专栏中，他强烈反对征兵制。他又创作了两部小说，在1918年至1922年，他断断续续地出版了行业杂志《澳大利亚木工》和《铁匠》。

作为E.G.西奥多[①]的朋友，1917年贝德福德被提名进入昆士兰立法委员会。一年后他辞职去竞选卡拉封立法大会的席位，但没有成功。之后他又被昆士兰立法委员会重新任用，该委员会于1922年解散。他赢得在澳大利亚工会大本营沃利戈的补选，1923年至1941年间任职。1937年，他辞职去竞选马拉诺亚联邦席位失败，但他又赢得沃利戈的席位。贝德福德能言善辩、反应机敏，但因不耐烦议会礼节、反抗党纪，所以从未入选内阁。1921年他代表昆士兰政府到美国去做宣传活动。

政治没有妨碍贝德福德进行矿业投机。马来联邦的锡矿和昆士兰罗马的石油探寻使他损失惨重。1924年，他和约翰·雷恩[②]一起创办了艾萨山无责任有限公司。该公司的可盈利销售额高达12.5万英镑，1929年受到昆士兰议会的攻击。1931年，他成为首批进入克拉考金矿的人之一。作为黄金海岸克拉克无责任公司的主管，他控告布里斯班《电讯报》发表了一封批评公司行政管理的信，要求2万英镑的损失赔偿，但是上诉失败。1935年，女儿维拉的去世令他悲伤不已。维拉是一名出色的歌剧演唱家兼作曲家。

贝德福德声音洪亮，虽然有时粗野。他在19世纪40年代间歇地做过广播节目。1939年至1941年，他为澳大利亚广播公司制作了3个系列的谈话节目。作为一个多产的作家，他也写诗，据说有时会用笔名马丁·路德发表，他也为爱国歌曲填词。他文笔极快，几乎没有停顿或者沉思，通常会拒绝修改自己的作品。他以描述性作家而闻名，从不会无趣。他的短篇小说《十四英寻[③]的奎达岩石》被收入经典文集。他的作品反映了他的冒险精神、浪漫情怀和对澳大利亚热忱的爱。贝德福德拥有敏锐的蓝眼睛、鹰钩鼻和金

[①] E.G.西奥多(1884—1950)，澳大利亚政治家。曾任昆士兰总理、众议院议员、财政部专员。
[②] 约翰·雷恩(1871—1953)，澳大利亚商人。他对维多利亚的政治经济产生过重要影响。
[③] 英寻是英美制计量水深的单位，1英寻等于6英尺，合1.828米，旧称"浔"。

色络腮胡子。因为秃顶，他几乎没有摘下过阔边毡帽。他热心、宽宏大量、风趣幽默，据说酒量大过任何一个昆士兰人。万斯·帕尔默认为，"没有人比他更会讲故事了"，但是他偶尔也会略显粗俗。

1941年7月7日，贝德福德因冠状动脉血栓死于布里斯班的李斯德医院，即后来的圣灵医院。这所医院是他名下的财产，且是他自己设计建造的。他留下前妻、三个儿子、两个女儿以及再婚妻子艾达·贝德福德及其女。他因资不抵债破产，还欠约翰·雷恩近2000英镑。贝德福德的自传《零到三十三》于1944年出版。

93. 查尔斯·亨利·乔姆利（1868—1942）

作者：保罗·H. 塞维尔

查尔斯·亨利·乔姆利（Charles Henry Chomley），作家、报纸编辑，1868年4月28日出生于维多利亚州萨利。父亲亨利·贝克尔·乔姆利是一名银行经理，母亲伊莱扎是托马斯·特纳·贝克特的女儿。查尔斯是亚瑟·乔姆利和赫斯·乔姆利的侄子，是这个墨尔本大家族的一员。后来他的侄子马丁·博伊德①在小说中表达了对这个家族的纪念。

乔姆利分别于1888年和1889年获墨尔本大学三一学院的文学学士和法学学士学位，并于1891年进入维多利亚律师协会。当年6月16日，他与表妹埃塞尔·比阿特丽斯·阿索贝尔，即威廉·亚瑟·科伦德·贝克特的女儿成婚。岳母将他与家人一并带到英格兰，住了一年。大约1893年，乔姆利离开律师协会，与表兄弗兰克·乔姆利合作经营农场，并与一群朋友一道定居维多利亚州东北部的国王河流域。他的母亲当时也与他在一起，后来她回忆那农场是"一处很特别的小社区，只住着我们同一阶层的几户人家，大部分

---

① 马丁·博伊德（1893—1972），澳大利亚作家。

都是亲戚。大家住着漂亮的房子，种着很棒的果园，还经营着奶牛场，相互隔得都不远"。在她看来那里生活虽然艰苦但很快乐。乔姆利于1896—1899年间任奥克斯利郡的议员，并于1898年升任郡长。约1900年，乔姆利在倾尽心血后被迫下台回到墨尔本。

之后乔姆利便开始从事写作和新闻工作，并为一家漫谈式的插图周刊《竞技场》做编辑，从此投入艺术、政治及时尚界。莱昂纳尔及诺曼·林赛为该周刊提供插图，通常是政治方面的。尽管《竞技场》言辞风格轻率，它仍然支持妇女参政运动及自由贸易。1903年2月，该月刊接手《太阳报》，但次年便停止发行。乔姆利的第一部小说《以扫的智慧》那时已经出版。这部小说是与他在农场时的朋友罗伯特·伦纳德·奥斯威特合著之作，以一名可向政府廉价购买土地的移民的坎坷历程为主线。他同时也在笔下呈现了维多利亚州的历史事件，1905年他出版第二部小说《马克·梅瑞狄斯》，以澳大利亚集权社会中的生活幻想为主线。在这部作品中，顽固不化的政治家被送往昆士兰州的甘蔗田中工作。

1907年，乔姆利乘船前往英国，次年4月成为《英国的澳大拉西亚人》的编辑，后来成为该报刊所有者。《英国的澳大拉西亚人》是一家久负盛名的周刊，曾几易刊名。该刊物主要是面向旅居英国的澳大利亚人及游客，内容涉及影响英国、澳大利亚及新西兰的政治、经济、商业等事宜。每一季度，乔姆利都会刊发关于艺术和文学的增刊，内容主要是来源于他广阔的关系网和朋友圈以及澳大利亚的著名作家与艺术家。1909年，他与奥斯威特写了一本宣传册，提倡根据土地价值征税。由于思想独立且具有一定程度的激进性，乔姆利于第一次世界大战后参与有关货币问题的论争，著有关于货币系统应以货物和商品为基础的宣传小册。

乔姆利于1942年10月21日于伦敦去世，这之前一直担任《英国的澳大拉西亚人》的编辑。他的妻子，一位有着贝克特家智慧（据马丁·博伊德称）的女性，先他于1940年去世，留下一儿和三女。

94. 玛丽·伊莱扎·富勒顿（1868—1946）

作者：萨丽·奥尼尔

玛丽·伊莱扎·富勒顿（Mary Eliza Fullerton），作家，1868年5月14日出生于维多利亚州格伦马吉，是罗伯特·富勒顿的次女。罗伯特出生于贝尔法斯特，拥有苏格兰血统，信仰长老会。母亲伊莱扎父姓莱瑟斯，出生于英格兰的萨福克。父亲罗伯特在获得吉普斯兰丛林的土地前，甚至"分不清犁耙和手锯"，他在这里建起了树皮小屋，玛丽就出生在这个小屋里。玛丽从小在家由母亲亲自教育，后来上过当地的公立学校。她打小热爱阅读：11岁时，《失乐园》已经读了三遍；她对雪莱和拜伦的长篇诗歌谙熟于心，并沉浸在《圣经》的阅读中。她自己也开始创作诗歌。

玛丽离开学校后在农场帮忙，但仍继续读书。她二十出头搬到墨尔本。1899年之前，她与父母和姐妹们住在墨尔本的普拉兰区，大约1907年搬到霍桑区。玛丽克服与生俱来的羞怯，19世纪90年代末和20世纪初在妇女选举权运动中频频发声，1899年至1902年当选为普拉兰学校咨询委员会成员，在妇女进步联盟会议上发表演讲，并加入维多利亚州政治劳动委员会的妇女组织委员会。第一次世界大战期间，她在《罗斯月刊》和维多利亚的《社会主义者》杂志上发表关于女权主义问题和反对征兵的文章。

同时，她还为杂志和期刊写作故事、文章和诗歌，有时是用笔名"登山杖"发表。她是当地文学和辩论协会成员，因其作品获得了几个奖项。1908年，她出版诗集《情绪与旋律》，收录37首十四行诗和9首抒情诗。1921年，玛丽发表诗歌《破犁》和一部回忆童年快乐时光的诗集《树皮小屋里的日子》（1931年和1962年再版）。

1912年，玛丽去了一趟英国；1922年，她再次回到那里，与朋友兼赞助人梅布尔·辛格尔顿夫人合住一栋房子。玛丽在这里遇到了迈尔斯·弗兰克林,1927年至1946年之间两人的大量通信表明他们关系密切。晚年尽管由于哮喘和心脏病而身体虚弱,玛丽以自己的真名发表三部小说《两个女人》(1923)、《树林地带的人们》(1925年)和《丛林里的朱诺》(1930),两部以男性笔名发表的小说,还有一部描述性作品《澳大利亚丛林》(1928)。玛丽对于自己未上过大学一事耿耿于怀,并坚信因为性别原因而影响自己作品的认可度,因此当迈尔斯·弗兰克林安排她的诗作《鼹鼠对自己的隐私关注太少》(1942)和《奇迹与苹果》(1946)出版时,她坚持要求用"E"作为笔名匿名出版,直到她去世后,作者真实身份才暴露出来。

玛丽·富勒顿一生未婚,她在未出版的回忆录中写道:"我的天性让我注定要成为一个'独行侠',我也确实成了'独行侠'。"弗兰克林将她描述为一个"生性敏感、沉默寡言、一丝不苟、无师自通"的人。玛丽于1946年2月23日在苏塞克斯郡的马雷斯菲尔德去世,葬在当地的公墓。虽然她的小说没有什么持久的价值,但她的一些诗歌,当然还有她的《树皮小屋里的日子》,在澳大利亚文学中占有一席之地。

95. 理查德·阿姆斯特朗·克劳奇(1868—1949)

作者:奥斯汀·麦卡勒姆

理查德·阿姆斯特朗·克劳奇(Richard Armstrong Crouch),政治家和军人,1868年6月19日出生于维多利亚州巴拉瑞特东。父亲乔治·克劳奇来自伦敦托特纳姆,做过矿工、开过商店,后来成为富有的靴子零售商,母亲塞琳娜·达勒姆,父姓马克斯,来自苏格兰的阿伯丁。他们一家信奉公理会。克劳奇从6岁起就读于普莱森特山州立学校,校长W. H. 尼科尔斯的管理极为出色。1885年,他们举家搬到墨尔本。1887年,克劳奇在墨尔本大学开始为期两年的委培学习,并于1889年以一篇关于经济合作的论文获得博文奖。1891年，他被授予最高法院法官奖；次年，被录取为出庭律师和诉状律师①，并在该市开始诉状律师职业。克劳奇既是澳大利亚土著人协会一员，也是帝国联盟一名执行成员，1893年后，他坚定地支持"前进吧，澳大利亚"这一原住民协会的座右铭。

在1901年第一次联邦选举中，克劳奇以贸易保护主义者的身份赢得了科里奥众议院席位。年仅32岁的他是最年轻的政府成员，只能附议答复演讲里的提议。当时他是阿尔弗雷德·迪肯的朋友。他在1903年和1906年以绝对多数保住了自己的席位，1910年4月他与迪肯其他支持者在选举中败选。克劳奇曾短暂担任委员会主席，被公认为是一位才智过人的激进分子，也曾就总督的奢侈津贴这一敏感问题直言不讳。

克劳奇热情支持澳大利亚国防政策的新趋势。1892年4月，他被派往第二步兵营。1903年7月起任澳大利亚第六步兵团团长，指挥普拉兰步兵自卫队。克劳奇支持澳大利亚国防联盟，该联盟提倡义务兵役，1911年至1912年在海外期间为英国官方的《陆军评论》(1912)撰写了一篇关于国民服役的重要文章。回到澳大利亚后，他发表了许多关于国防的文章，其中包括对德国军事力量的警告。

克劳奇于1908年晋升少校，并于1912年7月指挥第56步兵营(雅拉边境)。1913年2月升任中校，1915年3月16日被任命为澳大利亚帝国军第22营指挥官。该营于1915年9月5日在加利波利登陆，但12月初，克劳奇被调到蒙德罗斯大本营任指挥官。1916年3月，他因病被迫返回澳大利亚，4月13日，他在澳大利亚帝国军的职务被撤销。

由于缺乏对义务海外服役的支持，克劳奇不再支持国民服役，并下定决心反对征兵制。1916—1917年全民公决运动中，作为退伍军人不征兵联盟维多利亚分会主席，他与W. M. 休斯唱起对台戏。在J. H. 斯卡林的鼓励下，克劳奇加入工党，并于1924年被选为澳大利亚代表参加在牛津举行的国际工会联合会教育会议。回国后，他成为维多利亚州劳工运动的积极领袖。1928年维多利亚党复活节会议上，克劳奇发表讲话呼吁民族团结，重申他最珍视

---

① 出庭律师是指有资格出席高等法庭并辩护的律师；诉状律师是代拟法律文书、提供法律咨询等的一般律师。

的概念"澳大利亚人的澳大利亚"。

1929年10月,克劳奇赢得了科兰加梅的联邦席位,但在1931年工党的惨败中失去了这个席位。他决定放弃政治,投身慈善事业、旅游、写作,并鼓励澳大利亚人培养对自己民族历史的兴趣。他是维多利亚(皇家)历史学会的成员,1926—1935年担任执行委员,直到1940年他还在该学会的期刊上发表文章。1937年,克劳奇以"理查德·格林希尔"为笔名出版了一部自传体小说《首相》,但并不成功。

1926年,克劳奇开始长期向巴拉瑞特的学校和体育俱乐部慷慨赠送礼物。其中包括为纪念父亲和妹妹而用遗产为巴拉瑞特美术馆设立的奖项:乔治·克劳奇油画和雕塑奖(1926)和米妮·克劳奇水彩画奖(1944)。他对美术馆最慷慨的捐助也是在1944年,当时他展出了自己收藏的中世纪和文艺复兴时期的手稿。在巴拉瑞特植物园,他倡议修建一条澳大利亚总理雕塑大道,并为维护该项目留下资金。

克劳奇上校晚年与妹妹格特鲁德住在朗斯代尔角,住在父亲1882年建造的一栋房子里。克劳奇终生未婚。他于1949年4月7日去世,留下43490英镑遗产,埋葬在朗斯代尔角。

96. 厄内斯特·查尔斯·布利(1869—1933)

作者:约翰·拉克

厄内斯特·查尔斯·布利(Ernest Charles Buley),记者兼作家。1869年7月4日出生于维多利亚的巴拉瑞特西,家中幼子。父母均出生于英格兰,父亲詹姆士·布利是建筑工人,母亲苏珊娜·伊丽莎,父姓克鲁克。布利毕业于位于巴拉瑞特的嘉慧大学,哥哥亚瑟后来担任过这所学校的校长。据他在学校时的朋友伯纳德·奥多德的回忆,布利是一个"聪明但玩世不恭的年轻人"。他对巴拉瑞特的风月场所很熟悉,同时对当地的政治有睿智且深刻的见解。1885年移居到墨尔本后，他在公共图书馆、博物馆和维多利亚国家美术馆做了一名初级职员，1889年作为初级职员加入皇家铸币厂当地分厂为帝国服务。1891年9月11日，他和德国教师奥尔加·阿梅莉亚·厄内斯特在西墨尔本长老教会举行婚礼。

由于年轻时热衷赛马，1895年至1897年布利为H. H. 钱皮恩[1]在《冠军》上开设的专栏《生与死》提供了很多关于赛马的秘密情报，但自己参赌却不甚成功。他在1895年被提升为铸币厂高级职员，负责处理熔炼从银行收回的磨损银币，并接手金条发行的有关事宜。他虽年薪285英镑，但却很难负担他在北布莱顿豪华时尚的生活以及对赛马的兴趣。银行在1897年发现丢失了100金镑[2]和价值125英镑的白银，调查人员发现他在马场大肆赌马，他因"身为公仆却监守自盗"的罪名两遭起诉。铸币厂的管理人员声称，经计算，他挪用的金额高达2259英镑，他只承认了自己所犯的两桩偷窃罪。根据监狱记载，布利当时高175厘米，重75公斤，气色很差，有灰白的头发和棕色的眼睛。他在宗教上皈依英国国教。1898年9月他被潘特里吉监狱释放，1900年4月他携妻子还有两个孩子一同前往英格兰，其中一个儿子几周之后不幸夭折。钱皮恩写道："他被释放后就开始食不果腹，但他确实是一个忠实可靠之人，尽管行为轻率。一旦得到机会，他依然会前往伦敦。"

他的另一个女儿在英格兰出生。不知为何，布利成了一个作家，为乔治纽恩斯有限公司写了一本畅销书《澳大利亚的城镇和乡村生活》，并为主日学校联盟的出版商以及"男孩的帝国联盟"的创始人安德鲁·梅尔罗斯[3]写了《到极地大洋去：约翰·富兰克林的故事》和《印度英雄：克莱夫勋爵的故事》（均于1909年发行）。他以记者身份在伦敦的达利奇生活到1908年，其间为很多出版物创作和编辑，其中包括《星期日报道》《雷诺兹》《英国的澳大拉西亚人》和阿尔弗雷德·哈姆斯沃斯[4]的《每日镜报》。他的创作速度令人瞠目结舌，每周能够创作35000字。之后他在1914年以巴西自然地理和自然资源为

---

[1] H. H. 钱皮恩(1859—1928)，记者、激进主义分子。独立工党思想奠基人。
[2] 金镑是旧时英国金币，面值1英镑。
[3] 安德鲁·梅尔罗斯(1860—1928)，英国出版商。
[4] 阿尔弗雷德·哈姆斯沃斯(1865—1922)，英国报业和出版业巨头。

题材，为艾萨克·皮特曼父子有限公司①创作两个专栏。但随着战争的爆发，布利发现了更加有利可图的生意。1915年他的作品《真正恺撒》发表，为了让自己的德国亲人免于尴尬，他将作品匿名发表。作者受到《泰晤士报》推崇，并被《泰晤士报文学增刊》誉为关于这一题材最佳之作。此书很快就再版三次。

1915年6月，他继续创作《达达尼尔海峡在一战中的故事与意义》，这本书在几周之内被再版两次，同年10月梅尔罗斯发行了他更加出名的作品《一战中澳大拉西亚人的英雄事迹》。布利在伦敦的医院里采访了很多澳大利亚人，将他们的叙述——"带着一股我并不打算重现的谦虚"——改写成加里波利式的语言。《英雄事迹》被誉为"第一本关于澳新军团的书"，到年底重印三次，并且在加利波利撤退②之后的几周内被再次扩印。《公报》称之为"由一群新兵书写的英勇征程"。第二年，布利的作品《给孩子写的澳新军团史》问世。接下来他把兴趣转向通俗小说，1919年至1933年间，他写了十部罗曼史，大都以拳击和赛马为题材，他自嘲这些作品为"奈特·古尔德③的身后作"。其中六个作品都被再版。

从布利50多岁时的照片上可以看到，他有突出的眼眶、敏锐的眼神、光秃秃的头顶配着整洁的八字胡，以及像铲子一样的络腮胡须。他的妻子于1923年去世，他也在1933年因心脏衰竭死于达利奇。他至少有两个孩子比他活得久：儿子厄内斯·特伯恩哈特创作了很受欢迎的小说《伯纳德·布利》，女儿奥尔加在1939年为《独立日报》的女性版面做编辑。《泰晤士报》写道："不要悲痛，这是先生的遗愿。"布利是在英国最有竞争力、最多才多艺的澳大利亚记者，同时也是一个优秀的编辑和"拥有勤勉态度、丰富想象力、嘲讽幽默、广博知识和杰出写作技巧的作家"。

---

① 艾萨克·皮特曼父子有限公司是由艾萨克·皮特曼爵士(1813—1897)于1886年与其子阿尔弗雷德和欧内斯特合伙成立的一家英国出版公司。
② 1915年11月，英国决定从土耳其加利波利撤出盟军。
③ 奈特·古尔德(1857—1919)，英国著名小说家。

97. 艾丽斯·简·马斯凯特（1869—1936）

作者：苏珊娜·埃德加　多萝西·格林

艾丽斯·简·马斯凯特（Alice Jane Muskett），艺术家兼作家。1869年4月28日出生于墨尔本菲茨罗伊，是家中独生女。父亲查尔斯·马斯凯特是英国印刷商、书商，母亲菲比是印刷商兼书商亚瑟·查尔伍德的女儿。查尔斯于1873年去世，菲比接管家族生意，并于1885年同艾丽斯一起跟着担任医师的儿子菲利普搬至悉尼，菲比于次年去世。

当时朱利安·阿什顿被人说服为悉尼的首个女性课堂授课，艾丽斯便成为朱利安·阿什顿的第二个学生。他欣赏她的能力、"优雅而敏感的天性"以及美貌：他1893年的油画作品展示了她披着浅赭色的头发，穿着高领白裙，戴着眼镜在课堂上的情景。从1890年开始，她的作品每年都会同新南威尔士艺术协会一起展出（1894年加入，成为会员），1895年起与悉尼艺术协会的职业画家的作品一并展出。

1895年至1898年间，艾丽斯在巴黎的科拉罗西学院学习，同时为悉尼《每日电讯报》写作生动的描述文。1896年，她的作品在法国艺术家沙龙展出，1898年在伦敦举行的澳大利亚展览会上展出。她于1898年创作的《玫瑰研究》和1902年于悉尼创作的《在坎伯郎郡的街上》被新南威尔士国家美术馆购买。

在悉尼，艾丽斯也发表诗歌和短篇小说。1907年，她是再次组建的"艺术家协会"委员会成员。1909年，大卫·苏特[①]注意到她对装饰性和想象力充满偏爱，称她为"可能是我们最有天赋的女画家"。她和同样单身的兄弟菲利

[①] 大卫·苏特（1862—1935），澳大利亚艺术家兼记者。

普一起住在伊丽莎白大街。菲利普写了很多畅销书,包括婴儿健康、饮食以及典型女性疾病与生育能力的医学指南。他在1909年8月9日死于精神崩溃。次年艾丽斯去了国外,参观皇家艺术科学院的展览并给《艺术与建筑》写了一篇尖酸的文章,称英国艺术没有打动她。

1912年返回悉尼后,她开始活跃在女画家协会,并且和弗洛伦斯·罗德韦①共享画室。第一次世界大战期间,她在伦敦的一个士兵食堂工作,并于1921年返回悉尼。1928年,她在阿什顿悉尼艺术学校捐资设立菲利普·马斯凯特奖金,以此来激励山水画的发展。

她以外祖母的名字简·莱克为笔名出版了一部小说——《芦苇间》。小说以1913年的悉尼为背景,和她的短篇小说一样,有一定的自传色彩。小说讲述一个毫无结果的爱情故事:书中反复出现关于放弃的主题,或者是在战争中有可能失去爱人的女人。《芦苇间》以其女权主义观点而著称,它描述放浪不羁的艺术家的价值观与中产阶级传统之间的冲突,以及像简这样的女性在婚姻和事业之间所面临的两难选择。作者发出女权倡议:去学习一种技术或步入一个行业,去享受每天的幸福或是狂喜,去拥有一个属于自己的房间,或者至少让自己被爱一次,以及体会到工作获得回报时的快乐。小说的风格是轶事式的、散漫的,折射出对心理的透视,同时也揭露了作者"孜孜不倦并精力充沛"的个性。这本书让人感受到这座城市以及"北海岸线"的活泼风格。

大萧条严重影响了艾丽斯的经济状况。20世纪20年代后期她开始出租在中立湾区的房间。1933年她脑部大出血,最终于1936年7月17日死于克莱芒。她的骨灰被埋在威弗利墓地英国圣公会部分菲利普的墓中。她的遗物包括给邻里小孩的书籍和在生病期间备用金50英镑。阿什顿为艾丽斯制作了三幅肖像:他在1893年所画的作品和《珊瑚项链》陈列在新南威尔士美术馆,威尔·戴森②所作的小巧精致的艾丽斯水彩画陈列在堪培拉澳大利亚国家美术馆。

---

① 弗洛伦斯·罗德韦(1881—1971),澳大利亚画家,现代派运动的先驱。
② 威尔·戴森(1880—1938),澳大利亚插图画家兼政治漫画家。

98. 爱德华·希尔韦施特·索伦森（1869—1939）
作者：彼得·柯克帕特里克

爱德华·希尔韦施特·索伦森（Edward Sylvester Sorenson），作家。1869年9月24日出生于新南威尔士的迪拉巴，在家里八个孩子中排行第三。父亲雅各布·索伦森是挪威苦力和矿工，母亲玛丽·安，父姓凯莱赫，是澳大利亚本地人。他早年主要靠自学，9岁起断断续续地上过卡西欧南部公立学校，他做过很多工作，如放牧、耕种、扎篱笆、做乳酪、园艺等。14岁时，他在卡西欧成为木匠学徒，时长两年。20岁时，他成为麦特尔溪拓荒选地民。

索伦森接着背着行囊游历昆士兰。途中他勘探金矿，在新南威尔士的西北地区为牧羊场工作。在那里他掌握了剪羊毛、羊毛分级、发动机驱动、记账等一系列技能。1900年，他已经成为提伯布拉一位滴酒不沾的酒馆老板和当地驾驶俱乐部会长。1901年，他游历了西澳、维多利亚和新南威尔士。当他决定以写作为职业之后，便在悉尼定居，在一家商学院夜校学习。1910年10月31日，他在滑铁卢公理会迎娶一位名叫艾里斯·纽林的寡妇，父姓吉布斯。

自1885年，作为一个孤独的农民，索伦森已经向《公报》《单独行动》《悉尼先驱晨报》和《天主教新闻》供稿。J. F. 阿奇博尔德曾给他很大鼓励。他的小说《澳大利亚贫民区生活》（伦敦，1911）是对丛林生活的经典描述，叙述者是一个拥有一手知识的男人。他的小说继承了民族主义特色，尽管他早期作品不协调地掺入了哥特元素。1908年索伦森于墨尔本出版《昆顿牧场的打杂工和其他故事》、1919年出版《木片与木屑》、1925年出版《默蒂·布朗》。这些作品表明他更擅长写作短篇幽默小说。他的诗作也技艺纯熟，诙谐幽默。

对野生动物的专业描述是索伦森作品的一大特色。他对当地动物人格化的描写最早见于1914年出版于伦敦的《澳大利亚丛林中的朋友和敌人》，这使他从同时代作家中脱颖而出。他是澳大利亚皇家鸟类学家联盟和新威尔士皇家动物学学会的成员。

作为澳大利亚作家联谊会的成员，索伦森是一位非常受欢迎和多产的作家。他过着平静的文学生活，从不放浪形骸。诺尔曼·林赛[1]曾不厚道地评价他是"土包子"，是大卫·洛[2]漫画里的一个形象。从他的照片可以看出他彬彬有礼、和蔼可亲，有北日耳曼人血统。他留着络腮胡子，鼻子坚挺，眼睛里闪着幽默的光彩。

20世纪30年代，索伦森的身体每况愈下。1934年10月1日起，他每周都会得到澳大利亚联邦文学基金给予的1英镑补助。1939年10月19日，他因冠心病死于马里科维尔的家里，留下一双儿女。最终葬于卢克伍德英国圣公会公墓。

99. 保罗·文茨（1869—1939）

作者：莫里斯·布莱克曼

保罗·文茨（Paul Wenz），牧场主兼作家，1869年8月18日出生于法国兰斯。父亲埃米尔·文茨是羊毛商人，母亲玛丽，父姓德廷格，符腾堡人，1858年定居兰斯。他们育有五个孩子，保罗·文茨排行第三。埃米尔拥有数家纺织厂，后来又在墨尔本、悉尼和珀斯开设羊毛采办机构。1879年至1888年间，文茨在巴黎的阿尔萨斯学校接受教育，学校是一所专门为新教徒设立的学院，他在此结识了同学安德烈·纪德[3]并与其保持了多年的朋友关系。

---

[1] 诺尔曼·林赛(1879—1969)，澳大利亚艺术家、雕刻家、作家、社论漫画家、比例模型制作家、拳击手。
[2] 大卫·洛(1891—1963)，新西兰政治漫画家，曾无情地批判讽刺希特勒等一批人。
[3] 安德烈·纪德(1869—1951)，法国作家，1947年诺贝尔文学奖得主。

文茨和另外一位香槟生产世家的朋友约瑟夫·克鲁格一起在炮兵营服役，随后回到家族企业接受培训，并在伦敦度过8个月。然而，他不喜欢欧洲的商业世界，于1892年远行到澳大利亚，照看家族羊毛产业。

文茨身高超过6英尺4英寸，精力充沛，热爱户外运动，一到澳大利亚便觉得十分舒适自在，他花了两年在维多利亚州、新南威尔士州以及昆士兰海湾的乡村地带放牧。1896年，他在新西兰短暂停留后开始游览太平洋诸岛，后在南美工作了一段时间，1897年才回到法国。后来文茨返回澳大利亚，在新南威尔士州定居，并于1898年4月买下名为纳尼玛的一块地，位于福布斯和考兰之间的拉克兰河河畔。同年9月15日，他与牧场主的女儿哈里特·阿德拉·安妮特·邓恩（海蒂）（卒于1959年）结婚。他们婚姻美满，但是没有子女。文茨是一名成功的牧场主，对于创新农业生产方式有着浓厚的兴趣，对苜蓿的种植与灌溉亦是如此。他发明了一种燃烧木炭驱动的拖拉机，并且迷信占卜找水源。他还负责监管家族企业的羊毛采购机构，作为文茨公司的董事定期前往悉尼和墨尔本。

1900年，他开始在《插图》发表短篇小说。小说用法语写成，但故事的发生地点通常设定在澳大利亚或者太平洋诸岛。他后来出版了两本这类的小说：《世界的另一个尽头》（巴黎，1905），以及《南十字座下》（巴黎，1910）。这些故事都有《公报》小说的痕迹。1908年，文茨在墨尔本出版了唯一一本用英语写的中篇小说，名为《新密友日记》。直到1910年，他一直使用"保罗·瓦尔格"作为笔名。他还出版过几本英译法译作，其中最为出名的是他朋友杰克·伦敦写的《热爱生命》（1914）。此外，还写过一些并非发生在澳大利亚的故事。他的首部长篇小说《无业游民》（巴黎，1923）1915年以连载的形式发表在《巴黎评论》上。

1914年，文茨和妻子因战争爆发滞留欧洲。为响应号召，他立即在一家法国的军事医院为英国和澳大利亚军队担任联络员。妻子哈里特则在红十字会工作。1916年，文茨被派往伦敦；1919年4月，他作为联络员和口译员随同一澳大利亚使团前往摩洛哥；同年11月，返回澳大利亚。受战争经历的启发，他出版了两小本故事作品集以及一部小说，名为《父辈的土地》（巴黎，1919）。他又出版了两部以澳大利亚为背景的小说，名为《珊瑚花园》（巴黎，1929）和《荆棘》（巴黎，1931）。后者源于他当牧场主的经历，是他童年的幻想回忆。

文茨文风简洁、描述生动、讽刺冷峻的特点在他的短篇小说中表现得更为突出，因而其短篇小说取得了一定的成功；相比之下，他的长篇小说缺乏自信，并未引起多少注意。在他早期作品中，文茨更像是在法国人面前幽默地为澳大利亚辩护。但他战后的小说和故事则反映了他对澳大利亚身份的认同。文茨经常出游欧洲，但在20世纪20年代和30年代，他在澳大利亚文坛活跃起来，与迈尔斯·弗兰克林[1]、多罗西娅·麦凯勒[2]、内蒂·帕尔默、G. B. 兰开斯特以及弗兰克·克卢恩[3]等人成为朋友。1931年，内蒂如此描述文茨出场的气势："他走了进来，带着一双来自兰斯的诺曼人的蓝眼睛；白发之下，是他鲜活的面容；肩膀宽厚，让你不由好奇，什么样的一匹马，才能稳稳地驮起这样的男人。"他努力争取让自己的小说和故事都翻译成英语在澳大利亚出版，还争取让自己的作品纳入中小学和大学课本。

1939年8月23日，文茨因肺炎在福布斯的一家医院去世，以英国圣公会的仪式在当地的公墓下葬。他去世时妻子仍在世。他的遗产估值为40664英镑。福布斯的图书馆留有保罗·劳伦斯为他画的肖像。

100. 乔治·斯蒂芬森·毕比（1869—1942）

作者：比德·奈恩（Bede Nairn）

乔治·斯蒂芬森·毕比（George Stephenson Beeby），政治家、法官和剧作家，1869年5月23日出生于悉尼亚历山德里亚，是爱德华·奥古斯都·毕比的次子。爱德华出生于英国，是一位簿记员，其妻伊莎贝尔，父姓汤普森。毕比在皇冠大街公立学校上学，1884年7月3日到彼得·博德担任校长

---

[1] 迈尔斯·弗兰克林(1879—1954)，澳大利亚作家、女权主义者。
[2] 多罗西娅·麦凯勒(1885—1968)，澳大利亚诗人、小说家。
[3] 弗兰克·克卢恩(1893—1971)，澳大利亚作家、记者。

的麦克唐纳镇公立学校厄斯金维尔分校半工半读。但因为视力问题，他很快辍学，先后换了好几份工作——他曾在铁矿区当过收债人，在克雷—威廉斯律所当过簿记员和速记员，还当过会计。1890年，他参加了亨利·乔治①的一系列会议，开始成为单一税制的支持者。次年，他在新镇成立的第一届工党选举联盟担任书记，作为回报，还在大选中帮助了两位当地工党候选人。1892年，他成为波拉尔自由出版社的编辑和经理，同年3月9日在坎伯当基督教堂与海伦娜·玛利亚·韦斯特结婚。

1892年12月毕比失业后返回悉尼。1893年年初，他来到希尔格罗夫，组织新英格兰区的工党活动。毕比成为新工党的主要宣传者之一，强调议会团结的必要性。8月，他代表希尔格罗夫联盟参加悉尼的一个会议，认为应该召开一次"代表所有工党联盟、工会以及民主政治团体"的大会；然而，同年11月，在由此召开的工党联合会议上，激进团体被排除在外。那时，毕比已经不再支持单一税制，转而加入澳大利亚社会主义联盟。他称单一税制的支持者们是"愚蠢的积液"，于是后者把他称为"傲慢的毕比"。他为J.C沃森②提供了重要的支持。沃森主张通过党派誓言和年度会议来团结工党。毕比成为沃森的副手，精明能干地捍卫着联盟主席，主要是应对来自乔治·布莱克③的攻击。1894年，毕比以编辑和业主身份参加阿米代尔的工党选举，用50英镑的资金和一个排字工人开始了《新英格兰民主》的出版。他的竞选漫长而积极，使他更加了解农村问题，但最后还是以微弱劣势落败。在W.A.霍尔曼④的参与下，毕比把自己的报纸移至希尔格罗夫出版，但很快失败。他们破产后回到悉尼。次年，他和沃森、霍尔曼等人被控合谋诈骗，案件与昙花一现的工党报纸《每日邮报》有关，但随后他被证实无罪。

毕比依靠断断续续的文员工作和自由职业度过了19世纪90年代中期的低迷期。随着三个孩子的出生，他日渐陷入困境。他在劳伦斯—瑞奇律所谋得一份工作，每周薪水35先令，同时学习法律。1901年，他到M.J.布朗律师事务所工作，11月16日成为初级律师，后来创办了毕比—莫法特律师事

---

① 亨利·乔治(1839—1897)，美国作家、政治家、政治经济学家、社会改革家。
② J.C.沃森(1867—1941)，澳大利亚第三任总理。
③ 乔治·布莱克(1854—1936)，澳大利亚政治家、新闻记者。
④ W.A.霍尔曼(1871—1934)，澳大利亚政治家、律师。

务所，专门承接与工业有关的案件。他仍积极参与工党事务，并于1904年参选莱希哈特的席位，但失败了。1907年，他在布雷尼州议会席位的替补竞选中落败，但8月的大选中又赢得了这一席位。他很快成为领衔的工党议员，排在 J. S. T. 麦高恩①和霍尔曼之后。毕比在劳工方面的专业知识帮助他和霍尔曼一同争取通过了一项修正案，修正了查尔斯·韦德②爵士在1908年提出的劳工纠纷法案，使贸易工会和产业工会成为仲裁体系中的有效部分。1911年，毕比成为律师。

毕比成为一名极具活力的演说家，虽然不是才华横溢，却准备充分、言之有物。他中等身材，戴着镶边的眼镜，胡子打蜡成卷。他性格无可救药的冷淡、正直和拘谨；他希望别人称呼他为"毕比"，1911年给老盟友写信的时候还称他为"亲爱的沃森"。但是他阅读奥斯卡·王尔德和萧伯纳的作品，年轻时的认真严肃已经逐渐染上了幽默的痕迹。他很喜欢看戏，也喜欢下棋，但棋技很差。

1910年，毕比在第一届工党政府中担任公共教育部和劳动与工业部部长。他一上任就和博德共同努力，通过一些规章制度，使公立高中的建立和运行规范化；同时，他还鼓励博德参与他计划中的继续教育项目。1911年9月11日，他从公共教育部调到土地投资部，声称次年将会提交土地议案，帮助资本微薄的移民得以谋生。但他把大多数的时间和精力都贡献给了新劳工法，于是有了1912年的劳工仲裁法案。为了平衡，法案强调社会和谐的必要性，而非单纯强调雇员利益的重要性；设立新的仲裁系统；取消监禁惩罚，但加重了罚款力度，让工会为其成员的行为负责，最高可罚款1000英镑。法案支持"约束"而非"禁止"停工和罢工，但对罢工者的检控持续增加。工党引导党员支持某些权力由州向联邦转移，其中包括劳工权力，激起了毕比的不满，他一贯支持工党，这些举措对他无疑是当头一棒。

毕比对政党已不抱幻想，认为工党已经发展成一个保守主义者。他希望选民们有更多自由，候选人能够更加独立。他并不支持扩张州的权力，但希望能够对联邦宪法全面审查，因为联邦宪法授予"中央议会所有权力，有权

---

① J. S. T. 麦高恩(1855—1922)，澳大利亚政治家。
② 查尔斯·韦德(1863—1911)，澳大利亚法官、新南威尔士州总理。

给各州立法议会分配职权"。他要求"要么取消参议院，要么实现参议院选举权利平等"，这反映了毕比坚定的激进主义。1912年12月9日，毕比辞去议会席位，同时退出工党。有谣言传说霍尔曼和其他一些人会和毕比一起加入"中心党"，但并未证实。1913年1月23日，经过一场艰难的竞选后，毕比重新获得了议会议席。同年3月，毕比在阿米代尔提议创立"民族进步党"，7月开始和农民与侨民协会洽谈。12月的大选中，他一共负责13位候选人竞选，但全部落败——包括他自己。他在威弗利参加竞选，输给了工党候选人。1915年7月，他和农民与侨民协会重新讨论，然后创立了民族进步党，政党领袖是他本人。民族进步党提倡选择选举制，扩张联邦权力，建立新的州。1916年2月，民族进步党和自由党达成协议，共同对抗工党。

1916年征兵危机让工党发生分裂，11月，霍尔曼将政府重组为全国性内阁。尽管毕比与总理已经日渐疏远，他还是加入了新内阁，成为劳动与工业部部长，并且在立法会上占有席位。1917年大选，毕比赢得了沃加沃加公民大会的投票。他很快开始考虑是否有必要重新审查产业法。他谴责"某些好战的工会领导人鼓吹的革命学说"，并重申他相信仲裁。次年，他修订了劳工仲裁法案，宣布某些特定的罢工是非法的，设立贸易委员会，使之有权宣布最低生活工资。据H. V. 伊瓦特称，总体而言，这一法案"会让所有实质性罢工受到惩罚"。2月，大会要对仲裁修正法案进行表决，毕比因政府和蒂斯代尔·史密斯公司签订的合同条款威胁辞职，但霍尔曼对他进行了安抚。

10月，毕比准备两个月后访问美国和英国，此时，他对民族进步党的领导受到质询。因为农民与侨民协会希望政党能更多地代表乡村，但毕比的城市做派与农民不相符合。1919年7月9日，毕比返回澳大利亚，很快就辞去职务。《悉尼先驱晨报》如此描述：他从两个内阁三次辞职，但他的政治基础并不牢固；他早已对霍尔曼心存不满；他四次反对政府的行政行为，尤其是农业部部长W. C. 格雷汉姆[①]负责的一个合同，该合同没有公开招标就出售小麦。

1919年8月，毕比大力支持工党领袖J. 斯托里[②]请求二次质询，并扩大

[①] W. C. 格雷汉姆(1863—1945)，澳大利亚政治家。
[②] J. 斯托里(1869—1921)，澳大利亚政治家、新南威尔士州总理。

了对霍尔曼的攻击，指出有人声称霍尔曼与 H. D. 麦金托什①发生了可疑交易。随后进行的皇家调查委员会调查并无定论，但毕比的指控和他的团队在 1920 年 3 月的选举中让政府颜面大失。工党赢得胜利，霍尔曼失去了自己的席位，毕比取代默里的席位。但 4 月，W. E. 沃恩②打败毕比，成为民族进步党领袖。8 月 9 日，斯托里总理宣布任命毕比为劳资仲裁法庭的法官和贸易委员会主席。政府打算以此出台打击暴利和控制价格的法律。9 月，毕比被任命为皇家调查委员会成员，调查将钢铁和建筑行业工作时间由每周 48 小时降至 44 小时的建议是否可行；毕比出具的报告支持减少工作时间。

早在 1912 年，墨尔本《潘趣》就曾预言，"当上法官才是毕比的真正目的"。毕比也渴望成为剧作家。多年以来，他记录了自己经历的点点滴滴，这时，他开始把这些以戏剧形式表现出来。1923 年，他出版《普通人》，其中有四个长剧、两个短剧，类型涵盖悲剧到闹剧。这些剧本的突出之处不在动作，而在对白；不在情节，而在辩论；但这些剧本都以他们温暖而人性的认知引起关注。毕比笔下的角色通常喋喋不休，但通过他对角色的尊重，这些角色都焕发着人性。萧伯纳对他的影响显而易见，尤其是在《陶工与黏土》和《两段的小喜剧》中。他对法律和劳工关系的熟悉让他能够在《观点》中引人注目的法庭场景中呈现罢工工人的真实面貌。1925 年 7 月 11 日，他在演说中解释称，这部戏的中心思想是强调解决罢工问题需要容忍和相互尊重。他推崇"小剧场"，并且为之寻求市政府和州政府的援助。毕比是演员俱乐部创始人。俱乐部演出过毕比的数部作品，包括 1927 年 9 月 10 日演出的《只是玛格丽特》。

毕比在公共生活中并不表现自己的幽默感。但这种幽默感在他的喜剧和闹剧中清楚呈现：《旗帜》这部戏源自毕比创办乡村报纸的经历，剧中人物高丽生活在国外，依靠家人从国内汇款过活，他说："布恩迪有五间酒店，三个商店，两个铁匠，三所教堂，一个舞蹈学院，一个音乐协会，一支乐队，五所扑克学校。文明社会还有什么比这更好的吗？"《湮灭的金雀花王朝》正是

---

① H. D. 麦金托什(1876—1942)，澳大利亚体育及文艺演出企业家、报刊所有人。
② W. E. 沃恩(1867—1931)，澳大利亚政治家。

基于这一出戏，1928年连载在《澳大拉西亚人》上。《找寻潘》(1924)是一部休闲幻想曲，在诗中讽刺了《视野》和《澳大利亚诗歌》的某些撰稿人，还暴露了毕比猥琐的一面：

> 纤腰以上，
> 用华丽辞藻描述，
> 保留纯洁的面目，
> 自此以下，
> 用最难以捉摸的词句，
> 留下眉头的紧蹙。

毕比还写了几篇短篇小说和一部轻小说《重磅遗产》(1930)。1920年至1922年间，毕比作为法官，对斯托里—杜利执政的工党政府颁布的很多劳工立法做了补充。1921年1月1日，毕比成为预防暴利法庭法官。2月，他出席关于1920年八小时工作制(修订)法案的特别法庭。毕比的判决支持普遍实行44小时每周的工作制度，并且帮助稳定价格。但在1922年至1925年间的富乐政府中，毕比又回到劳资法庭处理日常工作。1926年，在J. T. 朗[①]治下的劳工部改革了仲裁体系，取消了贸易委员会，成立了劳资委员会来取代前者。A. B. 裴丁顿[②]被任命为劳资委员会主席，毕比则接管地区法院和会议工作。同年，联邦调解仲裁法院改组，拥有完全司法权，7月21日，毕比接受任命前往工作。12月，毕比与沃特赛德工人联盟发生矛盾，1927年3月，毕比叫停一个与之有关的听证会。11月，毕比就每周工作44小时制度受到的攻击质询了亨利·伯恩斯·希金斯，主要问题是"利用联邦法庭打败州劳工立法有何严重危险"以及"联邦没有权力直接就工作时间立法，联邦能不能授权它自己的法庭在这一问题上进行立法"。

1928年7月，毕比在墨尔本的街道上摔伤了腿，直到1929年12月才返回法庭工作。那个时候，人们已经感觉到经济大萧条的影响。次年2月，在

[①] J. T. 朗(1876—1975)，澳大利亚政治家、新南威尔士州总理。
[②] A. B. 裴丁顿(1862—1945)，澳大利亚法官、改革家。

煤矿工人的案子上，毕比问道："澳大利亚的利润、价格、价值，也许还有工资，不能降一点儿吗？"他关于社会和谐的概念再次与劳工运动相左。1931年9月，斯卡林联邦政府委任毕比担任皇家调查委员会成员，调查1928年对J. 约翰逊的起诉。毕比调查完成后称没有发生误判。1936年，他休假半年，前往英国。等他回澳的时候，他在行业工会人士中的受欢迎程度持续下降。而1938年，作为一个煤炭委员会主席，他受到R. 詹姆斯和众议院成员的批评。然而，次年，他成为联邦仲裁法院的首席法官，6月被授予大英帝国骑士勋章。1941年，由于身患重病，毕比退休。1942年7月18日，他因脑血管疾病在悉尼吉拉腊去世，以英国圣公会的仪式火葬。他的妻子、儿子和三个女儿那时都仍在世。

与霍尔曼和休斯不同，毕比并未通过工党获得议会最高职位，尽管1912年他知道总理的职位唾手可得，但他还是退选了。那个时候，毕比了解乡村人民独特的前景与需要，并且意识到他们当中大部分人，不管思想多么先进，都无法和城市人，尤其是工会人士产生共鸣。同时，他意识到，"所有文明国家都在探索一种方式"，让劳动力和资本达成一致。毕比仍然是个激进分子，但是他认为工党固步不前，思想保守，他在工党中显得格格不入，有点无政府主义，但一直坚持到1916年。事实证明，毕比是一位颇有分量的法官，常常与好战的工会人士发生冲突，但他保证了整个仲裁体系在社会和谐的基础上有所发展。同时，他也是成功的作家和剧作家，他笔下的人物和情节让人难辨虚实。

他的女儿多丽丝（1894—1948）1894年7月30日出生于斯坦莫尔。她在悉尼英国国教女子文法学校上学，在悉尼大学旁听修读艺术。1920年，她成为毕比的同事，1926年又和毕比一起前往联邦仲裁法庭工作。1931年她成为约翰逊皇家委员会的秘书。

多丽丝1939年3月前往伦敦，参加西班牙救济运动，帮助西班牙内战难民。她加入了英国共产党，次年回到悉尼之后又加入了澳大利亚共产党。1942年至1945年，她在钣金工人联盟组织活动，通过妇女就业理事会为妇女争取更高工资。她为《论坛报》和《澳大利亚妇女文摘》写稿，论述妇女工资收入的提高以及二战期间她们在行业工会中日渐重要的角色。1948年10月17日，她在久病之后死于癌症，并被火葬。

101. 艾达·奥古斯塔·霍尔曼（1869—1949）

作者：希瑟·拉迪

艾达·奥古斯塔·霍尔曼（Ada Augusta Holman），记者，1869年10月3日出生于维多利亚州巴拉瑞特，是英国出生的记者埃比尼泽·基德尔的长女，母亲阿格尼斯为爱尔兰裔，父姓马丁。艾达的求学经历不详，可能是由于父亲不稳定的职业生涯打乱了她的学业：他曾在《克伦斯卫报》《山楂树和博龙达拉标准报》工作，并于1895年至1902年间担任悉尼《星期日泰晤士报》的副主编。1902年3月父亲去世后整个家庭陷入困境。艾达后来回忆起多年来她的生活"除了工作还是工作"。

艾达精通文学和时政，活跃于辩论社团，获得过新南威尔士州文学和辩论社团联盟的短篇小说奖和论文奖。1896年前，艾达以"马库斯·马尔科姆"和"纳尔多"为名发表短篇小说、评论、政治和文学作品。她也曾以Myee为笔名把《悉尼来信》寄给墨尔本报刊《潘趣》。她还经常为《悉尼邮报》《悉尼先驱晨报》和《弗里曼杂志》撰稿。她主编一家面向农村生产者的商业杂志《合作》，并撰写其中的大部分稿件。

1901年1月22日，艾达与W. A. 霍尔曼以澳大利亚教会仪式在悉尼举行了婚礼。1903年他们的独生女出生。艾达的政治观点已经成形：她是共和国的拥护者，对宪法、南非战争以及阶级和性别不平等持批判态度。婚后，她继续从事新闻工作，有时还会用丈夫的名字发表自己代笔的文章。工党受益于她在非工党报刊上刊登支持其方案的文章。1910年起，她的丈夫在州政府任职，她受到了更多的限制：除了短篇小说，几乎不再从事其他写作。《每日电讯报》接受了一组来自海外旅行的文章，后来以《我的漫游之年》（1912）结集出版；1914年她用"Literoctopus"之名为《社会》撰写体育和戏剧新闻。她的儿童故事《澳新军团小姐》1917年在伦敦出版，《众神的游戏》于1921年在墨尔本出版。另外两部小说《沙漠中的夏娃》（1934）和《勇气》（1936）在《悉尼先驱晨报》上连载。

艾达既不满作为一位著名政治家的妻子而自己的工作处处受限，也不满妇女只能有一个角色，即妻子兼母亲。她在给道威尔·奥赖利①的信中写道，"只有父亲角色对男性的影响"与母亲角色对女性生活的影响相当时，女性才能获得自由。她认为妇女有权决定是否要孩子。婚姻中的紧张关系是她创作中反复出现的主题，比如妻子的利益受到压制或忽视，或者女性因为经济原因或家庭压力而被迫结婚。对于《星期日快报》提出"如何对待丈夫"的问题，她的回答"不要当一个受气包"广受赞同。从女性主义视角来看，她在批评性别角色和性别歧视语言方面走在时代的前列：比如那个工党代表用"老女人"这样的蔑称时，她会进行公开斥责。

艾达对女儿波西娅宠爱有加。她为波西娅就读的学校写儿童剧。1923年，她把女儿带到英国去接受高等教育。1925年，她写信恳求丈夫放弃进入英国政坛的打算："不合潮流的任职根本没有生活。"次年，艾达离开英国，留下爱女。回到澳大利亚，艾达继续写作赚钱补贴家用，1927年起开始撰写广播稿。第二个儿童故事《埃尔卡·雷瓦·里》于1928年出版。1930年和1933年，她在欧洲为《悉尼先驱晨报》写的报道中再次谴责了纳粹的反犹太主义。

1934年，丈夫去世后家庭陷入困境，1938年艾达获得一笔每周1英镑的澳大利亚联邦文学基金养老。在去世前不久，她抱怨自己的《总理夫人回忆录》（1947）迟迟没有出版，这是一本令人失望的与名人会面的轶事回忆录。在一个类似的剧本片段中，这个做妻子的说了句苦涩的话："国家领导人没有时间照顾他的妻子和孩子。"艾达于1949年4月3日去世，在英国圣公会的葬礼仪式后被火化。《公报》用"欢声笑语的一生"来纪念她。这句话会让她再次咯咯大笑。

---

① 道威尔·奥赖利（1865—1923），澳大利亚诗人、短篇小说作家和政治家。

102. 玛丽·路易斯·汉密尔顿·麦克（1870—1935）与埃米·埃莉诺·麦克（1876—1939）姐妹

作者：南希·费伦

玛丽·路易斯·汉密尔顿·麦克（Marie Louise Hamilton Mack）与埃米·埃莉诺·麦克（Amy Eleanor Mack，1876—1939），作家，分别于1870年10月10日在霍巴特镇以及1876年6月6日在阿德莱德港出生。两人是汉斯·汉密尔顿·麦克牧师（卒于1890年）的女儿。父亲是来自爱尔兰唐帕特里克的卫斯理宗牧师，母亲杰迈玛（卒于1930年），父姓詹姆斯，来自阿尔玛，父母于1859年在悉尼结婚。路易斯是家中13个孩子中的长女，名字登记为玛丽·路易莎。这家人搬来搬去，1878年离开南澳大利亚，三年之后先后搬到新南威尔士州的莫珀斯和温莎，最后于1882年定居悉尼。姐妹们先后由母亲及家庭教师教育，后来在悉尼女子中学学习。在校期间路易斯和她的朋友艾瑟尔·特纳[①]分别主编两份彼此竞争的报纸；路易斯把自己在学校的这些经历写进《青少年》（1897）和《女孩们》（1898），由阿古斯和罗伯特森公司出版。

路易斯当过一段时间的家庭教师，然后在 J. F. 阿奇博尔德和阿尔弗雷德·乔治·斯蒂芬斯的鼓励下，从19世纪80年代末开始定期给《公报》投稿。1896年1月8日，她嫁给约翰·克里德（卒于1914年），一位来自都柏林的律师；他们没有生育。同年，路易斯的首部小说《世界是圆的》在伦敦出版。1898年，路易斯成为《公报》的职员，以笔名古丽·古丽写下《女人的信》。1901年，路易斯前往国外，没有携夫。不久之后，《公报》发表了她的诗《花中梦》。

[①] 艾瑟尔·特纳（1870—1958），澳大利亚小说家、儿童文学作家。

在英国期间，路易斯在创作《澳洲女孩在伦敦》(1902)，那时生活窘迫，经常挨饿。《澳洲女孩在伦敦》大受欢迎，路易斯得到 W. T. 斯特德[1]的资助，为他的《评论回顾》写作。她受诺斯克里夫勋爵阿尔弗雷德·哈姆斯华斯[2]邀请，成为《每日邮报》的记者，并于 1904 年出版了另一部小说《太阳之子》，故事以悉尼为背景。她还写了很多连载小说，均取得成功，后来由哈姆斯华斯出版社以单行本形式发行，从中获利不少，但这些钱很快就花光了。她游历广泛，出版了一些通俗小说，在佛罗伦萨住了六年，1904 年至 1907 年间在《意大利公报》当编辑。

1914 年返回英国后，路易斯设法去了比利时，成为第一位女性战地记者，为《新闻晚报》和《每日邮报》发回报道。她把自己所目睹的德国对安特卫普的侵略以及她的冒险经历写进了《一个女人在大战中的经历》，于 1915 年出版。

1916 年，路易斯回到澳大利亚。1917 年至 1918 年，她在国内巡回演讲，讲述自己的战争经历，并为澳大利亚红十字会募捐。从 1919 年到 30 年代早期，她在太平洋诸岛和新西兰演讲，还联合新南威尔士教育部和好电影联盟，在澳大利亚巡回讲述旅游经历，给学校播放电影。

1924 年 9 月 1 日，路易斯在墨尔本与时年 33 岁的澳新军团士兵艾伦·伊林沃斯·莱郎(卒于 1932 年)结婚。据她所说，二人育有一个孩子。那些年对于路易斯来说相当艰难，但她以一贯的勇气和活力直面不幸。她成为自由撰稿人，还出版了两部小说《少年的猖狂》(1933)和《少女的祈祷》(1934)。1935 年 11 月 23 日，路易斯因脑血管疾病在莫斯曼去世，按长老会的仪式火葬。勒盖伊·布里尔顿[3]用"毛茸茸"来形容路易斯，像一只小鸡。路易斯肤色白皙，长相漂亮，性格外向，无所畏惧而又变化无常，她就像一个真正放荡不羁的人，选择了冒险和不安的生活。她去世的时候，没有留下一点遗产。

埃米肤色较黑，没有路易斯那么变幻无常，生活较为安定。埃米毕业之后很快就成为一名记者。1907 年至 1914 年间她是《悉尼先驱晨报》"妇女版"

---

[1] W. T. 斯特德(1849—1912)，英国改革记者。
[2] 阿尔弗雷德·哈姆斯华斯(1856—1922)，英国报业和出版巨头，诺斯克里夫勋爵。
[3] 勒盖伊·布里尔顿(1871—1933)，澳大利亚学者、作家。

的编辑。1908年2月29日，埃米和朗斯洛特·哈里森[1]结婚，婚后没有生育。埃米很快出版两本散文集：《丛林日历》(1909)和《丛林时光》(1911)。后者曾经刊登在《悉尼先驱晨报》上。埃米还出版了两本非常受欢迎的儿童书籍：《丛林故事》(1910)和《涂鸦的苏及其他故事》(1915)。

1914年，埃米和丈夫朗斯洛特一起前往英格兰，朗斯洛特在剑桥大学读研究生。朗斯洛特在美索不达米亚服役时，埃米在伦敦为弹药和食品部门担任宣传干事。

哈里森夫妇于1919年返回悉尼，在戈登居住，房子里满是书籍、古董家具以及波斯地毯。从1922年起，朗斯洛特开始在悉尼大学担任动物学教授。同年，埃米发表了《荒野》。她经常在《悉尼先驱晨报》的文学版块发表文章，是1920年至1923年新南威尔士州全国妇女委员会名誉秘书，还陪同丈夫进行科学考察。1928年丈夫去世后，埃米继续发表一些文章，但是随着身体健康每况愈下，她写作的热情也逐渐减退。1939年11月4日，埃米因动脉硬化在圣文森特医院去世，按照长老会的仪式火葬。

103. 艾瑟尔·弗洛伦斯·林赛·理查森（亨利·汉德尔）（1870—1946）

作者：多萝西·格林

艾瑟尔·弗洛伦斯·林赛·理查森（亨利·汉德尔）[Ethel Florence Lindesay Richardson (Henry Handel)]，小说家和短篇小说作家，1870年1月3日出生于墨尔本菲茨罗伊区维多利亚街139号(后改为179号)。艾瑟尔在家中排行老大，父亲是医学博士沃尔特·林赛·理查森(约1826—1879)，母

---

[1] 朗斯洛特·哈里森(1880—1928)，澳大利亚动物学家。

亲是玛丽·贝利，贝利是母亲的父姓。父母在19世纪50年代初移居金矿区，艾瑟尔于他们结婚15年后出生，她的妹妹艾达·丽莲·悉尼于1871年4月出生。父亲沃尔特是都柏林的亚历山大·理查森上校第二次婚姻中最小的孩子，亚历山大声称自己是林赛伯爵的后裔。艾瑟尔非常强调自己的爱尔兰血统，经常说自己成为澳大利亚人是偶然。

艾瑟尔父母亲家族两边都是漂泊客。贝利家族的11个孩子中，有5个在淘金热之前或期间移民澳大利亚。沃尔特很多亲戚也是如此。他们的家信中会经常提到澳大利亚历史上那些有名的人物，如亨利·卡斯伯特①爵士，沃尔特的朋友和律师；霍巴特的亚历山大·切恩，沃尔特的好友；亚历山大·布鲁克·史密斯，沃尔特的密友，他在凯利帮的覆灭中扮演了一个喜剧角色。母亲玛丽的叔叔约书亚·特纳姆是彭特里奇监狱的助理警长。她的哥哥约翰·贝利在巴拉特和墨尔本的新闻出版、激进政治和商业生活方面都是知名人士。

沃尔特是巴拉瑞特一位受人尊敬的产科医生，也是一位杰出的共济会会员，他帮助巴拉瑞特建立了一所医院。在墨尔本，他和妻子是席卷美国、欧洲和澳大利亚的新唯心论运动的积极成员。1869年，沃尔特成为维多利亚进步唯心论者协会的第一任主席，该协会以其在政治、健康和社会进步方面的创新理念而闻名。他还是墨尔本大学评议会的一名成员，也是该市清洁供水的著名活动家。沃尔特和他的妻子一样，对矿业和股票市场非常感兴趣。他于1868年访问英国，在约克郡行医，回到墨尔本他发现自己变得富有，于是过了三四年绅士般的生活。1873年至1874年，他带着家人出国游玩。后来他因股票暴跌赔了钱，在采矿业正蓬勃发展的墨尔本与奇尔特恩重新开业行医。最后，他在昆斯克利夫当了一名检疫卫生官员。在这里他的身体出了问题，进入一个私人精神病院，随后被送进雅拉湾精神病院，被诊断患有会导致全身瘫痪的精神病（初期），最终被确认为梅毒晚期。他的妻子玛丽此前被任命为科罗伊特邮政局局长，1879年2月沃尔特被交由她照料。沃尔特于8月1日去世，葬在科罗伊特。最近对退化性疾病的医学研究表明，雅拉湾精神病院对沃尔特的诊断无法获得证明，其死因至今仍悬而未决。尽管如此，

---

① 亨利·卡斯伯特（1829—1907），澳大利亚政治家、维多利亚州立法委员会成员。

毫无疑问，艾瑟尔描写的"理查德·麦昂尼"患有她认为是麻痹性痴呆的疾病，而且她知道这是梅毒的第三阶段。

沃尔特积极参与殖民地的生活，女儿的代表作《理查德·麦昂尼的命运》常常被认为忠实地记录了她父亲的一生，女儿认为父亲是人格缺陷的受害者，他的大脑并未受损。我们还需要记住，艾瑟尔一生中有58年时间过着侨居生活，约15年幸福生活是在德国度过，其余在英国生活的时间她从未产生过"家"的感觉。正如她丈夫所说，在描写理查德·麦昂尼时，她实际上是在描写自己。

在她看来，作家通常在10岁前就拥有了所有的写作素材。沃尔特病痛和死亡时的可怕情景，让艾瑟尔产生了永久的不安全感，在她的性格和作品中打下了深深的烙印。她还面临一些其他问题，比如与母亲的关系紧张，尽管她姿容姣好，年轻漂亮，但她右肩到手上长有一个很大的葡萄酒色斑胎记[①]，这让她很难堪。艾瑟尔童年时总是搬家，而婚后她在同一栋房子里度过了30年。居住在马尔登的那段时间是她最幸福的时光，她母亲离开科罗伊特后在那里当邮政局局长。1883年，艾瑟尔被送到墨尔本长老会女子学院，在那里她是一名优秀的学生，网球水平一流，在音乐方面，尤其是作曲方面很出色。女校长建议艾瑟尔的母亲允许她从事音乐事业，而不是继续上大学。毕业那年，即1887年，母亲调任里士满邮政局局长，艾瑟尔成了一名走读生，和妹妹同一个年级。在青春期，她有过两段恼人的情感经历：一次是迷恋马尔登的牧师约翰·斯特莱奇，另一次是迷恋一位学长。艾瑟尔在一本校园故事书《获得智慧》(1910)中很好地利用了这两段经历，相反，在自传《当我年轻的时候》(1948)中她所叙述的"事实"并不可靠。1912年她一生唯一一次回澳大利亚，目的是核对她在《理查德·麦昂尼的命运》中根据记忆所进行的环境描述是否准确，但她被拒绝进入母校墨尔本长老会女子学院，这个说法也不符合事实。

离开学校后，艾瑟尔有几个月在郊区的一所私立学校教音乐，她讨厌这个工作。工作之余，她阅读言情小说，在日记里倾诉内心的不悦，（偷偷地）阅读父母的情书，这些情书忠实地表达了他们对彼此的感情。1888年8月，

[①] 葡萄酒色斑胎记是一种与生俱来的永久性印记，出生时呈粉红色，随着年龄增加颜色加深。

理查森夫人带着女儿们坐头等舱去了欧洲旅行。显然，艾瑟尔不可能像近年来的女权主义作家说的那样，因为澳大利亚的庸俗而抛弃它。无论是经济上还是能力上，她几乎无法这样做。在拜访英国的亲戚后，他们一家搬到德国莱比锡，艾瑟尔于1889年4月考入德国皇家音乐学院学习钢琴，妹妹学习小提琴。她们很快就融入小镇上的音乐氛围和社交生活中。艾瑟尔与年轻的约翰·乔治·罗伯逊坠入爱河，他是格拉斯哥大学的理科毕业生，转到莱比锡大学研究语言学。虽然她和妹妹的关系一直很亲密，但艾瑟尔因母亲偏爱丽莲感到愤恨，兄弟姐妹之间的竞争是她小说中的一个主题。从现存记录看，不停地搬家让她对与罗伯逊之间的恋爱关系非常焦虑，担心他们之间能否有结果。

从订婚到1895年12月30日在都柏林结婚期间，艾瑟尔以优异的成绩从音乐学院毕业，并于1892年3月25日登上人生巅峰，她演奏了贝多芬的C大调钢琴协奏曲的第一乐章，得到"当之无愧的热烈掌声"。然而在她的自传中，她说她这门课程没有完成。丢下罗伯逊独自完成学业后，理查森一家短暂访问英国，满心不悦的艾瑟尔开始写作杂志文章，并用德语翻译未婚夫借给她的詹斯·彼得·雅各布森一本颇有影响的小说《尼勒斯·莱尼》。她说，这本小说改变了她的生活。她翻译的《塞壬之声》出版于1896年，以她婚后的名字出版。她还翻译出版了1903年诺贝尔奖获得者、挪威戏剧家比昂松的剧本《渔家女》，还与其他人合作了一篇关于雅各布森的文章——《一个丹麦诗人》。1896年，罗伯逊一家在慕尼黑住了几个月（她母亲在那里去世），然后搬到斯特拉斯堡，她的丈夫在那里获得一个大学讲师职位，1902年成为教授。随着《德国文学史》的出版，罗伯逊作为著名学者的漫长生涯开始了；1903年，他接受伦敦大学的教授职位，从事德国研究，后来转向斯堪的纳维亚研究，并为英国在这方面的研究奠定了坚实的基础。德国、瑞典和挪威政府授予他的荣誉是当之无愧的，这也可能激发了他的妻子对诺贝尔奖的渴求。澳大利亚文学协会1929年度最佳小说金奖并没有给她带来多少安慰。

尽管第一次世界大战之前他们多数时间在德国度过，但是伦敦显然更适合罗伯逊。丽莲嫁给德国眼科专家奥托·诺伊斯塔特，并在访问英国期间成为一名积极的参政妇女。她的儿子沃尔特·林赛成为伦敦一名杰出的精神病司法鉴定医生，他还是学生时就和姨妈艾瑟尔和姨父罗伯逊住在一起；他的母亲在第一次世界大战期间与丈夫分居，信奉"新"教育，认识了 A. S. 尼尔，战后和丈夫一起帮助他在奥地利建立一所进步学校，后来在英国也建了一所。丽莲与丈夫和平分手，并嫁给尼尔，后半生投身于夏季山学校的工作。

沃尔特的出现使位于摄政公园路 90 号的罗伯逊这个学者家庭活跃起来。罗伯逊本身负有繁重的教学和研究任务，又要维持一个大家庭和满足他的妻子昂贵的生活品位，尤其是旅行，他不得不承接大量额外的工作，因此几乎没有空闲时间。由于害怕父亲的疾病会遗传给下一代，艾瑟尔放弃生孩子的计划，事实证明这种担心毫无根据。因此，她需要一个"拯救性的职业"，写作是继音乐之后最适合她的职业，尽管她继续作曲。除了罗伯逊，没有人能确保她毫无顾忌地全身心投入写作，不仅是物质生活上，而且其他方方面面。可以毫不夸张地说，艾瑟尔真正的教育是从罗伯逊这里开始的。罗伯逊对文学、音乐和艺术有着丰富的知识，他对文学批评的见识和关于瓦格纳的演讲都可以在理查森的小说中看到踪影，在三部曲的核心意象中反应尤为突出。从他身上，她也学会了工作的习惯，尽管她那些日常工作———一些崇拜她的人满怀敬意地进行描写——和"修道士般"的献身不是谁都能做到的。事实上，她每天花在写字台上的时间很少；她走路、打网球、游泳、经常休假，一直到 60 多岁。她是伦敦心理研究协会、伦敦精神研究联盟和国际心理研究协会的成员。

她喜欢看电影，是一个私人电影俱乐部成员，这个俱乐部使她能够观看在英国被禁的电影，也可以为她提供禁书。她对不同人群的人生经历充满好奇，这是她最显著的特征之一。她刚到德国就迷上了弗洛伊德的著作。从 1887 年至 1946 年的日记中，她流露出一种极度压抑的气质，常常被厌世情绪所折磨。正如她自己所说："一般来说，死亡/对事物的厌倦……有时会占据我的内心"，但"它与天生的斗士对生存的有力把握和不屈的坚韧并行不悖"。这在很大程度上是正确的，幽默感帮助她保持了分寸感，但在她的一生中，她从来没有独立过，这也是事实。她最初依赖自己的母亲，然后是自己的丈夫。在丈夫去世后，奥尔加·罗科罗尼成为她的依靠，罗伯逊夫妇和她于 1919 年相识成为朋友，当时奥尔加 26 岁，艾瑟尔 49 岁。

奥尔加患有心理疾病，需要治疗，而艾瑟尔终生都在与这种疾病进行勇敢搏斗。1921 年，她来到罗伯逊夫妇家，并与之共同生活。直到 1933 年罗伯逊去世，奥尔加在伦敦一所学校教达尔克罗兹艺术体操。她漂亮，活泼，非常聪明，写作与本职工作相关的手册，最重要的是，她还是一个称职的音乐家。她的俏皮与艾瑟尔阳光的一面趣味相投，尽管小说家家里的生活并不轻松，但她还是接受了罗伯逊的临终请求，同意在他去世之后"照顾亨利"。人们对她们的友谊议论纷纷、充满猜测，依据是艾瑟尔在文学作品中对同性恋关系兴趣有加，表明她的性取向"异常"。这种观点毫无根据，更不用说有什么证据能够证明奥尔加"异常"。如果这个证据可以证实她的性取向"异常"，那如何解释她的两部杰作《莫里斯·格斯特》和《财富》集中描述了两对坚定的异性恋关系？毫无疑问，她很早就和丈夫幸福地生活在一起，并记录了结婚20多年的经历；毫无疑问，她在丈夫死后受到了"毁灭性的打击"；毫无疑问，他们整个婚姻过程中在智力上是旗鼓相当的。罗伯逊（癌症）去世后，她痴迷于占卜板或降神会，试图与他取得联系，重新建立她所坚持的永久联系。她和他讨论写作，向他诉说自己遇到的问题，或和他玩耍，从而延续过去近40年的依赖。她给他读自己未完成的小说《尼克和桑尼》，这引起了人们对"性取向异常"的猜测，认为小说用了一种"离经叛道"的友谊作为其主题，猜测是她去世后销毁了其中一部分。然而，她的笔记表明，该小说主题是她妹妹与奥托的婚姻，最初很幸福，战争造成了分隔，最后逐渐分离。

1934年，艾瑟尔和奥尔加搬到黑斯廷斯附近的费尔莱特，即使在希特勒轰炸时也没有离开。奥尔加自己的健康状况很差，对朋友的照顾也很尽心。在多年的身体和经济考验后，艾瑟尔于1946年3月20日死于癌症。在伦敦举行了一个阴沉的葬礼后，艾瑟尔被火化，她的骨灰和丈夫的骨灰被撒到黑斯廷斯附近的大海里。1957年，她在伦敦的房子获得了一块蓝色的纪念牌匾，但后来这座建筑被拆毁。"维多利亚时代的澳大利亚作家联谊会"挽救了她的出生地，使其免遭破坏，维多利亚国家信托基金恢复了奇尔滕湖景。在它的遗迹中存有占卜板！鲁伯特·邦尼画的两幅肖像画收藏在澳大利亚国家图书馆。

艾瑟尔的笔名可能会妨碍人们对她的认识，尤其是在女权主义文学史开始的时候，不过她使用笔名的动机比较复杂。《毛里斯客人》1912年翻译成德语，第一次在德国出版时受到高度赞扬，但在英国却风评不佳，尽管它影响了其他小说家。第二次印刷时，出版商对语言进行了润色。这三部曲因其三卷之间的间隔太长受到影响：《幸福的澳大利亚》（1917）、《归途》（1925）和《最后的归宿》（1929）。最后一本一夜成名，这三本书于1930年合并出版。她在英国的名声是短暂的；直到1977年，当维拉戈出版社再版《获得智慧》时，一些伦敦评论家还称她为"理查森先生"。她的短篇小说《童年的结束》（1934）和小说《小科希玛》（1939）受到冷遇。

艾瑟尔在澳大利亚文学史中的地位是重要而稳固的。《财富》是一部关于这个国家的原型小说，写的是19世纪西方资本主义社会因发现黄金而掀起的巨大浪潮。作者以冷峻而客观的笔法，在家庭婚姻的框架之内，讨论了19世纪50年代以降澳大利亚的种种问题，目的是定义澳大利亚白人社会的方向。正如一位英国评论家在1973年所说，这本书在现实主义模式下具有强烈的象征意义，是"世界上最伟大、最无情的书之一"。

104. 路易斯·斯通（1871—1935）

作者：布赖恩·基尔南

路易斯·斯通（Louis Stone），小说家、剧作家，1871年10月21日出生于英格兰莱斯特，教名威廉·路易斯。父亲威廉·斯通是篮子编织工，母亲艾玛，父姓图克斯。老威廉曾经在皇家海军服役，远征中东和远东，1884年退休之后举家移民布里斯班。次年，斯通一家搬到悉尼郊区雷德芬，随后很快又搬到附近的滑铁卢。

1888年，斯通开始在公共教育部半工半读，1889年被派往滑铁卢；在他自己提供的详情说明里，他把自己描述为一个不可知论者。1893年，他获得堡垒街培训学校半额奖学金，被悉尼大学录取，随后在那学习艺术，直到1895年。当年，斯通获得小学教师资格，接受指派在市郊贫民区临时担任教师，随后在1900年前往库塔曼德拉长期任教。次年，斯通转到南沃加沃加，认识了陆军元帅托马斯·布莱米[①]爵士。后者当时是一位实习老师,深受斯通对文学和音乐的兴趣影响。

1904年,斯通搬回悉尼,并于1913年至1930年间,主要居住在古基。他的教学生涯由于神经紊乱反复发作引发的疾病而越来越频繁地中断。约在1908年,斯通与阿比盖尔·艾伦结婚。后者是一位老师,一位颇有建树的钢琴家。大约也是在这个时候,斯通开始写《约拿》(伦敦,1911)。这部小说来自他对滑铁卢艰苦生活的观察和回忆。小说对比了两个波皮[②]的生活,一位名叫乔·琼斯,人称约拿;另一位是他的朋友朱克。他们在"危急关头"急流勇退,相继结婚,并走上了不同的人生道路。约拿成为资本家,却婚姻不如意,还遇上了婚外情;朱克过着平静而满足的平民生活。这部小说在想象与情感上都有所成就,它对悉尼工薪阶层的生活以及城市本身的追忆让斯通赢得声誉:斯通是最早开始既逼真写实而又充满想象地呈现城市生活的澳大利亚作家之一。

尽管《约拿》给诺尔曼·林赛留下深刻印象,而且让林赛和他的妻子都成为斯通夫妇的朋友,但除了阿尔弗雷德·乔治·斯蒂芬斯为之写了一篇热情洋溢的书评,这本小说甚少有人注意。林赛形容斯通性格沉默寡言,锲而不舍,就像行将就木的人一样,没法和从前认识的人相互交流。在《公报的波希米亚人》(1965)中,林赛把斯通描画成一个身材稍高,但瘦削而忧郁的角色,有着一双"眼皮褶子层层叠叠、眼神焦虑不安的眼睛",鬃毛似的深色头发,还有一抹下垂的小胡子。

1912年,斯通在斯蒂芬斯编辑的《书友》上发表了一篇文章,题为《论肥胖》。斯通的第二部小说《贝蒂·维希德》(伦敦,1915)夸张地讲述一位极富音乐天才的年轻女子的故事,故事发生在悉尼郊区的帕丁顿和乌拉纳。斯通找到的第一位英国出版商拒绝出版这部小说,然后另外一家出版商答应出版,前提是斯通删掉文中一段关于下层社会生活的描写。未经删减的版本在1913年7月至1914年8月在《单独行动》上连载。

[①] 托马斯·布莱米(1884—1951),澳大利亚军官、警务处处长,唯一获得元帅军衔的澳大利亚人。
[②] 这里以"波皮"译 larrikin 一词,不能完全对应其意义。原意为"流氓无赖",后来演化为澳大利亚人自嘲的昵称,指顽皮泼辣、像小痞子无赖一样喜欢恶作剧的人,性格叛逆、爱吵吵闹闹。

一战期间，斯通的两篇短篇小说出现在为部队准备的两本作品集里，其中一本的编辑是林赛，另一本的编辑是艾瑟尔·特纳和伯特伦·斯蒂文斯①。这时，斯通的兴趣已经转向戏剧。从1914年开始，斯通开始创作一部三幕喜剧，名为《上帝之手》。1920年，斯通带着这部戏剧以及其他剧本前往英格兰。据他所说，这些剧本得到了约翰·高尔斯华绥②和其他一些人的称赞。斯通后来回到悉尼。1923年，在《每日电讯报》举办的一次比赛中，《上帝之手》名列第二，并获刊登；1928年，格赖甘·麦克马洪③将剧本搬上舞台，却未获成功。斯通写的其他六部戏剧中，只有《停摆的手表》这一部简短的独幕剧得以发表，收录在《三合》（1926年11月刊）上。

1931年斯通因健康问题被迫提前退休。在他生命最后的岁月里，斯通得到了迟来的认可，这让他很高兴。1933年，《约拿》被珀西·斯蒂芬森④重新出版，同时也以《泼皮》为名，在美国出版。1935年9月23日，斯通由于营养不良和动脉硬化去世，在兰德威克公墓的卫理公会墓地下葬。《约拿》于1982年被改编为电视连续剧在澳大利亚广播公司播放，并在1985年被悉尼剧院公司改编为音乐剧《约拿·琼斯》。

105. 托马斯·奥斯卡·阿舍（1871—1936）

作者：L. J. 布莱克

托马斯·奥斯卡·阿舍（Thomas Oscar Asche），自编自导自制片的演员，1871年1月24日出生于维多利亚吉朗。父亲托马斯·阿舍是地产代理和旅馆老板，母亲是父亲的第二任妻子，名叫哈里特·艾玛（莉莉），父姓特雷

---

① 伯特伦·斯蒂文斯（1872—1922），澳大利亚文学艺术评论家。
② 约翰·高尔斯华绥（1867—1933），英国小说家、剧作家。
③ 格赖甘·麦克马洪（1874—1941），澳大利亚演员、戏剧制作人。
④ 珀西·斯蒂芬森（1901—1965），澳大利亚作家、编辑、出版人、政治活动家。

尔。托马斯·阿舍 1826 年 8 月生于挪威奥斯陆克里斯蒂安尼亚，1851 年毕业于克里斯蒂安尼亚大学法律专业，1854 年 8 月 27 日搭乘"吉布森·克雷格号"抵达墨尔本。托马斯·阿舍有着金色的胡子，身体强壮，曾经在金矿当过骑警和矿工，还在巴拉瑞特开过零售店；先后有一座礁石、矿脉和溪谷以他的名字命名。1855 年 8 月 17 日，托马斯·阿舍在黄金岬的家中与简·威尔结婚，婚后育有一子。1860 年 8 月，托马斯·阿舍已在坎伯当开设旅店并定居；同年 10 月，他入籍澳大利亚。托马斯·阿舍的妻子于 1866 年 9 月 13 日在吉朗基督教堂去世。他后来与哈里特·艾玛结婚。第二任岳父威廉·特雷尔上校是麦克酒店的所有人。托马斯·阿舍从 1866 年起就成为几乎无所不能的投机者，有时候设法安排或者主持皇室土地的出售，在拍卖会上主导投标进程的都是托马斯·阿舍的人，而很多牧场主都希望得到这些土地。

1870 年，托马斯·阿舍成为吉朗的市委委员，并在 1871 年 3 月 24 日收购麦克酒店。1876 年 11 月，托马斯·阿舍搬到墨尔本的联盟俱乐部酒店，约 10 年后，又搬到悉尼乔治街的皇家酒店。1893 年，他遭受沉重的经济损失，不得不卖掉皇家酒店，但从 1896 年起，他开始经营温耶德广场的帝国酒店。1898 年 11 月 2 日，托马斯·阿金因慢性肾病去世。去世的时候他的妻子、第一次婚姻中留下的一个儿子、第二次婚姻中的两个儿子以及三个女儿都仍在世。

奥斯卡·阿舍在丹德农的月桂寄宿学校上学，从 1884 年起在墨尔本英国国教文法学校上学，由于记忆力好，他在学业上取得了很大进步。16 岁时，由于深受他经常光顾的皇家酒店的演员的影响，他怀着对剧院的浓厚兴趣离开学校。他对旅行也有很大热情，自称到过中国和斐济，还短暂地跟一位建筑师当过学徒，向拉里·福利[①]学过拳击，还花了几个月时间"背着自己的行囊"横穿新南威尔士州的南部，陪着他的是两条狗和一本袖珍版的莎士比亚戏剧。1890 年，阿舍最终决定要在戏剧界做一番事业；父亲资助他前往挪威克里斯蒂安尼亚，在自编自导自制片的演员比约恩·比昂松[②]手下学习。阿

[①] 拉里·福利(1849—1917)，澳大利亚著名拳手、承包商。
[②] 比约恩·比昂松(1859—1942)，挪威戏剧演员、戏剧导演，1903 年获诺贝尔文学奖。

舍在那遇到易卜生，听从他的建议去了伦敦，向沃尔特·莱西和亨利·内维尔学习演说，观摩埃伦·特里、亨利·欧文等人的演技。1893年3月，他第一次在伦敦歌剧院上演的《男人和女人》中出演一个角色。但这一年，阿舍的父亲停止向他提供每周10英镑的费用。过了一段居无定所的日子后，阿舍在F.R.本森爵士的莎剧巡演公司谋得一份工作。1899年6月，阿舍在兰开夏郡亨德利与1896年加入该公司的莉莉·布雷顿结婚。

1901年，莉莉受雇于伦敦的赫伯特·比尔博姆·特里公司。阿舍也加入特里公司，但后来被允许离开参演亚瑟·皮尼罗[①]的《彩虹女神》。他在剧中扮演弗雷迪·马尔多纳多。这是他在伦敦扮演的第一个重要角色。他还在《无事生非》中扮演反面人物埃伦·特里，也参演了其他许多莎剧演出。1904年，阿舍和莉莉成立了一家公司（阿舍任演员经理），在艾德菲剧院演出。《驯悍记》成为他们的保留曲目中非常成功的一部戏剧。后来他们租下国王陛下剧院，于1907年开场演出，首场演出是《阿提拉》。剧院为阿舍排演引人入胜的《皆大欢喜》提供了便利。1907年，在改编的《皆大欢喜》中，阿舍对莎士比亚进行了不同常人的解读。

1909年，阿舍把整个公司带到澳大利亚，进行了长达18个月的巡演，大获成功。《驯悍记》的上演开始让皇家剧院座无虚席，然后阿舍又推出《奥赛罗》《皆大欢喜》和《威尼斯商人》，新年又上演了《汉尼拔伯爵》和《圣母玛利亚》。他在悉尼演出了两季，在墨尔本演出了三季。

1911年，阿舍回到伦敦，开始为期两年的演出季，上演《天命》。《天命》是一部盛大的天方夜谭奇幻剧，阿舍扮演乞丐哈吉。演出使用独创的光照技术。阿舍把《天命》带到澳大利亚和新西兰，从1912年年初一直演到次年8月。在布里斯班，阿舍遇到瑞德·哈葛德，他们一起讨论如何把哈葛德的小说《风暴之子》改编成剧本，搬上舞台。1914年10月，由这部小说改编的《马米纳》在伦敦上演，但票房收入不甚成功。阿舍渴望能再有一部戏剧和《天命》一样成功。他后来终于找到了答案——《朱清照》。他在两周之内写好剧本和歌词。1916年8月31日，《朱清照》上演，演出季长达五年，打破了

[①] 亚瑟·皮尼罗（1855—1934），英国剧作家、舞台导演，他协助剧院创立了一种"社会"戏剧，吸引了上流社会许多观众。

所有纪录；阿舍作为作者收入 20 万英镑，作为演员和制片人，每周收入 500 英镑。1917 年，阿舍推出《山中少女》，同时还写了另一部大获成功的音乐剧《开罗》，1921 年上演。

1922 年 7 月，阿舍和 J.C. 威廉姆森①公司签订合同，按约离开英格兰，第三次到澳大利亚巡演。他的妻子拒绝和他一同前往澳大利亚。阿舍的流行剧目包括《朱清照》《开罗》以及莎剧。尽管和威廉姆森公司在作品和经济上有所争执，阿舍还是找回了之前到访澳大利亚的一些乐趣：他举办奢华的野餐会，参加赛马大会，坐着有专车司机的劳斯莱斯，在悉尼和墨尔本之间沿着海岸露营旅游。随着分歧的进一步加深，阿舍和威廉姆森公司的合同在 1924 年 6 月戛然而止，随后他离开了墨尔本。

回到英国，阿舍遇到更多麻烦。1909 年在澳大利亚巡演期间，他就开始赛狗，这让他花掉了 4.5 万英镑；他还欠了 4 万英镑的税，他破产后，不得不卖掉了格罗斯特郡的苏格里农场，价值 10 万英镑。阿舍的妻子为了帮助他，支持他推出一部新的音乐剧，名为《英格兰的美好往日》，但未获成功。他写了一部回忆录，《奥斯卡·阿舍：他的一生，由他自述》（伦敦，1929），还有两部小说（1930）。1932 年，妻子最后一次登台表演，由他执导。阿舍在病痛和贫困中与妻子回到白金汉郡的马洛。1936 年 3 月 23 日，他因冠状动脉血栓在马洛附近的比沙姆去世，埋在当地的河边墓地。他们没有留下孩子。

年轻的阿舍身材魁梧刚健，"容光焕发"，晚年的他却非常肥胖。他热衷运动，曾经是一位板球好手，喜欢当守门员。他对事物饶有兴趣，他的演出最让人印象深刻。作为制片人，他不断创新，追求完美。他是乐观主义者，出手大方得不可救药。他也是一位出色的艺人。

---

① J.C. 威廉姆森(1845—1913)，美国演员，后成为澳大利亚一流的舞台经理。

106. 乔治·柯克里尔（1871—1943）

作者：L. J. 布莱克(L. J. Blake)

乔治·柯克里尔(George Cockerill)，记者兼作家，1871年7月13日出生于维多利亚州本迪戈。父亲老乔治·柯克里尔是英格兰北安普顿郡一名矿工，母亲玛丽，父姓万斯，爱尔兰裔。柯克里尔先后在斯贝希曼山州立学校和本迪戈团体中学上学，15岁时开始在《本迪戈独立报》做了五年学徒，并在本迪戈矿业学校学习。受到提拔后他成为《本迪戈独立报》首席记者，同时还经营一家周六培训学校。1893年，柯克里尔对联合矿工协会在克雷奇客召开的会议进行了全面报道，这让他赢得了《巴拉瑞特星报》的关注，并在当年被任命为该报的办公室主任。他后来在本迪戈矿业学校进修，1898年受邀到墨尔本加入《时代报》，在大卫·塞姆[1]手下工作。柯克里尔强烈支持塞姆的贸易保护主义政策，开辟专栏撰写关于国家需求和国家问题的文章，成长为培养民族情感的坚定倡导者。

在是否设立联邦政府的激辩中，柯克里尔作为《时代报》的特别代表，获知很多政治机密。埃德蒙·巴顿爵士、阿尔弗雷德·迪肯、比利·休斯、威廉·莱恩爵士、乔治·里德爵士、安德鲁·费希尔以及金·奥玛莉[2]等政治家都认识人称"雷神"的柯克里尔。1910年，杰弗里·塞姆[3]爵士任命柯克里尔担任《时代报》办公室主任；1914年1月，编辑弗雷德里克·舒乐[4]聘请他

---

[1] 大卫·塞姆(1827—1908)，澳大利亚报刊主人，拥有《时代报》，被称为"澳大利亚保护主义之父"。
[2] 金·奥玛莉(1858?—1953)，澳大利亚政治家，南澳大利亚州议员、澳大利亚众议院议员。费希尔政府内政部部长。
[3] 杰弗里·塞姆(1873—1942)，澳大利亚报刊主人，大卫·塞姆四子。
[4] 弗雷德里克·舒乐(1853—1926)，澳大利亚记者，曾任《时代报》编辑26年。

为首席评论员。在岗位上，柯克里尔发表了对公共事务鞭辟入里的出色评价。从1912年起的15年间，柯克里尔一直是职业速记员评审委员会成员。他还一度担任帝国报业联盟驻澳大利亚通讯编辑。

1926年，柯克里尔离开《时代报》，到悉尼的《每日电讯报》担任主编。1928年，《每日电讯报》变成画刊，柯克里尔又回到墨尔本，加入发展与移民委员会，成为报道编辑和宣传主管。次年，他成为墨尔本《先驱报》的评论员。1939年，柯克里尔因心脏病发作被迫退休，住在阿博茨福德。

柯克里尔年轻时身材高大，气色很好，喜欢踢足球、打板球、拳击、摔跤、赛艇和跑步；后来，他成了丛林徒步旅行和象棋的忠实爱好者。他热爱澳大利亚文学和艺术，是1938年成立的面包奶酪俱乐部①成员。1893年9月12日，柯克里尔在本迪戈的圣基利恩天主教堂迎娶一位承包商的女儿玛丽·埃伦·欧哈洛伦，婚后育有三儿两女。1943年6月2日，柯克里尔在东墨尔本的一所医院去世，葬在墨尔本公墓。他的一个儿子和一个女儿先于他去世。

柯克里尔写了许多小册子，还创作了《建立联邦：澳大利亚的政策》(悉尼，1948)，但尚未完成《澳大利亚男子气概发展研究》就与世长辞。柯克里尔写的历史小说有《穷困潦倒：澳大利亚的早期历史》(1912)、《流放犯拳击手》(1912)以及《黄金时代：五十年代的传奇》(1926)。他在《时代报》的文学增刊上发表过关于康沃尔郡矿工的幽默故事，这些故事体现了他年轻时在金矿的经历。柯克里尔以轻小说的形式写了一部个人回忆录《小文人与政治家》(1944)。

---

① 面包奶酪俱乐部是1938年6月在墨尔本成立一个文学艺术社团和出版社，目的是促进"伙伴情谊，艺术和文学的发展"。

107. 弗朗西斯·格拉特利（1872—1919）

作者：D. I. 麦克唐纳

弗朗西斯·格拉特利（Francis Gellatly），记者兼公法学家，1872年11月13日出生于维多利亚州巴拉瑞特，家中长子。父亲詹姆斯·格拉特利是出生在伦敦的平版印刷工，母亲克里斯蒂安，父姓弗格森，苏格兰人。格拉特利先后在巴拉瑞特英国国教文法学校和新南威尔士州帕拉马塔的国王学校上学。

1891年，格拉特利加入新南威尔士州林业部，在戈斯福德区当见习生。一年后他辞职前往《悉尼先驱晨报》工作。1896年，格拉特利以笔名"亚罗威"发表一部轻小说，书名为《逃出鬼门关》。他在书中历数法律体制的不公，认为这种不公源自"法律的管理弊端、法官的堕落，还有陪审团的麻木不仁"。他曾担任美国公平人寿保险公司的精算师，但是时间不长。1912年，格拉特利到国外研习经济和金融新闻。

从1905年开始，格拉特利在《悉尼先驱晨报》担任金融编辑，他经常告诫民众不要轻信"野猫"金融机构①。第一次世界大战期间，格拉特利在自己的专栏中解释与之前的海外贸易伙伴交易产生的经济法律问题。后来，格拉特利为战时立法提供简明的解释，剖析政府的财政计划，为了激起对战时公债的支持，他使用了态度强硬的语言，和他在商业报告中毫无生气的语言风格形成鲜明对比。

1917年，格拉特利在《董事季度回顾》发表了一系列短文，支持政府的财政政策。格拉特利认为，在战争时期，通货膨胀不可避免；如何控制通货膨

---
① "野猫"金融机构即未经官方批准的金融机构。

胀应该是战后处理的事情。他还谴责普遍存在的工业动荡，认为劳工立法对各方的影响和压力应该均等。从1908年开始，格拉特利在悉尼大学在职修读法律（1912年获法学学士学位，1916年获法学博士学位）。1912年11月22日，格拉特利被授予新南威尔士州的律师资格，但他从未当过律师。格拉特利还担任新南威尔士新闻记者协会副会长、新南威尔士记者咨询委员会主席（1917—1918）、战争储蓄委员会委员。

威廉·英里斯·休斯也经常向格拉特利咨询财务问题。1918年4月，格拉特利同意担任拟成立的联邦科学与工业研究所所长。同年6月，格拉特利被委任至联邦科学工业咨询委员会。让格拉特利担任会长的任命受到一些批评：他所受的教育与训练使他几乎无法胜任科研机构领导一职，而休斯的支持更是让他在工党鲜受礼遇。

尽管格拉特利在有生之年都未获正式任命，但是他还是在6月1日开始履新，并在接下来的15个月里为建立联邦科学与工业研究所不知疲倦地工作。更为重要的是，格拉特利以他的智慧与老练开始着手拉拢那些认为这个组织会成为威胁的政治家和科学家。为此，格拉特利走遍了澳大利亚，完成了一次成功的宣传。他的前期准备是出版一份月刊《科学与工业》。据说，格拉特利"以特有的热情和精力专注于这一项分配给他的工作……确保自己能在新领域发挥巨大作用"。

1919年9月24日，格拉特利因肺炎型流感在家中去世，按长老会的仪式在悉尼戈尔山公墓公理会墓地下葬。格拉特利去世时，妻子艾格尼丝·玛丽（父姓琼斯）、两个儿子以及三个女儿仍然在世。他于1899年3月30日与妻子在北悉尼结婚。

108. 梅布尔·弗里斯特（1872—1935）
作者：凯·费雷斯

梅布尔·弗里斯特（Mabel Forrest），作家，1872年3月6日出生于昆士兰州达令唐斯的扬迪拉附近，登记的名字为海伦娜·梅布尔，在家中的三个孩子中排行第二。父亲詹姆斯·切克利·米尔斯是农场经理，母亲玛格丽特·纳尔逊，父姓哈克塞尔，出生于英格兰。梅布尔一家住在多尔比斯坦索普和贡迪温迪附近的农场，这些边疆城镇以"布洛尔戈"的名字出现在她的小说中。她只在新南威尔士州的帕拉马塔上过一年学，除此之外都是由她母亲教育。梅布尔的母亲"能流利使用几种语言，曾经在法国和德国上学"。梅布尔的姐姐艾瑟尔也是一位作家，在悉尼的《公报》发表过故事和诗歌。

1893年7月5日，梅布尔在贡迪温迪附近的卡兰度与一位可向政府廉价购买土地的移民约翰·弗雷德里克·伯金肖结婚，婚礼采用英国圣公会仪式。1894年，梅布尔在新南威尔士州南部的涂鲁娜农场诞下一个女儿。然而他们的婚姻并不幸福。丈夫的收入无法支撑起家庭，所以梅布尔干些缝纫活儿来养家，同时开始写作和发表自己的作品。1896年，伯金肖在珀斯找工作，夫妻双方分开。1902年4月，因为男方有"通奸、遗弃和虐待"的行为，夫妇俩离婚。同年7月22日，梅布尔在布里斯班和铁路测量员约翰·弗里斯特（卒于1921年）结婚，婚礼采用卫斯理宗仪式。在公开资料里，梅布尔一般都避免提及第一次婚姻，但这段婚姻的经历在她情感最为强烈的抒情诗里留下痕迹。

梅布尔依靠写作养活自己——她是"澳大利亚联邦最勤劳的诗人"。她用"弗里斯特夫人""雷卡"或者"伯金肖夫人"等名字在《澳大拉西亚人》《公报》《史密斯周刊》《三合》以及《单独行动》上发表作品。她在《澳大拉西亚人》发表的故事被收录成册，书名叫《宽恕的玫瑰》(1904)。她的首部诗集《半人马座阿尔法星》于 1909 年出版。梅布尔经常在文学比赛中获奖，她的作品被刊登在《蓓尔美街报》(又译《波迈公报》)以及《观察家》(伦敦)上，还在美国发表。

梅布尔最为成功的作品是《野蛾》(伦敦，1924)，该作品由查尔斯·肖伟尔[①]拍成电影《穆恩比的飞蛾》。梅布尔小说里的场景被排演成话剧公开演出，她自己创作的剧本《拦路强盗》也在克莱芒剧院上演。爱情中的忠诚与背叛作为主题反复出现在她的小说当中。梅布尔描述了澳大利亚的丛林生活，因此有人将她与罗莎·普雷德相提并论。梅布尔还记述了现代气息的到来，关注城市规划等问题，还描述市郊的发展如《街道与花园》(1922)。她笔下的人物既有可能骑着马或者坐着双轮马车，也有可能乘坐火车或者电车。梅布尔的一些诗歌还在公共场合被人朗诵：在布里斯班的"建筑 1930"开幕式上，人们就朗诵了《市政大厅》，后来还被刻在当地的大理石碑上以供纪念。

梅布尔是伦敦作家联谊会和澳大利亚作家协会的成员，也是昆士兰报业协会的终身会员。梅布尔最后一首诗是《残月》，1935 年 3 月 16 日发表在《澳大拉西亚人》上。两天后，她因肺炎在古德娜的医院去世，以长老会仪式火葬。她去世时还有一个女儿在世。约翰·奥克斯利图书馆中一小段自传手稿以及离婚诉讼中的供词，都不是她人生的真实写照。

与梅布尔同一时代的人对她的作品批评甚多，亨利·格林认为她的作品"过于浮华"，内蒂·帕尔默则认为她的作品"流畅而华丽"。然而，人们称赞她写的儿童诗歌，认为那些诗歌富有吸引力并运用了灵活的技巧。梅布尔承认自己受到司各特、麦尔维尔、勃朗宁、亚当·林赛·戈登以及伊迪丝·沃顿[②]的影响。尽管与梅布尔同时代的人认为她的作品属于传统殖民地作品，但它们其实也是现代作品，可以与克罗斯、雷斯比亚·哈福德[③]、格温·哈伍德[④]、埃莉诺·达克[⑤]以及戴菲娜·丘萨克[⑥]等人的作品比肩，同样关注了心理与性。

---

① 查尔斯·肖伟尔(1897—1959)，澳大利亚电影制片人。
② 伊迪丝·沃顿(1862—1937)，美国小说家、短篇小说家、设计师，普利策奖得主。
③ 雷斯比亚·哈福德(1891—1927)，澳大利亚诗人。
④ 格温·哈伍德(1920—1995)，澳大利亚诗人、编剧，获过众多诗歌奖项。
⑤ 埃莉诺·达克(1901—1985)，澳大利亚作家。
⑥ 戴菲娜·丘萨克(1902—1981)，澳大利亚作家。

109. 亚瑟·亨利·亚当斯（1872—1936）

作者：B. G. 安德鲁斯　安-玛丽·乔登斯

亚瑟·亨利·亚当斯（Arthur Henry Adams），记者兼作家，1872年6月6日出生于新西兰劳伦斯。父亲查尔斯·威廉·亚当斯（1840—1918）是勘测员、公有土地专员、天文学家；母亲埃莉诺·莎拉，父姓吉龙。亚当斯先后就读于惠灵顿学院、但尼丁奥塔哥男子中学以及奥塔哥大学，1894年获新西兰文学学士学位。他没有顺从父亲的意愿从事法律，相反，他成为《惠灵顿晚邮报》的记者，编辑是他的舅舅 E. T. 吉龙。1898年，亚当斯搬到悉尼，向 J. C. 威廉姆森展示了自己创作的毛利歌剧《禁忌》，被聘用为文学秘书，年薪200英镑，前提是亚当斯创作的所有戏剧作品的所有权都归威廉姆森所有。威廉姆森把《禁忌》改编之后搬上舞台，配上阿尔弗雷德·希尔[①]创作的音乐，于1904年在澳大利亚巡演。

1900年，亚当斯离开澳大利亚，前往中国为《悉尼先驱晨报》以及几家新西兰报纸报道义和团运动。因为感染风寒，亚当斯于1901年2月回澳；恢复健康之后，他在新西兰巡回演讲，然后在英国当了三年自由记者。在英期间亚当斯出版了自己的第一部小说《野草丛生的土地》（伦敦，1904）。1905年8月，亚当斯回到惠灵顿，在《惠灵顿晚邮报》工作；他在《新西兰时报》担任副主编，时间不长，然后于1906年10月到悉尼《公报》工作，取代阿尔弗雷德·乔治·斯蒂芬斯成为《红页》的编辑。1909年，亚当斯接替弗兰克·福克斯[②]爵士担任《单独行动》的编辑；1911年担任《悉尼太阳报》编辑，数年后又

[①] 阿尔弗雷德·希尔（1869—1960），澳大利亚作曲家、指挥家和教师。
[②] 弗兰克·福克斯（1874—1960），澳大利亚记者。

返回《公报》工作。

亚当斯作为记者有广泛的从业经验，但他最受重视的身份是文学评论家和创意作家。尽管亚当斯在文学批评方面不如斯蒂芬斯，但在澳大利亚剧作家之中，他是出类拔萃的。亚当斯认为澳大利亚剧作家的作品被澳大利亚剧院老板无情地拒之门外。他本人的戏剧创作始于毛利音乐剧和英国浪漫史的试验剧作，但他擅长的是都市社会喜剧。他也试图在都市社会喜剧中"创造澳大利亚角色，从这些角色的澳大利亚视角出发，处理澳大利亚的情况。这些澳大利亚人面对的不是丛林……这些澳大利亚的城镇居民和那些已经灭迹的丛林大盗一样，有着典型而又与众不同的民族特色"。亚当斯最为成功的戏剧是《美丽夫人与总理》，1914年在墨尔本话剧团上演，1916年在伦敦上演。这出剧和1910年在阿德莱德上演、1973年在悉尼重新登台的《挥霍者》一起收录在《澳大利亚舞台三剧》（悉尼，1914）中。这三部戏剧都显示出亚当斯受到易卜生、萧伯纳、王尔德和亚瑟·皮尼罗的影响。

亚当斯的诗歌既有《毛利兰①及其他诗篇》（悉尼，1899）中的优雅抒情和感伤，又有《伦敦街头》（伦敦，1906）中的隽永有力。后者是一部诗文的"写作指南"，展示了亚当斯描绘景象的天赋。1914年之前，亚当斯多以诗人身份为众人所知；在《诗选》（墨尔本，1913）的前言中，亚当斯宣称，他要离开"诗歌这条惬意而蜿蜒的岔道，走向散文那条尽管更加笔直却灰尘弥漫的高速公路"。亚当斯最好的小说是《澳大利亚人》（伦敦，1920），描绘了战前悉尼的迷人一瞥。亚当斯用清晰、简洁的文字，呈现了当代人对英国人、政客、艺术、战争以及澳大利亚特性的看法。他还用笔名发表了其他几本小说，有时候用名"詹姆斯·詹姆斯"，有时候用名"亨利·詹姆斯·詹姆斯"。这些小说中的一部题为《加拉哈德·琼斯》（伦敦，1910），主人公是一位中年的银行职员，怀有侠客精神，爱慕同性、轻佻，还有短暂的情史。亚当斯最后一部小说是《一个人的一辈子》（伦敦，1929），和他第一部小说一样，带有强烈的自传性质，探索了作品中普遍出现的主题：浪漫的理想主义与性欲之间的冲突、妇女在婚姻和社会中的从属地位、因日常压力而濒于灭绝的创造能力和理想主义。

---

① 毛利兰是新西兰原住民对新西兰的称呼，即毛利人的土地。

亚当斯"身材高瘦，肤色黯淡而蜡黄，却依然好看"。他在悉尼文学圈和艺术圈都很有名气。亚当斯忠于家庭。1908年9月30日他和莉莲·格蕾丝·帕顿于中性湾结婚，定居克莱芒角，他们的房子是克莱芒角最早的一批房子之一。1936年3月4日，亚当斯因败血症和肺炎在皇家北岸医院去世，并以英国圣公会仪式火化。亚当斯去世时，妻子、一个儿子和两个女儿都在世。他的遗产估值为435英镑。

110. 伊芙琳·梅·莫当特（1872—1942）

作者：萨利·奥尼尔

伊芙琳·梅·莫当特（Evelyn May Mordaunt），作家，1872年5月7日生于英格兰诺丁汉郡科特格雷夫，在兄弟姐妹中排行第五。父亲圣约翰·利·洛斯是乡绅，母亲伊丽莎白·卡罗琳，父姓宾汉，是克兰莫里斯子爵三世的女儿。伊芙琳童年时期住在格罗斯特郡切尔滕纳姆附近的查尔顿大屋，少年时期住在海斯洛普附近的科茨沃尔兹。伊芙琳和她的兄弟一样，身材高挑，而且"性格刚强"。伊芙琳喜欢骑马、打猎还有户外生活。她从家庭教师们身上所学不多，后来开始喜欢画山水画、设计织物和墙纸，还学习了德语、拉丁语和速记。

1897年，伊芙琳陪同表姐卡罗琳前往毛里求斯。卡罗琳是乔治·勒亨特[①]爵士的妻子。1898年8月18日，伊芙琳在威廉平原区与甘蔗种植园主莫里斯·威廉·维厄结婚。在这段不幸的婚姻中她有两个孩子胎死腹中。因为感染疟疾久病体弱，伊芙琳独自回到英格兰。她在疗养的过程中写下《满足花园》。1902年，伊芙琳这部作品以笔名"埃莱诺·莫当特"初次出版。但在出版之前，她就登上轮船"卡特里内湖号"去了墨尔本，6月10日抵岸。1903

[①] 乔治·勒亨特（1852—1925），南澳大利亚州州长。

年3月9日，她生下一个男孩戈弗雷·韦斯顿·维厄。

伊芙琳在澳大利亚交到一些终身好友，最初的一些朋友是通过伊迪丝·巴雷特[①]认识的。除非因生病或受伤丧失工作能力，否则伊芙琳拒绝接受任何帮助。她住在便宜的地方，依靠自己的力量谋生：她为别人缝制上衣和棉布靠垫，在阳伞上作画，制作海报，在白色家具上画装饰画；她尝试过设计彩色玻璃窗，还开过几个月金属小作坊；她编辑过一本女性月刊，但时间很短。多亏朋友C. 鲍格·卢夫曼[②]的帮助她才得以参与一座花园的设计和建造工作。从1903年年底开始的两年左右时间里，她一直住在卢夫曼在伯恩利的园艺学校的房子里。在那期间，她写了《迷迭香：为了纪念》（墨尔本及伦敦，1909）。1909年7月14日，伊芙琳和儿子离开澳大利亚，返回英格兰。

为了养活自己，伊芙琳开始专事写作。她使用过多个笔名，从1913年起开始主要使用"埃莉诺·莫当特"这个笔名。1915年7月1日，伊芙琳通过法律途径正式把自己的名字改为伊芙琳·梅·莫当特。伊芙琳一共出版40多部作品，主要是长篇小说和短篇故事。1923年，她受伦敦《每日邮报》之约，开始乘坐帆船和货轮环游世界，她旅行作家的名声正是由此而来。

伊芙琳在自传《西纳巴达》（1937）中动情地回忆了在地球另一端的澳大利亚经历的岁月。然而，她书中很少以澳大利亚作为故事背景。《一船慰藉》（1911）讲述的是搭乘帆船前往墨尔本的历程，《山峦间的卢》（1913）讲述的是在维多利亚州发生的事情，《钟摆》（1918）的主人公在澳大利亚时参与过行业工会和劳工政治。《岛屿》（1914）中收录的短篇小说首发在1910年和1912年的《单独行动》上；《新瓶旧酒》（1919）中的《姜罐》讲述的是关于墨尔本小伯克街上中国人的故事。对于澳大利亚更为真实的评价出现在伊芙琳写的手册《流浪维多利亚》（1911）中，以"E. M. 洛斯"之名出版。这本手册是缅怀和研究（尽管有一些内容是不可靠的）的产物，记录一个女人如何学会适应不熟悉的阶级价值观，作为一本回忆录，这本书还是相当有趣的。

第一次世界大战期间，伊芙琳住在伦敦格林尼治。20世纪20年代，伊芙琳在法国南部买了一栋房子，但后来远行至中美和北美、太平洋和非洲时

---

① 伊迪丝·巴雷特（1872—1939），澳大利亚医生。
② C. 鲍格·卢夫曼（1862—1920），英国园艺学家、作家，1895年到澳大利亚，1897年任园艺学校第二任校长。

把房子卖了。1933年1月27日，伊芙琳在金丝雀群岛的特纳里夫与罗伯特·劳恩斯利·鲍尔斯结婚。鲍尔斯时年66岁，是一位来自格罗斯特郡的退休律师。用伊芙琳自己的话说，这段婚姻"以悲剧收场"。1942年6月25日，伊芙琳在牛津拉德克利夫养老院去世。

111. 安布罗斯·普拉特（1874—1944）

作者：戴安娜·朗默尔

安布罗斯·普拉特（Ambrose Pratt），小说家、记者兼商人，1874年8月31日出生于新南威尔士州福布斯，家中次子。父亲尤斯塔斯·亨利·利弗·普拉特是医师，母亲卡罗琳，父姓克箫。普拉特曾就读于里弗维尤、圣伊格内修斯学院和悉尼文法学校。他的私人教师教他法语、德语、骑马、拳击、击剑和射击。他的家人都很有教养，并且很聪明。

19世纪90年代的经济衰退中，普拉特的父亲损失很大，所以普拉特放弃了跟随父亲投身医药行业的打算，转投法律行业。普拉特先后在利斯莫和悉尼给律师当学徒，1897年成为新南威尔士州最高法院的律师。据普拉特回忆，那时候的自己是个"令人难以忍受的纨绔子弟"，喜欢戴着单片眼镜，留着络腮胡，穿着做作的黑色礼服，衣服的领子跟牧师的衣领一样，还戴着沉甸甸的金表链。尽管如此，普拉特给他父亲的几位影响力深厚的保守派朋友留下深刻印象，他们敦促普拉特在他们的支持庇护下踏入政坛。然而，普拉特在政治上是亲工党的。他作为儒雅的辩手和《澳大利亚工人》的撰稿人而声名鹊起。

普拉特很快就对律师生活失去期待，以押运人的身份登上航向南太平洋的贸易货船，然后去昆士兰放牧。1898年2月16日，普拉特在悉尼圣玛丽大教堂与艾琳·梅·罗伯茨结婚，短暂停留了一番后，他又起航去英格兰，想在英国开创一份作家和记者的事业。1898年，普拉特30多部小说中的第一部——《万石之王》面世。接下来的一部是《弗兰克斯：决斗者》(1899)，被翻译成多国文字。普拉特毫不掩饰地承认，自己的小说纯属胡编乱造——大多是以丛林大盗或者流氓行径之类为主题的丰富多彩的冒险奇谈。普拉特的作品给诺斯克里夫勋爵留下了深刻的印象，于是邀请他加入《每日邮报》。普拉特一直在澳大利亚为《每日邮报》写作，一直到1905年。

1905年12月，普拉特加入墨尔本《时代报》。普拉特通过社论影响人们对某些事件的态度，例如是否需要建立澳大利亚海军，是否需要适当的关税保护，等等。1908年，他为大卫·塞姆写的传记出版，尽管肤浅而不加批判，却的确抓住了"塞姆的本质特征"。1910年，普拉特陪同总理安德鲁·费希尔前往南非参加南非联盟议会的开幕式；1913年，普拉特出版《真正的南非》，以理解南非黑人观点而闻名。

1918年至1927年间，普拉特担任《澳大利亚工业矿业标准》编辑，并拥有其部分股权。他一直关注贸易保护，出版了《澳大利亚关税手册：1919》，并帮助建立澳大利亚产业保护联盟(1919)，还协助形成了1921年的马西-格林①关税条例。普拉特的政治观点转为保守，他成为某"集团"的成员，1931年，正是这个组织的策划让约瑟夫·莱昂斯②脱离工党，莱昂斯的辞职演说就是普拉特写的。

1927年，普拉特从新闻界退休，从那以后，他把很多时间用在澳大利亚动物保护上。1921年至1936年，普拉特担任皇家动物学与动物驯化协会会长，后来还担任维多利亚动物委员会的副主席。普拉特出版了《琴鸟的传说》(1933)以及《考拉的呼唤》(1937)，1933年成立致力于"保护与维系澳大利亚植物与动物种群"，并关注"澳大利亚年轻人心中公民理想发展"的青年联盟。后一愿景在普拉特的小说《睁开你的双眼》(1935)中也有所体现。

普拉特小时候由一位中国保姆照料，从那时起，他便对东方产生了深厚感情。他推动政府承认中国，并在自己的戏剧《瞬间》中向澳大利亚观众阐释当代中国思想。这一戏剧在1941年由格赖甘·麦克马洪演出团演出。普拉特是一个神秘主义者，被佛教深深吸引。从20世纪20年代起，普拉特在马来

---

① 马西-格林(1874—1952)，澳大利亚政治家。
② 约瑟夫·莱昂斯(1879—1939)，澳大利亚政治家，曾任澳大利亚总理。

亚和泰国暹罗有商业投资，最后成为12家采锡公司的董事。普拉特是泰国政府的机密顾问，1941年泰国政府任命他为驻澳总领事，授予他白象奖章。在生命的最后几个月里，普拉特公开抨击白澳政策。

普拉特长期被慢性呼吸系统疾病折磨，1944年4月13日在萨里山的家中去世后火化。去世时，妻子和女儿仍然在世。普拉特留下的财产不多，都赠给了长时间陪伴他的维尔利特·米利亚姆·斯蒂文斯。普拉特整洁精悍，亲切和蔼，谦和而威严，在男人不蓄胡子的时代保留着自己范戴克式的须髯①。据他同时代人说，普拉特的仪态"让人想起旧时的紧身衣裤"。普拉特一生扮演的角色众多，每一个角色都投入了"所有的冒险热情和强烈的戏剧感悟"。普拉特这样评价自己的一生："在我生命中，我从来不考虑赚钱的事情……驱动我的，要么是从工作本身中得到的乐趣，要么就是为了公众利益而影响公众观点的能力和权力的意识"。墨尔本动物园的澳大利亚区是以普拉特的名字命名的。普拉特受人委托为锡德尼·玛雅②撰写的传记最终在1978年出版面世。

112. 克劳福德·沃恩（1874—1947）

作者：G. 格兰杰

克劳福德·沃恩（Crawford Vaughan），总理、记者，与约翰·霍华德·沃恩（1879—1955）（律师、政治家）是兄弟。1874年7月14日，克劳福德出生于阿德莱德，是公务员阿尔弗雷德·沃恩的长子，母亲路易莎，父姓威廉姆斯。克劳福德的祖父曾是制图员。从诺伍德和马里亚特维尔公立学校毕业以

---

① 范戴克式的须髯源于17世纪佛兰芒画家安东尼·范戴克，下颌胡须修成倒三角状，与上唇胡须不相连，曾经相当流行。
② 锡德尼·玛雅（1878—1934），犹太裔澳大利亚商人、慈善家，澳大利亚最大连锁百货公司玛雅的创始人。

后，克劳福德于1888年至1889年就读于阿尔弗雷德王子学院。克劳福德的职业生涯是从小职员做起，曾经有一段时间到西澳大利亚金矿冒险，回到阿德莱德后，受雇于皇家土地部，19世纪90年代末成为新闻自由撰稿人。

克劳福德一度担任南澳大利亚单一税收联盟秘书(1899—1904)，同时也是有效投票联盟委员会成员。1898年，克劳福德参加"反联邦法案联盟"竞选，但没有成功。克劳福德是一位聪明的作家，他曾在1899—1904年编辑过一份激进报纸《智力竞赛》，控诉英国在南非战争中的所作所为。作为一名独立参选人，他在众议院(1901)、地方议会托伦斯地区席位(1902)和参议院(1903)的数次选举中落败。1906年6月8日，上帝一位论派教徒克劳福德与小说家、妇女无党派政治协会成员伊芙琳·玛丽亚·古德(1927年去世)在诺伍德结婚。

克劳福德于1904年加入联合工党，第二年在州选举中赢得托伦斯地区的席位。他为人诚挚、沉默寡言，在工党内部步步高升，从荣誉秘书(1905—1906)、副党魁(1907—1908)到党魁(1908—1909)，1909年4月至6月任议会组织委员(其任务是向本党议员提供有关政府工作的信息，确保议员出席投票，提出拟在各委员会任职的本党成员名单，以及向本党领袖报告党内舆论动向等)。同时，克劳福德的妹妹多萝西也加入了联合工党。1910年6月3日，克劳福德成为约翰·韦兰[①]内阁皇家土地与移民署财务主管和专员。克劳福德是一位议会议员，为人光明磊落，后来成长为一位高效的行政官员：保守派杂志《纪事》认为他是"议会中知识分子的代表"。1910年，在他的努力下顺利通过一项立法，该法赋予政府权力强制购买大块地产，以便居民住得更密集。1912年，韦兰政府在竞选中落败，他于1913年7月辞职，党团选举克劳福德进入议会领导层，以全票通过。

他为工党赢得了支持，尤其在农村地区；他的温和性格和白领背景使他受到阿德莱德许多中产阶级的喜爱。克劳福德帮助工党解决了1913年自由联盟的选举再分配，并在1915年的选举中赢得6票的多数票，在那次选举中，他赢得了斯图特的席位。

他才40岁，作为一名总理，异常年轻。他同时兼任财政部部长和教育部

[①] 约翰·韦兰(1856—1932)，1910—1912年南澳第二十六任总理。

部长，并在政府中占据主导地位。克劳福德的大多数部长几乎没有工会经验，他们尖刻地讽刺内阁为"黑衣军团"。他的弟弟霍华德和妹夫克拉伦斯·古德的加入使内阁显得家族化。尽管如此，通过改组教育部的高级官僚机构、延长义务教育入学年限以及为智力和身体残疾者提供更好的设施，克劳福德政府大大改善了教育系统。此外，政府允许妇女在警察部队任职，也可以担任治安法官，同时也提高了工人诉诸仲裁制度的机会，并削弱了法院对工会的惩罚权力。1915年至1916年的立法在成立小麦联营制度外，还建立了战时服役的土地和住房计划。尽管经常被敌对的上院挫败，但政府的立法成就总体上令人印象深刻。然而，1915年，它通过一项旨在关闭路德教小学的法律，因而对德国血统的南澳人构成了歧视。缺乏财政约束是政府的主要弱点：预算赤字几乎翻了两倍。

在议会之外，克劳福德的温和改革主义不被联合工党所接受，急躁的联合工党激进分子与澳大利亚工人工会一起，要求在1915—1916年间制定更激进的立法。一方面出于自身本性，一方面考虑到选举现实，总理拒绝了他们的提议。1916年，克劳福德与澳大利亚工人联合会主席F. W. 伦迪之间的紧张关系进一步恶化：总理宣布批准在海外征兵服义务兵役；9月，他召开全国公民投票委员会，以推动公民投"赞成"票。对伦迪和联合工党反征兵派中的产业工人来说，克劳福德的立场表明他不应该代表工人阶级的劳工选民。1917年2月，经过长期的派系纷争和伦迪的不断游说之后，克劳福德和其他支持征兵制的工党议员(大部分是党团成员)在一次联合工党会议上被宣布对该党不忠。克劳福德和他的盟友认为这一决定是"无法容忍和报复性的"，于是成立国家工党，后来改名为国家党。除了失去一些议会中最优秀的人才外，工党开除克劳福德及其追随者实际上标志着几十年来中产阶级在党内影响力的终结。

克劳福德政府由于分裂失去了多数席位。他坚信公众舆论支持他，因此拒绝辞去总理职位：他认为，如果国家党坚持自己的立场，自由联盟最终将被迫加入一个由国家党主导的联盟。即使1917年7月自由党在休会动议中击败政府，克劳福德仍然保持乐观。尽管他私下试图说服金融领域的支持者迫使自由派政客们服从，并在公开场合谎称他们可能受到了"德国人"利益的影响，但自由派还是坚持己见。经过多次争论，他们向克劳福德和国家党提供了在联合内阁中的少数席位；因为担心公众厌倦党派间的争吵，国家党在8月份采纳了他们的建议。

克劳福德对同僚的背叛感到愤怒，他宣称他们"就像一群惊慌失措的绵羊，非常愿意被赶到剪毛棚或屠宰场"。他拒绝在A. H. 皮克的联合内阁任职。11月，克劳福德感到"有点紧张"，便接受美国的邀请，向该国的实业家们讲授他们支持战争的职责。在国外时，他以独立国家党的身份参选，并允许妻子代表他竞选，试图在1918年的选举中留住斯特尔特的席位，但未获成功。他与各州国家党接触，希望预选他出任众议院议席的做法也以失败告终。1918年克劳福德留在美国，起初隶属于雷丁勋爵的英国驻美国战争使团，后来成为澳大利亚政府的名誉代表。他在21个州发表了讲话，并会见威尔逊总统。第二年，克劳福德在巴黎和平会议上成为英语国家联盟的代表，之后在英国讲学。1920年，他在波士顿发表了关于澳大利亚工业立法的洛厄尔讲座。

从1920年开始，克劳福德主要居住在悉尼，作为英国—澳大利亚棉花种植协会的常务董事（1921—1924）涉足商业；1930年代早期，他参与投资金矿开采企业，但一无所获。他曾在1925年以进步党成员身份角逐新南威尔士州立法会里德议席，1927年以国家党身份角逐哈特利议席，但均未成功。1929年，他参加了几个保守派游说团体，并担任新南威尔士州禁酒联盟的竞选主任；1936—1938年，他担任英美世界和平合作运动的名誉秘书；并短暂担任新南威尔士州职业商人协会秘书。1934年5月29日，克劳福德在墨尔本图拉克的圣约翰教堂与米莉森特·范妮·普雷斯顿·斯坦利结婚。1933年至1935年，他是阿德莱德《新闻》的首席作者。他还撰写广播剧和书，出版了《金合欢时代》（悉尼，1942）、一部关于亚当·林赛·戈登的虚构传记以及《布莱船长的结局》（伦敦，1950）。克劳福德于1947年12月15日在悉尼伊丽莎白湾去世，抛下他的第二任妻子和第一任妻子的女儿。在阿德莱德举行葬礼后，他被以英国圣公会仪式安葬在百年公园公墓。其遗嘱经认证，房产价值为860英镑。

他的弟弟霍华德1879年11月14日出生在诺伍德，就读于当地公立学校和阿尔弗雷德王子学院（1894—1896），获得1898年度罗比·弗莱彻逻辑和心理学奖学金，毕业于阿德莱德大学（法学学士，1900）。霍华德于1901年进入律师界，并与 R. P. A. 冯·贝塔奇建立合伙关系。他也加入了有效投票联盟。1902 年，霍华德起草了南澳大利亚州第一份比例选举代表制法案，但被议会否决。1906 年至 1910 年间，他曾三次为工党角逐韦克菲尔德的众议院议席，但均未成功。1912 年，他赢得南澳州立法会的中环议席。1909 年 8 月 11 日，上帝一位论派教徒霍华德在阿德莱德圣马太教堂与赫尔纳·莫德·弗莱结婚。他曾任南澳大利亚电车公司雇员协会副主席（1911—1913）和联合工党州主席（1913—1914）。

1915 年 4 月 3 日，他成为哥哥克劳福德内阁的司法部部长。尽管他有能力和天赋，具有"迷人的个性"，但他几乎没有提出什么进步的立法。他对征兵的支持导致他 1917 年被驱逐出联合工党。7 月，霍华德加入澳大利亚帝国军第 10 营；1918 年 11 月，他在法国服役，并于次年返回澳大利亚。1921 年，他以进步乡村党候选人的身份角逐斯特尔特的地方议院议席，但未获成功。

霍华德从未放弃澳大利亚的法律业务，20 世纪 20 年代与 K. H. 柯克曼合伙，1936 年至 1941 年间的合伙人是 K. L. 利奇菲尔德。霍华德还曾在伯恩赛德区议会任职（1921—1929），并担任澳大利亚国际联盟同志会地方分会主席（1921—1922）。1929 年至 1937 年，他任澳大利亚驻捷克斯洛伐克领事，1937 年被授予该国白狮勋章。霍华德于 1955 年 8 月 21 日在阿德莱德逝世，葬在百年公园公墓。

113. 威廉·戈斯·海（1875—1945）

作者：I. D. 米克

威廉·戈斯·海（William Gosse Hay），作家兼散文家，1875 年 11 月 17 日出生于阿德莱德黑泽伍德庄园的林登。父亲是亚历山大·海[①]，母亲艾格

[①] 亚历山大·海（1820—1898），澳大利亚商人、牧场主、政治家。

尼丝·格兰特，父姓戈斯。母亲是文学评论家、散文家埃德蒙·戈斯[①]爵士的堂妹，威廉·克里斯蒂·戈斯[②]的姐姐。海在阿德莱德接受私人教育，从1889年起在墨尔本英国国教文法学校就读，1895年进入剑桥大学三一学院（1898年获学士学位）。在剑桥期间，海对澳大利亚历史产生了兴趣，写了一部关于向新南威尔士输送囚犯的小说。海的父亲于1898年去世，他不用遵父命修读法律，得以投身写作。海早期创作的诗歌和短篇小说均告失败，但他1901年的小说《强忍的笑：一部传奇剧》（1834）通过伦敦文学圈朋友设立的机构出版，并得到母亲的经济支持。海的母亲自己也偶尔写些传记和小说。

海继承了足以解决温饱的财产，于1901年心怀感激地回到南澳大利亚州，同年10月26日与玛丽·维尔利特·威廉斯结婚，稳定下来，成为"爬格子的人"。海的亲戚和熟人无法理解他的认真态度，而对于这些人不屑一顾的态度，他的回应就是一头钻进对新南威尔士和塔斯马尼亚流放犯时代的文学和历史记载的深入研究中。海缓慢而刻苦地设法打造与众不同的风格，把R.L.史蒂文森[③]、查尔斯·狄更斯、乔治·梅瑞狄斯[④]和亨利·詹姆斯[⑤]等作家作为榜样。1901年，海开始写一部关于南澳大利亚社会的轻松讽刺作品，但是没有完成。海又回到了罪犯历史这个领域，写了最为有名的三部小说：《现实沼泽中的赫里奇》（1907）、《阔德令中尉》（1912）和《臭名昭著的威廉·希恩斯爵士逃脱记》（1919）。最后这部小说最能表现海的这种关注：在对个人自身的道德价值和社会标准存有敌意的环境中，一个人如何努力保持身份认同。同样的主题还间接出现在他的《澳大利亚的瑞普·凡·温克及其他故事》（1921）——一部集历史研究成果、文学散文以及自传体短篇小说的汇编。最后两部小说《马尔伯里山的斯特拉班》（1929）和《阿尔弗雷德·道特的谜团》也是如此，他们更加夸张地呈现了邪不压正这一主题。

海的书在伦敦出版，好评如潮。而在澳大利亚的文学圈中却鲜有人知，所以他的作品也基本没有引起评论家的关注。直到1955年，《威廉·希恩斯

[①] 埃德蒙·戈斯（1849—1928），英国诗人、作家、评论家。
[②] 威廉·克里斯蒂·戈斯（1842—1881），探险家，1850年随父移居澳大利亚。
[③] R.L.史蒂文森（1850—1894），苏格兰小说家、诗人、散文家、旅行作家，著有《金银岛》等作品。
[④] 乔治·梅瑞狄斯（1828—1909），英国维多利亚时代小说家、诗人。
[⑤] 亨利·詹姆斯（1843—1916），美国裔作家，19世纪现实主义文学主要作家。

爵士》的出版引起对海具有争议的重新评估，海才作为一个严肃而创新的作家受到认可。从那以后，评论文章就主要集中评论其写作风格、对罪犯流放制度的历史解读，以及对犯罪流放制度的语境下个人冲突的客观化程度。这些评论让海成为具有显著地位的澳大利亚小说家。

从1925年起，海在维克多港附近过起隐居生活。尽管海对待宗教和政治持开明态度，他称自己是英国圣公会低教会派[1]教徒，是"保守的民主人士"，他对年轻时社交态度的坚守还是招来了不少夸张的描述，人们把他看成异常古怪的人。至于那些了解海的人，例如他的出版商斯坦利·昂温[2]爵士，承认海作为作家的确是沉迷于自己的目标，而且对于针对他的批评和人身侮辱十分敏感。但这些人都知道海意识到了自己的弱点，而且还很有幽默感。海为了扑灭一场林火过度劳累并因此患病，于1945年3月21日去世。他被安葬在维克多港。海去世时妻子和三个儿子仍然在世。

114. 艾瑟尔·奈特·凯利（1875—1949）

作者：玛莎·拉特利奇

艾瑟尔·奈特·凯利（Ethel Knight Kelly），演员兼作家，1875年1月28日生于加拿大新不伦瑞克省圣约翰市，苏格兰人威廉·奈特·莫利森和玛格丽特（父姓米伦）的长女。艾瑟尔幼年在英国长大，但她没有受过完整教育，在圣约翰每周只上两次钢琴、演讲和法语课。她喜欢阅读，尤其钟爱英国小说家奥维达和冒险小说家瑞德·哈葛德的作品。

孩提时代起，艾瑟尔就"喜欢戏剧表演"。1893年12月，艾瑟尔主演自己创作的三幕剧《调皮小姐》并于圣约翰公演。演出极为成功，她在剧中讽刺

---

[1] 低教会派19世纪产生于英国，反对过高强调教会的权威地位，故称。与高教会派相对。
[2] 斯坦利·昂温（1884—1968），英国出版商，出版严肃作品，也出版了一些争议作家的作品。

了"当地社会，尤其是某一两个家庭"。艾瑟尔年纪不大就成婚，婚后住在纽约，然而不到一年就丧偶。1894 年，她忙着与奥尔加·内瑟索尔和莫里斯·巴里摩尔排演《卡米尔》。大约有八年时间，她的名字一直与"美国最好的公司"联系在一起，但用的是父姓。艾瑟尔最喜欢的角色是《塞拉诺·德·贝格拉克》中的罗克珊和《驯悍记》中的凯瑟琳娜。

受 J. C. 威廉姆森所雇，1903 年 3 月 14 日她抵达悉尼并于 4 月 11 日开演滑稽喜剧《你是泥瓦匠吗？》。6 月，公司开拔前往纽卡斯尔①和新西兰。8 月 1 日，悉尼女王陛下剧院重新开放，艾瑟尔在大卫·贝拉斯科的《蝴蝶夫人》中扮演蝴蝶夫人，之后去往墨尔本。8 月 29 日，她与托马斯·赫伯特·凯利在霍桑的基督教堂结婚。10 月离开职业舞台。

1904 年至 1913 年间，艾瑟尔生下两个儿子和两个女儿。作为爱德华时代的美人，艾瑟尔有着充满活力的个性、机智和无穷的精力，被人称赞为"想法新颖"。为了帮助妇女医院、圣文森特医院和达德利夫人的澳大利亚丛林护理计划筹款，她协助安排了精心计划的化装舞会，并在午后场亲自出演。艾瑟尔出访印度后完成《印度一瞥》(1911)。

一战期间，艾瑟尔举办了多次筹款活动，在其中一次玩偶嘉年华上，她"复制了小一号的俄罗斯芭蕾舞剧院"。在《造谣学校》中，艾瑟尔与西里尔·莫德在午后场中一起出演，她饰演的提泽夫人尤为引人注目，她也参演自己的戏剧《剑与茶》(1918 年 2 月)。在与玛格丽特·戈登的几次合作中，她都是亨利·穆杰的《绝望之歌》中的"旁白者"。1918 年 5 月，她在业余电影《伪装的丘比特》中扮演"媒人妈妈"曼纳斯夫人。1918 年 10 月 16 日，艾瑟尔组织伊丽莎白水上音乐盛会，伊丽莎白女王在大臣和牧歌（流行于 16 世纪）歌手的陪同下，乘坐皇家驳船（一艘灯火通明的渡船）沿着港口缓缓前行。艾瑟尔热爱服装，总是确保每一个细节都符合历史。

1919 年开始，儿子在伊顿公学和牛津大学读书，艾瑟尔一家经常游历英国和欧洲。1922 年 11 月，乔恩顿·史密斯②爵士邀请艾瑟尔主持《史密斯周刊》女性专栏，薪水为 1040 英镑。1923 年年末，艾瑟尔作为一名记者获准参

---

① 纽卡斯尔是澳大利亚第六大城市和新南威尔士州第二大暨历史第二悠久的城市。
② 乔恩顿·史密斯(1858—1943)，澳大利亚酒店老板、赛马场老板和报纸老板。

观埃及图坦卡门陵墓，并向《史密斯周刊》发送报道。她的小说《为什么斯芬克斯会笑》(伦敦，1925)的灵感即来自此次参观。

大约从1925年开始，艾瑟尔主要住在意大利佛罗伦萨，同时负责女儿的教育。在此期间她完成了一部小说《扎拉》(伦敦，1927)和一本回忆录《十二个里程碑》(伦敦，1929)。在意大利时，艾瑟尔成为罗马天主教徒。1934年，她应丈夫要求回到悉尼，在达林角建造了一座意大利式别墅。1937年，她担任澳大利亚150周年国家庆典顾问委员会主席。

二战期间，艾瑟尔曾任法澳援助联盟和维多利亚联盟主席，圣约翰救护协会和法国红十字会副主席，蒙特卡洛德·巴西尔俄罗斯芭蕾舞团的名誉司库，演员慈善基金委员会委员，妇女医院、圣文森特医院和新南威尔士幼儿园联盟基金会受托人。她帮助上述所有人筹款，还参与了许多其他的事业。

艾瑟尔一生都喜欢结识"有趣之人"，她与丈夫凯利都热爱音乐。她也喜欢收藏古董家具、波斯地毯和稀有的威尼斯酒杯。1949年9月22日，艾瑟尔在达林赫斯特的公寓里去世，葬在北郊公墓的天主教区。留下一个儿子和两个女儿。20世纪20年代初，威廉·朗斯塔夫①给艾瑟尔画了一幅画像，她身披一条西班牙披肩，这个姿势使她显得更加矮小。她有着深色的头发和眼睛、坚定的下巴(她总是喜欢明确的答案)以及萦绕在身边的淡淡的异国情调。

115. 约翰·比德·达利（1876—1935）

作者：克莱门特·泽姆勒

约翰·比德·达利(John Bede Dalley)，记者、作家，1876年10月5日出生于悉尼玫瑰湾。父亲威廉·比得·达利是律师兼政治家，母亲埃莉诺·

---

① 威廉·朗斯塔夫(1879—1953)，艺术家。

简，父姓龙。约翰是家中次子，在五个孩子中排行第三，父母都在澳大利亚本土出生。约翰最初在圣阿洛伊修斯学院学习，1888年父亲去世，尽管父亲希望他能够在悉尼继续接受教育，他们兄弟几个还是被他们的主要监护人舅舅 W. A. 龙于次年送往英格兰。来到英国以后，他在拉姆斯盖特的圣奥古斯丁僧侣学校和牛津旧温莎的博蒙特学院继续学习。1895年11月1日约翰·达利被录入牛津的大学学院，后来进入内殿法律学院，1901年11月8日获得律师资格。他们兄弟喜欢打猎，小弟查尔斯（1878年生）不幸于1899年坠马丧生。1902年回到新南威尔士后他在威格莱姆律师事务所从事了数年法律工作，之后他加入联邦俱乐部，享受着做一个花花公子的乐趣。作为一个贸易保护主义者，他在温特沃斯的联邦议席竞选中失利。他拒绝承认利用了父亲的名望，只是认为自己"像他一样坚决反对政治中的宗派主义"。

1895年8月20日，哥哥威廉（1873—1942）与艾安西·波林·拉莫内莉·法托里尼结婚。1900年约翰把一部分财产赠送给兄嫂以及两个侄子。1903年威廉夫妇在伦敦开始分居，1905年威廉回悉尼向法院申请离婚，并把他的兄弟列为共同被告。陪审团发现他的指控没有根据，而他的妻子达利夫人的反诉却有据可查。这个案子轰动一时。接下来的诉讼是她要求威廉给他的第二个孩子支付赡养费和生活费。

一次从马上坠落使约翰双耳失聪，他转行到新闻业，1906年至1907年编辑巴瑟斯特的《国民律师》。1907年他当上《公报》的助理编辑，1911年开始成为主笔。他撰写短篇小说、报道和诗歌，文笔华丽，体现了《公报》的文风特征：貌似平易，实则辛辣、讽刺、尖刻。他继承了父亲的"机智与语言驾驭能力"。

由于耳聋，约翰被数次拒绝加入现役，因此向政府请求"那些没有送到澳大利亚驻外部队的男子汉"不应该被拒绝进入澳大利亚帝国部队。1915年3月他被委任为澳大利亚野炮部队的少尉，11月份升任皇家部队中尉，被分配到第二师弹药运送队。1916年5月因患伤寒而退役回到澳大利亚之前，他一直在第5炮兵师服役。同年9月又加入增援部队，前往法国的第6野炮旅服役，他时病时好，直到1918年因病退役回家。他在临时军事法庭为很多

"挖掘工"[1]辩护，也为战地出版的月刊《澳洲人》撰稿。

回到悉尼以后，约翰再次加入《公报》。1919年5月7日，他与在新西兰出生的离异妇女萨拉·安·夏普（父姓布赖特）在帕丁顿登记结婚，她是一家服装企业的经理，1925年两人离婚。1924年他开始编辑墨尔本的《潘趣》，之后代表墨尔本的《先驱报》驻伦敦数年。1928年，他在伦敦出版两部小说：《毫无防护》和《马克斯·弗郎巴德》。约翰回到悉尼以后继续在《公报》工作，同年11月8日在麦夸里的圣斯蒂芬长老会教堂与艺术家克莱尔·坎贝尔·司各特会面，她为他的书做过封面设计。

1930年约翰最优秀的小说《只在早晨》（伦敦）问世，印刷了多达六版。他所有的小说都在讽刺上流社会的社交生活，《只在早晨》也同样在讽刺英国社会。他利用自己的社会阅历，敏锐地观察着上流社会人士的怪癖和缺点。有趣的是，在这个意义上，他与从亨利·金斯利到帕特里克·怀特的传统是一脉相承的。他们都把自己在牛津剑桥的教育背景与冷嘲热讽地观察澳大利亚人的生活与行为方式结合在一起。衣冠楚楚、言辞考究、彬彬有礼，约翰毫不费力就把这些品质移植到小说中，因此它们的独特价值就在于忠实地描绘了20世纪20年代这一时期澳大利亚都市与文化阶层的生活。与他同时代的弗兰克·多尔比·戴维森[2]记得他是一个"非常和蔼可亲的人，对反对他观点的人相当包容，对于他认为是傻子和罪人的人也很仁慈"。在南半球文学界和新闻界所诞生的著名作家里，包括阿尔弗雷德·乔治·斯蒂芬斯和班卓·佩特森等，他也许是最具有世界眼光的。

据推测，约翰大约于1935年9月6日在悉尼北部的阿瓦隆海滩的礁石上垂钓时失足落水溺亡，抛下他的第二任妻子和女儿。他的财产经遗嘱认证价值8515英镑。

---

[1] "挖掘工"是一个军事俚语，指来自澳大利亚和新西兰的士兵。早在19世纪50年代，"挖掘工"一词在澳大拉西亚便被广泛用来代指矿工，但直到第一次世界大战期间，澳大利亚和新西兰军队才开始在西线使用这一词语。此后"挖掘工"一直与澳新军团的传说相联系。但在更广泛的社会背景下，它是指"平等的伙伴关系"。
[2] 弗兰克·多尔比·戴维森（1893—1970），澳大利亚作家。

116. 爱丽丝·古瑞恩·克里斯特（1876—1941）

作者：克里斯多夫·李

爱丽丝·古瑞恩·克里斯特（Alice Guerin Crist），作家和新闻记者，1876年2月6日出生于爱尔兰克莱尔的克莱尔堡，是非国教牧师帕特里克·古瑞恩的女儿，母亲温妮弗雷德，父姓拉夫汉。爱丽丝两岁时与家人一起移居昆士兰。由于父亲是教师，她的童年在东南部农村不同的小学中度过，父亲作为启蒙老师指导她的学业与功课。1896年爱丽丝被兰保夫附近的布莱克霍尔山公立学校录取，第二年转学到西哈尔顿，但一个督学在检查逃学学生时发现她逃学去参加婚礼，因此将她开除，这是不公正的。她回到位于达令唐斯附近的道格拉斯的家中。1902年10月4日，爱丽丝在图文巴的圣帕特里克天主教堂与来自德国的农民约瑟夫·克莱斯特结婚，她后来改名为克里斯特。1910年夫妻俩迁往班德堡附近的罗森伯格一栋与世隔绝的房子居住，但1913年回到图文巴，约瑟夫开始在这里经营燃油生意。

爱丽丝将大量时间耗费在农活和照顾五个孩子身上，但同时积极追求文学事业上的发展。作为一个高产作家，她在悉尼的《公报》《工人》《斯蒂尔·拉德杂志》《家庭预算》《图文巴纪事》《天主教辩护者》和《天主教新闻》等澳大利亚世俗和宗教杂志上发表了大量诗歌和短篇小说。她虔诚的爱尔兰天主教信仰一开始就与民主政治相连，1902年她加入社会民主先锋队。爱丽丝与诗人兼教师的玛丽·吉尔摩女士私交甚笃，她的作品也发表在澳大利亚妇女杂志《澳大利亚工人》上。爱丽丝叙写农村生活和民主经历，经常赞颂丛林的美好与澳大利亚爱尔兰裔开拓者的美德和奋斗。从其移民思乡的诗歌与为孩子写作的自然诗和诗歌涉及的仙界与精灵中，常常可以看出凯尔特文化对她产生的显著影响。

爱丽丝是图文巴妇女文学社团的资深社员，也是副会长，该组织在促进达令唐斯地区的文化发展上起了重要作用。1917年她最年幼的弟弟在比利时帕斯尚尔战役中牺牲，因此多年来，她经常在澳新军团日为《图文巴纪事》撰写诗歌。她出版了《当罗迪来到艾伦巴克及其他诗歌》（悉尼，1927）与《圣餐百合及其他诗歌》（悉尼，1928）。

从1927年起，布里斯班的《天主教辩护者》开始为爱丽丝创作的农村与宗教诗歌、短篇小说和连载小说支付稿费。这些作品赞颂了基督教兄弟会对天主教教育的贡献，它们为长篇小说《加油！兄弟们！》（悉尼，1928）奠定了基础。1930年，她担任一个儿童专栏的作家，以"贝蒂·布鲁加姆"为笔名，利用这个平台推动昆士兰地区信奉天主教的儿童教育工作。她的专栏和她的诗歌一样，是澳大利亚爱尔兰天主教徒的民族特性、民主思想与歌颂自然的巧妙结合。她还不断鼓励年轻通讯员。

爱丽丝在1935年被授予乔治五世五十周年纪念奖章，1937年被授予乔治六世加冕奖章。1941年6月13日，爱丽丝因肺结核在图文巴的医院去世，抛下丈夫、三个女儿和两个儿子，后葬于图文巴公墓。1953年9月，布里斯班的圣灵医院的一个分院以她的名字命名来纪念她。

117. 温妮弗雷德·卢埃林·詹姆斯（1876—1941）

作者：莎莉·奥尼尔

温妮弗雷德·卢埃林·詹姆斯（Winifred Llewellyn James），作家，1876年3月20日出生于墨尔本的普拉兰。父亲托马斯·詹姆斯，母亲格特鲁德，父姓佩特森，温妮弗雷德在他们存活的孩子中排行第九。托马斯是来自康沃尔的卫斯理宗牧师，格特鲁德出生于英格兰的约克郡。温妮弗雷德在圣吉尔达的私立学校接受教育，之后在阿德莱德的威廉国王街经营一家茶馆，1901年至1903年返回墨尔本，开始写作短篇小说，其中一些发表在《澳大拉西亚人》上。这些成功让她鼓起勇气前往伦敦发展。

温妮弗雷德于1905年到达伦敦，一年之后第一部书《单身女贝蒂》出版，四周之内就印刷了四版。接下来又出版了《帕特丽夏·巴林》(1908)、《星期六的孩子们》(1909)和《致吾儿》(1910)，后者极为成功。此书都是一些多愁善感的文章，以一个即将成为母亲的年轻女子对尚未出世的儿子写信的形式呈现。1913年出版的第17版是献给童子军的，由罗伯特·贝登堡[①]爵士作序。1911年出版《再致吾儿》《未婚女人的信》和一部长篇小说。1912年，她访问西印度群岛和巴拿马。温妮弗雷德回到英格兰后写了一本游记，1913年4月30日在伦敦汉诺威广场的圣乔治教堂与巴拿马商人亨利·德扬举行婚礼。

温妮弗雷德的下一部作品描述在巴拿马的"荒野"如何建造房子，以常见的第一人称讲述：饶舌、亲切但绝不随意。她曾经在1908年宣称，尽管她的故事都是关于自己的——"它们都是自然而然地喷薄而出"——但在写作技巧上却极为讲究。一战爆发时，她开设了一个巨大的旧货市场为英国红十字基金筹款。1916年她重访伦敦，在一个商业展览上展出一个3英镑装饰的"工人阶级女孩"的房间，她曾经在其他展览中心展出过这个作品。1922年回到伦敦后，她带着这些展品的复制品在英格兰西南待了一年。她在伦敦经营着一家古董商店，她对家具、瓷器、画作、黄铜制品和古董的知识都反映在位于切尔西的家的装饰上。她还对其所生活地的美食极有兴趣。

德扬与温妮弗雷德经历了三年之久的争吵，在纽约和新西兰的诉讼失败后，于1927年离婚，他们没有子女。在英国法律中，她被当作外国人，她开始用自己经历进行宣传，要求法律保护嫁到国外的妇女的国籍。1933年，她因为拒绝在警察局登记为外国人而被送上法庭，此案件轰动一时，还有人游行示威以支持她，1935年她最终被授予入籍证明。

作为作家，温妮弗雷德严格遵守工作时间。20世纪二三十年代，她经常给《约克邮报》《伦敦每日纪事报》和《标准晚报》投稿，出版了三部长篇小说，以及数卷散文与游记。1939年由于疾病和战事临近，她回到澳大利亚，于12月26日抵达悉尼，随身携带着自己最后一部小说《诸神降临》(1941年出版)的手稿和一部尚未完成的自传。温妮弗雷德于1941年4月27日在悉尼的纽

[①] 罗伯特·贝登堡(1857—1941)，英国中将、作家。

因顿医院死于脑栓塞，随后火葬。

118. 海伦娜·萨姆纳·洛克（1881—1917）

作者：B.G. 安德鲁斯

海伦娜·萨姆纳·洛克（Helena Sumner Locke），作家，1881年7月4日出生于布里斯班附近的桑盖特，是英国国教牧师威廉·洛克第六个女儿，母亲安妮，父姓塞登，夫妇俩都出生于英格兰。1888年以后海伦娜生活在墨尔本，她可能是在家里接受的教育，很早就决心当一名作家，1908年在墨尔本上演戏剧《维维恩的沉浮》之前已经有文章被《公报》和《澳洲鹤》等杂志采用。一年后与斯坦利·麦凯合写的独幕剧《原则殉道者》上演。1911年出版的幽默故事集《道森大妈，"老板"》巩固了她的文学地位。故事发生在爱讽刺人的道森大妈控制的选地上，她尽力使小农场变得欣欣向荣，还控制着自己的丈夫和顽皮的孩子。1917年，这个故事经伯特·贝利[①]改编后搬上舞台。这部书在新南威尔士的书报摊上销售火爆，紧接着又出版了两卷由莱昂纳尔·林赛插画的《道森的叔叔乔治》（1912）和《具有魔力的斯基特农场》（1915）。

1912年海伦娜前往英格兰，成为自由撰稿人和短篇小说作者。1915年她回家照顾身患重病的母亲，陪她走完人生最后的旅程。第二年出版《乐善好施者玛丽》，故事发生在美国，围绕着一个善良的农村妇女展开，该书在美国得到好评，确证了她捕捉乡言村语幽默的能力。1916年12月23日，她在悉尼与已经加入澳大利亚帝国部队的会计师亨利·洛根·艾略特结为夫妻。次年海伦娜到美国旅行，游历新墨西哥和波士顿，由于大西洋对平民封闭，她只得回到悉尼。1917年10月18日，她在生下儿子后死于子痫，葬于沃拉诺拉公墓的英国国教区。她身材矮小纤细，在人们的记忆中，她幽默、活泼、精力充沛。

[①] 伯特·贝利（1868—1953），澳大利亚演员、剧院经理。

据一个吊唁者当时说：“我希望她这个儿子值得这样的牺牲。”这个儿子就是萨姆纳·洛克·艾略特。他的小说《注意，他可能听见了》（伦敦和纽约，1963）写着献给"H. S. L"（即海伦娜）。萨姆纳·洛克在《亲爱的》一书中以辛登·马里奥特的身份出现，在其中起着重要作用，其他角色则来自海伦娜的姐妹们：海伦娜的妹妹杰西曾争夺洛克的监护权，但主要由她的姐姐莉莲来抚养外甥；演员与歌手布郎奇是洛克·艾略特的《无可挽回》（纽约，1977）中莎士达的原型。《悼念萨姆纳·洛克》（1921）中收入同时代人对海伦娜的一些赞美之词，包括伦道夫·贝德福德[1]、玛丽·格兰特·布鲁斯[2]和万斯·帕尔默。

海伦娜的大姐莉莲·索菲亚1869年6月6日出生于墨尔本，是一个社会主义者，也是维达·戈德斯坦的朋友，19世纪90年代担任妇女选举权联合会秘书，后任维多利亚政治劳工会秘书。她是一个"优秀的演讲者"，参加过维多利亚、南澳大利亚和塔斯马尼亚的竞选，也为《警钟》撰稿。她是墨尔本贸易理事会"唯一的女会员"，是1905年联邦政治劳工会的塔斯马尼亚代表。她还写作诗歌。1906年1月6日，莉莲·洛克与乔治·梅森·彭斯（1869—1932）结婚，后者分别于1903年至1906年和1913年至1917年担任塔斯马尼亚议会议员与伊拉瓦拉议会议员。1910年回新南威尔士之前，夫妻二人一直在昆士兰组织工业生产。1950年7月1日，莉莲在北悉尼去世，以基督教科学派的方式火化，没有留下子嗣。

119. 莉莲·麦克斯韦·派克（1881—1927）

作者：贝弗利·金斯顿

莉莲·麦克斯韦·派克(Lillian Maxwell Pyke)，作家，1881年8月25日

---

[1] 伦道夫·贝德福德(1868—1941)，澳大利亚记者、政治家。
[2] 玛丽·格兰特·布鲁斯(1878—1958)，澳大利亚记者、儿童文学作家。

出生于维多利亚贝尔法斯特，父亲罗伯特·摩斯利·希斯，母亲苏珊娜·埃伦，父姓威尔逊，莉莲是他们的第十个孩子，也是三个女儿之一。罗伯特是来自英格兰德文郡托特尼斯的布商，苏珊娜出生于肯特郡。1906年4月7日莉莲与理查德·戴蒙·派克在图拉克的坎特伯雷路以长老会的方式结婚，婚前莉莲当过教师和新闻记者，派克在布里斯班做会计师，此前在科灵伍德。派克被金皮附近孟克兰一家铁路建筑工地雇为会计师后，他们移居昆士兰。他们的第一个孩子于1907年出生，接下来她分别于1908年和1912年又生下两个孩子。1914年12月4日理查德·派克向头部开枪自杀，时年37岁。莉莲与孩子回墨尔本定居。为了养家糊口和让孩子接受教育，她开始写作。

1916年至1927年间，她以"莉莲·派克"为笔名写了16部书，尽管它们被归为儿童图书，但实际上更适合青少年阅读。她还用"艾丽卡·麦克斯韦"的笔名写了三部给成年人看的小说，其中之一就是《包办婚姻》(1926)，该书涉及世界语主题，因此被翻译为世界语，并于1930年以《澳大利亚妻子》为名出版。派克的弟弟J. G. 派克时任墨尔本世界语协会主席，在他的影响下，莉莲积极推动世界语的发展。

她编了一本《澳大利亚礼仪指南》，该书改编自一部过时的英语文本。这部书初版大概在1919年，1931年重新发行，1945年在她去世后又发行了两个版本，1960年出版了一个现代英语版本。她也编辑过一些故事集，把艾瑟尔·特纳的《博比小姐》加以删减与改编"以适应学校的需要"，还出了几本插图本图书的入门书。总而言之，她在11年里几乎平均每年出版两本以上的书籍。

她的儿童图书和成人图书，绝大部分故事都来自她在昆士兰铁路建筑工地或教育中的实践，都出于教化的意图。《营地小子》(1919)差不多是以图片解说的回忆录。男孩们的故事发生在虚构的圣维吉尔，原型在墨尔本的卫斯理学院，1920年她的儿子开始在这里上学。她把《圣维吉尔的杰克》献给卫斯理学院的校长L. A. 亚当森，"因为他们的教育，我理解了'公立学校的精神'，他们友好的帮助与影响让我能够接触到学校生活"。这些书的主题都是公平竞争与英雄主义，还有冒险，涉及工程技术、爆炸物和欺诈等等。女孩的故事发生在一个虚构的女子学校"江景学校"，也许主要来自其女儿们的兴趣（她们的名字偶尔会出现在故事中），不过她们的冒险故事与男孩的故事不无相似之处。其中一个故事讲述的是新近出现的女童子军运动。另一个则以虚构的方式记述了第一舰队和杰克逊港殖民的故事。还有些故事则发生在一个想象的名叫比拉托加的太平洋岛屿上，来自这个岛上的"王子"与其妹妹都在维多利亚上学。

1927年8月31日，莉莲因慢性肾病在布赖特的圣安德鲁医院去世，由查尔斯·斯特隆在斯莱特小教堂的太平间主持仪式后葬于博士山公墓。她的女儿乔伊斯毕业于墨尔本大学并获得文学学士学位，儿子劳伦斯也在墨尔本大学获得理学士学位和罗兹奖学金，1952年至1960年间担任悉尼斯坦摩尔的纽因顿学院的院长，后来成为墨尔本大学研究生院院长，1987年7月去世。

120. 弗雷德里克·曼宁（1882—1935）

作者：劳里·赫根翰

弗雷德里克·曼宁（Frederic Manning），作家、诗人，1882年7月22日出生于悉尼，威廉·帕特里克·曼宁爵士的第四子，母亲霍诺拉，父姓托比。父母都是爱尔兰后裔，但都在澳大利亚本土出生，威廉是金融家兼政治家。由于患有先天性哮喘，弗雷德里克除了在悉尼文法学校学习了6个月以外，随后在家中接受教育。他15岁时随家庭教师亚瑟·高尔顿牧师前往英格兰，后者是马修·阿诺德和莱昂纳尔·约翰逊的朋友，作为总督罗伯特·达夫爵士的私人秘书来到澳大利亚。大约两年后，曼宁回到悉尼。他对经商或其他行业都不感兴趣，1903年开始在英格兰以文学创作为业。1904年开始，他与高尔顿一起生活在林肯郡伯恩附近的艾登哈姆的牧师住宅区。

曼宁过着闲适的隐居学者生活，除了偶尔前往伦敦（他的全部作品都在伦敦出版）外，他自己完全沉浸在古典作品中，其经济上主要依靠家里的一点补贴，后来则依靠一个兄弟在昆士兰经营的羊场。通过高尔顿，他获得进入文学圈子的机会，选择加入奥利维亚·莎士比亚的圈子，她是 W. B. 叶芝的朋友，也是埃兹拉·庞德之妻多萝西的母亲。曼宁于 1907 年和 1910 年分别出版叙事诗《布伦希尔特值夜》和《诗集》，也是《旁观者》1909 年至 1914 年间的主要评论员。

曼宁的第一部散文作品《场景与肖像》(1909)是一部以对话或独白的方式写作的短篇历史小说集，探索这样的思想，即"只有两种宗教……一种是平民的宗教，他们在日常生活中与自然共处并屈从于自然力；另一种就是普罗塔哥拉①、卢克莱修②和蒙田③等人的宗教，一种怀疑、容忍和不可知论的宗教"。曼宁的创作主题来自对人生的一种深刻的孤独、痛苦与无常感。这部作品引起不少作家的关注，如马克斯·比尔博姆、E. M. 福斯特、T. E. 劳伦斯以及庞德等。

由于一门公务员课程没有通过，曼宁于 1915 年应征加入国王的什罗普郡轻型步兵团成为一名列兵，在法国索姆河畔服役。1917 年 5 月 30 日曼宁被任命为皇家爱尔兰步兵团少尉，但是由于身体原因未获进一步擢升。也是在这一年，他出版了第三部诗集《幻象》，这部诗集中包含一些战争诗。1921 年高尔顿去世后，他主要生活在意大利。1923 年他出版了受人委托写作的威廉·怀特爵士传记，怀特爵士是第一艘无敌战舰的设计者。1926 年又出版了沃尔特·查尔顿的《伊壁鸠鲁的道德》。他的朋友威廉·罗森斯坦爵士说他"由于常年患病，看起来很疲倦，就像雕刻过的象牙……即使挑剔成性的人也无法否认他的机智"。他仅有的嗜好就是赛马和收藏书籍。包括劳伦斯和 T. S. 艾略特在内的朋友都发现他的言谈"由于他的学识与魅力而非比寻常"。

曼宁敏于思索的特质在很大程度上为他奠定了写作不朽作品的基础，1929 年他以笔名"列兵 19022"匿名出版一部战争小说《运气的中间部分》，第二年以《我们是她的列兵》为名出版一个删节版。这部小说被福斯特、劳伦斯(他看出该书出自曼宁的手笔)、阿诺德·贝内特、欧内斯特·海明威、彼得·戴维斯(他的出版商兼朋友)和埃里克·帕特里奇等人认为是最好的英语战争

---

① 普罗塔哥拉(约前 490—约前 420)，古希腊哲学家，智者派的主要代表人物。
② 卢克莱修(约前 99—约前 55)，罗马共和国末期的诗人和哲学家，以哲理长诗《物性论》(De Rerum Natura)著称于世。
③ 蒙田(1533—1592)，法国文艺复兴后期、16 世纪人文主义思想家。主要作品有《蒙田随笔全集》。

小说之一。这部小说绝大部分以曼宁自己作为"行伍之人"的亲身经历为背景，关注在法国的英国军营里各级军官的生活，包括战斗中和撤出战斗的各级军官的生活。它通过提升同志关系的形式暂时将主人公从孤独中解脱出来，尽管饱含苦难和恐惧，该书仍拔高了人类的现实生活，在某种程度上接受了战争。

曼宁花了 18 个月前往澳大利亚探访兄弟姐妹，回来后不久，他于 1935 年 2 月 22 日在伦敦汉普斯蒂德去世，葬于肯塞尔公墓，长眠于他的终身朋友与文学赞助者阿尔弗雷德·福勒夫人身边。他是一个非正统的天主教徒，艾略特写道，曼宁缺乏在其时代获得名声的必备条件——"大部头的作品和众多熟人"，不仅因为他的体弱多病和缺乏抱负，也因为他追求完美的热情，可能使他自我毁灭。然而他在美学上的完美主义与人道主义让他死后在英国和澳大利亚文坛上获得了崇高的声誉，因为他既是英国人也是澳大利亚人。

罗森斯坦画的一幅曼宁的铅笔肖像画现在存于米切尔图书馆。

121. 克莱门特·迪格瑞斯（1884—1926）

作者：珍妮特·麦克卡尔曼

克莱门特·迪格瑞斯（Clement De Garis），投资商，1884 年 11 月 2 日出生于北墨尔本，是家中长子。父亲以利沙·克莱门特·迪格瑞斯，母亲伊丽莎白，父姓巴克尔。迪格瑞斯小时候，父亲在米尔迪拉的生意尚处于初创期，9 岁的他不得不辍学，持豁免证为父亲工作。14 岁时，他自己存够了去墨尔本卫斯理学院求学两年的学费。

17 岁时，迪格瑞斯回到米尔迪拉，经营部分家族生意。看到家里期望他保持的销售额，他下决心要把金额翻番。事实上，18 个月后，他的销售额达到期望值的三倍。21 岁的迪格瑞斯独自掌管在米尔迪拉的企业。迪格瑞斯矮小精悍，极具魅力，并且精力超人，就如剧场经理克劳德·金斯顿[1]后来描述的那样，宛然一个"喧闹王子"。1907年9月26日，他在米尔迪拉卫理公会教堂和雷内·维拉·考博德成婚，婚后育有三个女儿。

迪格瑞斯对干果业的信心甚至超过父亲。1910年，他第一次冒险独自投资，借款1.5万英镑建了一个现代包装棚，也就是萨尼亚包装有限公司。三年后，他致力于开拓一块定居点，筹集2.2万英镑买了1万英亩（4047公顷）老派坡村地产；此前，南澳大利亚政府已经在此亏损2.5万英镑，一个墨尔本财团也在此投资失败。他安装了喷灌设备，把80名员工迁到石屋里居住。一所学校，一座图书馆，一张台球桌，以及作为安德鲁·费希尔儿童基金前身的一份婴儿津贴，都充分体现了他的做事周全及家长作风。这个社区熬过了1914年的旱灾，渐渐兴旺起来。

1919年，连续16周的短缺暴露了干果业对英国市场的过度依赖。迪格瑞斯说服澳大利亚干果协会资助2万英镑，举办一个全国范围的宣传活动以扩大国内市场。这次活动采用新的美国式广告手法，采用竞赛、分发食谱书、少儿图书、漫画和宣传册等各种形式。澳大利亚人随着"日晖华尔兹"起舞，首都的市政厅免费放映关于米尔迪拉的电影。甚至连1919年的大流感也用到了这样的公告："我不再害怕吓人的流感，因为日晖水果会帮我渡过难关。"

迪格瑞斯的抱负近乎疯狂，他开始把自己视为一个无所不能的人。他自命为艺术资助人，发起澳大利亚小说大赛，弗兰克·A·拉塞尔以《成就的灰烬》赢得这场比赛。迪格瑞斯本身也颇有艺术抱负：他痴迷于戏剧，创作了音乐喜剧《F.F.F.》。他特地安排音乐喜剧在珀斯首演，以配合日晖水果的广告活动，把宣传册邮寄给珀斯电话黄页上的所有人。看戏的观众都怀疑《F.F.F.》是他为干果所做的又一个噱头，演出票房极其惨淡。迪格瑞斯发表了很多短篇故事，包括一部战争剧《野心勃勃》（1914）和一部近乎自传的小说《失败的辉煌》（1925）。他创建的《日晖日报》本部设在米尔迪拉，标准颇高，拥有员工将近百人。

大流感期间，迪格瑞斯在米尔迪拉与假冒记者G.H.科克郎发生冲突，

---

[1] 克劳德·金斯顿（1886—1978），澳大利亚音乐家、剧场经理。

后者更为人知的名字是格兰特·赫维①。赫维身材高大、裹着羔皮外套，伪装成美国人，号召米尔迪拉的人在他领导下从维多利亚州撤出。一周内，他收取每人 5 英镑的订报费，筹到了回伦敦的船票。但是赫维没想到迪格瑞斯很快就识破了他的骗局。

迪格瑞斯那不安分的天性让他又寻到了另一种挑战：飞行。他不满足于把私人飞机仅仅用来做生意，于是创造了几个洲际飞行纪录。1920 年，在飞往珀斯的一次飞行中，他想到另外一个计划：在肯德纳普置地 5 万英亩（20235 公顷），那里原是哈塞尔家族的产业。1921 年 12 月，他在那里安家，安置了 350 个移民种苹果、土豆和其他农产品。这块土地的收益远远高于派坡村，但是迪格瑞斯对这块收益还不确定的土地匆匆追加投资，以寻求安全感。此时，格兰特·赫维又出现在米尔迪拉，伺机报复，他宣称迪格瑞斯即将破产。迪格瑞斯成立了"市民治安委员会"来捍卫他的荣誉，而赫维则被严厉处罚。

尽管迪格瑞斯近乎疯狂地尽力应付，肯德纳普的投资还是突然间失败了。迪格瑞斯赴美国重新筹集资金。有人允诺他出资 25 万美元，却没有兑现。后来，虽然皇家委员会赦免了他的诈骗罪，但是其间对其不诚信的怀疑，还是深深地伤害了他。他曾经极度奢华、荒唐地自信，但一直以自己诚信经商为荣。他其他的投资也失败了。他不顾一切地投身房地产，又在维多利亚州莫宁顿半岛投资开采石油，以此来筹集资金。1925 年 1 月 5 日，他已断绝世俗关系，制造了自己在菲利普港湾溺水自杀的假象；那个下午，他写了 70 封告别信。

一周后，他在一艘驶往新西兰的船上被捕。据说，他能言善辩，把土地卖给了一名引渡侦探。10 月，他摆脱了"开空头支票"的指控，被宣告无罪，重返商界。但是他承受了极大的压力。1926 年 8 月 17 日，他从"今天将完成人生中最重要的工作，所有的债务已经清偿"的迷思中清醒过来，又一次陷入极度绝望，在莫宁顿的家中开煤气自杀。他自杀时还坚信自己拥有 100 万英镑的身家。

1923 年 5 月，迪格瑞斯与第一任妻子离婚。同年 6 月 27 日，他和前任私人秘书维尔利特·梅·奥斯汀结婚。维尔利特·梅·奥斯汀为他生了一个

---

① 格兰特·赫维（1880—1933），诗人，骗子。

女儿。他被葬在布莱顿墓地。

122. 维维安·戈登·波顿（1884—1942）

作者：达里尔·拜尼特

维维安·戈登·波顿（Vivian Gordon Bowden），贸易特派员、外交家，1884年5月28日出生于悉尼斯坦莫尔，家中次子。父亲维维安·罗斯维尔·波顿是一个澳大利亚土生土长的仓库管理员，母亲玛丽安·哈里森，父姓卡扎雷。老波顿建立了商人之家波顿兄弟有限责任公司。戈登在悉尼的英国教会中学和英国的贝德福德中学就读，之后赴欧洲研习丝绸，在中国广东做过丝绸检验员，1908年加入家族在日本的分公司。

之后，戈登回到英格兰。1915年2月4日，他开始在英军服务团服兵役；因为在法国的突出工作，戈登受到表彰。1917年1月，他转到皇家工兵部队。同年7月3日，他与多萝西·丹尼斯在伦敦赛沃皇家教堂结婚。戈登在西线服役，1918年5月被晋升为临时陆军上校。他于1919年3月21日退伍，之后回到东方。1921年，戈登成为上海A.卡梅隆（中国）有限公司总经理。戈登非常擅长处理外籍人士相关事务，并且与当地人关系良好。1935年，他被任命为澳大利亚政府驻中国贸易特派员，是最早的特派员之一。1941年，由于他"为人儒雅、脚踏实地"、办事高效，戈登被授予二等大英帝国勋章[①]。他以"维维安·戈登"的笔名出版了两本小说：《队长》和《拉姆费》（伦敦，1929，1930）；这两本小说曾在《布莱克伍德杂志》上连载。

1941年，澳大利亚政府关闭上海公司，任命戈登为驻新加坡的官方代表。他于9月上任，直接向外交部部长H.V.亿瓦特和外交部汇报工作。12

[①] 大英帝国勋章，即 Commander of the Most Excellent Order of the British Empire，CBE 在英帝国勋章中仅次于骑士/女爵勋章。

月8日，日本入侵马来西亚。自12月起，他成为远东战争委员会的一员，亲眼见证敌军的迅速进军。他很快意识到，仅仅采取防御是不够的，尤其是空军方面。他协助政府挑战英国关于马来西亚可以守住的乐观断言。12月23日，他发电报说，如果没有大量最新的战斗机援助，新加坡将会沦陷。约翰·柯廷[①]首相立即向英国首相温斯顿·丘吉尔表达了这种忧虑。1942年1月，英国派出一批飓风战斗机援助新加坡。

意识到新加坡即将沦陷，戈登于2月9日向外交部提出申请，要求离开新加坡。外交部告知他需继续留任："否则，我们就失去了独立的信息源，这将会影响士气。"如果需要，他可寻求外交赦免权，通过与日本交换官员而离岛。2月14日（英国投降的前一天），由于已经失去继续留下的意义，他发出最后一条信息，告诉外交部，他和员工打算离开。次日清晨，他们乘坐汽艇"玛丽·罗斯号"离开新加坡。

1942年2月17日，日本巡逻船截获这艘船，并将其送至荷属东印度群岛的班加岛。战俘们都被关在蒙陶克电影院大厅里；在那里，戈登用日语告诉日本人他的外交身份，向试图夺取他个人财产的卫兵提出抗议。士兵们殴打他，把他带到外面。一个当地居民看到"一位年长的白发绅士"被迫挖了一个浅墓，站在墓边，然后就被枪杀了。戈登去世后，留下妻子、两个女儿和儿子艾弗；儿子艾弗后来成为澳大利亚驻伊朗（1974—1978）和巴基斯坦（1984—1987）的大使。

123. 亚历山大·文德克斯·文纳德（1884—1947）

作者：休·安德森

亚历山大·文德克斯·文纳德（Alexander Vindex Vennard），记者，1884

[①] 约翰·柯廷（1885—1945），澳大利亚第十四任总理，新闻记者。

年 7 月 11 日出生于昆士兰州温顿附近的文德克斯牧场。父亲是爱尔兰裔劳工约瑟夫·文纳德，母亲名简，父姓萨瑟兰，苏格兰裔。1890 年，他们举家搬至诺曼顿区。13 岁时，亚历山大偷偷跑到托雷斯海峡，在采珠帆船上工作两年。回家后前往布里斯班求学，之后继续在太平洋冒险，直到染上疟疾。

回到布里斯班之后，他成为一名记者。在成为《丹尼森港时报》的编辑之前，他曾在博文和普罗塞平工作。1910 年 10 月 13 日，亚历山大与伊莎贝尔·艾米莉·尼科尔在普罗塞平长老会教堂举行婚礼。夫妇俩婚后定居在悉尼，文纳德为《悉尼先驱晨报》《太阳报》《公报》和伦敦的《每日邮报》撰稿。1913 年，他的流浪癖再次发作，带着自己的行囊离家出走。1915 年 4 月 5 日，在库南布尔，他以"弗兰克·里德"的名字加入澳大利亚帝国部队第 18 营；到了 10 月，他与第 5 旅在加里波利并肩作战。

被疏散到埃及后，亚历山大开始为当地以及英国报纸撰稿。之后调任帝国骆驼军团，在利比亚沙漠、西奈半岛和巴勒斯坦服役。作为一个"从不逃避责任和惩罚"的"硬汉"，1917 年，亚历山大在加沙受伤住院。在伊斯梅利亚附近的莫阿斯卡尔营地，他结识了大卫·巴克，二人于 1918 年共同创刊 *Kia Ora Coo-ee*，一本面向澳大利亚和新西兰军队的月刊。在查尔斯·巴雷特加入后，月刊发行量从 3000 份上升到 15000 份。1919 年 5 月，亚历山大在悉尼退役，为《史密斯周刊》撰写了近两年的短篇小说。

随后，他受北边的昆士兰吸引，开始为《康明斯和坎贝尔月刊》投稿，同时也为汤斯维尔的《北昆士兰纪事》的定期专栏"追踪"撰稿，为期 25 年。亚历山大像丛林人一样膝盖以下扎根带子，就地取材，索性为自己取笔名"扎腿比尔"。除了写作专栏外，文纳德还收集有关丛林生活的故事、民谣和轶事，再加上读者的来稿，出版了至少九本"丛林札记"小册子。他还用"弗兰克·里德"的笔名写了一本儿童读物《大堡礁的劳工》(1925) 和一本历史叙事作品《战斗的骆驼骑士》(1934)，书中洋溢着澳大利亚士兵满不在乎的气质。《大堡礁传奇》(1954) 于他去世后才出版。亚历山大也曾用笔名"孤岛流放""孤岛商人""维拉罗""福西克""莫里斯·迪恩"或"弗兰克·尼尔"撰写其他小文章。从印刷厂的学徒变为作家，亚历山大对爬过的每一行格子都记忆深刻。

由于常常与丛林人和"淘金工"厮混，亚历山大晚年很邋遢："他趿拉着一双满是褶子的黑色鞋子，鞋带未系；一条没有熨过的哔叽裤子用皮带挂在腰上，卡其布衬衫领口大开。他身材壮硕，粗犷的面容下是一颗热爱旷野的灵魂。"他有一双大手和一双善良的灰色眼睛。亚历山大于1947年2月16日在博文医院死于心脏病，在妻子、两个儿子和两个女儿的见证下安葬在当地公墓。

124. 切斯特·弗朗西斯·柯布（1899—1943）

作者：B.G. 安德鲁斯

切斯特·弗朗西斯·柯布（Chester Francis Cobb），小说家，1899年6月8日出生于悉尼威弗利的查令十字街。父亲约瑟夫·塞普蒂默斯·柯布是来自英格兰的化学家，母亲罗莎莉·托马西娜·凯特·科伯恩，父姓史密斯，出生于吉朗。他很早就对小说产生了兴趣，后辍学到军校就读，之后成为悉尼《每日电讯报》的记者。1921年母亲过世后，柯布继承了一小笔遗产；他随后前往英格兰，定居牛津郡，开始饲养家禽。1924年3月31日，柯布与年长他20岁的芭芭拉·安妮·康威在奇平诺顿附近的小罗尔莱特结婚。

1925年，柯布的第一部小说《莫法特先生》在英格兰出版，大受欢迎；1926年，开始在美国发行；同年，《幻灭的日子》面世。柯布把自己在澳大利亚的经历写进这两部作品。《莫法特先生》中的主人公是19世纪90年代悉尼"克兰弗雷"的一名化学家，他携一幅油画去伦敦估价，不料油画却是赝品；这个故事是基于柯布父亲的亲身经历写成的。《幻灭的日子》讲述了主人公罗伯特·沃特森30多年的成长和发展历程，故事同样以克兰弗雷为背景，从1894年写起。莫法特和沃特森的精神之旅是两部小说的核心，柯布的创作灵感来源于他对宗教的兴趣，他年轻时质疑正统基督教，最终在英格兰接受了神智学。

柯布写的第三部小说从未被任何出版商接受出版。1938年，他成为《农村人》的助理编辑，这是一本季刊，记录农村发生的事情。1943年2月17

日，他在牛津拉德克利夫医院接受胆结石手术后去世。虽然他的文学生涯很短，而且之后再也没有回过澳大利亚，柯布却是第一个在作品中采用"意识流"写作技巧的澳大利亚裔小说家，并因此而在文坛中占据重要位置。

125. 桃瑞丝·博克·克尔（1889—1944）

作者：约翰·阿诺德

桃瑞丝·博克·克尔（Doris Boake Kerr），作家，1889年8月29日出生于悉尼夏山，家中长女。父母都是土生土长的澳大利亚人，父亲格雷戈里·奥古斯汀·克尔是一名公务员，母亲阿德莱德·伊娃，父姓博克。外祖父巴克罗夫特·卡波尔·博克（1838—1921）19世纪50年代移民澳大利亚，先后在墨尔本和悉尼担任执业摄影师。舅舅是诗人巴克罗夫特·博克[①]。克尔后来采用"卡波尔·博克"作为笔名。当父亲丢掉铁道部的工作之后，外祖父嘲笑父亲没有出息，克尔一家随即在1893年左右搬到了墨尔本。父亲曾一度担任《时代报》的通讯记者，由于脚有畸形且后被截肢，父亲在墨尔本根本找不到固定工作。克尔的母亲为一位商业摄影师工作，以此来支撑全家的生活。1915年，她们举家迁往考菲尔德。

虽然在一所州立学校就读，但克尔自称"是在普拉汉公共图书馆自学的"。她早年辍学，做过商店售货员，后来又先后做过打字员和图书管理员。1916年1月，她在《澳大拉西亚人》上发表第一个故事。之后，克尔写了许多故事和诗歌，有些刊登在维多利亚《校报》上。她的第一部小说《彩绘泥塑》（墨尔本，1917）由澳大利亚作家代理公司出版，并由维拉铬出版社再版（伦敦，1986）。该小说的主人公是一位商店售货员，身处绝大多数年轻女性只能选择做仆人或者家庭主妇的时代，却勇敢追求独立。1923年，新南威尔士

[①] 巴克罗夫特·博克（1866—1892），澳大利亚诗人，做过测量员、牲畜贩子。

书报公司出版了她的《吉卜赛人马克》，这是一部关于马戏团生活的小说。1936年，克尔的最佳著作《黑线》由哈钦森出版社在伦敦出版发行。这是两次大战之间罕见的关于城市日常生活的澳大利亚小说。《折枝》是她最后一部小说，在澳大利亚联邦文学基金会的资助下完成，她死后才出版（悉尼，1946）。该小说以早期墨尔本为背景，讲述一个相对无趣的历史故事。

克尔终生未婚，一直住在父母家。她活跃于国际笔会，是澳大利亚作家协会的创始会员。20世纪40年代早期，她曾担任J. K. 莫尔[①]的秘书，莫尔是一位信贷经理，在伯克街佩恩斯有限公司工作，同时还是著名的澳大利亚文学支持者。1944年6月5日，克尔因突发脑出血在考菲尔德逝世，后被火化。她的朋友迈拉·莫里斯立即给莫尔写信道："不会再有一个像克尔这样的人了——她是那么优雅，那么通情达理，那么富于智慧。"

1949年，《卡波尔·博克精选诗集》出版，莫里斯为诗集作序。跟同时代墨尔本的"乔治娅·里弗斯"（玛乔丽·克拉克）[②]和珍·坎贝尔[③]的作品一样，她的作品也被研究两次大战之间澳大利亚女性作家作品的人所忽略，但是她的两部主要小说《彩绘泥塑》和《黑线》值得为更多人所知。

126. 吉尔伯特·芒罗·特恩布尔（1890—1938）
作者：海尔格·M. 格里芬

吉尔伯特·芒罗·特恩布尔（Gilbert Munro Turnbull），作家、建筑师、公务员，1890年9月11日出生于威尔士卡那封郡兰迪德诺。父亲詹姆斯·特恩布尔，经营一家旅馆，母亲伊丽莎白，父姓芒罗。特恩布尔在英格兰兰开

[①] J. K. 莫尔（1893—1958），藏书家、文学赞助人。
[②] 玛乔丽·克拉克，生平不详，主要有半自传体小说《杰奎琳》，生动地描述了20世纪20年代墨尔本中产阶级青少年的生活。
[③] 珍·坎贝尔（1901—1984），澳大利亚女性作家，代表作有《以免我们错失伊甸园》（1933）。

夏郡弗里特伍德的私立学校接受教育，随后在《弗里特伍德纪事》短期工作并获得建筑师资质，之后赴美国、加拿大、墨西哥、塔西提岛进行投机买卖，1913年到达巴布亚岛。

在从事椰干贸易及椰子种植之后，1915年2月，特恩布尔在萨马赖找到一份工作，成为财政和邮政部的一名职员。1916年12月，他被提拔为位于莫尔斯比港的市政工程部制图员，其间经常担任负责人。1920年至1934年左右，他成为政府建筑师，有权私人执业。由于经济萧条，首都的建筑基本上全由木头和白铁构建而成的，特恩布尔采用钢筋混凝土来建造多用途大楼，例如欧洲医院以及财政和邮政部办公楼。他还设计了萨马赖战争纪念馆及大型种植园。特恩布尔勇敢无畏，说话风趣，擅长交际，但是对有些人很尖刻，他曾陪伴村民一起进行审前调查。他经常前往偏远地区，观察澳大利亚人对巴布亚人如何不友善，以及位于"丛林边缘"的所谓文明多么脆弱。他在1936年为C. A. W. 蒙克顿①写的讣告中，讽刺地把"和解"定义为使巴布亚成为"一个对公司创建者安全的地方"。

特恩布尔经常采用"Tauwarra"（莫图语中意为"战士"）这个笔名，在澳大利亚期刊上至少发表了150多段轶事、大量文章以及90篇以上短篇小说。他创作了三部系列小说《觉醒》（1932）、《天堂羽》（1934）和《明月山脉》（1935）。第四部小说《野人肖像》（悉尼，1943）塑造了颇具争议的"二战前殖民小说中个性最复杂的角色"。可能因为《野人肖像》的主题与涉嫌儿童性骚扰的斯蒂芬·格鲁巴鲁警长的丑闻太过接近，该书先后被8家英国出版商和3家澳大利亚出版商拒绝；斯蒂芬·格鲁巴鲁警长已在1934年根据休伯特·默里爵士的《白人女性保护条例》处死。虽然特恩布尔于1922年为美国人使用私刑做辩护，但这部小说用富于同情心的笔触描写一个身负使命的巴布亚人，他深陷在外来价值观和部落价值观的冲突之中，最后因被诬告强奸一名白人"狐狸精"而被施以绞刑。尽管听从了比阿特丽斯·格林萧②关于体裁的建议，《野人肖像》一书中仍充斥着哥特式恐怖片段。该书被认为是关于"新几内亚不平等的种族关系"的"新文学"，这种观念可能受到战时对"头发短而

---

① C. A. W. 蒙克顿(1873—1936)，地方法官。
② 阿特丽斯·格林萧(1870—1953)，作家。

浑身毛发的有色土人"的态度的影响。

特恩布尔于1934年退休并回到新南威尔士的尤朗加。1938年9月7日,他因呼吸道疾病逝世于贝林根,被葬在当地公墓的英国国教区。他的妻子珍·桃瑞丝,父姓韦恩,于1921年8月31日与他在新南威尔士阿米代尔的长老会牧师住宅举行婚礼。他留下一部未完成的小说《马拉古纳》,后由他的传记作者路易斯·列托续写完成,但从未出版。

127. 海伦·德·古尔利·辛普森(1897—1940)

作者:艾伦·罗伯茨

海伦·德·古尔利·辛普森(Helen de Guerry Simpson),作家,1897年12月1日出生于悉尼,在兄弟姐妹中排行第四,也是家里的老幺。父母都是土生土长的澳大利亚人,父亲爱德华·珀西·辛普森是一名律师,信奉英国国教;母亲安娜·玛利亚·亚历山德拉·古尔利,是法国人马奎斯·德·古尔利·德·劳莱的女儿,是一名天主教徒。父亲家圣马文府位于悉尼东区吹笛人角,辛普森在那里长大。温妮弗雷德·韦斯特[①]曾是她的家庭女教师。后来父母离异,母亲搬去伦敦,父亲则先后把她送往玫瑰湾的圣心女修道院(1910—1911,1913)和阿伯茨利中学就读,其间她在校寄宿。

1914年4月,辛普森到达英格兰与母亲团聚。1915年9月,她开始在牛津大学就读,加入牛津大学本地学生社(即后来的圣安妮学院),并在大学时学习法语(1916—1917)。1918年4月,她参加女子皇家海军,担任海军部译码科长。1919年9月,她回到牛津大学学习音乐,想要成为一名作曲家,于1920年12月13日正式注册入学。在牛津大学就读期间,她对戏剧产生了浓厚的兴趣,先后发表多篇短剧,并成立牛津大学女子戏剧社。据说由于违反

[①] 温妮弗雷德·韦斯特(1881—1971),澳大利亚教育家。

学校关于严厉禁止男女学生一起表演的规定，1921年，辛普森被学校开除，未能读完学位。

1921年辛普森回到悉尼参加哥哥的婚礼。同年她出版诗集《细微处见哲理》(1921)，其中包括她自法语、意大利语和西班牙语翻译而来的诗歌。1922年，她以本韦努托·切利尼①的生活为原型，开始创作《风云人物》(1923)，并参加《每日电讯报》的文学创作大赛。该剧次年被格赖甘·麦克马洪搬上舞台。1924年2月，她回到牛津大学，打赌自己能在五周内写出一本小说：她果然写出一本侦探小说《无罪释放》(伦敦，1925)。很快，她又创作了如下作品：短篇小说集《无基础的建筑》(1925)，以文艺复兴时期的意大利为背景的剧本《女人的喜剧》(1926)，以及《杯子、魔杖与长剑》(1927)，该书结合了辛普森的两大主要创作爱好——侦探小说和鬼神学。

1927年，辛普森重访澳大利亚。回到伦敦后，她与罗尔夫·博尔特沃德②的侄子丹尼斯·约翰·布朗③爵士成婚，婚礼于4月21日在伦敦阿什利广场天主大教堂举行。她的丈夫后来成为大奥蒙德街儿童病院的知名儿科外科医生。1928年11月1日，她诞下女儿克莱曼斯。辛普森端庄大方，肤色健康，褐色双眸明亮耀眼，下巴坚毅，是一位出色的女骑士和击剑手。她喜欢收集古董、伊丽莎白一世时代的书籍和关于魔法的作品。她拥有无穷的魅力和旺盛的生命力，作风强硬，并且在一些特殊爱好上具有一定的表现力，比如吸鼻烟。

她是位多产作家，之后她又写了《妈妈预算》(1928)、《荒屋》(1928)和《占优势的罢工者》(1931)。通过她的出版商，她和克莱曼斯·戴恩④成了好朋友；1928年至1932年之间，她们合著了三部侦探小说。1932年，她出版《飞去来器》，因此荣获詹姆斯·泰特·布莱克小说纪念奖⑤，这标志着她已跻身于当代最著名作家行列；该小说有些部分以她母亲的家族故事为背景，

---

① 本韦努托·切利尼(1500—1571)，意大利文艺复兴时期的金匠、画家、雕塑家、战士和音乐家，还写过一本著名的自传。
② 罗尔夫·博尔特沃德(1826—1915)，澳大利亚著名诗人，做过治安推事和金矿管理者。
③ 丹尼斯·约翰·布朗(1892—1967)，澳大利亚儿科医生。
④ 克莱曼斯·戴恩(1888—1965)，英国小说家和剧作家，温妮弗雷德·阿什顿的笔名。
⑤ 詹姆斯·泰特·布莱克小说纪念奖是授予英语文学作品的文学奖。它们与霍桑登奖(Hawthornden Prize)一样，是英国历史最悠久的文学奖项。

这也是她写的第一部关于澳大利亚的小说。她的其他文学作品还包括《野兽背上的女人》(1933)，这是以1999年的澳大利亚为背景的幻想小说；历史传记《西班牙婚姻》(1933)、《亨利八世》(1934)，以及《野蛮男人堆中的女人》(1938)；关于家政和烹调方面的作品，包括《快乐的家庭主妇》(1934)和《冷餐》(1935)；历史小说，包括《深宫残梦》以及以殖民时期的新南威尔士为背景的《历劫佳人》(1937)；小说《女重刑犯》(1935)和《女仆不再》(1940)。

20世纪30年代，辛普森曾就文学、历史和时事等主题发表演说。她是伦敦文学社团的资深会员，曾加入国际笔会和侦探俱乐部[①]。她在文学界的好友包括多萝西·塞耶斯、玛格丽特·肯尼迪和约翰·梅斯菲尔德。1937年，辛普森再次造访澳大利亚，发布《历劫佳人》，为澳大利亚广播公司做广播演讲，并为她下一部史诗小说收集原材料。1938年她在美国巡回演讲之后回到英格兰。由于视力不断退化，她不再专注于写作，转而关注时事。1938年，她被推荐为怀特岛自由党候选人。

1940年10月14日，辛普森因患癌症逝世于乌斯特郡伊夫舍姆附近的奥弗伯里，葬在村里墓地。阿莱塔·路易斯为她所作的画像由她女儿保管。

她那丰富的想象力、高昂的情绪，以及对世俗的淡漠，更多地体现在她作品的场景和主人公的行为中，而非人物性格中。享利·格林评论说，她的写作风格"简明精练，善用短句，间或使用断音，明确易懂，言之有物，令人愉悦"。《深宫残梦》和《历劫佳人》分别于1948年和1949年被翻拍成电影。

128. 伦纳德·瓦尔德默尔（伦尼）·洛厄（1903—1947）

作者：朱利安·克罗夫特 基思·威利

伦纳德·瓦尔德默尔(伦尼)·洛厄[Leonard Waldemere(Lennie) Lower]，

[①] 侦探俱乐部由一群英国神秘小说作家成立于1930年。

幽默作家和报纸专栏作家，1903年9月24日出生于新南威尔士州的杜博市，是药剂师西德尼·瓦尔德默尔·洛厄之子。母亲弗洛拉，父姓罗宾逊或麦金纳尼。他的酒鬼父亲是杜博戏剧协会和镇乐队成员，并创作音乐。1910年后不久，父母离婚，母亲搬到悉尼，嫁给一位名叫C. K. 奥迪斯的商人。洛厄职业生涯中的无政府主义和不可遏制的个人主义很早就已显现。他就读于达林赫斯特公立学校，并于1920年9月14日应征加入澳大利亚皇家要塞炮兵部队，服役五年。次年12月，洛厄离开炮兵部队，1922年4月12日，他以假名"伦纳德·沃尔特·布雷特"加入澳大利亚皇家海军，并在"女王陛下澳大利亚舰队布里斯班号"上当司炉工，1923年8月11日他再次弃逃（在昆士兰州的格莱斯顿）。

几年来，洛厄一直背着行囊穿梭于昆士兰州和新南威尔士州。失业时，他曾睡在悉尼公园。1928年左右，他开始为杰克·朗的《劳动日报》工作，后来又为《贝克特预算》和《每日卫报》工作，最后安定下来为弗兰克·帕克爵士的《澳大利亚妇女周刊》和《每日电讯报》工作。因为公开冒犯诺埃尔·科沃德，1940年洛厄被帕克解雇，之后加入《史密斯周刊》，他在20世纪30年代曾为该周刊撰稿。1942年2月20日，他应征加入澳大利亚帝国军，因身体不适于4月29日退役，但他未离开澳大利亚。

多年来，洛厄被誉为"澳大利亚最有趣的作家"。有趣也是有代价的，洛厄个子矮小、肤色黝黑、神经紧张，被描述为"严肃""忧郁""孤僻"和了不起的演说家，但他也是一个"永远无法接近"的人。他的饮酒故事被传为奇谈。他在都铎大酒店以及其他各种各样的酒吧中创作，为了让他远离都市诱惑，《每日电讯报》的编辑悉德·迪默把他送到乡下旅馆，远离报社，"头垂下，靠在打字机上，双臂笔直落下，沉思，痛苦地提炼"某部看似毫不费力的喜剧。

他的小说《运气在这里》（1930）成为澳大利亚幽默的经典之作。洛厄在观察悉尼东郊的生活中获得灵感，男女之争、老幼之争，底层生活、"贪婪"女孩、从婚姻和工作的束缚中解脱出来且毫无牵挂的男人，20世纪20年代后期的通俗新闻漫画和搞笑读物中能看到洛厄创作的笑话和奇谈。尽管有夸张的喜剧情节，但有人认为小说中的主人公取材于生活，显示了洛厄作为一名记者的天赋，他有能力将现实改编成真正的喜剧。

1929年11月9日，洛厄与菲利丝·康斯坦斯·索尔特在悉尼结婚。他们没有孩子，在悉尼的生活也很不稳定。洛厄生性冲动，生活混乱。他的一个侄女曾说，有一次洛厄在戏院里丢下自己的妻子（她没有回家的车费），在休息间隙出去"小酌一杯"时，遇到一位即将前往纽卡斯尔的船长，于是决定跟他一起出发。最后他乘火车回到悉尼。"伦尼叔叔不是你所说的体贴的丈夫"。

　　1947年7月10日洛厄在悉尼医院因癌症去世，在英国圣公会的仪式后被火化。当时媒体反应平淡，但他的声誉稳步上升。1963年，克劳德·麦凯在作品中写道："就艺术家真正引以为傲的幽默感和语言魅力而言，伦尼·洛厄无人能敌。"《运气在这里》直到现在仍在出版。洛厄在世时，他为那些短暂存在的报纸专栏撰写的文章已被数次结集出版，1963年和1983年又另外出版了选集。"现实主义、幻想、荒诞、讽刺和诙谐"相结合的风格使他的作品在过去的50年间深受读者欢迎。1972年，杜博历史学会在杜博博物馆单独成立了"伦尼·洛厄纪念室"；1982年，巴里·迪金斯[①]的戏剧《孤独的伦尼·洛厄》在墨尔本和悉尼上演。

---

① 巴里·迪金斯(1949—)，澳大利亚戏剧家、艺术家、演员，以历史剧出名。

译后记

经历了一波三折之后，这部作品终于要和读者见面了。《澳大利亚名人传》总编辑、澳大利亚国立大学历史系教授，也是我在国立大学的博士后导师梅兰妮·诺兰在序中说该项目起源于我在那里做博士后，实际时间要早得多。

2010年，我到中国人民大学攻读博士学位，师从张勇先教授。尽管考上博士，但那时的我对于博士期间要做什么课题比较迷茫。在考博期间我关注的是澳大利亚华裔作家，那时国内还没有人专门做澳大利亚华裔作家研究，因为澳大利亚文学本就小众，而华裔作家更加小众，也没有美国华裔作家那样的成就，就如本书中没有一位华裔作家，后来我就放弃了这个选题。第一年博士课程中我选修了文学院陈倩老师的"海外汉学"，发现她在课上提到很多西方汉学家，但是没有一个来自澳大利亚，于是我琢磨澳大利亚汉学研究是否可以作为我的选题，并为此写了一篇小论文，2010年于上海举行的"第12届中国澳大利亚研究国际学术研讨会"上宣读，后发表于一个不知名的国外英文期刊。但是汉学要算是另一个学科，我这样毫无基础的人难以在三年里做出出色的成果，还有其他一些原因，最终还是放弃了。其时澳大利亚国立大学的刘青梧博士（Dr. Jamie Greenbaum）在人大澳研中心做外教，他提到《澳大利亚名人传》具有重要意义，但是截至当时还没有人就其做过博士论文，希望我一试，并提议以此为题申请当年澳中理事会（ACC）的项目资助。经过一周紧张的资料查阅和项目申请书撰写，在时任ACC中国澳大利亚研究项目经理大卫·卡特（David Carter）教授的联系和帮助下，我得到了诺兰教授的首肯，她同意接收我到国立大学国家传记中心进行为期三个月的访学，正是因为她的首肯我才获得ACC的项目资助。

2011年，我来到澳大利亚国立大学国家传记中心访学，面对浩如烟海的资料，一时不知所措，无从下手，只能见到相关的、有趣的、国内难以找到的资料，便通通将之搜罗下来。可以说，那三个月时间里，我白天是资料搬运工，晚上是资料扫描工。但是，我有一个基本的关注主线，就是与文学相关，尤其是我不了解的作家，为此我搜集了大量的作家资料。正是因为这个原因，我才想把《澳大利亚名人传》中的作家全部整理出来，毕竟即使到了今天，国内关于澳大利亚的文学通史只有一部、专史寥寥数部。我以第二次世界大战结束为节点，整理出 1945 年之前去世的小说家 118 人，二战之后去世的小说家 138 人。考虑到出书的体量，最终选择以 1950 年为节点，将全部小说家的传记分为上下两卷，分别收录 130 人和 126 人。我的博士论文就是从中提取了部分关注民族意识和民族认同书写的作家，当然不只这些已去世的作家，还包括了一些仍然活跃的当代作家。

　　但是这部作品与我的博士论文有相当大的不同，博士论文是对这些作家的研究，他们是我的研究对象，正如诺兰教授在序言里提到的，探索社会氛围与写作的关系是一件有意思的事。作家生活在一个怎样的社会？他在社会中扮演什么样的角色？他会写出怎样的作品？他的作品会被人如何接受？他的作品会对社会产生怎样的影响？这部选译传记将会为我们展现一个澳大利亚作家生态圈。这是当下一个全新的研究领域，具有全新的理念，即刁克利教授所说的作家生态研究（见《作家生态研究论纲》，《烟台大学学报》2015 年第 2 期）。作家研究是对为了写作的、写出了作品的、其作品产生了影响的作家的研究，而不是对作品的研究。因此本书不同于当下已经出版的几部文学史，如黄源深 2014 年修订的《澳大利亚文学史》以及 2006 年出版的《澳大利亚文学简史》，另外两部专史《澳大利亚妇女小说史》和《澳大利亚儿童文学概论》。概而言之，这部传记作品全面呈现了作家生成的外部文化语境、写作环境、社会历史背景，同时也展示了作家的性格禀赋、素质特征、教育背景、写作资源和素材运用等作家自身生成的规律。具体而言，本书展示了作家生成的外部环境与内在成长规律的互动，我们可以看到作家如何从一个普通人成长为作家，即使他是一个流氓、骗子，如詹姆斯·约瑟夫·克劳奇（1830—1891）；其次，我们也可以看出澳大利亚最权威、最重要的国家传记辞典如何界定作家的角色，即作家的本质属性、现实生活中真实的人，以及两者之间的关系，由此加深我们对作家的认识，加深我们对作家与作品关系以及作品的认识，如卡罗琳·路易莎·阿特金森(1834—1872)；再次，我们还可以了解一个作家的具体创作状态或某一部具体作品的创作过程、作品与作家之间的联系、作品中的传记因素等等，即具体作品的生产过程，如亨利·劳森(1867—1922)；最后，我们也可以了解作家被接受的后果和影响，即他们通过自己的创作实践、文学思想及社会活动如何拓展和丰富文学观念、扩展文学版图，如查尔斯·狄更斯(1812—1870)。

总而言之，我把分散在13500多篇传记中的几百位作家传记筛选出来，单独翻译成册出版，就是想塑造澳大利亚作家群像，以此了解澳大利亚的文学生态。英文版的《澳大利亚名人传》原著按字母顺序、出生年代分卷出版，这样的编排方式作为一部国家传记辞典自然有它的逻辑，但是对于中国读者来说，既不方便也没必要。文学是一国文化最直观、最生动的表现，因此我在自身研究的基础上不厌其烦地将散落的珍珠一个个挑出来重新穿成一串，将其分为小说家传、诗人传、剧作家传，再按作家出生的先后顺序编排成册，以了解生活在不同时代氛围下的作家和产出的不同作品。这部选译传记不仅能让我们了解到澳大利亚曾经产出的文学作品，更是从另一个角度展示了作为真实的、活生生的人的作家，让我们对澳大利亚作家、社会、文化和历史有更深刻、更真切的认知。

这是一部注定小众的书，但即使很小众，我们依然以百倍的认真来翻译。作为一部文学传记集，其中的人名、地名和作品名不计其数，为了前后统一，本书以《英语姓名译名手册》《外国地名手册》《澳大利亚文学史》等为基础，再根据约定俗成和实际情况加以修正，译定人名、地名、作品名作为参照和索引，尽管限于篇幅和我们的阅读习惯，这些不一定出现在书中，前辈们做出的贡献一定是要感谢的。即使我们这样认真，但作为一部包罗万象的作家传记，依然避免不了出错，恳请读者朋友能够谅解并指正。在此我要感谢中国人民大学的张勇先教授、柳青梧博士将我引入此门，感谢中国人民大学的硕士研究生沈力、柯杉杉、杨书泳、孙晓梅、张丰、房婷婷、严丽、严万秋、林洁，博士生张计连、陈曲，西安外国语大学硕士研究生徐孟平等同学做出的贡献，没有他们的付出就没有本书的成果；感谢本书总策划关宁老师的慧眼和责任编辑王凌和张启阳老师的认真仔细；感谢我的父母、妻子和女儿，他们是我不断前行的动力；最后还要感谢西安外国语大学科研基地提供了一张宁静的书桌，让我在几个月的修改时间里毫无干扰。

  本书是教育部人文社科研究青年基金项目(19YJC752026)的阶段性成果，本书还得到了 2020 年度"在华澳大利亚研究基金会"(FASIC)和西安外国语大学英文学院的研究经费资助。

苏锑平

西安外国语大学英文学院 澳大利亚研究中心

2023 年 2 月 1 日